U0438024

钟泰著作集

庄子发微（外七篇）

上

钟泰／著　骆驼／整理

上海古籍出版社

图书在版编目(CIP)数据

庄子发微：外七篇 / 钟泰著；骆驼整理. -- 上海：上海古籍出版社，2025.5. -- ISBN 978-7-5732-1654-0

Ⅰ. B223.55

中国国家版本馆 CIP 数据核字第 2025W1Y599 号

庄子发微（外七篇）

（全二册）

钟　泰　著
骆　驼　整理

出版发行　上海古籍出版社
地　　址　上海市闵行区号景路 159 弄 1－5 号 A 座 5F
邮政编码　201101
网　　址　www.guji.com.cn
E-mail　　guji1@guji.com.cn
印　　刷　启东市人民印刷有限公司印刷
开　　本　635×965　1/16
印　　张　48
插　　页　4
字　　数　601,000
版　　次　2025 年 5 月第 1 版　2025 年 5 月第 1 次印刷
印　　数　1—3,100
书　　号　ISBN 978－7－5732－1654－0/B・1467
定　　价　148.00 元

如有质量问题，请与承印公司联系

整 理 说 明

《庄子发微》系钟泰先生晚年最重要的著作,为其毕生研治庄学的结晶。在早年著作《中国哲学史》中,钟泰认为庄子"学贯孔、老二家",而在《庄子发微》中则认为自己此前仍旧"不免影响之见",最终确立庄子之学根本孔子,为孔门颜子一脉正传。

庄学源远流长,派别繁多,有以道解庄者如褚伯秀《义海纂微》,有以儒解庄者如宣颖《南华经解》,有以佛解庄者如憨山德清《内篇注》,有以文解庄者如刘凤苞《雪心编》。《庄子发微》或可归入"以儒解庄"一脉,但其丰富性非只"以儒解庄"四字便可囊括。钟泰先生深于训诂,对清代朴学家治庄成果多有驳正;长于义理,于庄子繁难论说皆剖析精微;又时时会通庄子与六经及先秦诸子,同异互见;尤可称道的是其注重内七篇乃至三十三篇的内在联系,以庄解庄,真正做到了"道通为一"。《庄子发微》甫一问世,便为当时学界所推重,如熊十力致钟泰信札中,便盛赞其"诚不朽之作,庄子之学,如后来有人研究,必不能忽视此书也"。

书成后,在六十年代前期曾以石印本印行,惜流传不广,今已罕见。八十年代末据此印本,由骆驼同志重为标点,排印出版。钟泰弟子蒋礼鸿先生为本书撰写了"引言"。

2021年,订正旧版部分标点、文字疏误,并划分段落,收入《钟泰著作集》。此次单行,又补入《〈庄子·天下篇〉校释》、《读庄发例》、《谈〈庄子〉研究》、《读庄偶记(内篇)》、《读庄偶记(外篇)》、《读庄偶记(杂篇)》、《刘策成庄子集解补正、庄子解故辨正合刊序》七文,作为附录,庶几汇钟泰现存全部庄学著作于一编。

目　录

整理说明 …………………………………… 1

庄子发微引 ………………………… 蒋礼鸿 1
庄子发微序 ………………………………… 1

庄子发微卷之一

内篇 ……………………………………… 3
　消摇游第一 …………………………… 5
　齐物论第二 …………………………… 23
　养生主第三 …………………………… 52
　人间世第四 …………………………… 60
　德充符第五 …………………………… 85
　大宗师第六 …………………………… 102
　应帝王第七 …………………………… 132

庄子发微卷之二

外篇 145
  骈拇第八 146
  马蹄第九 156
  胠箧第十 162
  在宥第十一 174
  天地第十二 195
  天道第十三 226
  天运第十四 245

庄子发微卷之三

  刻意第十五 273
  缮性第十六 281
  秋水第十七 287
  至乐第十八 313
  达生第十九 324
  山木第二十 345
  田子方第二十一 366
  知北游第二十二 382

庄子发微卷之四

杂篇 407
  庚桑楚第二十三 408

目 录

徐无鬼第二十四 …………………………………… 434
则阳第二十五 ……………………………………… 470
外物第二十六 ……………………………………… 494
寓言第二十七 ……………………………………… 510

庄子发微卷之五

让王第二十八 ……………………………………… 525
盗跖第二十九 ……………………………………… 544
说剑第三十 ………………………………………… 563
渔父第三十一 ……………………………………… 569
列御寇第三十二 …………………………………… 578
天下第三十三 ……………………………………… 595

附 录

《庄子·天下篇》校释 ……………………………… 639
读庄发例 …………………………………………… 656
谈《庄子》研究 ……………………………………… 670
读庄偶记(内篇) …………………………………… 675
读庄偶记(外篇) …………………………………… 702
读庄偶记(杂篇) …………………………………… 730
刘策成庄子集解补正、庄子解故辨正合刊序 …… 752

庄 子 发 微 引

　　先师钟钟山先生以邃于老庄闻，其于庄子之书沉潜盖数十年，以为庄子之书一淆于道家，再淆于神仙家而其旨晦。其淆于神仙家，学者能辨之；其淆于道家，鲜有能辨者。韩退之、苏子瞻，或以为周之学出于子夏，或以为周之于孔子阳挤而阴助，乃与世之论庄周者异。然亦但求之于文，未能会通庄书之蕴与其宗本，未知周之内圣外王之学乃宗于孔氏而为颜渊之传也。即师之所见，亦尝以为周之学盖兼综儒老，晚乃知其不然，斯可谓学与年进，探本握枢者矣。既病解庄者之多失，乃比类六经之旨，较以苦县之书，以为《庄子发微》一书，沈吟篇章，反复义旨，博考而详说之，其于阐发庄旨，粹然成一家之言，尚论者必不得而遗也。予小子，于庄书之闳深而肆，师说之缜密以栗初无会解，既以其书介上海古籍出版社刊行，姑缀数言以为引云。

　　　　　　　　　　　　　　　　一九八二年八月二十二日，弟子蒋礼鸿志。

庄子发微序

　　自司马迁作《史记》以庄子附《老子传》中，班固《汉书·艺文志》用刘歆《七略》入庄子于道家，逡世遂以老、庄并称，而庄子之学半晦；自方技之神仙家与诸子之道家混，隋、唐之际被《庄子》以《南华真经》之名，其后疏注《庄子》者如成玄英、褚伯秀之伦，多为黄冠羽士，视《庄子》为修真炼气之书，而庄子之学全晦。庄子之非神仙家，今之学者或能辨之；若其非道家而不同于老子，则能辨之者鲜矣。

　　予之始读《庄子》也，于《天下篇》庄子自述其学特与老子异，已窃疑之。及观《说剑篇》中乃有"夫子必儒服"之语，以为如《史记》列传所言庄子方剽剥儒、墨，以诋訾孔子为事，何其门下为文反称其儒服？使非其实，门人又何为而诬之？疑之益深。其后读韩愈、苏轼之文。愈谓孔子之道源远而末益分，子夏之徒有田子方，"子方之后流而为庄周"；见《昌黎集·送王埙秀才序》轼则云"庄子盖助孔子者"，又云庄子于孔子，盖"实予而文不予，阳挤而阴助之"，"其论天下道术，自墨翟、禽滑釐、彭蒙、慎到、田骈、关尹、老聃以至于其身，皆以为一家，而孔子不与，其尊之也至矣"。见《东坡集·庄子祠堂记》于是而知古之人固已有先我而疑《史记》、《汉书》为不足信，而不欲从之者，则予之疑为非妄发，因

1

复尽检《庄子》三十三篇之书而研核之。其称孔子，或曰孔子，或曰夫子，而于老子，则每曰老聃，轻重之间固已甚有别矣。其引述孔子之言，除《盗跖》《渔父》之篇出于其末流假托者外，多至二十有八，若老子之言才十有四，又什九皆与孔子相问对。夫孔子尝问学于老子，老子于孔子不时有箴砭之辞，此皆无足深讳。《寓言篇》："庄子谓惠子曰：'孔子行年六十而六十化，始时所是，卒而非之，未知今之所谓是之非五十九非也。'"以是意推之，则其引老子之所以箴砭孔子者，正以见孔子之学之化而日进，是固孔子之大，而非必老子之道果胜于孔子也。以庄子表章之意而目之为诋訾，不亦谬乎？

抑《田子方篇》有云：庄子见鲁哀公，曰："鲁少儒。"哀公曰："举鲁国而儒服，何谓少乎？"庄子曰："公固以为不然。何不号于国中曰：'无此道而为此服者，其罪死！'"于是哀公号之，五日，而鲁国无敢儒服者。独有一丈夫儒服而立乎公门，公即召而问以国事，千转万变而不穷。庄子曰："以鲁国而儒者一人耳，可谓多乎？"注家于此皆言此一丈夫意指孔子，夫曰丈夫指孔子是已。然庄子何以推尊孔子如是其极？岂非以其所愿学者孔子，故托为此文以自见其意欤？是观于《天下篇》致慨于内圣外王之道暗而不明、郁而不发，而特叙六经于百家之上，向往于邹鲁之士、搢绅先生犹能明之，不难比类而得。然则庄子之为儒而非道，断断然矣。

若其言论时出入于老氏，则小大精粗道术本自有其相通之处。予向亦尝以为庄子殆兼孔、老两家之传，及今思之，是犹不免影响之见。庄子之学，盖实渊源自孔子，而尤于孔子之门颜子之学为独契，故其书中颜子之言既屡见不一，而若"心斋"，若"坐忘"，若"亦步亦趋"，"奔轶绝尘，瞠若乎后"云云，皆深微精粹不见于他书。非庄子尝有所闻，即何从而识之？更何得言之亲切如此？故窃谓庄子为孔门颜子一派之传，与孟子之传自曾子一派者，虽同时不相闻，而学则足以并峙。由是以观韩、苏之言，虽亦微有窥见。韩言出于子夏之徒田子方，既无有佐证，不足据。若苏云阳挤孔子而阴助之，实予而文不予。遍翻内外诸篇，即未见有挤孔子而不予之文；若其有之，则亦唯有子瞻所不取之《盗跖》、《渔父》等篇而已。是不得不深惜夫二子之仅通乎庄子之文，而犹未能穷庄子之学之真际也。

或曰：庄子信为儒而非道矣；则其数讥儒、墨之是非，且有儒以诗礼发冢之论，抑又何欤？曰：子不读《荀子》之言乎？《荀子·儒效篇》差儒之等为三，曰俗儒，曰雅儒，曰大儒；而《非十二子篇》则曰子张氏之贱儒，子游氏之贱儒，子夏氏之贱儒，颇肆其丑诋。夫荀子岂非儒哉？盖欲存儒之真者，必绌儒之伪，孔子之所以恶似而非者也。庄子之意讵异于是？且读一书，必观其全，探其本，而后始能得其宗趣之所在。《庄子》之文，已固参差而难齐，深闳而难竟，而况注家又缴绕之以玄言，错乱之以训诂，则宜乎究其趣旨者之不易得也。予无似，其沈潜于是书者固有年矣。病夫旧注之多失也，因比附六经之义，亦兼采老子之说，为之疏通而诠释之，名之曰《庄子发微》。其有由是而上穷庄子之蕴以补予之不逮，使内圣外王之道不终湮没于世，此则区区之深望也夫。

庚子年秋九月钟泰序于海上之寓庐

庄子发微卷之一

内篇

《汉书·艺文志》，《庄子》五十二篇。无内篇、外篇之名。至唐陆德明作《经典释文》，所收崔撰注二十七篇，云："内篇七，外篇二十。"向秀注二十六篇，云："一作二十七篇，一作二十八篇。亦无杂篇。"其云无杂篇者，谓分内、外篇与崔本同也。司马彪注五十二篇，云："内篇七，外篇二十八，杂篇十四，解说三。"郭象注三十三篇，云："内篇七，外篇十五，杂篇十一。"又李颐《集解》三十篇，云："一作三十五篇。"孟氏注五十二篇，并未及内、外篇之别。自陆氏作《音义》，以郭为主，兹后，崔撰各本并绝，所行惟有郭注。

说者每疑《庄子》内、外篇之目，率由注家意为更订，非庄学之徒相传之旧。顾细考之，外篇、杂篇，崔本以下虽各不同，若夫内篇，则各家皆七，无有违异。此自有所依据，当庄书原本如是。不然，安得各家皆巧合也？《艺文志》不言内、外者，盖本《七略》旧例。如儒家《孟子》十一篇，实内篇七，外篇四，赵岐《孟子题辞》言之甚详，而《志》则不分。今据《汉志》，遂谓《庄子》本无内、外篇，殆非其实矣。陆氏《庄子释文·齐物论篇》"夫道未始有封"条引崔云："《齐物》七章，此连上章。而班固说在外篇。"据此，则《艺文志》五十二篇，即已有内篇、外篇之分矣。七篇篇名，各有其义，与外、杂篇取篇首二三字为名者迥殊，是岂郭子玄辈所能臆造？即此一端，七篇之别于外、杂篇而自为一类，彰彰显甚。

故窃以为外、杂篇有可疑，而内七篇则无可疑；外、杂篇有非庄子自作，而内七篇则非庄子莫能为。《天下篇》深致慨于内圣外王之道暗而不明，郁而不发。而此内七篇，则所以反复发明内圣外王之学者也。是故《逍遥游》之辨小大，为内圣外王之学标其趣也。《齐物论》之泯是

3

非,为内圣外王之学会其通也。《养生主》,内圣外王之学之基也。《人间世》,内圣外王之学之验也。《德充符》,则其学之成,充实而形著于外也。若是,斯内可以圣,而外可以王矣。故以《大宗师》、《应帝王》二篇终之。"宗师"者,圣之异名。"帝"者,王之极致也。是故内七篇分之则七,合之则只是一篇。观《消摇游》以南冥北冥起,而《应帝王》以南海之帝、北海之帝收,首尾照应,亦可见也。

是故欲通《庄子》,当以内七篇为本经,而以外篇、杂篇为佐训。外篇十五,杂篇十一,纵说横说,莫有能出七篇外者。而其瑕瑜纯驳,以七篇印之,则如判黑白,无所隐遁。校勘之家,未能观于《庄子》大旨,因后世诸书所引《庄子》内、外篇文与今本间有出入,乃进而疑及内篇亦多伪托,是则区区所未敢苟同者也。

消摇游第一

"消摇",叠韵诓语也。外篇《天运》曰:"以游消摇之虚……消摇,无为也。"此谓无为则得消摇,非以消摇即是无为也。试析而言之。

"消"者,消释义。《田子方篇》云:"物无道,正容以悟之,使人之意也消。"杂篇《则阳》云:"非相助以德,相助消也。"是也。"摇"者,动荡义。外篇《天地》云:"大圣之治天下也,摇荡民心,使之成教易俗。"《则阳》篇云:"复命摇作,而以天为师。"是也。盖消者,消其习心,摇者,动其真机,习心消而真机动,是之谓消摇。惟消摇而后能游,故曰"消摇游"也。

训诂家每谓诓语当求其义于声,不得求其义于字。不知声与字不相隔,离字而专求声,则堕入于虚,未为得也。读《庄子》不可不通训诂,而泥于训诂,则不能以读《庄子》。此亦其一例也。

"游"者,出入自在而无所沾滞义。一字曰游,双言之则曰浮游。外篇《山木》云:"乘道德而浮游。"又云:"浮游乎万物之祖。"是也。言游又言浮者,浮者,不沈溺也。惟能浮而后能游。此其理,善泅者无不知之。故外篇《达生》言丈夫之游于吕梁也,曰:"与齐俱入,与汩偕出,从水之道,而不为私焉。""与齐俱入"者,游也。"与汩偕出"者,浮也。

游之义盖取诸此。孟子谓宋句践曰："子好游乎？吾语子游：'人知之，亦嚣嚣；人不知，亦嚣嚣。'"见《尽心篇》赵岐注曰："嚣嚣，自得无欲之貌。"就己言则曰"自得无欲"，对物言则曰"不为私"。庄子之言游，与孟子之言游，意略同矣。

窃谓《庄子》一书，一"游"字足以尽之。故今三十三篇，内篇以《消摇游》始，外篇以《知北游》终，其余各篇，语不及游者殆鲜。而《天下篇》自道其学，则曰："彼其充实不可以已，上与造物者游，而下与外死生、无终始者为友。"旨趣所寄，不尤为可见乎？

"消摇"，各本多作"逍遥"；"游"，多作"遊"，实非其旧。《释文》云"亦作"者，是也。因正之。

北冥有鱼，其名为鲲。鲲之大，不知其几千里也。化而为鸟，其名为鹏。鹏之背，不知其几千里也；怒而飞，其翼若垂天之云。是鸟也，海运则将徙于南冥。南冥者，天池也。

"冥"，一作溟。冥其本字，加水旁作溟者，后人改也。何以知之？外篇《在宥》云："至道之精，窈窈冥冥。"《天地篇》云："视乎冥冥，听乎无声。冥冥之中，独见晓焉。无声之中，独闻和焉。"《知北游篇》云："昭昭生于冥冥，有伦生于无形。"一书所以发端于"北冥"者，即取冥冥之义。若径作溟，则其义失矣。《释文》引梁简文帝云："窅冥无极，故谓之冥。"观"窅冥"之解，亦作冥不作溟之证。且下文曰："穷发之北，有冥海者，天池也。"于"海"上加"冥"字，作冥则可，若作溟，则曰溟又曰海，为不辞矣。北于《易》为坎之方，南为离之方。《说卦传》曰："离也者，明也。万物皆相见，南方之卦也。圣人南面而听天下，向明而治，盖取诸此也。"夫离南为明，则坎北为暗可知。鲲化为鹏，由北而南徙，象昭昭生于冥冥也。然南亦谓之冥者，名从其朔，且以见微显一源，非有二也。老子曰："此二者同出而异名，同谓之玄。"庄之言冥，犹老之言玄,故扬子云以玄对白,义可见也。见雄所作《解嘲》,曰"人有嘲雄以玄之尚白"云云。

曰"鱼"者,取象于卦之中孚。《中孚》曰:"遯鱼吉。"是也。"遯鱼",从虞氏《易》。卦气起于中孚。郑康成(玄)曰:"中孚为阳,贞于十一月子。"正坎之方也。"其名为鲲"者,"鲲"之为言混也。老子曰:"有物混成,先天地生。"是也。继之曰"鲲之大不知其几千里",则所谓"吾不知其名,字之曰道,强为之名曰大"者也。并见老子书。

"化而为鸟"者,取象于卦之小过。《小过》曰:"有飞鸟之象焉。"是也。中孚旁通小过,故鱼化而鸟。康成曰:"小过为阴,贞于六月未。"则正离之方也。中孚阳而小过阴者,中孚之大象为离,而小过之大象为坎也。大象为离而居坎方,大象为坎而居离方,阴阳互根,是乃所以为易也。知夫阴阳互根之理,则知北称冥,而南亦可曰冥矣。"其名为鹏","鹏"之为言朋也。《坤卦》曰:"利西南得朋。"得朋犹得明也。详见虞氏《易》。

鹏言"背",艮之止也。言"怒而飞",震之动也。"海运"者风,巽也。"天池"者泽,兑也。盖于是坎离震巽艮兑,六子之卦,无不具备。六子之卦备,即六十四卦无不备,而总之者则为乾坤,故后有"乘天地之正,而御六气之辨"之言也。

若以乾卦六爻说之,则鲲者,初爻之潜龙;遯鱼,犹潜龙也。化者,二爻之见龙;怒者,四爻之或跃在渊;飞者,五爻之飞龙在天;后言飞而有待于风之积,则三爻之终日乾乾;去以六月而必息,又所以免于上爻之亢而至悔也。是故庄子之言,多取象于《易》,而取义于老。取义于老,人或知之;取象于《易》,则知之者鲜矣。兹故特为发之。又当知庄出于《易》,老亦出于《易》。苟不明《易》,不能通庄,即亦不能通老。不能通老,则庄之取义于老者,实亦不能通也。故吾尝谓学者不可不先明《易》,以此也。

齐谐者,志怪者也。谐之言曰:"鹏之徙于南冥也,水击三千里,抟扶摇而上者九万里。去以六月息者也。"野马也,尘埃也,生物之以息相吹也。天之苍苍,其正色邪?其远而无所至极邪?其视下也,亦若是则已矣。

鲲化鹏飞,羌无事实。此《寓言篇》所谓"卮言日出,因以曼衍"者也。"卮言"者,司马彪注云:"谓支离无首尾言也。"彪之注最得庄意。支离急读之则成卮,故假卮字用之,义不在其成为酒器也。以其为支离之言,故又托于"齐谐"以实之。曰谐曰怪,明其为"谬悠之说、荒唐之言",语见《天下篇》欲读者之忘言而得意也。"得意忘言",语见《外物篇》。孟子言"齐东野人之语",此云"齐谐",盖齐地滨海,滨海者人多玄想,多玄想者多诞辞,邹衍之伦所以谈大九州也。

"水击"者,翼击水面而行。翼击水面三千里,然后"抟扶摇而上者九万里",言其不轻举也。《易·升卦》曰:"南征吉。"象曰:"君子以顺德,积小以高大。"顺之为言渐也,即不轻举之义。下文言"水之积"、"风之积",盖根于此矣。"扶摇"者,飚也。《尔雅·释天》曰:"扶摇谓之猋。"猋与飚同。郭璞注曰:"暴风从下上。"是也。古扶字读重唇,故急读之则曰飚,缓读之则为扶摇。此不言飚而作扶摇者,亦取有摇荡之义。摇荡犹鼓舞也。"抟"之为言专也。老子曰:"专气致柔。"此言风犹言气,观"以息相吹"语可见,故曰"抟扶摇而上",以表抟风即是专气。各本"抟"有作"搏"者,则传写之讹。章太炎《庄子解故》反以作"抟"为形误,而曰风不可抟,盖未明庄子之旨也。"上者九万里",《乾卦》九五飞龙之象也,后云"乘云气,御飞龙,而游乎四海之外",即承此文而言。"去以六月息者也",谐之言止此。"息"者,止也。六月而止,所以免于亢龙之悔,已见前注。

《庄》书"息"字有两义:一者息止之息,如此"以六月息",及《大宗师篇》"息我以老"是也;一者气息之息,如此"生物之以息相吹",及《大宗师篇》"其息深深,真人之息以踵,众人之息以喉"是也。或"以六月息"之息与"以息相吹"之息一例释之,误之甚也。

"野马"者,泽地游气,晓起野望可以见之,形如群马骤驰,故曰野马。野马、尘埃,皆气机之鼓荡,前后移徙,上下不停,故曰"以息相吹"。此云"以息相吹",犹《齐物论篇》之言"大块噫气"矣。野马尘埃而谓之"生物"者,所谓生生之谓易,见《易·系辞传》以其流动而变化言,非如今人之言生物无生物比也。"野马"三句,盖借小以明大。"天之苍苍"三句,下之视上也。"正色"犹言本色。本色如是,抑以远而无极,故望之如是,不能臆定,故作疑辞而两用"邪"字。类书引此,"邪"有作"也"者,"也"犹"邪"也。此借下以明上,故曰"其视下也,亦若是则已矣"。"其"指鹏言;"若是"者,上之视下与下之视上无二致也。

"三千里"言其远,"九万里"言其高,"六月"言其久。三也、九也、六也,亦皆《易》象,三一卦爻数、九老阳数、六老阴数也。老子曰:"大曰逝,逝曰远,远曰反。"三"曰"字皆与"则"同。道无有不反。故曰"去以六月息",息则反矣。

且夫水之积也不厚,则其负大舟也无力。覆杯水于坳堂之上,则芥为之舟;置杯焉则胶,水浅而舟大也。风之积也不厚,则其负大翼也无力。故九万里,则风斯在下矣,而后乃今培风;背负青天而莫之夭阏者,而后乃今将图南。蜩与学鸠笑之曰:"我决起而飞,枪榆枋;时则不至,而控于地而已矣。奚以之九万里而南为?"适莽苍者,三湌而反,腹犹果然;适百里者,宿舂粮;适千里者,三月聚粮。之二虫又何知?

"负",犹载也。"覆",倾也。"杯水",一杯之水。"坳堂",堂坳也。堂坳而曰坳堂,犹《兔罝》之诗逵中曰中逵、林中曰中林。见《诗·国风·周南》古人自有此语法也。"坳",地之窊也。"芥",芥子。"胶",胶著也。"风斯在下",见鹏之在风上,而可以御风也。"培",益也,养也。

《庄子》言"培风",犹孟子言"养气"。见《公孙丑篇》气而不养,则暴其气,曷以任重致远乎?"图",谋也。曰培曰图,审慎之至,其中固大有工夫在,故两言"而后乃今",难之也。王念孙解"培"为冯,见王氏《读书杂志》此禅师家所讥以活句为死句,不唯失其义,兼亦亡其神,不可不辩也。"背负青天",《易·大畜卦》:"上九,何天之衢之象也。""何","荷"之本字。负、荷一义。"夭",屈也。"阏"与遏同。无有屈之、遏之者,何天之衢之所以亨也。故此言"积",即《大畜》之畜。《大畜》言畜德,见《大畜象辞》孟子言集义,见养气章庄子则以积风、培风为譬,其实一也。

"蜩",蝉之小而青色者,俗谓之知了。知了即蜩之缓读。舌头舌上,古音相通也。"学"一作鸴。"学鸠",山鹊也。"笑之"者,老子所谓"下士闻道则大笑之,不笑不足以为道"也。"决起",决然而起,起之易也。"枪",《汉书·路温舒传》"见狱吏则头枪地",颜注云:"枪,抵也。"从木作枪者,言如枪之刺,见其飞势之疾也。各本有作"抢"者,妄人所改,不可从。"榆枋",二木名。"枋",檀之类也。"时则不至",谓不至一时,倒文也。或解"不至"为不至于榆枋者,误。"控",犹投也。不时而投于地,时之暂也。起易、飞疾、时暂,正与"水击三千里,抟扶摇而上者九万里,去以六月息"之文对照。盖浅学速成之徒类如此,故鸠曰学鸠,用一"学"字微露其意。读《庄子》若此等处,皆未可轻易放过也。"之九万里而南","之",适也。

"莽苍",草木蓊郁之状,谓郊野也。"飡"同餐。古者抟饭而食,一抟食为一飡,三飡而告饱,故一飡实一饭也。详见《仪礼·公食大夫礼》"果然",谓腹饱充实,如果然也。"宿",先一宿也。"粮",行道之食。孟子云"行者有裹粮"是也。见《梁惠王篇》"宿春粮",豫为备也。"三月聚粮","聚"犹积也。久积而后足用也。"之二虫",此二虫也,指蜩与学鸠言。"又何知",言其不足知于此也。郭象注云:"二虫谓鹏、蜩。对大于小,所以均异趣也。"又云:"夫小大虽殊,而放于自得之场,则物任其性,事称其能,各当其分,消摇一也。岂容胜负于其间哉?"见《消摇游》篇名下此以《齐物论》义作释,非本篇之旨。本篇赞大而斥小。下文曰:"小知不及大知,小年不及大年。"又曰:"此小大之辩也。"其意明甚。安得谓以均异趣而无胜负于其间也。郭子玄之说,实足贻学者之惑,故特著而辩之。

小知不及大知,小年不及大年。奚以知其然也?朝菌不知晦朔,蟪蛄不知春秋,此小年也。楚之南有冥灵者,以五百岁为春,五百岁为秋;上古有大椿者,以八千岁为春,八千岁为秋。而彭祖乃今以久特闻。众人匹之,不亦悲乎!

言"知"而忽及"年",曼衍而无极,此其所以为"卮言"也。然年为宾而知为主,故下文"不知晦朔"、"不知春秋",仍要归于知。

"朝菌",朝生之菌也。《列子·汤问篇》曰:"朽壤之上,有菌芝者,生于朝,死于晦。"此"晦"谓暮。朝生而暮死,一日之物耳,故曰"不知晦朔"。"朔",月之始。"晦",月之终也。"蟪蛄",蜩属。《楚辞》所云寒螀者也。春生者夏死,夏生者秋死,故曰"不知春秋"。"冥灵",冥海灵龟也。"椿",《禹贡》"杶榦栝柏"之杶。特曰"大"者,言其非常杶也。"彭祖",姓钱名铿,见《世本》与刘向《列仙传》。《列子·力命篇》云:"彭祖智不出尧、舜之上,而年八百。"《列仙传》有"彭祖殷末已七百六十七岁而不衰老"语,与《列子》略相近,而本书《大宗师篇》则曰:"彭祖得之,上及有虞,下及五伯。"是其生于舜时,至春秋尚存,历夏、商、周三代,殆千数百岁矣。疑出语增,未可执以为实。"以久特闻",犹言特以久闻。"久",谓寿考也。"匹",比也。言欲比并之。"悲"者,悲其知有小年而不知大年也。

汤之问棘也是已。"穷发之北有冥海者,天池也。有鱼焉,其广数千里,未有知其修者,其名为鲲。有鸟焉,其名为鹏,背若大山,翼若垂天之云,抟扶摇羊角而上者九万里,绝云气,负青天,然后图南,且适南冥也。斥鷃笑之曰:'彼且奚适也?我腾跃而上,不过数仞而下,翱翔蓬蒿之间,此亦飞之至也。而彼且奚适也?'"此小大之辨也。

　　此《寓言篇》之所谓"重言"也。"重言"者,引古先之说以为重,以见己说之未始无所根也。

　　"汤",殷王成汤。"棘",夏人名。《列子·汤问篇》作殷汤问于夏革。革、棘古一音,故字得通也。"穷",尽也。"穷发"犹言不毛,谓荒漠之北也。上言"南冥者,天池也",此"穷发之北有冥海",而亦曰天池者,明南北皆假象,非果为异地也。"修",长也。"大"读太,即泰山。"羊角",风名,以其盘旋回转如羊角然,故谓之羊角。"且适南冥",将适南冥也。"斥",斥泽。"鷃"一作鴳,字同,鹑之属也。上蜩与学鸠曰"时则不至,而控于地而已矣",拟自弃者之言也。"翱翔蓬蒿之间,此亦飞之至也",拟自暴者之言也。自弃与自暴虽不同,要其为小知则一也。"仞",七尺。"翱",翼一上一下。"翔",回飞也。自"穷发之北"至"而彼且奚适也",述夏棘之言。言问不言答,省文,可知也。"此小大之辨也",总结篇首以来之文。"辨",犹分也。

　　故夫知效一官,行比一乡,德合一君而征一国者,其自视也亦若此而已矣。而宋荣子犹然笑之。且举世而誉之而不加劝,举世而非之而不加沮,定乎内外之分,辨乎荣辱之竟,斯已矣。彼其于世,未数数然也。虽然,犹有未树也。夫列子御风而行,泠然善也,旬有五日而后反。彼于致福者,未数数然也。此虽免乎行,犹有所待也。若夫乘天地之正,而御六气之辨,以游无穷者,彼且恶乎待哉!故曰,至人无己,神人无功,圣人无名。

"知"同智。"行"读去声。"效"谓能其事也。"比"犹周也。"征",见信也。"若此","此",斥鴳也。由知而行而德,由一官而一乡而一君一国,其中亦自有小大,然要之皆徇名而务外。故宋荣子犹笑之。"犹"言犹然,犹今当言当然。"然"者,加强语势之辞。注家有以"犹然"为笑貌者,非也。"宋荣子"即《天下篇》之宋钘、《孟子》之宋牼。见《告子篇》轻、钘、荣,并一声之转。加"子"者,尊称之也。《韩非子·显学篇》曰:"宋荣子之议,设不斗争,取不随仇,不羞囹圄,见侮不辱。"与《天下篇》言"宋钘见侮不辱,救民之斗,禁攻寝兵,救世之战",其说正合。故知是一人也。

"劝",勉也。"沮",沮丧之沮。"分"读去声。"辨",别也。"竟"同境,界也。自"举世"以下,盖宋荣之所得。"且"者,发端之辞。"斯已矣",犹言斯可矣。故曰"彼其于世未数数然也"。"数数",犹汲汲。"世"者,世情,即指非誉、荣辱,所谓外也。"树",立也。"未树",言未有以自立。自立者,自得也。鴳之笑鹏,以小笑大。宋荣之笑"知效一官"数者,则以大笑小,似有间矣,顾曰"斯已矣",犹是自足之见,斯其所得亦浅哉,故断之曰"犹有未树"。

"列子",名御寇,书中屡称之,不独杂篇有《列御寇篇》也。《汉书·艺文志》道家有《列子》八篇。今列子之书,多后人附益,盖非其旧。其《黄帝篇》曰:"列子师老商氏,友伯高子;进二子之道,进与尽同乘风而归。尹生闻之,从列子请蕲其术。中有节文列子曰:'自吾之事夫子,友若人也,三年之后,心不敢念是非,口不敢言利害,始得夫子一眄而已;五年之后,心庚念是非,口庚言利害,庚与更同夫子始一解颜而笑;七年之后,从心之所念,庚无是非,从口之所言,庚无利害,从读纵夫子始一引吾并席而坐;九年之后,横心之所念,横口之所言,横读去声亦不知我之是非利害欤,亦不知彼之是非利害欤,亦不知夫子之为我师若人之为我友,内外进矣。进同尽而后眼如耳,耳如鼻,鼻如口,无不同也。心凝形释,骨肉都融,不觉形之所倚,足之所履,随风东西,犹木叶榦壳,槩与干同竟不知风乘我邪？我乘风乎？'"其写乘风之状，与所以致之之功，为文甚美，为义甚密。然疑即因《庄》文，此文从而敷衍增饰之者。实则御风特守气之譬喻耳。观外篇《达生》子列子问关尹"至人"之言可以见也。"泠然"，轻嫖貌。"福"犹善也。"致福"，即指上定内外之分、辨荣辱之竟。"旬有五日而后反"，与"去以六月息"之文相应。"旬有五日"，一旬又五日也。"六月"，阴阳消长之期数。"旬又五日"，朔望盈亏之期数也。"有所待"，犹待乎风也。

"乘天地之正"，"正"者，《易·既济卦象传》所谓"刚柔正而位当"也。"御六气之辨"，"辨"者，变也。见《释文》。古辨、变可通用。《乾卦象传》所谓"六位时成，时乘六龙以御天"也。"恶"音乌，"恶乎待"者，《礼·中庸篇》所谓"夫焉有所倚"也。惟无所倚，是以能游于无穷。此节为一篇之正文。"至人无己"三句，则一篇之要旨。而"无己"，尤要中之要。盖非至"无己"不足以言"游"，更不足以言"消摇"也。"圣人"、"神人"、"至人"，虽有三名，至者圣之至，神者圣而不可知之称。《孟子》曰："圣而不可知之之谓神。"见《尽心篇》。其实皆圣人也。而"无己"必自"无名"、"无功"始，故先之以"无名"，次之以"无功"。"无名"者，不自有其名。"无功"者，不自有其功。不自有者，"无己"之渐也。故终归于"无己"而止焉。

尧让天下于许由，曰："日月出矣，而爝火不息。其于光也，不亦难乎！时雨降矣，而犹浸灌。其于泽也，不亦劳乎！夫子立而天下治，而我犹尸之。吾自视缺然。请致天下。"许由曰："子治天下，天下既已治也。而我犹代子，吾将为名乎？名者，实之宾也。吾将为宾乎？鹪鹩巢于深林，不过一枝；偃鼠饮河，不过满腹。归休乎君，予无所用天下为！庖人虽不治庖，尸祝不越尊俎而代之矣。"

此以"圣人无名"，寄之于尧与许由之让天下，所谓"寓言"者也。

"尧",帝尧,陶唐氏也。"许由",当时之隐士也。尧以天下让许由,许由不受,亦见杂篇《让王》。司马迁《史记·伯夷列传》云:"说者曰:'尧让天下于许由,许由耻之,逃隐。'由义至高。其文辞不少概见,何哉?"盖疑于说者之言或非实也。然又云:"余登箕山,其上盖有许由冢云。"则由又似实有其人。十口相传谓之古。庄子之言最达,曰:"妄言之,妄听之。"必欲考其真伪,惑矣。

"爝火",燋火也。爝之与燋,犹嚼之与噍,古今音上下之别也。"日月"、"时雨"以比由,"爝火"、"浸灌"以自比。"难"、"劳"一义,皆言为力之多而收功之小也。"立而天下治",外篇《在宥》所谓"从容无为,而万物炊累焉"。"尸"者,尸其位也。"缺然",不足也。

"子治天下","治"读平声,下"治庖"之"治"同,余"治"读去声。辞之动静之别也。"将为名乎"、"将为宾乎",两"乎"字同,而其用则异,为名者疑辞,为宾者则决辞。言不欲为宾,反言之,故曰"将为宾乎"也。"为名"、"为宾",两"为"字皆读去声。

"鹪鹩",鸟之小者,善于为巢,取木叶而口缀缉之,俗谓之巧妇鸟。鸟小而谓之鹪鹩,犹人小而谓之僬侥矣。"偃鼠",田鼠也,以其偃行地下,故谓之偃鼠。或亦作鼹,则后起字也。"不过一枝"、"不过满腹",皆言赡己之易足也。"归休乎君",犹言"君归休乎"。"无所用天下为",犹言"无所为而用天下"。皆倒文也。

"庖",掌庖厨者。"尸",祭祀之尸。古者祭祀,以神不可见,因立人之年少而习于礼者以为之主,是谓之尸。上言"我犹尸之",亦即此义而引申者也。"祝",代主人通辞于神者。"尊",一作樽,盛酒之器。"俎"则所以载牲体者。"不越尊俎,而代之",言各有其分位,不得而搀夺也。《淮南子·泰族训》亦有此说,而文稍异,曰:"今夫祭者:屠割烹杀、剥狗烧豕、调平五味者,庖也;陈簠簋、列樽俎、设笾豆者,祝也;齐明盛服、渊默而不言、神之所依者,尸也。齐读斋宰祝虽不能,宰即庖也。尸不越樽俎而代之。"下续曰:"故法者,治之具也,而非所以为治也,犹弓矢,中之具,而非所以中也。"两"中"字并读去声。观此,其设喻之意可益明已。

肩吾问于连叔曰:"吾闻言于接舆,大而无当,往而不反。吾惊怖其言,犹河、汉而无极也;大有迳庭,不近人情焉。"连叔曰:"其言谓何哉?"曰:"'藐姑射之山,有神人居焉,肌肤若冰雪,淖约若处子;不食五谷,吸风饮露;乘云气,御飞龙,而游乎四海之外。其神凝,使物不疵疠而年谷熟。'吾以是狂而不信也。"连叔曰:"然!瞽者无以与乎文章之观,聋者无以与乎钟鼓之声。岂唯形骸有聋盲哉?夫知亦有之。是其言也,犹时女也。之人也,之德也,将旁薄万物以为一。世蕲乎乱,孰敝敝焉以天下为事!之人也,物莫之伤,大浸稽天而不溺,大旱金石流、土山焦而不热。是其尘垢粃糠,将犹陶铸尧、舜者也,孰肯以物为事!宋人资章甫而适诸越,越人断发文身,无所用之。尧治天下之民,平海内之政,往见四子藐姑射之山。汾水之阳,窅然丧其天下焉。"

此寄之接舆、连叔之言,以明"神人无功"也。

"接舆",见《论语·微子篇》,谓之楚狂,则楚人也。接舆,实非名,以其迎孔子之车,歌而过之,故记者称之接舆,犹荷蒉者称之荷蒉,见《论语·宪问篇》晨而启门者称之晨门也。同上皇甫谧《高士传》曰:"楚人陆通,字接舆。"谓接舆姓陆名通,不知何据;若其以接舆为字,则误之甚也。肩吾、连叔并无征。《大宗师篇》有"肩吾得之以处大山"语,然其名在堪坏、冯夷之次,而黄帝、颛顼之前,故司马彪注以为山神,则与此肩吾名同而实异矣。《庄子》寓言多出虚构,人之有无,可勿问也。

"大而无当","当"读去声,中也,谓不中事实也。"往而不反",谓无有归宿也。"怖",惶骇也。言惊又言怖者,甚之之辞也。北方之水,

16

河为大,楚之水,汉为大。"犹河、汉而无极"者,言如河、汉之水不可得而穷其原委也。"迳"同"径",衺也。"庭",直也。衺直参差,故曰"大有迳庭",以形其不近人情有如是者。注者或用迳庭本义作释,谓如门内地与门外路之分,失之矣。

"藐姑射"之下,肩吾复述接舆之言。"藐"同"邈",远也。"藐姑射之山",言远哉姑射之山也。"姑射",山名,见《山海经》;然此特假以托意,不必实指其地。"淖约",叠韵连语,亦作绰约,有敛约义,兼有柔弱义。"处子"犹处女也。"肌肤若冰雪",喻其纯白之备。"纯白备",语见《天地篇》。"淖约若处子",喻其守静之笃也。"守静笃",老子语。"不食五谷,吸风饮露",如《楚辞·远游》云"餐六气而饮沆瀣,漱正阳而含朝霞",喻其保神明之清澄,精气通而粗秽悉除也。"其神凝","凝"如《易·鼎卦象》曰"正位凝命"之凝,葆固而不散也。"物不疵疠",物各遂其生也。"疵"、"疠"皆病,而疠甚于疵,疫之类也。"年谷熟",无旱涝之灾也。此即《中庸》"致中和天地位焉,万物育焉"之义也。"狂而不信",以其言为狂而不信之也。"狂"读如字,从接舆为楚狂来。训诂家谓当读作诳,似之而实非也。

"与"、"观"并读去声。"知"同"智"。"无与",犹无涉也。"盲"同"瞽"。"知亦有之"者,知亦有聋盲也。"是其言",谓彼接舆所言也。"时",如《论语》"时其亡也"之时,见《阳货篇》义犹当也。"女"读汝。"犹时女"者,意谓接舆当汝,故言之只如此。若其实则犹有未尽也,故下更进而嗟叹之曰:"之人也,之德也。"既言此人,又言此德,盖几于"嗟叹之不足而咏歌之,咏歌之不足而不知手之舞之、足之蹈之"者矣。旧注如司马彪读"女"如字,以时女为即处子,固误。而或者知读"女"为"汝"矣,以"时"为"是"、"也"同"邪",谓接舆之言岂犹是汝等之见邪,混接舆与连叔之言而等量观之,失文章之层次,即亦未见其当也。"将旁薄万物以为一"八字为句,"薄"如《书·皋陶谟》"外薄四海"之薄。"旁薄"谓广被也。广被万物而包孕之,故曰"以为一"。《淮南子·俶真训》云:"旁薄为一,而万物大优。"即本此文。是读至"以为一"句绝,由来旧矣。注家有以"一"字连下"世"字读,作"以为一世蕲乎乱"者,大非也。"蕲"读同"期"。"乱"如《论语》"武王曰:'予有乱臣十人'"之乱,治也。"世蕲乎乱"者,言世自期于治,若神人则何劳之有,故曰"孰敝敝焉以天下为事"。"敝敝",犹劳劳也。

"大浸"谓洪水也。"稽",至也。"稽天",犹《书》云"滔天"也。见《尧典》"金石流",镕化而流也。"土山焦",土与山并焦也。"物莫之伤",喻无"人事之患"。大浸不溺,大旱不热,喻无"阴阳之患"也。人事之患、阴阳之患,并见《人间世篇》。"尘垢秕穅",犹言糟粕也。范土曰陶,范金曰铸。"尘垢秕穅,将犹陶铸尧、舜者",即杂篇《让王》所云"道之真以治身,其绪余以为国家,其土苴以治天下,帝王之功,圣人之余事"者也,故曰"孰肯以物为事"。上文言"旁薄万物以为一",犹见有物也,此云"孰肯以物为事",则并物而忘之,盖意又更进矣。老子曰:"处无为之事,行不言之教,万物作焉而不辞。生而不有,为而不恃,是以功成而不居。"义正类此。盖于是而无功之蕴阐发无遗矣。此其所以归之于神人也。

"宋",微子封国,其都在今河南睢县。"资"犹货也。"章甫",殷冠名。宋,殷后,其冠犹存殷制,故称冠为章甫。"诸越",犹於越也。诸、於皆越人发语辞。越国,夏后,今之绍兴即其地。诸暨县之称诸,亦其声之遗也。"断",一作敦,义同。断发者无用于冠,喻无功者无用于天下与物也。"文身",涅其身以为文也。因断发而并及之,以见越人之俗不与诸国同,而宋人不能知也。"四子",设辞。郭子玄注云:"盖寄言以明尧之不一于尧耳。"然谓"明尧之不一于尧",未若言明神人之不一于神人也。若李桢以王倪、啮缺、被衣、许由实之,凿矣。"汾水之阳"四字属下读,尧都平阳,临汾水,故曰"汾水之阳"。"窅然丧其天下",盖谓见四子而归,其进境如此。"窅然",自失貌,犹怅然也。"丧其天下",忘其天下也。忘其天下,斯忘其治天下平海内之功矣。

惠子谓庄子曰："魏王贻我大瓠之种,我树之成,而实五石;以盛水浆,其坚不能自举也;剖之以为瓢,则瓠落无所容。非不呺然大也。吾为其无用而掊之。"庄子曰："夫子固拙于用大矣。宋人有善为不龟手之药者,世世以洴澼絖为事。客闻之,请买其方百金。聚族而谋曰:'我世世为洴澼絖,不过数金;今一朝而鬻技百金,请与之。'客得之,以说吴王。越有难,吴王使之将,冬与越人水战,大败越人,裂地而封之。能不龟手,一也;或以封,或不免于洴澼絖,则所用之异也。今子有五石之瓠,何不虑以为大樽而浮于江湖,而忧其瓠落无所容? 则夫子犹有蓬之心也夫!"惠子曰:"吾有大树,人谓之樗。其大本,拥肿而不中绳墨;其小枝,卷曲而不中规矩;立之涂,匠者不顾。今子之言,大而无用,众所同去也。"庄子曰:"子独不见狸狌乎? 卑身而伏,以候敖者;东西跳梁,不辟高下;中于机辟,死于罔罟。今夫斄牛,其大若垂天之云。此能为大矣,而不能执鼠。今子有大树,患其无用,何不树之于无何有之乡,广莫之野;彷徨乎无为其侧,消摇乎寝卧其下。不夭斤斧,物无害者,无所可用,安所困苦哉!"

此二节,寄之己与惠子之问答,以明"至人无己",亦"寓言"类也。

顾不曰"无己",而曰"无用"者,承上"肩吾"节"无所用之"而言,其意则以为人之有恃,己自有用而生,而其用愈大,斯其为己也亦愈坚。故必肯自居于无用,而后己始可得而无也。曾子曰:"以能问于不能,以多问于寡。有若无,实若虚,犯而不校。昔者吾友,尝从事于斯矣。"见《论语·泰伯篇》能而问于不能,不自见其能也。多而问于寡,不自见其多也。若无若虚,不自见其有,不自见其实也。要之自见其无用,自居于无用而已。注者谓"吾友"盖指颜子而言,以非颜子不能及此,故孔子曰:"回也其庶乎,屡空。""空"者,空诸所有,所谓"无己"也。然则"无用"之与"无己",其不可析也明矣。

又言无用而必先之以用大者,盖无用者,用而不自用,非实无用之谓也。是有二义:能用大而后可以无用,此一义;亦惟无用而后能用其大,此又一义也。《易·系辞传》曰:"显诸仁,藏诸用,鼓万物而不与圣人同忧,盛德大业,至矣哉!"以"藏诸用"言,则无用矣;以"显诸仁"言,则用大矣。至人之所以为至,在于盛德大业。而德之所以盛,业之所以大,则在于鼓万物而不与圣人同忧。鼓万物而不与圣人同忧,非"无己"莫能望,此"无己"之所以为至。世之解《庄子》者,每谓:"庄子之学,非不高且远也,而施之于世,则无所用。"此其见正与惠子等,恶足以窥庄子哉?

"惠子",名施,为梁惠王相,见于《国策》,其学概见《天下篇》,庄子之友也。"魏王"即惠王,名莹,魏其故封,后迁大梁,因亦称梁。"瓠",壶也。《七月》之诗曰:"七月食瓜,八月断壶。"是也。瓠、壶一音之转,缓读之则曰胡卢。"种"读上声,谓种子也。"树",植也。"实五石",实之大可容五石也。"石",量名,十斗曰石。但古斗小,不可不知。"浆",熟水。"其坚不能自举"者,瓠之为物脆而不坚,举之则将不堪,故曰不能自举也。"剖",分之为两胖也。"瓠落"犹濩落,空廓也。"无所容",无物以纳之。成玄英疏云:"平浅不容多物。"失之。果平浅不容多物,下文安得云"呺然大"乎?"呺"与枵通。李善注《文选》谢灵运《初发都》诗引此文作枵,可证。《尔雅·释天》:"玄枵,虚也。"虚而大,故曰"枵然大也"。"掊",击破之也。

"拙于用大",谓不善用大也。"龟"读如字。手坼裂如龟文,故谓之龟手。注家或读为皲。龟以形其皲,而皲非龟也,其义自别,则读龟为皲实误也。"洴澼",漂也,漂缓读之则为洴澼,犹飚缓读之为扶摇矣。"絖"与纩通,絮也。"请买其方百金",请以百金买其方也。古金方寸重一斤,是为一金,百金则金百斤也。"聚族而谋"者,世业本不传人,故决之于全族也。"鬻"者,賣之假借,读育,卖也。始言药,继言方,终言技者。"技",术也。无方不能成药,不得其术则虽有方犹不成也。故在客但知买其方耳,而在宋人则必曰鬻技,谓由是而术不复可以自秘。此《庄子》文字之极细密处,读者往往忽过,可惜也,故兹聊一发之。

"说"读去声,"难"谓兵患,"将"谓将兵,亦皆去声。"大败越人",盖得药力,不明点者,以言"冬",言"水战",读者自知之也。"裂地而封之",封为邑君也。"所用之异",用之有巧拙而其效之大小遂以判也。"虑",计也。"计"、"忧"皆以心言,故后有"犹有蓬之心"之语。司马彪注以"虑"为结缀。虑何得有结缀之训?注家不明,而有从之者,非也。"樽"本酒器,而浮水或以用之,韩信破魏王豹,从夏阳,以木罂缶度军,袭安邑。见《汉书·韩信传》。度与渡同。罂缶即樽之类。《鹖冠子》曰:"中流失船,一壶千金。"亦谓其可以浮渡也。"蓬之心",犹《孟子》言"茅塞子之心"。见《尽心篇》心中有物,则失其虚灵之用,如蓬茅生之,故曰蓬心,亦以与上"翱翔蓬蒿之间"之文相应也。

"樗",叶似椿,而有恶臭,俗谓之臭椿。"拥肿",肥短而不端直也,故曰"不中绳墨"。"绳墨",匠人所以取直者。"卷",读如拳,不可以为方圆,故曰"不中规矩"。两"中"字皆去声,合也。"立",树也。"涂",大道。"匠人",攻木之工也。见《考工记》"不顾",过而不视也。"众所同去","去"与取相反。言去,犹言不取也。

"狸",野猫。"狌",鼬,即俗所谓黄鼠狼者。"候",觇也。"敖",放也,如《孟子》有"鸡犬放"之放。见《告子篇》谓放出在外,主人所不戒者也。"跳梁"同跳踉,踉亦跳也。"不辟"之"辟"读如避。"机辟"之"辟"读如闢。"机辟"犹机括、机关。阖则谓之括、谓之关,开则谓之闢,其实一也。"中",著其中也,读去声。"冈"同网,罔其本字。"罟"亦网类。《易·系辞传》云:"作结绳而为冈罟,以佃以渔。"是也。"犛牛",旄牛也,字亦作氂,牛之最大者,毛特长,尾可以饰旄,因谓之旄牛。今

21

康藏犹畜之。"能为大矣,而不能执鼠",言其不如狸狌,此喻君子可大受而不可小知。孔子曰:"君子不可小知,而可大受也。"见《论语·卫灵公篇》。亦以应上"用大"之文也。

"无何有之乡",即"无己"之境地。"无己"则大,故又曰"广莫之野"。"广"、"莫"皆大也。"彷徨"犹徜徉。"无为",无事也。"寝卧",禅师家所谓大休歇也。"不夭斤斧,物无害者",就树言。"夭",折,犹言摧残也。"无所可用,安所困苦哉?"归结于人言。《老子》曰:"吾所以有大患者,为吾有身。及吾无身,吾有何患。"是其义也。

齐物论第二

"齐物论"者,齐物之不齐,齐论之不齐也。言论先及物者,论之有是非、然否,生于物之有美恶、贵贱也。刘勰《文心雕龙·论说篇》云:"庄周齐物,以论为名。"后人因之,遂谓庄子有齐物之论。此大谬也。若曰论,则《消摇游》以次七篇皆论也,安得此独以论名哉!齐之为言,非如《孟子》"比而同之"之云也。"子比而同之,是乱天下也",见《滕文公篇》。美者还其为美,恶者还其为恶;不以恶而掩美,亦不以美而讳恶,则美恶齐矣。是者还其为是,非者还其为非;不以非而绌是,亦不以是而没非,则是非齐矣。《至乐篇》曰:"名止于实,义设于适。"止者不过其当,适者不违其则。不过当,不违则,此齐物、齐论之要旨也,故篇中特举《春秋》以为说,曰:"《春秋》经世,先王之志,圣人议而不辩。"夫《春秋》者,正名之书也。子曰:"名不正则言不顺,言不顺则事不成。"见《论语·子路篇》言之不顺,过其当也。事之不成,违其则也。过当在不能明,违则在不知因。故篇中特标"以明"、"因是"两端,反复言之。文虽极其变,义则极其平,要之曰正名而已矣。人于正名则安之,于齐物论则骇之,无他,习与不习之故也。虽然,欲能明,必先去其固必之执。语本《论语》曰:"毋意、毋必、毋固、毋我。"见《子罕篇》。而去执莫如"无己",故篇以"丧我"发端。欲知因,必先洞夫万物之情,而洞物莫如顺化,故乃以"物化"作结也。

南郭子綦隐几而坐,仰天而嘘,嗒焉似丧其耦。颜成子游立侍乎前,曰:"何居乎?形固可使如槁木,而心固可使如死灰乎?今之隐几者,非昔之隐几者也。"子綦曰:"不亦善乎,而问之也!今者吾丧我,女知之乎?女闻人籁而未闻地籁,女闻地籁而未闻天籁夫!"子游曰:"敢问其方。"子綦曰:"夫大块噫气,其名为风。是唯无作,作则万窍怒呺。而独不闻之翏翏乎?山林之畏佳,大木百围之窍穴,似鼻、似口、似耳、似枅、似圈、似臼、似洼者、似污者,激者、謞者、叱者、吸者、叫者、譹者、宎者、咬者,前者唱于,而随者唱喁。泠风则小和,飘风则大和。厉风济,则众窍为虚。而独不见之调调之刀刀乎?"子游曰:"地籁则众窍是已,人籁则比竹是已。敢问天籁。"子綦曰:"夫吹万不同,而使其自已也,咸其自取,怒者其谁邪!"

"南郭子綦",以居南郭,遂以南郭为号;"綦",其字也;《徐无鬼篇》作南伯子綦。《人间世篇》亦云:"南伯子綦游乎商之丘。""伯"者,长称。"南郭"或单称南,犹南宫容亦称南容也。"隐几而坐",言其静也。"仰天而嘘",言其动也。静中有动,即《在宥篇》所云"尸居而龙见,渊默而雷声,神动而天随"之象也。下文"天籁"之义,盖已尽露于此矣。"嗒焉似丧其耦",即《田子方篇》所云"遗物离人而立于独"也。独则无耦,故曰"似丧其耦"。"嗒",一作答。"嗒焉"犹块然,故子游有形如槁木、心如死灰之问也。

"何居"犹何为也。"子游",南伯弟子。"颜成",如广成子、伯成子高之类,当是复姓也。《达生篇》言痀偻者之承蜩也,曰:"吾处身也若厥株拘,吾执臂也若槁木之枝。"此形如槁木之解也。《应帝王篇》言神巫季咸之相壶子也,壶子示之以地文,出而谓列子曰:"子之先生死矣!吾见怪焉,见湿灰焉。"此心如死灰之解也。"如"之云者,譬况之辞,非真成槁木死灰也。

"不亦善乎而问之也"八字句,"而"犹尔也。称其问之善,所以发其悟也。"丧我"承上篇"无己"来。惟丧我而后能尽执,惟尽执而后能超然于物论之外,而物论始可得而齐矣。"我"者人也。"丧我"者天也。惟人而能天,可以齐物论之不齐,故后文曰"圣人不由,而照之于天"。又曰"圣人和之以是非,而休乎天均"。又曰"孰知不言之辩、不道之道,此之谓天府"也。

"人籁"、"地籁"、"天籁",虽分三名,而所欲发明者,亦惟天籁而已。顾天籁非言语文字所可模拟状绘,不得已因托于地籁以言之,是以子游"敢问其方",而子綦独称地籁也。"方"犹类也。"籁",箫也,即所谓比竹。是故籁本人籁之名,地籁、天籁皆从人籁而推说之。此《庄子》之巧于为文也。老子曰:"有无相生,难易相成,长短相形,高下相倾,声音相和,前后相随。"夫有无、难易、长短、高下,所谓物论之不齐也。而声音相和,前后相随,有似于此,故尽声音之道,可以通于物论。《庄子》地籁之说,其亦本于此乎?

"大块"者,地也。"噫"读去声,犹嘘也。"是唯无作",言不作则已也。"呺"通号,亦即號也,读平声。"翏翏",长风声,今作飂。"畏佳"同嵔崔,状山林之高大而参差也。"百围",见下《人间世篇》。"窍"、"穴"皆孔也,细曰窍,大曰穴。

"似鼻"以下,举窍穴之形。鼻、口、耳,取之人身。枅、圈、臼,取之器物。"枅"即《徐无鬼篇》釪钟之釪,酒器也,似钟而长颈,或从金,或从木者,木制则从木,金制则从金,犹盤作槃亦作鎜也,读如刑,与训樠栌音鸡者非一字也。"圈",杯圈也。"洼者"、"污者",取之地势,洼大而深,污小而浅也。

25

"激者"以下，写众窍之声。"激者"、"谪者"，取之水火。"激"，水之击也。"谪"同熇，见《尔雅疏》火之发也。"叱者"、"吸者"、"叫者"、"譹者"，取之人畜。"宎者"、"咬者"，取之杂声。"宎"之为言夭也。"咬"之为言交也。"宎者"声转折，"咬者"声交杂也。"前者唱于，而随者唱喁"，"于"、"喁"犹舆、谪也。《吕氏春秋·淫辞篇》曰："今举大木，前呼舆谪，后亦如之。"《淮南子·道应训》作"邪许"。于喁、舆谪、邪许，并一声之转。此盖引举重之声以相况，故继之云"泠风则小和，飘风则大和"也。

"泠风"，风之微者。"飘风"，风之疾也。"厉风"，烈风也。古厉山氏亦作烈山氏。厉、烈声通也。"济"，风过也。风过则众窍为虚，与无作之前无异矣。"调调"、"刁刁"，林木枝叶之摇曳也。"刁刁"如字，今俗犹有此语。各本作"刀"，不知者所改也。风济声息，故不曰闻而曰见。曰"独不闻"，曰"独不见"，皆亲切指点处，不仅文字之妙，能绘声绘影也。

"吹"承"噫气"言，易噫而言吹者，就万窍而说之，亦切籁而名之也。"自已"之"已"，读如已止之已。"使其自已"，承"厉风济而众窍为虚"言。此从已者自已，以见喁者自喁，故继曰"咸其自取"，言皆出于自尔，非有所主张造作于其间也。《天运篇》曰："风起北方，一西一东，有上彷徨，孰嘘吸是？孰居无事，而披拂是？"彼但有问而无答，亦此义也。"怒者其谁邪？"反诘子游，欲其自领会天籁之旨也。《消摇游》云："怒而飞。"《外物篇》云："春雨日时，草木怒生。"凡怒皆天机之动也。"谁"虽疑辞，然老子言道曰："吾不知其谁之子，象帝之先。"彼以"谁"表道，此以"谁"表天，亦在读者善会耳。

此段文字，首云"是唯无作"，终云"众窍为虚"，皆极有关系所在。而读者往往忽之，所以疑子綦始终未谈及天籁也，不知地籁有作止，而天籁无作止，能于无作无止处著眼，天籁固不在地籁外，亦且不在人籁外也。

大知闲闲,小知閒閒;大言炎炎,小言詹詹。其寐也魂交,其觉也形开;与接为构,日以心斗。缦者,窖者,密者。小恐惴惴,大恐缦缦。其发若机括,其司是非之谓也;其留如诅盟,其守胜之谓也;其杀如秋冬,以言其日消也。其溺之所为之,不可使复之也;其厌也如缄,以言其老洫也;近死之心,莫使复阳也。喜怒哀乐,虑叹变慹,姚佚启态;乐出虚,蒸成菌。日夜相代乎前,而莫知其所萌。已乎,已乎!旦莫得此,其所由以生乎!

非彼无我,非我无所取。是亦近矣,而不知其所为使。若有真宰,而特不得其眹。可行己信,而不见其形;有情而无形。百骸、九窍、六藏,赅而存焉,吾谁与为亲?女皆说之乎?其有私焉?如是,皆有为臣妾乎?其臣妾不足以相治乎?其递相为君臣乎?其有真君存焉?如求得其情与不得,无益损乎其真。一受其成形,不亡以待尽。与物相刃相靡,其行尽如驰,而莫之能止,不亦悲乎!终身役役,而不见其成功;苶然疲役,而不知其所归,可不哀邪!人谓之不死,奚益!其形化,其心与之然,可不谓大哀乎?

人之生也,固若是芒乎?其我独芒,而人亦有不芒者乎?夫随其成心而师之,谁独且无师乎?奚必知代而心自取者有之?愚者与有焉。未成乎心而有是非,是今日适越而昔至也。是以无有为有。无有为有,虽有神禹,且不能知。吾独且奈何哉!

"大知"、"小知",承上篇"小知不及大知"言,然上篇褒大贬小,此篇则大小俱遣,不可不知也。先知于言者,言从知生也。自"其寐也魂交"以下,皆就知言。至下节"夫言非吹也",方及于言。知与言者,物论之权舆也。

"闲闲",广博貌。"閒閒",有所分别也。"炎炎",美盛貌。"詹詹"犹沓沓,多言而枝也。"魂交"、"形开"互文,"魂交"则形亦交,"形开"则魂亦开。形者魄也。"接"谓所接物也。"与接为构","构"与交一义,犹《孟子》言"物交物矣"。"斗",争也。"日以心斗",《人间世篇》所谓"知出乎争,知也者争之器。"是也。"缦"、"窖"、"密"三者,由疏而密,由缓而紧,皆言心斗之状也。斗则不能无胜负,虑胜而忧负,而心无一时之恬愉矣。"小恐"、"大恐"盖生于此。"惴惴"犹可言也。"缦缦"则张极而弛,精神涣散,不可言也。

抑疏密、缓紧虽有三,而皆不离乎发与守之二境。"发若机括",言其速也。"留如诅盟",言其坚也。"留"者止也。曰守胜不言负者,欲胜不欲负也。胜负是非,于文相对,于事则相承。随是二者,胶胶扰扰,日与天远,终至不能复其初矣。"杀"谓减杀,读去声。"消",消铄也。"其溺之所为之,不可使复之也"十二字为一句,"溺"如《孟子》"陷溺其心"之溺。此"不可使复",其病在发而不知节。"厌"读如《礼记·大学篇》"见君子而后厌然"之厌,与《孟子》言"乡原阉然媚于世"之阉,音义亦通,谓闭藏也。故曰"如缄"。"洫",败也。"老洫",老而败坏也。"近死之心莫使复阳",此"莫使复"病在守而非其理。发之病毗于阳,守之病毗于阴。惟其毗于阴,故曰"近死之心",而下更明揭之曰"莫使复阳"也。《易·复卦》初爻曰:"不远复,无祗悔,元吉。"上爻则曰:"迷复凶,有灾眚。"此两不复,皆所谓迷复之凶者也。

"喜怒"以下十二字,并两两相对。"虑"在事前,"叹"在事后。"慹"同执,谓不变也。"姚"如票姚之姚,轻捷也。"佚"者安佚,"姚"之反也。"启",如《书·尧典》"胤子朱启明"之启,通达也。"态"有故为义,今俗犹有作态之言,亦"启"之反也。"乐出虚,蒸成菌",皆譬喻之辞。而"乐出虚"又遥与上人籁相应。"日夜相代乎前,而莫知其所萌","萌",始也,生也,言此十二者迭生于心,不能测其所由始也。虚之出乐,蒸之成菌,正同乎此。

"已乎,已乎",叹辞,《庄子》书中屡有之。《人间世》云:"已乎,已乎,临人以德。"《则阳篇》云:"已乎,已乎,且无所逃。"皆是也。或读作我已之己,非也。此已字正承上"使其自己"之文。人惟不能自已,故汩没于此心之变幻中而不能自脱。叠言已乎,亦此老之亲切为人处,未可放过也。"且莫得此,其所由以生乎","莫"同暮,"旦暮"犹后人言早晚,谓几时也。"此"即指上十二种心"相代乎前"者。此"其所由以生",直穷其源,起下真宰、真君之文也。老子曰:"万物并作,吾以观其复。夫物芸芸,各归其根。归根曰静,静曰复命。"老子于复处要其终,庄子于生处原其始,其意一也。

"非彼无我"以下一转。"彼"即"此其所由以生"之"此",以对我言,故易曰彼。离彼心,即不复有我。而离我,则又谁取此心者。故又曰"非我无所取"。"取"根上"咸其自取"言。彼我本不相离,故曰"是亦近矣。而不知其所为使","使"根上"使其自己"之"使"言。夫果有使之者,此当为吾人之主宰。然索之而"不得其朕"。"朕",兆也。故亦曰"若有真宰"而已。"若"之云者,疑似之间之辞也。"可行己信","信"如老子"其精甚真,其中有信"之信。"信",消息也。消息存乎己,故曰"己信"。"行",心行也。信虽行于心之中,而实不见其形,故结之曰"有情而无形"。"情"即信之谓也。此就夫心而欲推勘出其使之宰之者何在也。

自"百骸、九窍、六藏"以下,又就身而推勘之。"百骸",百骨节也。"九窍",眼、耳、口、鼻并下前后窍而九。"六藏",心、肝、脾、肺、肾兼命门而六也。"赅",备也。"说"同悦。"有私",谓私说也。承上"皆说"而言。"有私",则私说之外皆其隶属矣。故曰"如是,皆有为臣妾乎?""如是"二字当读。同逗而臣妾无上下之分,势不足以相治,将谓其迭为君臣乎,又理势之所不能有,于是始断之曰"其有真君存焉"。"真君"即真宰,以承"君臣"言,故曰真君。真宰、真君,并直接前"怒者其谁"

一线说下,"谁"字虚点,"宰"与"君"则明示也。"如求得其情与不得,无益损乎其真","如"犹而也。得其情与不得,于真君并无加损。此犹佛氏言本性不以迷悟而存亡也。"成形"谓身也。"不亡以待尽",破世人常见,执此身为实有,以为可以久驻,而不知无时不在迁变以尽,故曰"不亡以待尽"也。

"靡"同劘,谓刲切之。"与物相刃相劘",指"与接为构,日以心斗"者,日消日刓,有若切劘者然。"行尽如驰,而莫之能止",所谓"溺之所为之不可使复之"、"近死之心莫使复阳"者也。此"止"与上"其留如诅盟"之"留"训止者异。"止"者已也。《易》艮上为剥,覆之则震下为复。盖惟止而后能复也,莫能止斯莫能复矣,所以可悲也。"役役",劳也。"苶"一作薾,字同,疲貌。由莫能止而不知所归,而"形化"而"心与之然",由"悲"而"哀"而"大哀",层层警动,层层唤醒,庄子之用心盖深矣,不得仅以文字观也。

"芒"同茫,昧也,谓不知也。《天下篇》云:"芒乎昧乎,未之尽者。"分之则芒与昧为两名,合之则芒昧一也。"人之生也"两句,设为诘问之辞,以起下文也。"随其成心而师之",此与《人间世篇》孔子告颜子"犹师心者也"正同一义。"成心"与"成形"相应。"成"者,一成而不变,故"成心"者,执心也。盖世之自谓不芒者,未尝不自以为得其所谓真宰、真君,而不知其非也。此变君与宰而言师者,自彼言之,则曰君曰宰,自我言之,我所师法,则曰师也。宰、君、师,随文为名,非通其脉络,《庄子》之意不易明也。其"师",则后"大宗师"是。若成心安足师!故曰:"谁独且无师。"又曰:"奚必知代而心自取者有之?愚者与有焉。""代而心自取",即前"日夜相代乎前"、"非彼无我,非我无所取"之说也。

"未成乎心",心未执著者,所谓初心也。以是心而有是非,则下文所谓"和之以是非"者,故以惠子"今日适越而昔至"之说比之。明明今日适越,何言昔至?此以破凡情之执,以见时光无停,当其适越之顷,倏成过去；既成过去，谓非昔至可乎？是非亦然。当其是也，是即旋往；当其非也，非亦旋亡。如是，则岂可执可成者？故曰"是以无有为有"。"无有为有"，《庚桑楚篇》言之甚著，曰："天门者，无有也。万物出乎无有。有不能以有为有，必出乎无有，而无有一无有，至人藏乎是。"由是观之，"无有"者天也。人心种种变幻，皆犹地籁发为种种声响，忽起忽灭，而不知有一不起不灭之天实运乎其中也。盖至此层层推勘，知所谓真宰、真君，皆强为安名，总之一天而已。天之名亦不可执，寄之无有而已。是"虽有神禹且不能知，吾独且奈何哉！"言非知解之所能亿度，所以芒昧者众也。

此节向未有如是解者，吾为此解，以为能得《庄子》之意，而深信不疑者三：一，此篇引名家之说发明己意者凡四。首即此"今日适越而昔至"之说，次则"物方生方死"之说，并见《天下篇》惠施之所谈也。再次则"指非指"、"马非马"二说，公孙龙子所谈，今犹存于其书者也。后三说皆引其文，用其义，而未尝驳斥之。如旧解，此独为反之之辞则与后三者不合，非其例矣。二，"无有为有"，见于本书，乃庄子宗旨所在，亦即承袭老子"有生于无"之论。如旧解，以"无有为有"指为无稽之谈，则显与全书违戾矣。三，"虽有神禹且不能知"之言，即下文"黄帝之所听荧"之意。不独是也，如云"巧历不能得"，云"万世之后而一遇大圣，知其解者，是旦莫遇之也"，皆极言此理之不易知。如旧解，以禹所不知即为非实，则如兹所举数端又将何以释之乎？

或又疑曰：上文云有使之者、有宰之者，且明提出真宰、真君之名矣，而今则谓以无有为有，然则真君、真宰可谓无有乎？夫无有者又何以为君为宰乎？曰：是诚不易言也。则试与子读《则阳篇》少知与大公调之问答。少知曰："季真之莫为，接子之或使，二家之议，孰正于其情？孰遍于其理？"大公调曰："或之使，莫之为，未免于物，而终以为过。或使则实，莫为则虚。有名有实，是物之居。无名无实，在物之虚。"又曰："或之使，莫之为，疑之所假。"又曰："道之为名，所假而行。

或使、莫为,在物一曲。夫胡为于大方?"中有节文然则真君、真宰,或使之说也;无有为有,莫为之说也。二者合之,虚实方备,而不堕于一曲之过。物论之齐,最忌偏执,必明乎此,而后于吾之所解,庶可无疑也已。

夫言非吹也,言者有言,其所言者特未定也。果有言邪?其未尝有言邪?其以为异于鷇音,其有辨乎?其无辨乎?道恶乎隐而有真伪?言恶乎隐而有是非?道恶乎往而不存?言恶乎存而不可?道隐于小成,言隐于荣华。故有儒墨之是非,以是其所非,而非其所是。欲是其所非,而非其所是,则莫若以明。物无非彼,物无非是。自彼则不见,自知则知之。故曰:彼出于是,是亦因彼。彼是,方生之说也。虽然,方生方死,方死方生;方可方不可,方不可方可;因是因非,因非因是。是以圣人不由,而照之于天,亦因是也。是亦彼也,彼亦是也。彼亦一是非,此亦一是非。果且有彼是乎哉?果且无彼是乎哉?彼是莫得其偶,谓之道枢。枢始得其环中,以应无穷。是亦一无穷,非亦一无穷也。故曰"莫若以明"。

此承上大言、小言而言。"言非吹"者,言有其意,不同于万窍也,故曰"言者有言"。"有言"者,有其所以言也。"其所言特未定"者,言各有当,未可执一以论也。既未可执,故曰:"果有言邪?其未尝有言邪?"言而未尝言,则与鷇音奚异?故又曰:"其以为异于鷇音,其有辨乎?其无辨乎?""鷇",鸟之初破卵而出者。"辨"之为言别也。与鷇音无别,则亦如乐之出虚,虽谓言为吹可也。篇首所以铺陈万窍之怒呺,而终归于"怒者其谁"者,意实影射夫此。

"隐",如"隐几而坐"之隐,据也。"道恶乎隐而有真伪?言恶乎隐而有是非",此发问以起下文。"恶"并读如乌。盖言者所以明道,故特以道、言并提。《老子》开篇曰:"道可道,非常道。名可名,非常名。"

名、言一也。此正从彼出也。"道恶乎往而不存？言恶乎存而不可"，"存"，在也。推原其本，则道固无真无伪，言固无是无非也。及夫"道隐于小成，言隐于荣华"，于是真伪判而是非起，如儒墨之争是也。"小成"者，非其全。"荣华"者，非其实也。

"欲是其所非而非其所是，则莫若以明"，"明"者，脱然于是非之外，而以鉴别夫是非者，《应帝王篇》所云"至人之用心若镜"是也，义本老子"复命曰常，知常曰明"之明。郭象注谓"还以儒墨反复相明"，失其旨矣。"物无非彼，物无非是，彼出于是，是亦因彼"，此皆出乎彼是之外，得以观而知之，故曰："自彼则不见，自知则知之。""知"者，明之知也。既曰"彼出于是，是亦因彼"，则与惠施"物方生方死"之说相类矣。"物方生方死"，见《天下篇》。故更假彼以明之。始仅言"方生"者，彼生于是，是生于彼也。继之曰"虽然，方生方死，方死方生"者，以见彼生则是死，彼死则是生。彼是生死同时，则可不可是非亦同时，所以方可者即方不可，方不可者亦方可，因是者即因非，因非者亦因是。可与不可，是之与非，更无疆畔，于是乎两齐矣。故曰："圣人不由，而照之于天。""不由"者，不在是非之内。"照之于天"，亦即照之"以明"也。下即接曰"亦因是也"者，惟不在是非之内，乃可以因夫是非也。

"以明"、"因是"，为此文之两支。后之译印度辩论者，即名之曰"因明"，然义实不同。彼先因后明，谓因喻以明宗。此则先明后因，谓明照而因物。彼因为原因之因，此因则因任之因，未可混也。吾前云："以明"所以去执，"因是"所以善用。析而言之，大体如是。实则言"以明"即兼"因是"，言"因是"不离"以明"，两支仍一体也。

"是亦彼也，彼亦是也。彼亦一是非，此亦一是非。果且有彼是乎哉？果且无彼是乎哉？"皆照后之言。两齐之论，不同俗解，故曰："彼是莫得其偶，谓之道枢。枢始得其环中，以应无穷。""偶"同耦。"莫得其偶"，特与篇首"丧耦"相应。彼"丧耦"表独，此"莫得其偶"言无待。无待与独，名异而理一也。《消摇游》云："若夫乘天地之正，而御六气之辨，以游无穷者，彼且恶乎待哉！"言无所待者可以游于无穷也。此云"莫得其偶"，而亦继之曰"以应无穷"，盖惟能游者能应，亦惟能应者能游。游与应，亦名异而理一也。"枢"者言其运，"环"者象其圆。圆而能运，所以应于无穷也。《盗跖篇》曰："若是若非，执而圆机。""枢始得其环中"，所谓圆机也。如是，则"是亦一无穷，非亦一无穷"。"以明"之用若此，故曰"莫若以明"也。

　　以指喻指之非指，不若以非指喻指之非指也；以马喻马之非马，不若以非马喻马之非马也。天地一指也，万物一马也。可乎可，不可乎不可。道行之而成，物谓之而然。恶乎然？然于然。恶乎不然？不然于不然。物固有所然，物固有所可。无物不然，无物不可。故为是举莛与楹，厉与西施，恢恑憰怪，道通为一。其分也，成也；其成也，毁也。凡物无成与毁，复通为一。唯达者知通为一，为是不用而寓诸庸。庸也者，用也。用也者，通也。通也者，得也。适得，而几矣。因是已。已而不知其然谓之道。劳神明为一，而不知其同也，谓之朝三。何谓朝三？曰，狙公赋芧，曰："朝三而莫四。"众狙皆怒。曰："然则朝四而莫三。"众狙皆悦。名实未亏，而喜怒为用，亦因是也。是以圣人和之以是非而休乎天均，是之谓两行。

　　上节主在说言，于物一出而已。此节则主在说物。上节言以明，而带言因是。此节则主言因是，于天均一点而已。上节言照之于天，此言休乎天均。照则用行，休则用息。用之息者，反其本也。后言葆光，盖根乎此。

　　"指非指"，公孙龙子之说也，见龙书《指物篇》，其言曰："物莫非指，而指非指。""物莫非指"者，言物皆人之所指。而"指非指"者，谓此指物之指则不在所指,而不可同于物也。"马非马",亦公孙龙子之说也,见其书《白马篇》,曰:"白马非马何?马者所以命形也,白者所以命色也。命色者非命形也,故曰白马非马。"兹云"马非马"者,盖省文而又倒言之。上"马",凡马也。下"马",一马也。凡马之名,自非一马所能据,故曰"马非马"。盖"指非指",所以标能所之殊:"马非马",所以见全偏之别。此龙之旨也。

庄子则为更进一解,以为所由能立、偏以全存,欲去其以能为所、以偏混全之执,不如并能指之名、全马之名而亦不立,斯其执自无从生,故曰:"以指喻指之非指,不若以非指喻指之非指。以马喻马之非马,不若以非马喻马之非马。"盖仍上文无有为有之义。于无有上立论,非欲破龙之说也。"喻"如《礼·学记》"可谓善喻矣"之喻,谓晓导人,非譬喻之喻也。"天地一指"、"万物一马"者,言天地之大,亦可以此一指观,万物之众,亦可以此一马观也。由此可知道物之名,随人所施,都无自性,故曰:"可乎可,不可乎不可。道行之而成,物谓之而然。恶乎然?然于然。恶乎不然?不然于不然。"顾"物固有所然,物固有所可",常人之所知也。"无物不然,无物不可",则非常人之所知也。"无物不然,无物不可",即上所云"道恶乎往而不存?言恶乎存而不可"者也。物论之齐,盖齐乎此。

"故为是举莛与楹,厉与西施,恢恑憰怪,道通为一","莛",藁也。《汉书·东方朔传》云"以莛撞钟"是也。"楹",屋柱也。"厉",癞也,恶也。"西施",美女也。"恢"同诙。"恑"同诡。"憰"同谲。"诙诡谲怪",言穷物之异状,以道言之,皆通为一,又不独小大美恶,如莛楹、厉施之可齐已也。

"其分也,成也",所谓朴散则为器也。"其成也,毁也",所谓为者败之也。然无成固无毁,无毁亦无成也,故又曰:"凡物无成与毁,复通为一。"言"凡物"者,以一物论,则有成毁,总物之全而观之,成亦在其中,毁亦在其中,则何成何毁哉!"唯达者知通为一,为是不用而寓诸庸","不用"即前云不由。不由者,不由是非。不用者,不用成毁,然是者成之,非者毁之。成毁是非,非有二也。"寓"犹寄也。"庸",用也,而兼有常义,即《礼·中庸》之庸。"寓诸庸"者,不用而用之。用无固必,故曰寓也。"用也者,通也",承上"知通为一"言。然上通乃知之通,此通乃用之通,亦微有别,不可不知也。"通也者得也,适得而几矣","得"者,中也。中读去声"几"者,庶几之几,谓几于道也。

"因是已"三字,所以结上文。盖"不用而寓诸庸"云者,正为"因是"作注释也,故特于此点出。"已而不知其然谓之道","已"上合有"因是"二字,以一直叙下,故略之。下篇《养生主》云:"以有涯随无涯,殆已。已而为知者殆而已矣。""已而为知"上略一"殆"字,与此正一例也。"不知其然"者,无心之谓。必至无心,而后是真无己,是真执尽,故如是始谓之道。如是始谓之道,故上"适得"仅谓之"而几"矣,直是不容有丝毫意见之未消融也。

"劳神明为一",是有心为一者。"不知其同",谓不知玄同于物也,故以狙公赋芧况之。"名实未亏,而喜怒为用",狙固愚矣。然狙公则诚何心哉?曰"亦因是也"者,言此"因是"假其用以济其奸,非真所谓"因是"者,特拣别之也。《列子·黄帝篇》亦载此事,而曰:"圣人以智笼群愚,亦犹狙公以智笼众狙也,名实不亏,使其喜怒哉!"此大乖庄子之意。其书本出后人纂辑,间为之附益,固宜其言之杂而不衷于理也。

谓之"朝三"者,举二字以赅下文,文之省也。"狙",猕猴也。"狙公",养狙者。"芧"同柔,亦作杼,《山木篇》云"食杼栗"是也。"赋"犹颁也。"莫",暮本字。"亏",损也。

"和之以是非而休乎天均","均"者,等视是非,而无所偏倚者也。惟休乎此,所以能和之也。"是之谓两行","两行"者,因是、以明,如车两轮、如人两足,失一而不能行者也。如狙公赋狙,即知因是,而不知以明,以是失其和,而流为刻核。后世法家之因任形名,盖此之类已。

庄子发微卷之一·齐物论第二

古之人,其知有所至矣。恶乎至?有以为未始有物者,至矣,尽矣,不可以加矣。其次以为有物矣,而未始有封也。其次以为有封焉,而未始有是非也。是非之彰也,道之所以亏也。道之所以亏,爱之所以成。果且有成与亏乎哉?果且无成与亏乎哉?有成与亏,故昭氏之鼓琴也;无成与亏,故昭氏之不鼓琴也。昭文之鼓琴也,师旷之枝策也,惠子之据梧也,三子之知,几乎。皆其盛者也,故载之末年。唯其好之也,以异于彼其好之也,欲以明之彼。非所明而明之,故以坚白之昧终。而其子又以文之纶终,终身无成。若是而可谓成乎?虽我亦成也。若是而不可谓成乎?物与我无成也。是故滑疑之耀,圣人之所图也。为是不用而寓诸庸。此之谓以明。

"未始有物",即所谓无有也。故曰:"至矣,尽矣,不可以加矣。""有物矣而未始有封","封",界域也。无界域则犹混而同之。"有封",而彼是起矣。然犹未有是非也。此似自天地之初说起,而实就当人一念作是体勘也。

"是非之彰也,道之所以亏也。道之所以亏,爱之所以成",此亏对成言,成则全而亏则缺也。上言"道恶乎往而不存?言恶乎存而不可?道隐于小成,言隐于荣华",继言"道行之而成,物谓之而然",仔细玩之,盖亦与此文约略相当。"道恶乎往而不存?言恶乎存而不可",所谓"有物矣而未始有封也"。"道隐于小成,言隐于荣华",及"道行之而成,物谓之而然",则有封矣而未始有是非也。然"其分也,成也;其成也,毁也",成必有亏,故此以"是非之彰也,道之所以亏"卒言之。

"道之所以亏,爱之所以成","爱"犹私也。私起,而是非之公盖难言矣。然成亏后起者也,循其本始,何成何亏,故曰:"果且有成与亏乎哉?果且无成与亏乎哉?"试以昭氏鼓琴明之。其鼓琴也,宫起而商止,角起而徵止,是有成亏也。其不鼓琴也,宫商不奏,而五音厘然,则

37

是无成亏也。"故昭氏之鼓琴","故昭氏之不鼓琴",两"故"字皆训同则。

"昭氏",郑人,《吕氏春秋·君守篇》所云"郑大师文"者是,下言"昭文"可见也。"师旷",晋人,见《孟子》与《左氏春秋传》。"枝策"犹柱杖也。"惠子据梧",即《德充符篇》末所云"倚树而吟,据槁梧而瞑"者。《天运篇》言"帝张咸池之乐于洞庭之野",亦有"倚于槁梧而吟"语。盖声音之理,最与道通,故举是三子而言其知几于道,而皆其盛者也。"几",近也。"载之末年","载",事也。"末年",晚年,犹言终身也。

"唯其好之也"句。"以异于彼其好之也"八字为句。"彼其"叠用,古多有之,如《诗》"彼其之子"是也。"欲以明之彼"句,盖言三子之所好,各以与他人之好者异,故恒欲明之于人也。不知道非所明,而强明之,"故以坚白之昧终"。"坚白"者,所谓"坚白石二"、见《公孙龙子·坚白论》"离坚白若县寓"。见《天地篇》谓之"昧"者,坚白不足以明道,只益其暗昧而已。《德充符篇》末谓惠子"天选子之形,子以坚白鸣",则此言惠子也。"而其子以文之纶终,终身无成",此言昭文之子。"纶",琴弦也。言惠子以概二人。言昭文之子,又以概后之人人矣。"若是而可谓成乎?虽我亦成也。若是而不可谓成乎?物与我无成也",又反复以明成则有亏,亏则无成也。

"滑",滑乱。"疑",疑似。"滑疑之耀",谓以滑乱疑似之论而炫耀于世者,指当时之辩者,如公孙龙等皆是。"圣人之所图也",犹言圣人之所鄙。"图"得为鄙者,《书·大诰》"反鄙我周邦",即反图我周邦也。彼以鄙为图,此以图为鄙,一也。

"为是不用而寓诸庸",此重复前文,而与前文微别。前文重在"寓诸庸",此则重在"不用"也。"此之谓以明",以结"莫若以明"以下数节之意,亦以见异于三子之明之也。

今且有言于此,不知其与是类乎?其与是不类乎?类与不类,相与为类,则与彼无以异矣。虽然,请尝言之。有始也者,有未始有始也者,有未始有夫未始有始也者。有有也者,有无也者,有未始有无也者,有未始有夫未始有无也者。俄而有无矣,而未知有无之果孰有孰无也。今我则已有谓矣,而未知吾所谓之其果有谓乎?其果无谓乎?天下莫大于秋毫之末,而大山为小;莫寿乎殇子,而彭祖为夭。天地与我并生,而万物与我为一。既已为一矣,且得有言乎?既已谓之一矣,且得无言乎?一与言为二,二与一为三。自此以往,巧历不能得,而况其凡乎!故自无适有以至于三,而况自有适有乎!无适焉,因是已。

"有言于此",即"请尝言之",以下自"有始也者"至"天地与我并生,万物与我为一"之言也。"不知其与是类乎?其与是不类乎",是即上文"古之人其知有所至"至"而未始有是非"三层之说也。上自无说到有,此则翻之,而自有说到无。上虽曰无封无是非,而大者自大、小者自小、寿者自寿、夭者自夭也,此则翻之,而曰:"莫大于秋毫之末,而大山为小;莫寿乎殇子,而彭祖为夭。"则言固有异矣。然言虽异,而欲遣是非,祛执著,意即未尝相违也。故始发疑问,而即转曰:"类与不类,相与为类,则与彼无以异矣。"彼即是也。既无以异矣,又何事更言之?故又转曰:"虽然,请尝言之。""尝",试也。

言"未始有始",尽矣,而更进而曰:"有未始有夫未始有始也者。"言"未始有无",尽矣,而更进而曰:"有未始有夫未始有无也者。"盖惧立一名便生一执,故步步扫除,直使人无从以意见攀缘。此惟后之禅师家能如是指点人,所谓"高高山顶立,深深海底行",所谓"百尺竿头更进一步",仿佛似之。然皆实际理地,非同诡辩也。抑扫除之者,欲其不执著也,非欲其蹈于虚无也,故旋又一转曰:"俄而有无矣,而未知有无之果孰有孰无也。"又曰:"今我则已有谓矣,而未知吾所谓之其果有谓乎?其果无谓乎?"盖执之,则无亦有也,无谓亦有谓也。不执,则有亦无也,有谓亦无谓也。前文言"果有言邪? 其未尝有言邪",此正与相应。"谓"者,所为有言也。为读去声故知谓尤要于知言。

"天下莫大于秋毫之末,而大山为小","大山",泰山也。"莫寿乎殇子,而彭祖为夭","殇子",婴儿之夭折者也。此以言求之,无不知其不伦矣。以谓求之,则知《庄子》非謷言也。何也? 以"天地与我并生"观之,则寿者何寿? 夭者何夭? 以"万物与我为一"观之,则大者何大? 小者何小? 故"知通为一",无不齐也。无不齐,则言大言小、言修言短,无之不可。所谓"道恶乎往而不存? 言恶乎存而不可"者也。然则"小知不及大知,小年不及大年",犹是拘方之论。《逍遥游》先教人舍小而取大,《齐物论》则教人大与小并遣。盖泥大则虽大亦小,惟绝大小,而后始成其为真大也。

"既已为一矣,且得有言乎?"明本也。"既已谓之一矣,且得无言乎?"显用也。"一与言为二,二与一为三",即老子所谓"道生一,一生二,二生三"也。"自此以往,巧历不能得,而况其凡乎",所谓三生万物也。"历",算也。"不能得",不能尽其数也。"凡"者,凡人,谓常人也。"故自无适有以至于三,而况自有适有乎",言万变纷起,莫可得而操其机也,然有一焉,适而无适,则变者自变,而我不与之俱变,此《山木篇》所谓"物物而不物于物"者。机固在我,特人不知自操之耳,故曰:"无适焉,因是已。"此言因是,实兼以明,言之以明,则不物于物,因是则所以物物也。夫曰因是似有适矣,而物而不物,见《在宥篇》曰:"物而不物,故能物物。"则固未尝有适也。无适即止之谓也。《德充符》曰"唯止能止众止",则何变之不可应哉! 上云"以应无穷",因也,应也,实一事也。一语兜转,危矣亦微矣。

夫道未始有封,言未始有常,为是而有畛也。请言其畛:有左、有右、有伦、有义、有分、有辨、有竞、有争,此之谓八德。六合之外,圣人存而不论;六合之内,圣人论而不议;《春秋》

40

经世,先王之志,圣人议而不辩。故分也者,有不分也;辩也者,有不辩也。曰:何也?圣人怀之,众人辩之,以相示也。故曰:辩也者,有不见也。夫大道不称,大辩不言,大仁不仁,大廉不嗛,大勇不忮。道昭而不道,言辩而不及,仁常而不周,廉清而不信,勇忮而不成。五者园而几向方矣。故知止其所不知,至矣。孰知不言之辩,不道之道?若有能知,此之谓天府。注焉而不满,酌焉而不竭,而不知其所由来,此之谓葆光。

"畛",犹封也,特变其文者,所谓洸洋自恣以适己也。"为是","是",即上云"自无适有"者。"有左、有右",左右字即从畛生。"畛",田间界也。取名于畛者,十夫有沟,沟上有畛也。既有左右,则有类矣。有类则有宜矣,故次曰"有伦、有义","伦",类也。"义",宜也。或作"有论有议",非是。论议字虽从此出,此仅言其意,未及形之于言,不得曰论曰议也。有义则"有分、有辩",有辩则"有竞、有争"。分粗而辩细,竞弱而争强也。"八德"犹言八事。

"六合之外,圣人存而不论","存"有察义,非曰漫置之也。不论者,不稽其类。本自混成,无得而稽也。"六合之内,圣人论而不议",稽其类而不议其宜,各有其宜,无得而议也。"《春秋》经世,先王之志,圣人议而不辩",举其义而不辩于辞也,所谓据事直书,其义自见,无取于辩也。《论语》孔子历叙春秋二百四十二年变迁之迹,而终曰:"天下有道则庶人不议。"庶人者,孔子以自况。议即谓作《春秋》也。《春秋》虽鲁史,而礼乐征伐实关天下之大,此天子之事也。以庶人而议天子之事,故曰:"知我者其惟《春秋》乎?罪我者其惟《春秋》乎?""议而不辩",庄子盖尝有所闻,不然不能发此微言也。

《易》与《春秋》,孔子之两大著作,而又义相表里者也。庄子于《消摇游》既阐《易》之缊,于《齐物论》又深明《春秋》之宏旨,著其本乎先王之志,而为经世之书。故吾常谓庄子之学实出于孔门颜子一脉,而兼承老氏之绪,观此固有其征矣。

"分也者有不分,辩也者有不辩",言分则必有分所不能及,辩则必有辩所不能及也。"曰何也",以问发端。"圣人怀之"以下,则答辞也。"怀之",总上"存而不论"三句言。"怀之"者,犹《孟子》言"引而不发"、"非深闭固拒"、"不欲人知"之谓也。"众人辩之以相示也","相示"者,起自胜心,盖"有竞、有争"之端。此不言竞争者,辩起而道已丧,竞争更所不欲道也,观"辩也者有不见也"之言可知。

"大道不称",老子所谓"道隐无名"也。"大辩不言",老子所谓"善言不辩"也。"大仁不仁",老子所谓"天地不仁"、"圣人不仁"也。"大廉不嗛",老子所谓"廉而不刿"也。"大勇不忮",老子所谓"善战者不怒,善胜敌者不争"也。反之,则"道昭而不道,言辩而不及,仁常而不周,廉清而不信,勇忮而不成"。"周",各本作"成",而古藏本作"周"。郭注云:"有常爱者必不周。"是郭本原亦作"周",作"成"者,涉下"成"字而讹,故正之。"不信"者,不实也。

"五者园而几向方矣","园",崔撰音刓,是也,盖即刓之别体,谓残缺也。"方"者,道之一隅也。《天下篇》分道术、方术为二,道言其全,方言其偏,其义甚显。故"几向方"者,谓其将退而为方。"方"正与上"道"字对。或者不知以为方对圆言,乃训园为圆,谓五者本圆,而近向方,乃大误也。郭注云:"此五者皆以有为伤当者也。""伤当"正释"园"字,与残缺义近。其音□者,疑即用刓训,非谓圆也。至后云:"外不可求而求之,譬犹以圆学方,以鱼慕鸟耳。"则别自起义,初不关乎本文,不得据此注而定其认园作圆也。以园为圆,盖自司马彪始。彪之说不可得而考,要之,无所据依,不可从也。

"知止其所不知,至矣",应上"有以为未始有物者,至矣,尽矣"义。未始有物,固知之所不得知也。"孰知不言之辩、不道之道?"前以道、言并起,此亦以道、言双收,文虽变幻百出,而脉络固自不紊也。"若有能知,此之谓天府",以其不偏言,则曰天均,以其无尽言,则曰天府,总之一天而已。"注焉而不满,酌焉而不竭,而不知其所由来",此以见天府之大也,然实只人之一心而已。此心之明,要在善藏而不妄发,故以"此之谓葆光"结之。"葆"者,保也。"滑疑之耀",不明而明。"葆光",则明而不明也。明而不明者,知止乎其所不知也。

自"大知闲闲"至此,凡六节,以"知"起,以"不知"终。七篇之中,于正面文字费如许分疏者,盖仅此一篇,正以名相之谈,理窟所在,不得不条分缕析,委曲开陈,读者殆未可以轻心接之也。

故昔者尧问于舜曰:"我欲伐宗脍、胥、敖,南面而不释然。其故何也?"舜曰:"夫三子者,犹存乎蓬艾之间。若不释然,何哉? 昔者十日并出,万物皆照,而况德之进乎日者乎!"

此借以释"万物与我为一"之义也。"宗脍"、"胥"、"敖",三国,以下言"三子"可知之。《人间世篇》亦有"尧攻丛枝、胥、敖"语。丛、宗音近,"丛枝"当即宗脍。则三国者,宗脍一,胥一,敖一也。然其地其事皆不可考矣。"南面而不释然",意在用兵,故不能自宁也。"犹存乎蓬艾之间","犹",如也。"存",在也。"蓬艾之间",言其不足争也。"十日并出","十日"盖谓十干,特借喻之辞。后《淮南子·本经训》因谓"尧时十日并出,焦禾稼,杀草木,而民无所食,乃使羿上射十日,而落其九",直附会耳。日照万物,而德有进于日者,盖穷岩幽谷,日之所不及,德则无不到也。《消摇游》云"之人也,之德也,将旁薄万物以为一",即其征已。

啮缺问乎王倪曰:"子知物之所同是乎?"曰:"吾恶乎知之!""子知子之所不知邪?"曰:"吾恶乎知之!""然则物无知邪?"曰:"吾恶乎知之! 虽然,尝试言之。庸讵知吾所谓知之非不知邪？庸讵知吾所谓不知之非知邪？且吾尝试问乎女：民湿寝则腰疾偏死，鳅然乎哉？木处则惴栗恂惧，猿猴然乎哉？三者孰知正处？民食刍豢，麋鹿食荐，蝍且甘带，鸱鸦耆鼠。四者孰知正味？猿，猵狙以为雌，麋与鹿交，鳅与鱼游。毛嫱、丽姬，人之所美也，鱼见之深入，鸟见之高飞，麋鹿见之决骤。四者孰知天下之正色哉？自我观之，仁义之端，是非之涂，樊然殽乱，吾恶能知其辨？"啮缺曰："子不知利害，则至人固不知利害乎？"王倪曰："至人神矣！大泽焚，而不能热；河汉冱，而不能寒；疾雷破山、风振海，而不能惊。若然者，乘云气，骑日月，而游乎四海之外。死生无变于己，而况利害之端乎！"

"啮缺"、"王倪"，皆假名。"啮缺"喻知，言其凿也。"王倪"喻德，言其倪倪如小儿也。老子曰："含德之厚，比于赤子。"是也。三答"吾恶乎知之！"承上"知止其所不知"，言德不在知也。"尝"亦试也，"尝试"叠言，犹下庸讵叠言。"庸讵"皆何也。何知吾所谓知之非不知？何知吾所谓不知之非知？犹《大宗师篇》云："庸讵知吾所谓天之非人乎？所谓人之非天乎？"皆欲人自下体勘，非作模棱两可之语也。

"民"，人也。"偏死"，半体不仁也。"恂"如《大学》《恂栗》之恂，"恂"亦惧也。"刍豢"，食草曰刍，食谷曰豢，谓牛羊与犬豕也。"麋"，鹿之大者。"荐"，蒿类，见《尔雅疏》《诗·鹿鸣》"食野之蒿"是也。"蝍且"，蟋蟀，俗亦曰促织，皆声之转也。"带"同蝃。《艺文类聚》《一切经音义》引此并作蝃。《类篇》"蝃"一作蚳，盖即蚳之别体。"蚳"，蚁子，《周官·腊人》所谓"蚳醢"者是也。旧注以带为蛇，蝍且为蜈公，谓蜈公喜食蛇。夫蜈公虽毒，然于蛇小大悬矣，岂能食蛇者哉！今于声音求之，知为蟋蟀与蚳，无疑也。《淮南子·说林训》："腾蛇游雾，而殆于蝍蛆。"高诱云："蝍蛆，蟋蟀，《尔雅》谓之蜻蛚。上蛇，蛇不敢动，故曰殆于蝍蛆也。"其以蝍蛆为蟋蟀是也。然不得据此便谓蝍且嗜蛇。彼上蛇而制之者,偶然之事,犹鼠入象鼻,为象所苦耳。人之于刍豢,麋鹿之于荐,鸱鸦之于鼠,皆常食也。蟋蟀岂能常食蛇哉!故吾从蟋蟀之解,而于甘带则别释之,求夫事理之所安而已。"猵狙以为雌",以猵狙为雌也。"狙"见上。"猵"亦狙属。旧以为一物,非也。"丽"同郦,一作骊,见《左氏春秋传》。"骊姬",晋献公夫人。"毛嫱",古美人名,或云越王姬也。"决"如前篇"决起"之决。"决骤",突驰也。

"正处"、"正味"、"正色"三段,言人、物之殊性,无有同是也。《孟子》言"口之于味有同嗜,耳之于声有同听,目之于色有同美",而此独不然者,非矫异也。夫言有同,则固有不同者矣。惟同者从其同,而异者任其异,斯不齐之齐也。《易·同人》之象曰:"君子以类族辨物。"既同人矣,又何类族辨物之有!不知类族辨物,正所以为同人也。《睽》之象曰:"君子以同而异。"睽异矣,又奚同之有!不知异不碍同,睽之所以终不孤也。故《同人》之彖传曰:"君子以通天下之志。"而《睽》传亦云:"天地睽而其事同也,男女睽而其志通也。"兹篇上云"用也者通也,通也者得也",盖正其义也。明乎此,则于王倪之言庶几无误解矣。

"樊然",殽乱之貌。"殽"与淆同。"恶能知其辨",辨则有不辨,故以不知泯其全也。下由是非而利害,由利害而死生,则所以释"天地与我并生"之义。"至人神矣"以下,义见前篇。死生之论,详在下文,兹故不更释。

瞿鹊子问乎长梧子曰:"吾闻诸夫子:'圣人不从事于务,不就利,不违害,不喜求,不缘道;无谓有谓,有谓无谓,而游乎尘垢之外。'夫子以为孟浪之言,而我以为妙道之行也。吾子以为奚若?"长梧子曰:"是黄帝之所听荧也。而丘也何足以知之!且女亦大早计,见卵而求时夜,见弹而求鸮炙。予尝为女妄言之,女亦妄听之。奚旁日月,挟宇宙?为其吻合,置其滑涽,以隶相尊。众人役役,圣人愚芚,参万岁而一成纯。万物尽然,而以是相缊。予恶乎知说生之非惑邪!予恶乎知恶死之非弱丧而不知归者邪!丽之姬,艾封人之子也。晋国之始得之也,涕泣沾襟;及其至于王所,与王同匡床,食刍豢,而后悔其泣也。予恶乎知夫死者不悔其始之蕲生乎!梦饮酒者,旦而哭泣;梦哭泣者,旦而田猎。方其梦也,不知其梦也。梦之中,又占其梦焉,觉而后知其梦也。且有大觉,而后知此其大梦也。而愚者自以为觉,窃窃然知之。'君乎,牧乎',固哉!丘也与女,皆梦也。予谓女梦,亦梦也。是其言也,其名为吊诡。万世之后,而一遇大圣知其解者,是旦莫遇之也。"

《则阳篇》有长梧封人问子牢之言,"长梧子"即长梧封人。"封人"著其官,"子"则男子之通称也。子牢,琴牢,孔子弟子。长梧既尝问于子牢,必亦孔门之士。瞿鹊子称"吾闻诸夫子",而长梧子答之以"丘也何足以知之!"丘,孔子名。弟子不当名其师,疑三千之中不能如七十子之心悦诚服者多矣;不然,则狂者之选,放其狂言,而不复以礼法自束,如孟子反、子琴张^{张,牢字。}之笑子贡,曰:"是恶知礼意!"见《大宗师篇》岂得以常情衡之哉!

"圣人不从事于务",即上篇所云"孰弊弊焉以天下为事"、"孰肯以物为事"者是。"不就利,不违害",承上"不知利害"言。"违",避也。"求"与"道"对,谓世俗之欲求也。"不就利,不避害",利害齐矣。"不喜求,不缘道",道欲齐矣。"缘"犹循也。"无谓有谓,有谓无谓",《寓言篇》所云"终身言,未尝言;终身不言,未尝不言",则语默亦齐矣,以此故得"游乎尘垢之外"也。"孟浪"犹漫浪,与上篇所云"大而无当,往而不反"一意。夫子以为孟浪之言,非排之也,旋立旋扫,盖不欲滞其迹也。若瞿鹊子认为"妙道之行"则胶执矣。

"荧",惑也。"黄帝之所听荧",言黄帝听之,不免于惑,而况丘也何足以知之。此亦扫迹之谈,最不易看。若以为是贬孔子,将其言"尝为女妄言之,女以妄听之",亦自贬者邪?

"时夜"犹司夜,谓鸡也。"鸮",司马彪注云:"小鸠是也。""鸮炙",以鸮肉炙而食之。见卵求时夜,见弹求鸮炙,谓学未至者,初有所见而遂谓已得之。"大"读太。"亦大早计",犹言欲速成也。

"奚",何不也,属下读。"奚"为何,而亦为何不,犹"曷"为何,亦为何不。《诗·王风》:"君子于役,曷至哉。"何也。《唐风·有杕之杜》:"曷饮食之。"何不也。奚、曷一也。"旁日月",《易·系辞传》所谓"通乎昼夜"。"挟宇宙",所谓弥纶天地。皆喻辞也。"为其吻合",用其齐也。"置其滑涽",舍其不齐也。"滑涽"犹杂乱也。"以隶相尊","隶"谓所隶属,犹言贱也。因贱以为贵,因贵以见贱,明贵贱无常也。无常而常用之,因是之道也。

"众人役役",役于知也。"圣人愚芚",藏于愚也。老子曰:"我愚人之心也哉,沌沌兮。俗人昭昭,我独若昏;俗人察察,我独闷闷。"是其义也。彼作沌,从水;此作芚,从草;又下言成纯,从糸;《中庸》言"肫肫其仁",从肉,义皆相通,盖俱由《易·屯卦》之屯出,天地始交之象也。"参万岁而一成纯",承"旁日月"言,即"天地与我并生"之意。"万物尽然,而以是相蕴",承"挟宇宙"言,即"万物与我为一"之意。"参万岁而一",斯无古今矣。万物以是相蕴,斯无物我矣。"蕴",缊缊也。"是"即指一言。"以是相蕴",《易传》所谓"天地缊缊,万物化醇",而归于致一者也。诸解以蕴作蕴,而训为积,失之矣。

无古今、无物我,则何生死之患之有!故曰:"予恶乎知说生之非惑邪!予恶乎知恶死之非弱丧而不知归者邪!"又曰:"予恶乎知夫死者不悔其始之蕲生乎!"夫死生者,物论之大者也。上自是非美恶而大小贵贱,成亏利害,无不齐视之矣,于是而复齐生死,则天下尚有不齐之物之论哉！盖于是为尽矣。

"弱",少。"丧",亡在外也。"归",归其家也。"丽姬",骊戎之人。此云"艾封人之子"者,传闻异辞也。晋为侯国,而此称献公为王者,用当时战国之名。侯、王,皆君也。"床",寝所也。《淮南子·主术训》:"匡床蒻席,非不宁也。"高诱注曰:"匡,安也。"后人因之,释匡床为安床,是也。然《商君书》云:"明者无所不见,人君处匡床之上而天下治。"则匡床惟人君能处之,故此曰与王同匡床,见其尊与君等,非独安适而已。

"梦饮酒者"以下,以梦觉喻死生。占梦者,古有其官,俗云详梦是也。"大觉而后知此其大梦",如上云"死生无变于己",可谓大觉已。"而愚者自以为觉,窃窃然知之","窃窃",私小貌。"君乎,牧乎",方斤斤于君与牧之间,此而不能齐,况死生之际哉！故讥之曰:"固哉!""固"即意必固我之固,正游之反,胶于物而不能自脱者,非固陋之谓。"君乎,牧乎,固哉!"亦如《孟子》"吾身不能居仁由义,谓之自暴也"。以文法论,上当有"曰"字,盖省之也。"丘也与女,皆梦也。予谓女梦,亦梦也",仍上妄言妄听之意,不欲闻之者滞于文义也。

"是其言"即上所言。"其名为吊诡","诡",变幻也。变幻莫梦,亦莫如生。"吊诡"者,吊梦也,抑亦吊生也。"万世之后,而一遇大圣知其解者,是旦暮遇之也",言解之者希。万世而一遇,犹如旦暮之间之速也。顾万世何久,旦暮何促。就世俗言之,旦暮诚非万世之比也。就通死生无古今者言之,则万世亦何殊于旦暮哉！惟世俗不解此,故于此数百千年一瞬之间,区而划之,一若尺寸之不可稍有差异。此其"固"又岂在"君乎牧乎"之下乎！是又言外之意,不可不善会者也。

既使我与若辩矣,若胜我,我不若胜；若果是也,我果非也邪？我胜若,若不吾胜；我果是也,而果非也邪？其或是邪,其或非也邪？其俱是也,其俱非也邪？我与若不能相知也,则人固受其黮暗。吾谁使正之?使同乎若者正之?既与若同矣,恶能正之!使同乎我者正之?既同乎我矣,恶能正之!使异乎我与若者正之?既异乎我与若矣,恶能正之!使同乎我与若者正之?既同乎我与若矣,恶能正之!然则我与若与人,俱不能相知也,而待彼也邪?何谓和之以天倪?曰:是不是,然不然。是若果是也,则是之异乎不是也,亦无辩;然若果然也,则然之异乎不然也,亦无辩。化声之相待,若其不相待,和之以天倪,因之以曼衍,所以穷年也。忘年忘义,振于无竟,故寓诸无竟。

此又据前"守胜"之言,以见是非之未可以胜负定也。"若"、"而",皆汝也。"黮暗",不明,犹言蔽也。"正",如《论语》"就有道而正焉"之正,谓定其是非也。胜负者,取决于我与若者也。正者,取决于人者也。然人之见,犹我与若之见也,即犹不免于胜负之见也。胜负之见,即前"喜怒哀乐,虑叹变慹"之种种,所谓非彼无我之彼,彼且不自知其所为使,而能为是非之正乎?故曰:"而待彼也邪?""彼"字明缴上文。"待"即有偶,亦明缴上文也。

"何谓和之以天倪"以下四十六字,吕惠卿注移在"所以穷年也"句下,谓由简编脱误,诸家多从之者,实则未尝脱误也。何以言之?"和之以天倪",即承上"和之以是非而休乎天均"说。《寓言篇》曰:"天均者天倪也。"言天倪犹言天均,不必疑其无所承也。此其一。"倪"字已见于王倪之名,前后照射,有迹可寻。此其二。"忘年忘义",文与"所以穷年"紧接,移之则失其纪绪。此其三。故今仍旧文,不改易也。

夫是非既不可待彼而定,则将何以定之?曰:以天定之。天与彼对,即天与人对也。故以"何谓和之以天倪"发端。曰天均者,言其不偏也。曰天倪者,言其无妄也。不偏,中也;无妄,诚也。"是之异乎不是也,亦无辩","然之异乎不然也,亦无辩",则所谓"和"也。斯其义盖与《中庸》通矣。"是不是,然不然"者,必于是则失其是,必于然则失其然也。《列御寇》篇曰:"圣人以必不必,故无兵;众人以不必必之,故多兵。""兵"者,"和"之反也。"化声之相待,若其不相待","化",天也。"声",籁也。籁非天不声,天非籁不显,是其相待也。然而声不与化留,化不随声往,是亦未尝相待也。相待而若不相待,前所云"彼是莫得其偶,谓之道枢,枢始得其环中,以应无穷"也。故曰:"和之以天倪,因之以曼衍,所以穷年也。""曼衍",旧注云无极。无极犹无穷。"因之以曼衍",即以应无穷也。"穷年",《养生主篇》所云"尽年"。"忘年"承"穷年"言。忘年,则小年、大年俱遣矣。"忘义",承"和之"、"因之"言。忘义,则小知、大知俱遣矣。"振于无竟,故寓诸无竟","振"如《孟子》"金声而玉振之也"之振,犹收也。"无竟"亦无穷也,是即《易》卦终乎"未济"之义也。

罔两问景曰:"曩子行,今子止;曩子坐,今子起;何其无特操与?"景曰:"吾有待而然者邪?吾所待又有待而然者邪?吾待蛇蚹蜩翼邪?恶识所以然!恶识所以不然!"

此更借景以申上相待若不相待之义也。"景",古影字。景加彡作影,始晋葛洪《字苑》。"罔两",景外微阴,即有二光时,景外别一景也,故曰两。曰罔者,言其罔罔然若有若无也。夫景待形而有,其迹甚显,非若化之与声之难识也。而形待神而动,则其机已微,即与化声无异,故曰:"吾有待而然者邪?吾所待又有待而然者邪?"所待谓形,形之所待,则神也。"吾待蛇蚹蜩翼邪",蛇蚹蜩翼,以言其动以神,即动以天也。《秋水篇》云:"蚿谓蛇曰:'吾以众足行,而不及子之无足,何也?'蛇曰:'夫天机之所动,何可易邪?吾安用足哉!'"蛇蚹如此,蜩翼岂有殊乎!以其天机之动也,故曰:"恶识所以然!恶识所以不然!"此与前云"不知其所为使",意正遥遥相应。吾所以言其文虽变幻百出,而

50

线索固自分明也,要在读者细心探玩耳。

　　昔者庄周梦为胡蝶,栩栩然胡蝶也,自喻适志与,不知周也。俄然觉,则蘧蘧然周也。不知周之梦为胡蝶与?胡蝶之梦为周与?周与胡蝶,则必有分矣。此之谓物化。

　　此又托于己梦,以足上意也。"栩栩"犹翩翩。"自喻",自知也。"适志与","与"读欤,言得意也。"觉",寤也。"蘧蘧"一作据据,见《释文》云崔本如此。意同,谓有形体可依据也。"不知周之梦为胡蝶与?胡蝶之梦为周与",两"与"字亦读欤,以见周、蝶之非二。"周与胡蝶则必有分矣",又以见周、蝶之非一也。二而非二,一而非一,相待若不相待之情也。"非彼无我,非我无所取",意如此。"天地与我并生,万物与我为一",意亦如此也。要之一化而已,故以"此之谓物化"结之。"物化"者,丧我之功之所致也。以无我为枢,而以物化为环,应之所以能无穷。无我,故不拒物。物化,故不失我。《知北游篇》云:"古之人外化而内不化。"又云:"与物化者,一不化者也。"是故义不可以两离,两离则两堕矣。

　　此篇理极玄微,而归乎实际,情穷变化,而一本常然,要使人去其局心,从夫公是,顺彼物则,不失本真。既不同希腊诡辩之淆讹,亦殊乎释氏唯心之虚幻,洵树论之崇标,穷理之巨汇已。吾解此文,未尝不自愧其辞之费而不达也。

养生主第三

"养生主"者,以养生为主也。《盗跖篇》曰:"尧、舜为帝而雍,非仁天下也,不以美害生也;善卷、许由得帝而不受,非虚辞让也,不以事害己。""仁天下"与"辞天下",皆由养生而出,故养生为主也。七篇盖此为纲领矣。生有二义:一生死之生,如篇首第一句"吾生也有涯"是也;一生命之生,《达生篇》曰:"达生之情者,不务生之所无以为。达命之情者,不务知之所无奈何。"此生不与死对,而与命对,言生犹言性也,如此曰:"可以保身,可以全生。"是也。生与身分言,则知生非生死之生矣。而《庚桑楚篇》有云:"性者生之质也。"生之为性,尤为显然,故庄子言"养生",犹孟子言"养性",非世俗之所谓养生也。世俗之所谓养生,养形而已矣。《达生篇》曰:"养形必先之物。物有余而形不养者,有之矣。有生必先无离形。形不离而生亡者,有之矣。"《刻意篇》曰:"吹呴呼吸,吐故纳新,熊经鸟申,为寿而已矣,此道同导引之士、养形之人,彭祖寿考者之所好也。"夫寿至彭祖,终不免与殇子为类。小年、大年,一例俱遣,又何取乎养形为哉!然则庄子之意,昭昭可知。而世之解此篇者,犹不免附会《黄庭》内外景之说,未敢苟同也。

吾生也有涯，而知也无涯。以有涯随无涯，殆已；已而为知者，殆而已矣。为善无近名，为恶无近刑。缘督以为经，可以保身，可以全生，可以养亲，可以尽年。

此一篇大旨，亦一书大旨也。"随"犹逐也。逐知即逐物也。《天下篇》云："逐万物而不反。"如是，则知不能止其所不知，故曰"殆已"。"殆"，危也。殆而知殆，则犹可以改也。而方自以为知，则所谓"安危利菑，乐其所以亡"者，语本《孟子》故曰"殆而已矣"，言舍危殆之外无他途也。

为善为恶，随俗所名。实则齐物之后，是非两忘，行其所不得不行，止其所不得不止，即安知其为善与恶邪！若犹有善恶之见存，又何能善不近名，恶不近刑也！世儒或疑以为言无近刑则可，言为恶不亦过乎！则盍不观夫《庚桑楚篇》之言？其言曰："为不善乎显明之中者，人得而诛之。为不善乎幽闲之中者，鬼得而诛之。明乎鬼、明乎人者，然后能独行。"夫"独行"者，天行也。不独曰人诛，且曰鬼责，其所以警戒夫为不善者亦已至矣。至夫二者，一不得以加之，是犹得以为恶目之哉？刘义庆《世说新语》载赵母嫁女，女临去，敕之曰："慎勿为好。"女曰："不为好，可为恶邪？"母曰："好尚不可为，而况恶乎！"《吕氏春秋》亦有类此之纪述。此云"为恶"，亦但"不为好"之意耳，而尚何疑乎？

"督"同裻。裻，衣背缝当中。故督有中义。然不曰中而曰督者，督又有宰率意，盖兼承前篇真宰、真君、环中数义而名之。解者或遂以此为指人身之督脉，而引《黄庭》"关元命门内运天经"，以为之说，谓是乃养生之密诀，不知若为督脉，则与为善、为恶何涉？又与"养亲"何涉？其为附会，不言可决也。"缘"者，因也。"经"者，常也。因中以为常，犹是"得其环中，以应无穷"之旨。下文"依乎天理，因其固然"，皆正本乎此也。以不近刑，故可以保身。以不近名，故可以全生。"全生"者，全性也。保身全性，故可以养亲，可以尽年也。"尽年"者，终其天年，而不中道夭也。特及乎养亲者，《孟子》曰："事孰为大？事亲为大。守孰为大？守身为大。不失其身而能事其亲者，有矣，未有失其身而能事其亲者也。"庄子之意，盖同乎此。故亦以保身、养亲并言。此儒门滴乳，吾所以谓庄子之学，渊源自孔氏也。

庖丁为文惠君解牛，手之所触，肩之所倚，足之所履，膝之所踦，砉然向然，奏刀騞然，莫不中音；合于桑林之舞，乃中经首之会。文惠君曰："嘻，善哉！技盖至此乎？"庖丁释刀对曰："臣之所好者道也，进乎技矣。始臣之解牛之时，所见无非牛者。三年之后，未尝见全牛也。方今之时，臣以神遇，而不以目视；官知止，而神欲行。依乎天理，批大郤，导大窾，因其固然。技经肯綮之未尝，而况大軱乎！良庖岁更刀，割也；族庖月更刀，折也。今臣之刀十九年矣，所解数千牛矣，而刀刃若新发于硎。彼节者有閒，而刀刃者无厚；以无厚入有閒，恢恢乎其于游刃必有余地矣。是以十九年而刀刃若新发于硎。虽然，每至于族，吾见其难为，怵然为戒，视为止，行为迟，动刀甚微，謋然已解，如土委地。提刀而立，为之四顾，为之踌躇。满志，善刀而藏之。"文惠君曰："善哉！吾闻庖丁之言，得养生焉。"

"庖丁"，庖人名丁也。"为"读去声。"文惠君"，当如《孟子》费惠公之流，受封于大国者，故称曰君。卫元君亦降称崔譔、司马彪以为即梁惠王，殆不然也。《竹书》：惠王复谥惠成；未闻有惠文之谥也。《在宥篇》曰："夫有土者有大物也。有大物者，不可以物。物而不物，故能物物。明乎物物者之非物也，岂独治天下百姓而已哉！"此言解牛者，盖以牛为大物。许慎《说文解字》物下云："万物也，牛为大物，故从牛，勿声。"故以宰国寓之于宰牛，而卒归之养生者，所谓养生为主也。

"手之所触，肩之所倚，足之所履，膝之所踦"，"踦"犹掎也。言其手、肩、足、膝无不用也。欲写其閒,先写其剧,文章法如是也。"砉然""向然""騞然",皆奏刀声,观"奏刀"字介于其间,可知也。"奏刀",进刀也。不曰进而曰奏,奏刀犹奏乐然,所以起下"桑林""经首"之文也。"向"同响。砉响声微,騞则声粗。由微以至粗,于字音求之可知,不烦释也。声有粗细,而参错中节,故曰:"莫不中音。""中"读去声,下"乃中经首之会"同。"合于桑林之舞","桑林",汤乐名。云舞者,承上触、倚、履、踦言。"乃中经首之会","经首",尧乐《咸池》乐章名。云会者,承上砉向騞然中音言。"会"犹合也,谓合乐也。

"譆"同嘻,惊叹声。"善哉!技盖至此乎",赞其技也。对曰:"臣之所好者道也,进乎技矣。"意谓道于是乎在,不得以技视之也。《天地篇》云:"通于天地者,德也。行于万物者,道也。上治人者,事也。能有所艺者,技也。技兼于事,事兼于义,义兼于德,德兼于道,道兼于天。""兼"犹包也。自上言之则曰兼,自下言之则曰进。进犹过也。过乎技者,技通乎道,则非技之所得而限也。

"所见无非牛者",用心之一也。《达生篇》承蜩者之言曰:"虽天地之大,万物之多,吾不反不侧,不以万物易蜩之翼,何为而不得!"彼云唯蜩翼之知,此云"所见无非牛",正一意也。后世如张旭之善草书,见担水者争道,见公孙大娘舞剑器,而书皆大进,抑亦可谓所见无非书者矣!盖诚用心于一艺,即凡天下之事,目所接触,无不若为吾艺设者。必如是能会万物于一己,而后其艺乃能擅天下之奇,而莫之能及。技之所为进乎道者,在此。其"三年之后,未尝见全牛"者,由有此工夫致然。此一语,文中极大关键,读者固往往轻易放过。解者如郭子玄辈,且以"未能见其理閒"释之,不独失《庄》文之意,亦且负此老为人苦心矣。

"未尝见全牛"者,分肌擘理,表里洞然,如指诸掌,所谓"及其久也,相说以解"者。语见《礼记·学记》故曰无全牛也。"以神遇而不以目视"者,目之用局而迟,神之用周而速也。"官知止而神欲行"者,非止不能稳且准,非行不能敏且活也。"依乎天理",所谓"照之于天"也。"因其固然",所谓顺物自然也。语见《应帝王篇》合之,则亦以明、因是二者而已矣。

"郤"同隙,间也。"窾",空也。隙则批之,窾则导之,相其势而施其巧也。郤曰大郤,窾曰大窾,扼其大端,而小者不足言也。"肯",肉之著于骨者。"綮",筋肉纠结处也。"技经肯綮之未尝",犹言未尝经肯綮,倒文也。"軱",毂轳之合音,今江南犹有呼车毂为毂轳者。骨与骨相斗接处有似车轴之于毂然,故谓之軱也。肯綮有所不经,其不触及于骨可知也,而况大軱乎!举大以包小也。

"十九年",十年九年也。《尚书·无逸篇》曰:"或五六年,或四三年。"此云十九,犹彼言四三矣。"硎",砥石也。"刀刃若新发于硎",言刃不伤也。"割",损也。"折",挫也。割、折皆对刃之不伤言。言刃,非言用刀也。故司马彪注:"以刀割肉。"及俞樾引《左传》"无折骨"语,谓"折骨非刀折",皆非也。俞氏之说尤不通。《传》云:"无绝筋,无折骨。"乃战时祷词。战则有筋绝骨折之事。若夫解牛,何为取其骨而折之?且牛之骨,又岂刀所可折者乎!"族",众也。众庖,犹常庖也。

"彼节者有间,而刀刃者无厚;以无厚入有间,恢恢乎其于游刃必有余地矣",即老子云"无有入于无间"之义,变其文而用之,所以见无为之有益也。"恢恢乎"者,言其宽裕,故曰"游刃",又曰"有余地"也。

"每至于族",此"族"字同簇,纷错交会,故曰"见其难为"也。"怵然"犹惕然。"怵然为戒,视为止,行为迟",言谨益加谨,审而出之,不敢有丝毫之轻率也。"动刀甚微",得其理閒,故不烦也。"謋"同磔,张也,开也。"謋然已解,如土委地",牛解而事毕也。"提刀而立,为之四顾,为之踌躇",犹虞其功有未至也。四顾踌躇者,审视而徘徊也。外篇《田子方》亦有"方将踌躇,方将四顾"之语,以是可知当于"踌躇"句绝。旧以"踌躇"连下"满志"为句,实误也。"满志"两字句。及其"满志",然后"善刀而藏之",用复于无用,不敢有所恃而妄发也。自"每至

56

于族"以下,皆写工夫入细处。与上"所见无非牛"、"未尝见全牛",同一吃紧为人语,未可草草读过也。

"善哉",赞其言也。于此言而得"养生",则养生之非养形,亦非捐弃伦物而专从事于通督脉、运天经之术,亦可以决矣。

公文轩见右师而惊,曰:"是何人也?恶乎介也?天与?其人与?"曰:"天也,非人也。天之生是使独也;人之貌,有与也。以是知其天也,非人也。泽雉十步一啄,百步一饮,不蕲畜乎樊中。神虽王,不善也。"

此承上天理言。表性之出于天,而非人之情识知见所可得而拟似也。"公文轩",人名。"右师",书官,殆佚其名矣。公文见右师而惊,惊其气象之殊常也。"介",特也。见扬雄《方言》"恶乎介"者,言何以特立而超于物外如是也。"天与?其人与?"诘其天为之乎,抑人为之也。"曰:天也,非人也",答其是天而非人也。

何以辨之?则以天者无耦,无耦故介,故曰:"天之生是使独也。""是"即指养生之生言,亦即指性言。"人之貌有与"者,言若出于人,则有与而非独也。"有与"即有对,有对则有待,有待则恶能介也!于此提出"貌"字,知公文所惊者貌,而非惊其偏刖也,明矣。曰"独",曰"有与",义并承《齐物论》来。七篇之次第固斩然不紊也。"以是知其天也,非人也",此是指独言。然则天人之别,一言而决矣。明此,则知向之"喜怒哀乐,虑叹变慹",纷然杂起者,其无关于性分,而直为吾心之累耳。所以"圣人不由,而照之于天"也。

"泽雉十步一啄,百步一饮",取譬于雉者。雉之性介,因借以表也。"不蕲畜乎樊中","不蕲",不期也。"樊"者,笼也。以譬人为情识知见所囿,无异于雉之处樊,故曰:"神虽王,不善也。""不善"者,不能养也。善与养一义。故《大宗师篇》云:"善吾生者,乃所以善吾死也。"

此文下接以老聃之死，意亦可见。

《田子方篇》载："孔子见老聃，老聃新沐，方将被发而干，慹然似非人。孔子便而待之。少焉见。曰：'丘也眩与？其信然与？向者先生形体掘若槁木，似遗物离人而立于独也。'"彼云"慹然似非人"，又云"离人而立于独"，正与此云"是何人也？恶乎介也"，同一情景。"丘也眩与？其信然与"，亦惊讶之辞也。

盖此皆甚深理境，一书要旨所在。自郭象误以"介"与《德充符篇》之"兀"同视，而释"介"为偏刖，<small>司马彪注亦误。崔本作"兀"尤误。</small>于是"独"字，"有与"字，皆离其本义，不知云何。后世唯吕惠卿《庄子义》言"右师盖人貌而天者也"，能得其解。而其书罕见，注家因薄吕之为人，又不欲读其书。焦弱侯（竑）《笔乘》所说略与吕同，然不如吕之显豁。兹因吕义，更逐句释之。不独见右师造道之深，即公文能见之而惊，而以天人发问，亦自眼力心孔，为非浅学者所易几及也。

老聃死，秦失吊之，三号而出。弟子曰："非夫子之友邪？"曰："然。""然则吊焉若此，可乎？"曰："然。始也吾以为其人也，而今非也。向吾入而吊焉，有老者哭之如哭其子，少者哭之如哭其母。彼其所以会之，必有不蕲言而言，不蕲哭而哭者。是遁天倍情，忘其所受，古者谓之遁天之刑。适来，夫子时也；适去，夫子顺也。安时而处顺，哀乐不能入也，古者谓是帝之县解。指穷于为薪，火传也。不知其尽也。"

此言性不以生死而存亡也。承前篇齐生死来。"老聃"，老子。《庄》书于老子多称老聃，而于仲尼则必曰孔子，或曰夫子。于此亦可知周之所师在孔子，而非老氏之徒矣。

"失"，一作佚，字同。"号"，哭而不哀也。"弟子"，聃弟子也。"夫子"，称聃也。"吊焉若此，可乎"，失既聃友，吊当尽哀，故责而问之。

"始也吾以为其人也,而今非也","非"即非人。非人,则入于天矣。详《应帝王篇》首节入于天,则何可哀之有!"老者哭之如哭其子,少者哭之如哭其母",哀之甚也。"彼其所以会之","彼"即指哭者。"会"谓感会也。"蕲",期也。"不蕲言而言,不蕲哭而哭",言发不由衷,因以过节也。

"遁"同遯。死为反真,反真,语见《大宗师篇》。而恶死,是遁天也。"倍"同背。情有其节,而过哀,是背情也。性者受之于天,不以生存,不以死亡。今歧视生死,是忘其所受也。于是天德日远,人伪日深。是自为之桎梏,而自系以徽纆也。故曰:"古者谓之遁天之刑。"

"适来,夫子时也;适去,夫子顺也",来去喻生死。适之为言暂也。生为暂来,死为暂去,故曰时曰顺。"时"者值其时,"顺"者顺其常也。安时处顺,《大宗师篇》所云"古之真人,不知说生,不知恶死,其出不䜣,其入不距,翛然而往,翛然而来"者。己无说恶,人又恶从以哀乐感之,故曰:"哀乐不能入也。""县"如倒县之县,系也。"县解",则人而天矣,故曰"帝之县解","帝"即天也。

"指"者,"物莫非指"之指,名家之恒言也。"穷于为薪,火传也"者,谓指在薪则穷,在火则移,可传于无尽也。始云"可以尽年",此云"不知其尽",是尽者年而不尽者性。有涯之生,别有无涯者在也。《易·系辞传》云"原始反终,故知死生之说",此其近之矣。

人间世第四

"人间世"者,"人间",人世也。"间"以横言,如今云空间。"世"以竖言,如今云时间。空间者宇,时间者宙。《庚桑楚篇》云:"有实而无乎处者,宇也。有长而无本剽者,宙也。"剽同标,末也。曰间曰世,犹宇宙也。佛法东来,译名则曰世界。名虽数变,所指一也。

顾于此当知者,曰"人间世",冠人字在上者何?盖一以明人不能离宇宙而存,一以明宇宙必待人而理。宇宙即人之宇宙,故曰人间世也。说者以《天地篇》有"千岁厌世,去而上仙"之语,往往认庄子与佛氏同科,谓以出世为宗,而有厌离人世之意。不知实不然也。《齐物论》云"《春秋》经世,先王之志,圣人议而不辩",夫言"经世",其与出世异趣明矣。不独此也。《刻意篇》曰:"刻意尚行,离世异俗,高论怨诽,为亢而已矣。此山谷之士、非世之人、枯槁赴渊者之所好也。就薮泽,处闲旷,钓鱼闲处,无为而已矣。此江海之士、避世之人、闲暇者之所好也。"离世避世,方在其所屏斥,彼安肯弃世以自愉乎?然则所谓"千岁厌世"者,特耄期倦勤之喻,故其上文云"天下有道,则与物皆昌。皆同偕天下无道,则修德就闲",是与孔子言用行舍藏,孟子言"穷则独善其身,达则兼善天下",复何以异!特其好为谬悠之说,荒唐之言,易于

60

启人误解。试思天下岂有千岁之人,又岂果有上仙之事哉?

此篇举颜回请见卫君、叶公子高使齐、颜阖傅卫太子三者,皆人世至艰至巨之事。而孔子与蘧伯玉曲陈其方,必使优游宛转,事有成功而人无犯患,又一归于大中至正之道,无丝毫权谋诈术杂于其间,于以见"内圣外王"之学,本于穷理尽性至命,语见《易·说卦传》出之以至精、至变、至神,语见《易·系辞传》发仲尼之微言,揭《周易》之奥旨,足以补《论》《孟》之未及,树人道之大防者已。

综全篇大意,惟"不得已"与"无用"两端。"不得已"者,不逞智于事先,不失机于事后。"无用"者,藏其锋于事外,泯其迹于事中,盖即前此无己之素功,而养生之实用。既物我之两齐,亦理事之无碍,即利用以安身,岂绝人而逃世哉?熟玩此篇问答之文,通其义趣,当知予言之非夸诞也。

颜回见仲尼,请行。曰:"奚之?"曰:"将之卫。"曰:"奚为焉?"曰:"回闻卫君,其年壮,其行独;轻用其国,而不见其过;轻用民死,死者以国量乎泽若蕉。民其无如矣。回尝闻之夫子曰:'治国去之,乱国就之。'医门多疾,愿以所闻思其则,庶几其国有瘳乎!"仲尼曰:"譆!若殆往而刑耳!夫道不欲杂,杂则多,多则扰,扰则忧,忧而不救。古之至人,先存诸己,而后存诸人。所存于己者未定,何暇至于暴人之所行!且若亦知夫德之所荡,而知之所为出乎哉?德荡乎名。知出乎争。名也者,相札也。知也者,争之器也。二者凶器,非所以尽行也。且德厚信矼,未达人气,名闻不争,未达人心。而强以仁义绳墨之言术暴人之前者,是以人恶有其美也,命之曰菑人。菑人者,人必反菑之。若殆为人菑夫!且苟为说贤而恶不肖,恶用而求有以异?若唯无诏,王公必将乘人而斗其捷。

而目将荧之,而色将平之,口将营之,容将形之,心且成之。是以火救火,以水救水,名之曰益多。顺始无穷,若殆以不信厚言,必死于暴人之前矣!且昔者桀杀关龙逄、纣杀王子比干,是皆修其身以下伛拊人之民,以下拂其上者也。故其君因其修以挤之。是好名者也。昔者尧攻丛枝、胥、敖,禹攻有扈,国为虚厉,身为刑戮。其用兵不止,其求实无已。是皆求名实者也。而独不闻之乎?名实者,圣人之所不能胜也,而况若乎!虽然,若必有以也。尝以语我来!"

颜回曰:"端而虚,勉而一,则可乎?"曰:"恶!恶可!夫以阳为充,孔扬,采色不定,常人之所不违。因案人之所感,以求容与其心。名之曰:日渐之德不成,而况大德乎!将执而不化,外合而内不訾。其庸讵可乎?"

"然则我内直而外曲,成而上比。内直者,与天为徒。与天为徒者,知天子之与己,皆天之所子,而独以己言蕲乎而人善之,蕲乎而人不善之邪?若然者,人谓之童子,是之谓与天为徒。外曲者,与人之为徒也。擎跽曲拳,人臣之礼也。人皆为之,吾敢不为邪?为人之所为者,人亦无疵焉,是之谓与人为徒。成而上比者,与古为徒。其言虽教谪之,实也古之有也,非吾有也。若然者,虽直不为病。是之谓与古为徒。若是则可乎?"仲尼曰:"恶!恶可!大多。政法而不谍,虽固亦无罪。虽然,止是耳矣。夫胡可以及化!犹师心者也。"

颜回曰:"吾无以进矣。敢问其方。"仲尼曰:"斋。吾将语若。有而为之,其易邪?易之者,皞天不宜。"

颜回曰:"回之家贫,唯不饮酒,不茹荤者,数月矣。若此,则可以为斋乎?"曰:"是祭祀之斋,非心斋也。"

回曰:"敢问心斋。"曰:"若一志,无听之以耳,而听之以心;无听之以心,而听之以气。听止于耳,心止于符。气也者,虚而待物者也。唯道集虚。虚者,心斋也。"

颜回曰:"回之未始得使,实自回也。得使之也,未始有回也。可谓虚乎?"夫子曰:"尽矣。吾语若。若能入游其樊,而无感其名。入则鸣,不入则止。无门无毒,一宅而寓于不得已,则几矣。绝迹易,无行地难。为人使易以伪,为天使难以伪。闻以有翼飞者矣,未闻以无翼飞者也;闻以有知知者矣,未闻以无知知者也。瞻彼阕者,虚室生白,吉祥止止。夫且不止,是之谓坐驰。夫徇耳目内通,而外于心知,鬼神将来舍,而况人乎!是万物之化也,禹、舜之所纽也,伏羲、几蘧之所行终,而况散焉者乎!"

此节凡七问答,一层深一层,一层细一层,非刻心熟玩,不能明也。

"颜回",字渊,见《论语》、《孟子》。"卫君",出公辄也。"其行独",言自专也。本书言独者多矣,如《在宥篇》云:"独往独来,是谓独有。独有之人,是之谓至贵。"《天地篇》云:"举灭其贼心,而皆进其独志。"《田子方篇》云:"似遗物离人而立于独也。"彼独者,独以天也。此独者,则独以人也。于天可独,于人不可独,不可不辨也。

"轻用其国",言好兵也。"不见其过",不自知其非也。"轻用民死,死者以国量乎泽若蕉","量",比也。"蕉",薪也。言以轻用兵,故民死者众。比国于泽,则死者多如泽中之薪,甚言民之不堪命也。"民其无如矣","无如",无如何也。无如何而省言无如,犹无奈何而省言无奈也。《尚书·汤誓》曰:"夏罪其如台。"即夏罪其如台何。如何而言如,盖自古有然矣。

"治国去之,乱国就之",与《论语》所言"有道则见,无道则隐,危邦不入,乱邦不居",语似相反,然一以言存身之智,一以言救民之仁,义各有当，未始相妨也。且人亦未可等量而齐观也。《孟子》曰："有天民者，达可行于天下，而后行之者也。有大人者，正己而物正者也。""有道则见，无道则隐"者，天民之事。"治国去之，乱国就之"者，则大人之德也，是不可以期之大人以下，故孔子不以语他人，而以告颜子也。此可补《论语》之未及矣。

"医门多疾"，所谓良医之门多病人，喻辞也。"愿以所闻思其则"，"则"，法也。愿以平昔所闻于夫子者，思其救之之法则。"庶几其国有瘳乎"，言"瘳"者，承"医门多疾"言。国瘳则民瘳。颜子之心，盖痛夫民之不得其死，而发于一体之仁。《孟子》所云"禹、稷、颜回同道"者，抑于此可以征之。

然颜子知卫君之轻用其国，而不知己之轻用其身，仁则仁矣，而智不足以济之，则于事何益之有！故孔子哀其志而疑其行，曰："若殆往而刑耳！""若"犹汝也。"刑"，戮也。

"夫道不欲杂，杂则多，多则扰，扰则忧，忧而不救"，"多"，有余也，与常言多少之多异。譬之医疾，众药杂投，不死为幸，其能有效者鲜矣。"先存诸己而后存诸人"，犹己立而立人，己达而达人，未有己不能立而可教人之立，己不能达而可教人之达者也。故曰："所存于己者未定，何暇至于暴人之所行！""未定"承上"杂"、"多"言。定与扰一正一反也。"暴人"指卫君，以其"轻用民死"，故谓之暴人。"至于"，犹及于也。

"荡"犹溢也。《外物篇》云："德溢乎名。""溢"者过量，过量则丧真。"德荡乎名"者，名起则德丧也。"出"犹生也。"知出乎争"者，知生夫争也。争起于知，故上言"知之所为出"，而下言"知也者，争之器也"。"知"读如智。"札"亦作轧。相轧，相倾也。倾轧亦争也。所争者名，所以争者知，故曰："二者凶器。"凶器不可以行世，故曰："非所以尽行也。"

"矼"同硁，即《论语》"言必信，行必果，硁硁然小人哉"之硁，犹坚也。德厚信坚,言德不荡,"名闻不争",言争不出,此似进矣,而"未达人气"、"未达人心",则信犹未可保,争犹未遽泯也。"达"之为言通也。未通者,未孚也。"而强以仁义绳墨之言术暴人之前","术"同述,谓称述也。"是以人恶有其美也",恶与美对文,当读如字。"有",取也。言美恶相形,以人之恶取其美,如是则人不能平,故"命之曰菑人"。"命"犹名也。"菑"者,伤也,言其将伤人也。伤人者,人必反伤之,故曰"若殆为人菑夫",与"若殆往而刑耳"句应。

"说"同悦。"苟为悦贤而恶不肖",言卫君苟诚也。"恶用而求有以异","而"与尔同,言回。"恶不肖"之"恶",读去声。"恶用"之"恶"读平声,与乌同。"若唯无诏","诏",诰也。句法与"是唯无作"一例。"王公必将乘人而斗其捷",言诏则卫君必乘之而斗其捷。"捷",胜也。"乘"之者,乘其"有以异"也。"有以异",则是立标而招矢,斗之所以起也。夫彼以王公之势,而又益之以不欲下人之暴,此岂存于己者未定之所能争乎?故曰"而目将荧之,而色将平之,口将营之,容将形之,心且成之",言其目眩色动,将自救解不及,终且容屈而心服之,适以助其恶而已矣。"成"如行成之成,犹今云妥协也。始欲革其非心,卒乃长其凶焰。后世忠谏之士,行与愿违,以致身家与国事俱坏,若此者甚众。盖不知顺以导之,而惟逆以激之,势必决裂至此也。故用"以火救火,以水救水"况之,而"名之曰益多"。"顺始无穷",承"益多"言,谓循此以往,将至不可纪极,又不仅益多而已。"若殆以不信厚言,必死于暴人之前矣",与"若殆往而刑耳"句再应。然初言殆,今言必,初言刑言菑,今言死,语益危而意益切矣。

引桀、纣者,比暴君也。引尧、禹者,起下圣人也。桀、纣之杀龙、比也,以名。尧、禹之攻四国也,以名亦以实。"名实者,圣人之所不能胜","胜"读平声,任也,当也。名实二字,虽圣人亦当不起。龙、比以当名而不免于被杀。尧、禹以当名实而不免于灭人之国、杀人之君,即前所云"名也者,相札也。知也者,争之器"之说也。"而况若乎",所以证其必死于暴人之前也。

"伛"同妪。"伛"谓呃呕之。"拊"同抚,谓抚循之。"拂",违也,逆也。"挤",排也。"虚厉",社稷为墟,宗庙为厉也。_{帝王诸侯无后者,祭于泰厉。见《礼记·祭法》。}"国"指丛枝诸国。"身"指诸国之君。"用兵不止,求实无已",亦谓诸国。"实"者,土地财赋也。盖四国皆以用兵而召兵,以求实而丧实,是可鉴也。

"虽然,若必有以也,尝以语我来","以"如《论语》"如或知尔,则何以哉"之以,叩颜子之所挟者何具也。

答曰:"端而虚,勉而一,则可乎?""端"、"勉",其本所具。"虚"以应上"扰"、"忧"之言。"一"以应上"杂"、"多"之言,则其新所进也。

曰:"恶!恶可!"上"恶"叹声。下"恶"与"恶用而求有以异"同,皆读如乌。"恶可",不可也。"夫以阳为充",根上"端"、"勉"言。端勉则志壹,志壹动气而体充。然志壹矣,而气未能全无暴也,故曰"以阳为充"。"以阳",言其发露多而收敛少也。"孔扬","孔",甚也。甚扬,气之盛也。"采色不定",容色之易变也。《小戴礼记·玉藻篇》云:"色容庄。"不定,则非庄矣,此由气使然,视上"所存于己者未定",就心言者,又细密矣。"常人之所不违","违"犹拂也,言常人所不能拂逆也。"因案人之所感,以求容与其心","案",凭也,据也。"容与"犹从容,谓自适也。据人所感而求自适其心,则是强人以就己,未能随方以应物也。"日渐之德","渐",渐渍。谓小德日进者也。小德不成,而况大德乎!此皆与回论真实学问事。旧注以为指卫君说,大非也。"执而不化",执一而不化也。"外合而内不訾","訾",量也。内不訾量,不能以义量度之也。"执而不化",是适也。_{适音敌}外合而内不訾,是莫也。《论语·里仁篇》子曰:"君子之于天下也,无适也,无莫也,义之与比。"非适则莫,何以说人,故曰:"其庸讵可乎!"

"然则"以下又颜子语也。颜子以夫子责其执一,故张三条以进之。"内直"所以答"以阳为充"之教,曰"与天为徒",曰"人谓之童子",

则无阳充孔扬之色矣。"而独以己言蕲乎而人善之,蕲乎而人不善之邪?"不期乎人之善与不善,则无案人所感以求自适之心矣。"外曲"所以答"执而不化"之教,曰"与人为徒",则非执己不移者矣。"曲"如《中庸》致曲之曲,言委曲周至也。"擎跽曲拳","擎"谓执贽。"跽",跪也。"曲",鞠躬。"拳",拱手。皆人臣见君之礼也。"疵",瑕疵,言指责也。"成而上比",所以答"外合而内不訾"之教。"比"即《论语》义之与比之比,从也。"成"者成其德。"上比"者,上从于古也,故曰"与古为徒"。成德而上从于古,则非内不訾量者矣。"其言虽教谪之"句。"教",教其是。"谪",谪其非也。"实也"二字连下"古之有也"为句。实古之有而非吾有,此即《寓言篇》所谓重言者也,故曰"若然者,虽直不为病"。"若是则可乎?"复就正于夫子也。

"大多"句。"大"读太。张以三条犹是前者杂多之病,故直曰太多也。"政"同正,语助也,属下读。"法而不谍","谍"即《列御寇篇》"形谍成光"之谍,犹渫也。《秋水篇》:"尾闾渫之,不知何时已而不虚。"从水作渫,渫者,泄之异文。彼言水,此言人之心意,故从言。盖六书转注之例如是,犹澹泊之亦作憺怕也。"以阳为充,孔扬,采色不定",正"形谍成光"之比。今"与天为徒",近于葆其光矣,故曰"不谍"。"法"承上"愿以所闻思其则""则"字言,即《在宥篇》所云"粗而不可不陈者法"与"齐于法而不乱"之"法",在此则并包"擎跽曲拳"人臣之礼言。盖"法"承"外曲"说,"不谍"承"内直"说,"虽固亦无罪",则承"成而上比"说。"无罪",即所谓"虽直不为病"也。"虽然,止是耳矣",言止于无罪而已矣。无罪谓可免于刑戮,然而未能喻卫君于道也。何也?则以其执之未尽,而见之未圆也。故曰:"夫胡可以及化!犹师心者也。"师心即执,执则不能丧我,不能丧我,则亦不能物化,所以未可以及化也。以上三问答,皆所以破颜子之执者也。

以下四问答,一二两问答只为第三"心斋"开端。向来读者解者多著意"心斋"一段,不知"心斋"亦只为下一段开端,此观"斋,吾将语若"

之言可知也。

"有而为之,其易邪?易之者,皞天不宜",两"易"字皆轻易之易。盖回之请行,虽发于救民之仁,而不免有轻于任事之过。夫子虑其听言之易,仍将执而不化也。故先以"斋,吾将语若"难之。轻易之心,皆生于有为。故曰:"有而为之,其易邪?"轻易之心生,则天知闭塞,故曰:"易之者,皞天不宜。""皞"通皓,明白也。《天地篇》曰:"无为为之之谓天。"言皞天,正与"有而为之"对。

"斋"者,齐也。《礼记·祭统》曰:"君子之齐同斋也,专致其精明之德也。"又曰:"齐不齐,以致齐者也。"盖斋本起于祭祀,而《易·系辞传》曰:"圣人以此斋戒,以神明其德夫。"则斋又不必定在祭祀,"心斋"之名由此。顾其理则有相通者。此答"心斋",首云"一志",即"齐不齐,以致齐",而"专致其精明之德也",故曰:"无听之以耳,而听之以心,无听之以心,而听之以气。""气"者人之精明,亦即明白之天知也。"听止于耳"者,耳之止其所也。"符",征也。《荀子·正名篇》所云"心有征知"是也。征知近乎今所云概念。"心止于符",心之止其所也。心耳皆各止于其所而后气得以致其虚,故继之曰:"气也者,虚而待物者也。"此二"止"字,皆《周易》"艮止"之止,下文"吉祥止止",正与此相应。《易·艮卦》曰:"艮其背,不获其身。行其庭,不见其人。"不获其身,无我也。不见其人,无物也。无我无物,所谓虚也。而艮背实为之本,故《象》传曰:"艮其止,止其所也。上下敌应,不相与也。是以不获其身。行其庭不见其人也。"又不独《艮卦》也。《咸卦》大象曰:"山上有泽,咸,君子以虚受人。"人知虚在于兑泽,而不知泽之所以虚,则在其下有艮山之止也。以此知常解谓听之用止限于耳,心之用止限于符,不如气之虚为能尽应物之用,将极紧要字以无意义语换之,误之甚者也。"唯道集虚",应上"道不欲杂"语。虚者气,而结云"虚者,心斋也"者,心与气,析之则有二名,合之则仍只一物也。

"荤",蕹蒜之类,菜之辛臭者也。"茹"犹食也。且颜子亦尝言端虚、勉一矣,夫子既未可之,而所以教之者,曰"一志",曰"虚而待物",曰"唯道集虚",犹是"虚"、"一"二语,则又何也?

夫待端而虚,则未能全虚也。待勉而一,则未能真一也。此所谓有而为之者也。若夫子所云"一",所云"虚",则一空依傍,全出自然。此人天之分,未可同日而语也。故颜子闻之即应曰:"回之未始得使,实自回也。得使之也,未始有回也。""使"者,夫子言之,颜子受之,默契无间,速若影响。《论语》所云"不违如愚",所云"于言无所不说",于此一"使"字,盖可仿佛见之。"未始有回"者,将以前种种见解、种种伎俩、一扫而尽,更无丝毫粘带,此即丧我境地也。故夫子曰:"尽矣!"然后告之以调御卫君之道。盖"唯道集虚",亦惟虚而后能用夫道也。

"入游其樊","樊"如前篇"不蕲畜乎樊中"之樊。"樊中",非其地也,然而能游者,则虽樊中无害也。"无感其名",应上"德荡乎名"与"名实者,圣人之所不能胜"句。"无感",则不独不求不好,且与名相忘矣。"入则鸣,不入则止","入"者投契之谓。相其投契则言,不然则止,无意必也。不曰言而曰鸣者,即《齐物论》所云彀音出之无心,言而无言者也。"言无言",见《寓言篇》。

"无门无毒",承前"医门多疾"说。"毒"谓药也。名曰医门,名曰用药,则讳疾者之所避也。卫君不见其过,而将乘人斗捷,其讳疾忌医甚明也。惟无门,则无往而非医也。无毒,则无往而非药也。如是,则讳无所用其讳,而避亦无得而避矣。《知北游篇》云:"汝唯莫必,无乎逃物。"盖此之谓也。

"一宅"者,宅于一也。宅于一者,不杂不扰之谓也。"寓于不得已","不得已",所谓虚而待物者也。惟虚,故不逆不亿,不用智于事先;惟待物,故批郤、导窾,亦不失机于事后,为《易·系辞》所谓"寂然不动,感而遂通天下之故"者也。"不得已"之言,本之老子,老子曰:"将欲取天下而为之,吾见其不得已。"而《庄子》则更从而发挥之,一书之中,不啻数见,其尤言之谆至者,则莫如《庚桑楚》一篇,既曰"动以不得已之谓德",又曰"有为也欲当,则缘于不得已"。不得已之类,圣人之道,故吾前论全篇大意,首提"不得已为之枢机也"。"则几矣"仅言"几"者,见更有进焉者也。

"绝迹",老子所言"善行无辙迹"也。然虽绝迹,犹不免于行也。若无行地,则乘云气、御飞龙之比。故曰:"绝迹易,无行地难。""伪"如《荀子·性恶篇》"人之性恶,其善者伪也"之伪,谓人为也,非真伪之伪。"为人使",人力之所可作为也。"为天使",则非人力之所可作为也。故曰:"为人使易以伪,为天使难以伪。"此有似《孟子》言"其至尔力,其中非尔力"之意。见《万章篇》盖力出之人,巧得之天也。"闻以有翼飞者矣,未闻以无翼飞者也",有翼飞易,无翼飞难也。"闻以有知知者矣,未闻以无知知者也",有知知易,无知知难也。《则阳篇》云:"人皆尊其知之所知,而莫知恃其知之所不知而后知,可不谓大疑乎!"疑犹惑也"恃其知之所不知而后知",即此"以无知知"之谓也。《齐物论》云:"知止其所不知,至矣。""知止其所不知",摄用归体也。"以无知知",恃其所不知而后知,则由体起用也。其意一也。以知知者,随其成心而师之,所谓师心者也。以无知知,恃其所不知而后知,则未成乎心而有是非,所谓虚而待物者也。通观《庄子》全书,其欲人之以无知知也,明矣。而解者多悖其意,可异也。

"瞻彼阕者,虚室生白","阕",缺也,即老子所云"凿户牖以为室,当其无有室之用"者。《天地篇》云:"机心存于胸中,则纯白不备。纯白不备,则神生不定。神生不定者,道之所不载也。"今以无知而知,则机心净而纯白备,故喻之"虚室生白"也。纯白备则神生定,故继之曰"吉祥止止"。"止止"者,止其所止也。时止者亦时行,故又曰:"夫且不止,是之谓坐驰。""坐驰",所谓"以无翼而飞者也"。《在宥篇》曰:"尸居而龙见。"尸居非坐乎?龙见非驰乎?此与"火驰而不顾"者,语见《外物篇》悬若天壤。解者等而视之,舛矣。夫有止而无行,则是有体而无用,何以为"内圣外王"之道乎?且此段乃从"入游其樊"更进一层说。若仅止止而止,则有何不得已。不得已者,不得止也。抑游者、飞者之谓何?将皆为剩语乎!《淮南子·览冥训》有"是谓坐驰、陆沈、昼冥、宵明"语,高诱注云:"言坐行神化,疾于驰传。沈浮冥明,与道合也。"观夫《淮南子》之言,知坐驰古义犹存,特后人不察耳。

"徇耳目内通",耳目,人恒用之于外者也,而徇之内通,则《养生主》所谓"官知止"也。"外于心知",心知,人恒用之于内者也,而外之,则《养生主》所谓"神欲行"也。外与内通,非排黜之谓也。内者止也。外者驰也。所谓过化存神,"上下与天地同流"者也。语见《孟子·尽心篇》故曰:"鬼神将来舍,而况人乎!"若是,卫君虽暴,固将在潜移默化之中矣,又安取乎思其则,出乎知,而强以仁义绳墨之言犯难而行乎?

窃尝论之:"心斋"至"未始有回",即去"我执";"入游其樊"至"寓于不得已",即去"法执","我执"、"法执",语本佛典。"绝迹"以下,则冰解冻释,人法两忘,因极赞其神化之妙,而结之曰"是万物之化也"。盖《齐物论》始于"丧我",终于"物化",一篇精蕴,尽具于斯矣。

"禹、舜之所纽也,伏羲、几蘧之所行终","纽"同忸、狃,习也。"几蘧",亦古帝王名。"行终",谓行之终其身。禹、舜习之,伏羲、几蘧行之,"而况散焉者乎!""散"者,未成之名。言凡人不可不致力于斯也。"行终",反结前"非所以尽行"意。首尾相应,文法森然。

叶公子高将使于齐,问于仲尼曰:"王使诸梁也甚重,齐之待使者,盖将甚敬而不急。匹夫犹未可动也,而况诸侯乎!吾甚栗之。子尝语诸梁也,曰:'凡事若小若大,寡不道以欢成。事若不成,则必有人道之患;事若成,则必有阴阳之患。若成若不成,而后无患者,唯有德者能之。'吾食也执粗而不臧,爨无欲清之人。今吾朝受命,而夕饮冰,我其内热与!吾未至乎事之情,而既有阴阳之患矣;事若不成,必有人道之患。是两也。为人臣者不足以任之。子其有以语我来!"

仲尼曰:"天下有大戒二:其一命也,其一义也。子之爱亲,命也,不可解于心;臣之事君,义也,无适而非君也。无所逃于天地之间,是之谓大戒。是以夫事其亲者,不择地而安之,孝之至也;夫事其君者,不择事而安之,忠之盛也;自事其心者,哀乐不易施乎前,知其不可奈何,而安之若命,德之至也。为人臣子者,固有所不得已。行事之情,而忘其身,何暇至于悦生而恶死!夫子其行可矣!丘请复以所闻:凡交近,则必相靡以信;远,则必忠之以言。言必或传之。夫传两喜两怒之言,天下之难者也。夫两喜必多溢美之言,两怒必多溢恶之言。凡溢之类妄。妄则其信之也莫,莫则传言者殃。故法言曰:'传其常情,无传其溢言,则几乎全。'且以巧斗力者,始乎阳,常卒乎阴,大至则多奇巧;以礼饮酒者,始乎治,常卒乎乱,大至则多奇乐。凡事亦然。始乎谅,常卒乎鄙;其作始也简,其将毕也必巨。夫言者,风波也;今各本"夫"字倒错在下"风波易以动"句上。依覆宋本改正。行者,实丧也。风波易以动,实丧易以危。故忿设无由,巧言偏辞。兽死不择音,气息茀然,于是并生心厉。克核大至,则必有不肖之心应之,而不知其然也。苟为不知其然也,孰知其所终!故法言曰:'无迁令,无劝成。'过度,益也。'迁令''劝成',殆事。美成在久,恶成不及改,可不慎与!且夫乘物以游心,托不得已以养中,至矣。何作为报也?莫若为致命。此其难者。"

"叶公",楚大夫,为叶县尹,故称叶公,尝问政于孔子,见《论语·子路篇》,姓沈,子高其字,诸梁其名。"甚敬而不急"者,敬以虚文,而不急应其实求也。"栗",惧也。"若小若大","若成若不成","若"并与或同。"寡不道以欢成",言事无小大,鲜有不依于道而能成之无遗憾者也。"人道之患",国之刑罚也。"阴阳之患",身之忧苦也。成与不成而卒无患者,惟有德者能之。"德"承"道"言。"有德者",有得于道者也。此以上旧闻于夫子之言也。

"食也执粗而不臧","执",守也。"臧",善也。守其粗薄,不求精善也。"爨无欲清之人","清"通凊,就凉也。爨人不须就凉,见炮燔时少,食粗有征也。"内热",热病也。《则阳篇》云:"使其君内热发于背。"又云:"内热溲膏。"发于背则为背痈,溲膏则为痟渴。故曰:"吾未至乎事之情,而既有阴阳之患矣。""事之情",事之实际也。此其所以"甚栗"也。而事若不成,又将有"人道之患",故求教于夫子也。前者颜子之病,在视事之易;今叶公之病,则在虑事之难。视事易者多轻,虑事难者易怯,故夫子所以告之者亦异。于颜子则警戒之辞多,于叶公则劝勉之意切也。

语分两段,"夫子其行可矣"以上,所以解其"阴阳之患"之惑也;"可不慎与"以上,所以解其"人道之患"之惑也。"乘物以游心"以下,则两结之,而归之于"致命"。此所谓穷理尽性至命之学也。

"天下有大戒二","戒",守也。人之所守而不可稍违者也。"命"者,天之命也。"义"者,人之义也。命之自天,故不可解于心。义存乎人,故亦无所逃也。郭子玄曰:"千人聚,不以一人为主,不乱则散,故多贤不可以多君,无贤不可以无君。此天人之道,必至之宜。"是亦案实而言,初不关乎时变者也。然事亲事君,皆由心起。心上无工夫,则事亲事君触处皆碍;不然,亦伪而已。故特提出事心一层。事心者,从事于心性之学也。

"施"犹移也,读去声。"哀乐不易施乎前",言不以前境哀乐为之移易也,即《养生主》"哀乐不入"之意。"知其不可奈何而安之若命",与"不择地而安之"、"不择事而安之",两"安"字相应。"安"者止也,不止则扰矣。叶公之甚栗内热,皆起不安;而所以不安者,则以爱身之故。不知身有所制,制之于命,非人所可得而自专也。《达生篇》曰:"达命之情者,不务知之所无奈何。"盖谓是也。故既告之以安命,又进之以忘身。忘身安命,则尽性矣。尽性者,生死一齐,又何暇悦生而恶死乎! 此所以劝其行也。

"丘请复以所闻","复"如《孟子》"有复于王者"之复,更告之以使人之道也。使人之责在传言,而言之难传者,在两君之喜怒。喜则言多溢美,怒则言多溢恶。溢则非实,非实则难以取信。"信之也莫","莫"犹漠也,漠然无动于中也。"殃"犹萏也。"法言",古所传之言,足以为法者,犹今云格言也。"传其常情,无传其溢言",情、言互文。情常者无溢言,言溢者即非常情也。情者喜怒也。"几乎全"者,若是庶可自全也。"始乎阳",本以为欢也。"卒乎阴",偷以取胜也。"大"读太。"大至"犹已甚。"奇巧",巧之不中理者也。"始乎治","威仪抑抑"也;"卒乎乱","屡舞僛僛"也。语见《诗·小雅·宾之初筵》"奇乐",乐之不中礼者也。"凡事亦然",言凡事有之,不独饮酒、斗力二者也。"谅",信也。"鄙",诈也。"简",约也。"巨",大也。

"夫言者,风波也",风波言其变幻,变幻故易以动。"行者,实丧也",实丧言其浮虚,浮虚故易以危。"言"承上"传言"言。两喜两怒,溢美溢恶,所谓风波也。"行"承上斗力、饮酒言。始阳卒阴,始治卒乱,所谓实丧也。"实丧",犹言失其本也。"忿设无由,巧言偏辞","设"犹作也。"无由"犹无端。言忿之作也无端,唯巧言偏辞耳。"偏"同谝。《说文》:"谝,便巧言也。"《书·秦誓》:"惟截截善谝言。"又《论语》"友谝佞",今文作便,然则偏辞亦即便辞。巧言、便辞,一也。"兽死不择音"三句,假兽以喻人也。"茀"同怫。"厉",恶也。"心厉",心上之恶,谓生恶意欲伤人也。"克"如克期之克。"核"如核实之核,谓要必也。要必"大至",承上"齐之待使者甚敬而不急"急字言。盖虑诸梁急于使事,不免有要必之心。要必之心起,而巧言偏辞有不暇择者矣。"不肖之心应之,而不知其然也",所谓"忿设无由","孰知其所终",则传言者殃矣。

"无迁令",无改君命也。"无劝成",无强成事也。此二句述法言也。"过度,益也"以下,则所以为之释。"益"同溢,言凡过度者即皆溢也,不但溢美溢恶之言而已。"迁令"、"劝成",本冀以成事也,而不知适以殆事,所谓"实丧易以危"也。"美成在久",言美之成也难。"恶成不及改",言恶之成也易。故曰:"可不慎与!"

此段于人情变化、事势险阻抉发无遗,非穷理之精,断断不能及此。《易·系辞》曰:"精义入神,以致用也。利用安身,以崇德也。"惟利用可以安身,惟精义可以致用,叶公不能知也,而徒汲汲以保身为利,则何益乎!

"乘物以游心",承后一段言。曰"游心",则因应无滞,而人道之患可免矣。"托不得已以养中",承前一段言。曰"养中",则忧惧尽捐,而阴阳之患可免矣。故曰"至矣"。前节对颜子言曰"一宅而寓于不得已",不得已重,此对叶公言曰"托不得已以养中",则养中重。对颜子之言"不得已",意在无犯难;对叶公之言"不得已",意在不苟免,此中又稍有分别,不可不知也。

"何作为报也","作",作意也。郭注云:"任其所报,何必为齐作意于其间。"是也。"致命",即《易·困卦象》曰"君子以致命遂志"之致命,与上"天下有大戒二、其一命也",及"知其不可奈何而安之若命",两"命"字相应。常解以致君之命说之,非也。安命,但安之而已,其义浅。致命,则以至于命,其功深。故曰"此其难者",应"传两喜两怒之言,天下之难者也"。言彼尚非难,难实在此耳。吾引《易·说卦》穷理尽性至命之言以说此文,识者当能知其非强为附会也。

颜阖将傅卫灵公大子,而问于蘧伯玉曰:"有人于此,其德天杀。与之为无方,则危吾国;与之为有方,则危吾身。其知适足以知人之过,而不知其所以过。若然者,吾奈之何?"

蘧伯玉曰:"善哉问乎! 戒之,慎之,正女身哉! 形莫若就,心莫若和,虽然,之二者有患。就不欲入,和不欲出。形就而入,且为颠为灭,为崩为蹶。心和而出,且为声为名,为妖为孽。彼且为婴儿,亦与之为婴儿,彼且为无町畦,亦与之为无町畦;彼且为无崖,亦与之为无崖。达之,入于无疵。女不知夫螳螂乎? 怒其臂以当车辙,不知其不胜任也,是其才之美者也。戒之,慎之! 积伐而美者以犯之,几矣。女不知夫养虎者乎? 不敢以生物与之,为其杀之之怒也;不敢以全物与之,为其决之之怒也;时其饥饱,达其怒心。虎之与人异类而媚养己者,顺也;故其杀者,逆也。夫爱马者,以筐盛矢,以蜄盛溺。适有蚉虻仆缘,而拊之不时,则缺衔、毁首、碎胸。意有所至,而爱有所亡,可不慎邪!"

"颜阖",鲁人,哀公尝欲以币先而欲见之,阖逃焉,见《让王篇》。"卫灵公"名元,尝问陈于孔子,见《论语》。"大"读太。"太子",则蒯聩也,即前出公之父。其父子争国事,见《左氏传》。《达生篇》载东野稷以御见庄公,颜阖料其马必败,蒯聩得国后,谥庄公。则阖不独为之傅,且为之臣矣。"蘧伯玉",名瑗,卫大夫,孔子之友,见《论语》。《则阳篇》有"蘧伯玉行年六十而六十化"之语,其德可想见已。

"天杀"之杀,谓降杀也。"其德天杀"者,言天薄之,不赋以美德。"与"谓相与。"方",道也,法也。"无方则危国,有方则危身",言两难也。"适",只也。"人",即"有人于此"之人。"适足以知人之过,而不知其所以过",言知太子之过,而不知其过之所由起,自愧其智之不及,无能以傅之也。"其知"之知,读同智。不曰吾智而曰"其智",承上"吾国"、"吾身"两吾字言,便文故用"其"也。旧解以此属太子说,支矣。

"戒之,慎之",勿轻与也。"正汝身哉",先存诸己也。"形莫若就",与之偕也。"心莫若和",不自失也。"由由然与之偕,而不自失焉",见

《孟子·公孙丑篇》。孟子言柳下惠语如是。"就不欲入",入者还与同也。"和不欲出",出者自显异也。还与同,则与之俱败矣。故曰:"形就而入,且为颠为灭,为崩为蹶。""且",将也。"颠灭"、"崩蹶",又不止国危而已。自显异,则招其所恶矣,故曰:"心和而出,且为声为名,为妖为孽。""声名"、"妖孽",又不止身危而已。声名而曰妖孽者,名也者相札之由,本非美事也,此正所以为戒也。

"婴儿",无知识也。"町畦"犹畛畍。无畛畍,无防闲也。"崖",崖岸。无崖岸,无廉隅也。无防闲,无廉隅,皆言无礼义也。彼且为之,亦与为之,所谓"形莫若就"也。"达之,入于无疵","达",疏也,导也。"疵",过也。凡上所为,卒以导之诱之,入于无过,所谓"心莫若和"也。

螳螂一喻,"和不欲出"之戒也。"是其才之美","是"读自是之是,言自负也。"积伐而美者以犯之","伐",矜也。"而"同汝。"犯之",斯所谓"为声为名,为妖为孽"也,故曰"几矣"。"几",殆也,危也。

养虎、爱马两喻,"就不欲入"之戒也。两"不敢"皆戒慎之辞。"决"如《礼记·曲礼篇》云无齿决之决,谓断也。"时其饥饱",食之以时也。"达其怒心",不触其怒。"达"亦疏导之意,与"达之,入于无疵"同。盖就之中有和,则就而不入矣。"矢"者屎之假借,"溺"者尿之假借。"蜄"同蜃,大蛤也。以筐盛矢,以蜄盛溺,爱之至也。"适",偶也。"仆",附也。《大雅·既醉》之诗曰:"景命有仆。"毛传:"仆,附也。"是也。偶有蚤虻附之缘之。"而拊之不时","拊",拍也,拍之不得其时也,则"缺衔、毁首、碎胸"。"衔",马口中勒。"缺",破坏也。此所谓"为颠为灭,为崩为蹶"也。"意有所至而爱有所亡","亡",忘也。言马之意别有所属,则人之爱已亦有时而忘之也。虎有时媚养己,而马乃有时忘其爱,以见待人接物之不易,而祸每发于所忽,不可稍有疏虞也,故曰:"可不慎邪!"上两言"慎之",卒复归之于"慎"。盖与《大学》、《中庸》言戒慎、恐惧一意,孰云庄子与儒异趣乎?

匠石之齐，至乎曲辕，见栎社树。其大蔽牛，絜之百围；其高临山，十仞而后有枝；其可以为舟者，旁十数。观者如市，匠伯不顾，遂行不辍。弟子厌观之，走及匠石，曰："自吾执斧斤以随夫子，未尝见材如此其美也。先生不肯视，行不辍，何邪？"曰："已矣，勿言之矣！散木也，以为舟则沈，以为棺椁则速腐，以为器则速毁，以为门户则液樠，以为柱则蠹，是不材之木也。无所可用，故能若是之寿。"

匠石归，栎社见梦，曰："女将恶乎比予哉？若将比予于文木邪？夫柤梨橘柚，果蓏之属，实熟则剥，剥则辱，大枝折，小枝泄。此以其能苦其生者也，故不终其天年而中道夭，自掊击于世俗者也。物莫不若是。且予求无所可用久矣，几死，乃今得之，为予大用。使予也而有用，且得有此大也邪？且也若与予也皆物也，奈何哉其相物也？而几死之散人，又恶知散木！"匠石觉而诊其梦。弟子曰："趣取无用，则为社何邪？"曰："密！若无言！彼亦直寄焉，以为不知己者诟厉也。不为社者，且几有翦乎！且也彼其所保与众异，而以义誉之，不亦远乎！"

"匠石"，大匠名石也。《徐无鬼篇》载匠石于宋元君称臣，则当是宋人也。"曲辕"，齐地名。"栎社"，古者立社，各树以所宜之木，此树以栎，故即以栎名。下"树"即谓栎也。《汉书》言高祖祷丰枌榆社，则汉时犹以所树之木名社也。顾此言栎，与凡言栎树异。《秦风·晨风》之诗"山有苞栎"，与棣檖、六驳六驳，当依崔豹《古今注》作木名。并举，则非不材之木，此当是槲类，同名而异实者也。

"其大蔽牛"，言其干之巨，牛在其旁隐而不见也。"蔽"非荫蔽之蔽。别本"牛"上有"数十"二字，盖不知者所加。"其大蔽牛"，"其高临山",文正相对。且下云"絜之百围",明此大指干言,非谓全树之大也。"絜"犹量也。"围",与后文言"拱把"一类,一手曰把,两手曰拱,张两臂以絜之则曰围。"围"犹抱也,今之常言合抱之木,是也。"其高临山","临"者,自上视下之谓,言高逾于山也。"十仞而后有枝","仞",七尺也。广曰寻,高深曰仞,皆两臂之长。然量高深者,臂一举一垂,自较横而伸之为短,故寻八尺,仞则七尺,此定说也。木之高者,生枝皆距根甚远,此云十仞以上有枝,正形其高,体物可谓精极矣。"其可以为舟者旁十数","其",其枝也,故曰旁。举可以为舟者,古者刳木为舟。言枝之巨如此,则余可知也。

"匠伯","伯"者,长也,对下弟子言,故易称之曰"匠伯",伯非字也。"厌"同餍。"厌观之",饱看之也。"散木也",此"散"字与前"散焉者乎"散字稍异。彼特未成之名,此则谓无成也。今俗有不成材料之语,以作此注,最切矣。"椁"一作槨,棺之外重者。"液樠",《说文》:"樠,松心木。"盖木之流脂如松者。"液",沁液,言其沁出脂液,如樠然也。"蠹",蛀也。"不材之木",即所谓散木也。

"栎社见梦","见于梦也,"见"音现。"比",比方,言较其长短优劣也。"文木",木之有文章者,良材也。"柤"同樝,今俗作楂。"柚",似橘而大。木实曰果,草实曰蓏。"柤梨橘柚",分举其名。"果蓏之属",则总举其类也。"剥",剥落也。"辱",屈辱也。木何以有屈辱?言辱者,影射人事以为之说也。"泄",泄其生气也,与洩同。"掊"、"击"一义,皆毁伤也。"自掊击于世俗者",言毁伤由于自取,不得以尤世俗也。"几死","几",近也。近死"乃今得之",言得之之不易也。"得之"者,得其无所可用也。得其无所可用,"为予大用",篇末所云"无用之用"也。"相物"之"物"系动字。"奈何哉其相物"者,《知北游篇》云"物物者非物",既若与予皆物,则何能物物?意谓以物视己为不知己也,故继之曰:"而几死之散人,又恶知散木!""而"犹汝也。

"觉而诊其梦","诊",审也,言与弟子审其梦中之言,如后世所云详梦是也。"趣取无用","趣"者急义,言急求无用也。"密"一字句,谓秘之也。"若无言",汝勿言也。"彼亦直寄焉以为不知己者诟厉也"十四字为句。"诟厉",犹诟病。言彼特寄于社,以任不知己者之诟病而不辞。盖于不知己者而得诟病,斯正其自隐之道也。"且几有翦乎",此"几"犹岂也。言即不为社,又岂有翦伐之者哉!"保"犹守也。"义"谓常理。彼其所守与众异,而以众人之常理訾之,"不亦远乎",言其不能合也。

南伯子綦游乎商之丘,见大木焉,有异,结驷千乘,隐将芘其所藾。子綦曰:"此何木也哉?此必有异材夫!"仰而视其细枝,则拳曲而不可以为栋梁;俯而视其大根,则轴解而不可以为棺椁;咶其叶,则口烂而为伤;嗅之,则使人狂酲,三日而不已。子綦曰:"此果不材之木也,以至于此其大也。嗟乎,神人以此不材。"宋有荆氏者,宜楸柏桑。其拱把而上者,求狙猴之杙者斩之;三围四围,求高名之丽者斩之;七围八围,贵人富商之家求樿傍者斩之。故未终其天年,而中道已夭于斧斤,此材之患也。故解之以牛之白颡者,与豚之亢鼻者,与人有痔病者,不可以适河。此皆巫祝以知之矣,所以为不祥也。此乃神人之所以为大祥也。

"南伯子綦"即南郭子綦,注见前。"商之丘",宋都,今商丘县也。"驷",四马。"千乘",车千辆也。古一车驾四马,就马言则曰驷,就车言则曰乘。"隐",隐度。"芘"同庇。"藾"同赖。"所赖"指车马。芘谓大木庇之。隐度者,子綦约略计之如此也。故曰"结驷千乘"。言傥有连结千乘至此者,非实然也。"拳曲",不直也。"轴解",木心之纹有如车之轴,今所谓年轮是也。"解"则疏散而空,谓不坚致也。"咶"同舐,咶取会意,舐取谐声也。"烂",如火灼也。"酲",酒病。"狂酲",酲之甚也。"神人以此不材",此节两提神人,以见此云不材即神人无功意,非果不材也。

"荆氏",宋地名。"楸",梓也。"桑",山桑。《小雅·小弁》之诗曰:"维桑与梓,必恭敬止。"故此亦楸、桑并列也。"杙",系狙之橛也。"猴",狙类。"斩",伐也。"高名"犹高大也。"丽"同欐,屋栋,《秋水篇》云"梁丽可以冲城"是也。"椫旁",棺之全边者,字从木从单,谓单木不须两合也,故读当亦同单。或从示作禅,误也。"解"如禳解之解。《汉书·郊祀志》:"古天子常以春解祠黄帝。"即此解义。"白颡",白额。"亢鼻",仰鼻。"痔病",后病也。"适",之也。"适河",沈于河以祭也。三者不可以适河,盖当时禳解家有此说。故曰:"此皆巫祝以知之矣。""巫",以舞降神者。巫祝所以为不祥,乃神人之所以为大祥。言神人所为固有非外人所知者。盖犹是上节"所保与众异"之意。以是益知此之不材非寻常之所云不材也。以人祭河,古有是俗,魏西门豹尝以术禁断之。见《史记·滑稽列传》褚先生所增附。

支离疏者,颐隐于齐,肩高于顶,会撮指天,五管在上,两髀为胁。挫针治繲,足以糊口;鼓筴播精,足以食十人。上征武士,则支离攘臂于其间;上有大役,则支离以有常疾不受功;上与病者粟,则受三钟与十束薪。夫支离其形者,犹足以养其身,终其天年,又况支离其德者乎!

前二节假木作喻,此则径归之人身。盖承上神人言,义在德而不在形。说其形支离,依旧是喻,不可不知。又设此以为下篇《德充符》作一伏线,故特提出"德"、"形"二字。七篇文章,钩锁入妙,尤不可不知也。

支离字从散字出。"支离"者,支于正而离于常,犹今言离奇也。"疏"其本名。以其形支离,冠二字于名上,犹《论语》叶公言"吾党有直躬者",以人称其直,加直字于躬之名上,盖同一例也。

"齐"同脐。"颐隐于脐,肩高于顶",盖伛之甚者,其形如是。"会撮指天","会"同䯤,括发也。"撮"即《小雅·都人士》之诗"台笠缁撮"之撮,所以括发者,如后世头巾,特其制短小耳。古者髺髻在后,近项,伛甚,颐与脐接,故指天也。"五管",五脏之腧穴,针灸所加,见《黄帝内经》。五腧并在背,今在上,是背亦向天也。"髀",股也。"两髀为胁",股与胁相并,见股而不见胁,若股即为胁也者。皆极形其伛也。

"挫"同剉。"挫针",治针也。"繲"同线,崔撰本如是,见《释文》今从之。"治繲",授线也。"糊",饘也。"糊口",言恃饘鬻以饱也。"鼓"如《礼记·学记》"入学鼓箧"之鼓,叩也。"筴"同策,崔注云:"鼓筴,揲蓍。"是也。筮用蓍,卜用龟,一也。"播",扬也,择也。"精",精米。《离骚》云:"欲从灵氛之吉占兮,心犹豫而狐疑。巫咸将夕降兮,怀椒糈而要之。"王逸注云:"糈,精米,所以降神。"《诗·小雅·小宛》亦有"握粟出卜"语,是古之买卜者必出精米以享神,卜后则为卜者所得。疏改而从事筮卜,不独择精,得之亦多,故曰"足以食十人"也。"食"读饲。

"征",征发。"武士",战士也。"攘臂"犹掉臂,言无所顾忌也。"役",劳役。"不受功",不受工也。"病"谓残疾。"与"犹赐也。"粟",谷也。"钟",六斛四斗。以上三节皆以"终其天年"为言,盖与《养生主》"尽年"相应。虽处人间世,而不违养生,所以曰养生为主,而七篇之纲领也。

孔子适楚,楚狂接舆游其门,曰:"凤兮凤兮,何如德之衰也!来世不可待,往世不可追也。天下有道,圣人成焉;天下无道,圣人生焉。方今之时,仅免刑焉。福轻乎羽,莫之知载;祸重乎地,莫之知避。已乎已乎,临人以德!殆乎殆乎,画地而趋！迷阳迷阳，无伤吾行！吾行却曲，无伤吾足！"山木，自寇也。膏火，自煎也。桂可食，故伐之。漆可用，故割之。人皆知有用之用，而莫知无用之用也。

　　本篇以孔、颜问答始，而以楚狂"凤兮"之歌终，盖悲孔子虽有道而卒不见用于世也。然悲孔子者，亦正以自悲。始云"治国去之，乱国就之"，卒乃云"天下有道，圣人成焉；天下无道，圣人生焉"。夫就乱国，成天下，圣人之志也。乱邦不居，天下无道则隐，岂圣人之志哉！亦所谓不得已焉者也。观庄子辞楚王之聘，宁为涂中之龟，而不为大庙之牺，岂不以为牺于世无补，而徒自贼其生哉！事见《秋水》、《列御寇》两篇。《史记》列传则并为一事。不然，果绝意于人间，著书数十万言，又何为者！故吾终以庄子为非厌世，如时贤所云云也。

　　"凤兮"之歌，已见《论语·微子篇》，而《论语》之辞，视此为简洁，殆经圣门诸贤加以删削者。"何如德之衰也"，犹云德之衰也何如，乃倒文。"成"者成其治。"生"者全其生。全生者，全其性也。"仅免刑"者，免刑为幸，极见当时之乱，舍苟全无他道也。"临人以德"，犹云以德上人。"画地而趋"，"趋"读如促，与德叶韵。画地岂复可趋！故曰"殆乎，殆乎"。"殆"，危也。"迷阳"谓昏乱也。阳者，明也。迷于明而不知，斯非昏则乱矣。

　　"迷阳迷阳，无伤吾行"，以文法论，正似《小雅·黄鸟》之诗曰："黄鸟黄鸟，无集于谷，无啄我粟。"盖斥昏乱之小人，冀其无害于己之所行也。司马彪训迷阳为伏阳，谓言诈狂，于楚狂意则合。然诈狂即佯狂。佯狂正以自全，何得下接"无伤"云云？宋林疑独注云："迷阳言晦其明。"迷晦意别。藏明不用，可谓之晦，不得谓之迷也。且与下文语脉不接，亦与作诈狂同。明人罗勉道因朱子《诗集传·草虫》一诗注"言采其薇"，有山间人呼薇为迷蕨，疑即《庄子》所谓迷阳之语，遂指迷阳为蕨。然蕨为人所采食，虽有微芒，非同荆棘，何云伤行、伤足？且蕨

83

名迷阳,初无据依,附会之说未可从也。至王先谦《集解》直以棘刺释之,尤武断矣。

"却曲"者,前却而曲折也。"吾行却曲,无伤吾足",言吾已不敢径情直行,庶几无伤及足乎!仍承前"迷阳迷阳"言也。"凤兮"之歌,当截至此句为止,下文则庄子足之,以见"有用之用"不如"无用之用",作一篇大总结也。

"有用"、"无用",语本老子。老子云:"三十辐共一毂,当其无,有车之用。埏埴以为器,当其无,有器之用。凿户牖以为室,当其无,有室之用。故有之以为利,无之以为用。"盖有无本不可相离,特人多见有不见无,故不得不于无边力为提唱耳。《外物篇》云:"知无用,而始可与言用矣。夫地非不广且大也,人之所用,容足耳。然则厕足而垫之,致黄泉,人尚有用乎?"《徐无鬼篇》曰:"足之于地也浅。浅犹小也虽浅恃其所不蹍而后善,博也。"然则言"无用之用",非离夫"有用之用"而独言之者也。且用与不用有时。游刃有余,刀之用也。善刀而藏,则无用矣。然其用非不在也,若知用而不知藏,则亦未有不断且折者也。及于断且折,用安在哉!故无用者乃所以全其用也。知此,可无疑于庄子之言矣。至言不材,意亦若是。犹有疑者则请读《山木》之篇。

德充符第五

"德"者,得也。得者,有诸己也。"充",充实。《孟子》曰:"充实之谓美。充实而有光辉之谓大。"曰美、曰光辉,皆形著于外者,所谓符也,"符"者,征也。此于《易》亦有之。《坤》之《文言》曰:"君子黄中通理,正位居体,美在其中,而畅于四支,发于事业,美之至也。"《大畜象传》曰:"刚健笃实,辉光日新。"《坤》以言修诸身,《大畜》以言畜其德。盖身不畜德,则身为虚器。德不修诸身,则德为空名。所以老子云:"修之于身,其德乃真。"而兹篇亦云:"德者,成和之修也。"

顾其所举有德,如王骀、申徒嘉、叔山无趾、哀骀它等,皆取夫肢体不全、形貌丑恶之士者,何也? 曰:生质之美,有似于德,而非德也。仪容之盛,可以乱德,尤非德也。欲使人离夫形质仪容,而认取修德之实,不得不托之于肢体不全、形貌丑恶之徒。抑亦承前篇之意。所云支离其形,因以支离其德者也。若以释典通之,则如《维摩诘经》所云"示人形残,而具诸相好,以自庄严。示人嬴劣丑陋,而得那罗延身,一切众生之所乐见"者。此中盖有深慨焉。观其言曰:"德有所长,而形有所忘。人不忘其所忘,而忘其所不忘,此谓诚忘。"当时知德者鲜,貌取者众。舍夫种种之机,而悦夫役役之佞,久矣! 故孔子曰:"不有宋朝之美,而有祝鮀之佞,难乎免于今之世矣!"欲挽颓波而反之,不为此诡奇激切之谈,即不足以警醒世俗之耳目,岂直洸洋恣肆以求适己而已哉!

鲁有兀者王骀,从之游者,与仲尼相若。常季问于仲尼曰:"王骀,兀者也。从之游者,与夫子中分鲁。立不教,坐不议,虚而往,实而归。固有不言之教,无形而心成者邪?是何人也?"仲尼曰:"夫子,圣人也,丘也直后而未往耳。丘将以为师,而况不若丘者乎!奚假鲁国,丘将引天下而与从之。"常季曰:"彼兀者也,而王先生,其与庸亦远矣。若然者,其用心也独若之何?"仲尼曰:"死生亦大矣,而不得与之变;虽天地覆坠,亦将不与之遗。审乎无假,而不与物迁;命物之化,而守其宗也。"常季曰:"何谓也?"仲尼曰:"自其异者视之,肝胆楚越也;自其同者视之,万物皆一也。夫若然者,且不知耳目之所宜,而游心乎德之和;物视其所一,而不见其所丧。视丧其足,犹遗土也。"常季曰:"彼为己,以其知得其心,以其心得其常心。物何为最之哉?"仲尼曰:"人莫鉴于流水,而鉴于止水。唯止能止众止。受命于地,唯松柏独也在,冬夏青青;受命于天,唯舜独也正,幸能正生以正众生。夫保始之征,不惧之实。勇士一人,雄入于九军。将求名而能自要者,而犹若是,而况官天地,府万物,直寓六骸,象耳目,一知之所知,而心未尝死者乎!彼且择日而登假,人则从是也。彼且何肯以物为事乎!"

"兀"同刖,一声之转。取义于兀者,言其介特,后文所云"其与庸亦远矣"是也。"骀",驽骀。取义于骀者,言其无用,后文所云"彼且何

86

肯以物为事"是也。此自蒙庄寓言,假仲尼、常季问答,以见德成之士有如是者耳。"常季"之名,不见《仲尼弟子列传》,当在史公疑者阙焉之列,然疑实有其人,不然,庄子无为假以立说也。或以为即商瞿之转音,他无征验,未敢从之。

"中分鲁",言鲁人之半从孔子,而半则从王骀,故曰"中分",犹后世言平分也。"立不教,坐不议",就王骀言。"虚而往,实而归",就从游者言。"不言之教",语本老子。老子曰:"圣人处无为之事,行不言之教。"于事曰无为,于教曰不言,其实一也。"无形而心成","无形"谓无所形见,不但不言而已。"成",有契好义,如《春秋左氏传》言"求成"、"更成"是也。《楚辞·九歌·少司命》有云:"满堂兮美人,忽独与予兮目成。"彼云"目成",此云"心成",下语正相似,亦言其相契也。心能相契,则教之道尽,是所谓"不言之教"也。

"后而未往",未及往也。"奚假"犹言奚但。"引天下而与从之","与"读同举。举从之,尽从之也。"而王先生","王"读如字。盖"王"上省"曰"字,言称之为王先生也。承上"夫子圣人也"言。"庸",庸常也。"其与庸亦远矣",谓远出于庸常也。"其用心也独若之何",欲知其心成之教,故问其所以用心也。

"不得与之变",言心不与死生俱变也。"天地覆坠",天坠而地覆也。"亦将不与之遗",言心不与天地之覆坠而俱失也。"审乎无假","假",借也。无所借者,无所待也。惟无所待,故"不与物迁"。不迁,承不变不遗言。不变不遗,极之于死生颠沛之际。不迁,则道其寻常日用之间也。"命物之化","化"即迁也。"命",命令。命令之者,主宰之也。物化而心有以主宰之,所以不与之迁也。"守其宗"承"审乎无假"言。审者,知之明;守者,守之固也。"宗"即下篇《大宗师》之宗。老子曰:"道冲,而用之或不盈,渊乎似万物之宗。"此宗字之所本也。宗者主也。惟主无假,故无假者即宗也。此以上皆言其用心之所在也。

"何谓也"者,常季未明死生不变之说,故复问也。"肝胆楚越"者,肝胆虽相连,终为异物,故犹楚与越之分也。"万物皆一"者,万物以不同形相禅,而其种源一也。语见《寓言篇》"不知耳目之所宜",耳宜于听声,目宜于视色,而知者能以耳视而目听,则耳目之用可易,能视听不以耳目,则耳目之用可无也。《列子·仲尼篇》说亢仓子如此。又何有宜与不宜哉! 故曰不知所宜也。"游心乎德之和","和"者同也,同者一也,故曰"物视其所一而不见其所丧,视丧其足犹遗土也"。夫丧其足如是,丧其身奚不然乎! 此所以死生不变,而天地覆坠亦不与之遗也。"德",天德也。"天德"二字本书屡见。《天下篇》曰:"以天为宗。"又曰:"不离于宗,谓之天人。"然则宗也,德之和也,亦名异而实同也。自其主之言,则谓之宗。自其得之言,则谓之德也。

"为己"犹言修己,"为"当读如字,《释文》云于伪反,作去声读,非也。"常心",即死生不变、天地覆坠而不遗之心。"以其知得其心,以其心得其常心",用心之次第也。然此特自修之学,何为从游之众? 常季于此犹有疑也,故先曰"彼为己",而继曰"物何为冣之哉"。"冣"从冖从取,与聚同,言物何为聚而从之也。各本作最,非是。

"鉴"犹照也。"唯止能止众止",上"止"谓心,下"止"谓物,言唯不动之心,能止众物之来止,如止水能致人之来照也。"松柏独也在"句。"在",存也,谓能自敛畜,与"舜独也正"对文。"正"即《易·乾卦彖传》"各正性命"之正。"正生"犹正性也。"正生以正众生",言舜能正其性,而众物之性亦以正,所谓"唯止能止众止"也。曰"幸能"者,言其难得而非恒有也,承"独"字来。"正生以正众生"句,与"冬夏青青"对文。张君房本"松柏独也"下有"正"字,"舜"上有"尧"字,"独也正"下有"在万物之首"五字。盖因郭注有"下首唯松柏,上首唯圣人"语而臆为之增补,不知本文之意自全,补之,反蛇足矣。

"保始",即《乾彖传》之保合大和,曰"保始"者,承上"受命"言。命,人之始也,故曰"保始"。"征"者符也。保始之符,在乎不惧之实,所谓仁者必有勇也。引"勇士一人雄入于九军"为言者,犹孟子言不动心,而举北宫黝、孟施舍以相况也。"九军"者,古兵书所云"外列八阵,握奇于中,以九宫之法为军势"者也。"自要",谓能自期必也。"要"读平声。"官天地",以天地为官。"府万物",以万物为府。"寓六骸",以六骸为寓。"象耳目",以耳目为象。"六骸"者,身首与四支也。"一知之所知",言天地、万物、六骸、耳目,皆一知之所显发之所贯注,此得其常心以后之知,乃《大宗师篇》所谓真知,非初"以其知得其心"之知也。"一"之云者,即"万物皆一"之一。惟一故常,惟常故不死。"心未尝死者",正常心之谓,佛氏所云不生灭心也。"登假"之"假",读若格。《大宗师篇》云:"是知之能登假于道也若此。"言进而至于道也。"择日"犹指日也。"人则从是",人则从之也。"彼且何肯以物为事",言骀它非有意欲人之从之也。《逍遥游》言藐姑射之神人,曰之人之德,而以"孰肯以物为事"一语作结,此亦与之同。前后合看,当更明也。

申徒嘉,兀者也,而与郑子产同师于伯昏无人。子产谓申徒嘉曰:"我先出则子止,子先出则我止。"其明日,又与合堂同席而坐。子产谓申徒嘉曰:"我先出则子止,子先出则我止。今我将出,子可以止乎?其未邪?且子见执政而不违,子齐执政乎?"申徒嘉曰:"先生之门,固有执政焉如此哉?子而说子之执政,而后人者也。闻之曰:'鉴明则尘垢不止。'止则不明也。'久与贤人处则无过。'今子之所取大者,先生也,而犹出言若是,不亦过乎!"子产曰:"子既若是矣,犹与尧争善,计子之德,不足以自反邪?"申徒嘉曰:"自状其过以不当亡者众,不状其过以不当存者寡。知其不可奈何而安之若命,惟有德者能之。游于羿之彀中,中央者,中地也;然而不中者,命也。人以其全足笑吾不全足者,多矣。我怫然而怒,而适先生之所,则废然而反。不知先生之洗我以善邪?吾与夫子游十九年矣，而未尝知吾兀者也。今子与我游于形骸之内，而子索我于形骸之外，不亦过乎！"子产蹴然改容更貌，曰："子无乃称！"

"伯昏无人"与列子有师友之谊，两见于本书：一列子为伯昏无人射，见外篇《田子方》；一列子之齐，中道而反，遇伯昏瞀人，瞀、无同音通用。见杂篇《列御寇》。列子亲见郑子阳之死。见杂篇《让王》据《史记·郑世家》子阳死于繻公二十五年，上距子产之卒声公五年，几及百年，伯昏无人虽较列子为长，以时考之，亦必后于子产，子产安得师于伯昏无人！则此亦假托之言也。

"申徒"复姓，"嘉"其名。子产，公孙侨，见《论语》、《孟子》及《春秋左氏传》，其殁，孔子称为古之遗爱者也。此借子产以推尊申徒与伯昏无人，犹借孔子以推尊王骀，读者当会其意，而未可泥其事也。

我出子止，子出我止，盖羞与刑人并行也。"子可以止乎？其未邪"，因嘉前日未从其言，故更责而问之。"违"，避也。见执政而回避，古有此礼，然非所语于同学之时也，故申徒怪之。"说"同悦，如今俗云得意。"后"犹轻也。得意于己之执政而轻人，此有德者之门所不当有者，故曰："先生之门固有执政焉如此哉？""闻之"，闻之于先生也。"鉴明则尘垢不止"，"久与贤人处则无过"，一宾一主，相对成文，所闻之言也。而于"尘垢不止"下反足一句，曰"止则不明也"，所以隐讥子产之不明，变文以为巧也。"大"犹广也。"取大者先生"，言方取先生之教以自广。"出言若是"，指上我出子止、子出我止之言。"不亦过乎"责其失，亦以见意料之所不及也。

"子既若是矣"，"若是"指其兀而形体不备也。"犹与尧争善"，以为形体不备，不足复为善也。故曰"计子之德不足以自反邪"。"计"，量也。此"德"字指形质言，非篇名"德充"之德也。"自反"，欲其量力揣分，而自引退于学也。"状"犹表也，与今俗云招认意近。"不当"犹不足也。"自状其过以不当",是常人自甘诿弃者也,故曰"众"。"不状其过以不当",是君子自求掩盖者也,故曰"寡"。存亡皆指善言。旧注以为亡足存足,大非也。夫足禀之天地父母,安有不当存之说乎!若曰犯罪当刖,则又何以言"不状其过"?无过而失足,可谓之不当存乎?此按之文义,莫之能通者也。

"知不可奈何而安之若命","安之"亦言安善,董仲舒所谓"安处善"、"乐循理"是也。_{"安处善然后乐循理",仲舒《贤良对策》中语,见《汉书》本传。}"不可奈何"者,不得已也。不得已者,不容已也,非世俗所云莫可如何之谓也。惟知善之不得已,故能"安之若命"。"安之",则视力求掩盖者为更进矣,故曰"惟有德者能之"。前《人间世篇》言自事其心者,亦有"知其不可奈何安之若命"之语。两相比勘,则知其决非谓以亡足为命之无如何而安之也。

"游于羿之彀中。中央者,中地也",此论学也。《孟子》曰:"羿之教人射必志于彀。学者亦必志于彀。"故曰"游于羿之彀中",意以羿比伯昏无人,从其彀率,自能中道也。"然而不中者,命也",此如《孟子》言"智譬则巧,圣譬则力,由射于百步之外,其至尔力,其中非尔力",_{见《万章篇》}以及"智之于贤者,圣人之于天道,命也"之说。_{见《尽心篇》。"智之于贤者",意本谓贤者之于智。以承上"仁之于父子,义之于君臣,礼之于宾主"言,故倒智字于上,不可不知。}盖命兼两义。命之所赋,不可不尽力以赴,所谓不得已也。此前"安之若命"之义也。尽力以赴,而为力之所限,终不能及,则于吾无憾焉耳,此后"不中者,命也"之义也。此以上,皆因子产讥其与尧争善,而欲其自反而不学,所以答之者也。至此以下,方及于全足不全足。文之次第,固自甚明也。

"怫然"犹艴然,亦作勃然、悖然。弗、字古一音,拂、悖亦一义也。"废然",自失。"反",反其常也。"洗我以善",以善净其心也。于此更提"善"字,可知前言存亡,意固在善,不在足也。"十九年",十年、九年也。"未尝知吾兀者",游于德者忘于形也。"形骸之内",指德。"形骸之外",指形。此"内"、"外"字,皆今所谓抽象名辞,与常言内外之为具体名辞者,有别也。"索",求取也。"索我于形骸之外",答前"子既若是"之言,故重曰"不亦过乎!"语虽缓,而意则严矣。"蹴然",不安也。"改容更貌","更"读平声,起而谢之也。"子无乃称",犹曰勿复言之。"乃"犹此也。"称"犹说也。

鲁有兀者叔山无趾,踵见仲尼。仲尼曰:"子不谨前,既犯患若是矣。虽今来,何及矣!"无趾曰:"吾唯不知务,而轻用吾身,吾是以亡足。今吾来也,犹有尊足者存,吾是以务全之也。夫天无不覆,地无不载,吾以夫子为天地,安知夫子之犹若是也!"孔子曰:"丘则陋矣。夫子胡不入乎!请讲以所闻。"无趾出。孔子曰:"弟子,勉之!夫无趾,兀者也,犹务学以复补前行之恶,而况全德之人乎!"无趾语老聃曰:"孔丘之于至人,其未邪?彼何宾宾以学子为?彼且蕲以諔诡幻怪之名闻,不知至人之以是为己桎梏邪?"老聃曰:"胡不直使彼以死生为一条,以可不可为一贯者,解其桎梏,其可乎?"无趾曰:"天刑之,安可解!"

"叔山",复姓。"无趾",遭刖而足趾断落,遂以为名也。"踵",以踵行也。"不谨前"句,谓不谨于前。"犯",触也。"患",祸也。"虽今来",犹云今虽来。古语法与今或相倒也。"何及矣",言无及也。

"不知务",言昧于事势也。"轻用吾身",言好事也。据此言,则叔山氏之刖,特以事干上之怒,而固不以其罪。当时诸国刑繁而多矣,踵贵屦贱,见《春秋》左氏昭三年传知不独齐一国为然也。

"有尊足者存",言有尊于足者在,谓性命之德也。"务全之",求全之也。"安知夫子之犹若是",怪孔子不如天地之广大,而犹有所拣择也。"丘则陋矣","陋"犹鄙也。孔子自承其失。"请讲以所闻",请以夙昔所闻告之。曰"讲"者,犹言互相讲习云尔,谦谨之辞也。"无趾出",闻所闻而出也。

"复补前行之恶","恶",瑕也,与《考工记·筑氏》"敝尽而无恶"之恶同。郑注云:"虽至敝尽,无瑕恶也。"是恶与瑕同义。盖瑕则可补,若真恶,则只当云改,不得言补也。"全德之人",谓所受无亏损。"德",如《天地篇》所云"物得以生谓之德"之德。此德之本,非修成以后具足无缺之德也。

"语"去声,举闻于孔子者以告老子也。"于至人其未邪"者,疑其未及于至人之地也。"彼何宾宾以学子为","宾宾"谓习于礼仪。"学子",学者,犹弟子也。此言孔子教弟子以礼,叔山氏盖师老子之教,而脱略于礼法者,故以此为怪也。知"宾宾"为习于礼仪者,《士礼》十七篇,第一《士相见》,即讲宾主之礼。故孔子告仲弓问仁,首曰"出门如见大宾"。又"宾"同摈。摈以相礼,不知礼,不得为摈。推是义以求之,"宾宾"之为形容揖让进退之礼,固当不误。且司马彪注云:"宾宾,恭貌。"习于礼仪,是乃恭也。当时如晏子辈,多谓"孔子盛容饰,繁登降之礼,趋详之节,详同跄累世不能殚其学,当时不能究其礼"。见《史记·孔子世家》故无趾曰"蕲以諔诡幻怪之名闻",曰"至人以是为己桎梏"。自厌薄礼者视之,礼固諔诡幻怪,而为人桎梏者也。

"桎梏",械也,在足曰桎,在手曰梏。"死生为一条",齐死生也。"可不可为一贯",齐是非也。老聃欲以是解其桎梏,而不知孔子固自甘于桎梏,且不自觉其为桎梏也。孔子曰:"丘,天之戮民也。"见《大宗师篇》知之而甘为之,且为之而直忘之,此孔子之所以为至,而固非无趾之所能会也。无趾曰:"天刑之,安可解!"此如晨门之讥孔子,曰:"是知其不可为而为之者与!"语出议者之口,而遂为圣人之定评。异哉!

鲁哀公问于仲尼曰:"卫有恶人焉,曰哀骀它。丈夫与之处者,思而不能去也。妇人见之,请于父母曰'与为人妻,宁为夫子妾'者,十数而未止也。未尝有闻其唱者也,常和人而已矣。无君人之位以济乎人之死,无聚禄以望人之腹,又以恶骇天下,和而不唱,知不出乎四域,且而雌雄合乎前。是必有异乎人者也。寡人召而观之,果以恶骇天下。与寡人处,不至以月数,而寡人有意乎其为人也;不至乎期年,而寡人信之。国无宰,而寡人传国焉。闷然而后应,氾而若辞。寡人丑乎,卒授之国。无几何也,去寡人而行。寡人恤焉若有亡也,若无与乐是国也。是何人者也?"

仲尼曰:"丘也尝游于楚矣,适见㹠子食于其死母者,少焉眴若,皆弃之而走。不见己焉尔,不得类焉尔。所爱其母者,非爱其形也,爱使其形者也。战而死者,其人之葬也不以翣,刖者之屦,无为爱之;皆无其本矣。为天子之诸御,不爪翦,不穿耳;取妻者止于外,不得复使。形全犹足以为尔,而况全德之人乎!今哀骀它未言而信,无功而亲,使人授己国唯恐其不受也,是必才全而德不形者也。"

哀公曰:"何谓才全?"仲尼曰:"死生存亡,穷达贫富,贤与不肖毁誉,饥渴寒暑,是事之变,命之行也。日夜相代乎前,而知不能规乎其始者也。故不足以滑和,不可入于灵府。使之和豫通,而不失于兑;使日夜无郤,而与物为春。是接而生时于心者也。是之谓才全。"

"何谓德不形?"曰:"平者,水停之盛也。其可以为法也,内保之而外不荡也。德者,成和之修也。德不形者,物不能离也。"

哀公异日以告闵子,曰:"始也吾以南面而君天下,执民之纪而忧其死。吾自以为至通矣。今吾闻至人之言。恐吾无其实,轻用吾身,而亡吾国。吾与孔丘非君臣也,德友而已矣。"

"哀公"名蒋,见《论语》及《春秋传》。"恶",丑也。"它"同驼,俗所谓驼背也。以其骀钝可哀,故曰哀骀它,设为此名耳。"思"犹慕也,恋也。"思而不能去",言恋之而不欲离去也。"与为人妻,宁为夫子妾","与"犹言与其。极言妇人之爱之而忘其丑也。"数",计也,读上声。后"不至以月数"之"数"字同。"十数而未止",犹云不止以十计,言其多也。"未闻其唱,常和人而已",言其不感而应,未始先人。与上云"人则从是"、"何肯以物为事"同一义也。"济"犹拯也。无位以拯人之死,言不能生死人也。"聚"犹积也。"禄",廪也。"望"犹满也。月满曰望,故以望为满。无禄以满人之腹,言不能富贵人也。"骇"一作駴,动也,惊也。恶动天下,言其丑稀见也。"四域"犹四境也。"知不出乎四域",言其用心不及远也。"且",如《周颂·载芟》"匪且有且"之且,此也。"雌雄"犹男女也。《管子·霸形篇》"令其人有丧雌雄",言人民失其匹偶。是人之男女,亦可云雌雄也。"合",聚合也。"且而雌雄合乎前",承上丈夫、妇人言,谓无位无禄、丑而无知如此,而男女却来聚于其前也。

"寡人",哀公自称。老子云"侯王自谓孤、寡、不穀"是也。"召"犹请也。"有意乎其为人",心向乎其为人。"期年",周一年也。"宰",相也。"传国",传以国事也。"闷然"犹漠然,声之转也。"氾"同汎、泛。漠、泛,皆无相关涉之意。若应若辞,言视一国之宰若无睹焉。"丑乎",犹耻之。《则阳篇》云"犀首闻而耻之,季子闻而耻之",又曰"华子闻而丑之",是丑、耻义同也。"卒授之国",卒以国事授之也。"无几何也,去寡人而行",不久而遂去鲁也。"恤"同衈,伤也。"亡",失也。"恤焉若有亡",言伤之而如有所失也。"若无与乐是国",言虽有国之富,而无可以共此安乐之人也。"是何人",问其为何等人也。

"游于楚"一本作使于楚,"游"字义长,故用之。"㹠"同豚。"㹠子",小豚也。"食",食乳也。"眴"一作瞬,字同,目动而惊也。"皆弃之而走",云"皆"者,狐子非一也。"不见己",就死母言。"不得类",就狐子言。求其所以与己同类者而不得,故曰"不得类"也。两"尔"字与耳同。"使其形者",形之所待以运动,后文之所谓德也。此取狐以为喻者。物之最钝者莫如狐。狐尚知此,则人更可知矣。"其人之葬也不以翣"句。"翣",棺之墙饰也,或以羽,或以画,所以为文也。战死者肢体已伤,何以文为? 故其葬不以翣。"资"属下读,犹赍也。赍刖者之屦,"无为爱之",无为惜爱也。"无其本"者,无所用之也。"御",侍从也。"不爪翦",不翦爪也。"不爪翦,不穿耳",恶伤其形也。此正言之。"取妻者止于外,不得复使",此反言之。见所使者皆在有室之前、形气完足者也,故曰"形全犹足以为尔"。"为尔"犹为此,即为天子之侍也。

旧注皆以取妻者与天子之诸御分说。然细玩文义,曰"止于外",则是本在内也;曰"不得复使",则是本为所使也。误在认"诸御"御字为嫔嫱,又因穿耳之事限于女子,于是"取妻者"句不得不别为之说,而皆有所不通。至王夫之《庄子解》则云:"其所取之妻曾止宿于外,形不全则不复以之为妻。"以取妻之人而解作其人之妻,几于笑谈矣! 不知诸御只言侍从,初无分男女也。故《音义》引崔本作"不得复使入",云"不复入直也",是崔氏犹连上读,解为一事。兹故不惮详释之,以破读者之惑。

"全德",全其所禀于天之德也。此与上叔山无趾节言全德之人不同。彼云德,兼形质言;此之德,离形质言。彼"全",言其本自无缺;此"全",则言修而完之。此观之上下文义而可知者也。"才全"即德全。易"德"曰"才"者,以接云"德不形",不可用两德字,故不得不变其文也。《寓言篇》孔子云:"夫受才乎大本,复灵以生。"曰"受才乎大本",与"物得以生谓之德"正同一义,皆谓其秉之自天者也。此又与《孟子》言"天之降才"见《告子篇》以才当性相似。"才"者,材质。故《列御寇篇》

有"摇而本才"之语,缀"本"字于"才"上,以之互证,义尤明也。"德不形",不形言不自表襮,《应帝王篇》所谓"尽其所受乎天而无见得"是也,与《中庸》言"诚则形,形则著"形字不同,即与篇名《德充符》德充者必有符验见于外义亦无背触也。

"贤与不肖毁誉"六字连读。以贤、不肖字置"毁誉"上,则知此出自他人之口,如所谓月旦评者,故可付之不论耳。若真克就己身言,则贤与不肖、一进一退皆关德业之大者,君子无时无刻不自检点,岂得漠然视之哉!"是事之变,命之行"者,"事"者人事,"命"者天命,人事之变即天命之行,天人无二道也。"规",度也。"知不能规乎其始",言非人之知所能测度其由来也。"不足以滑和","滑",乱也,音骨。"和"即上云"游心乎德之和"之和。"和"者,德之所以为德也,故下文云"德者,成和之修也",而《缮性篇》亦有"知与恬交相养,而和理出其性,德和也,道理也"之语。然则"不足以滑和",即不足以滑德也。"不可入于灵府","灵府"者,心灵之府。谓之"府"者,言其蓄藏之富,犹前云"天府"也。滑和自诸事感于心始,故曰"不可入于灵府"。"不入"者,感之而有所不受也。然不受非曰闭距之而已也。《刻意篇》云:"水之性,不杂则清,莫动则平。郁闭而不流,亦不能清。天德之象也。"若强为闭距之,是使水郁闭而不流也。故曰"使之和豫通而不失于兑"。"通"者,郁闭不流之反也。何以通之?惟和、惟豫。"豫"者乐也。故和豫通叠言之。"不失于兑",老子之所谓"塞其兑"也。"郤"与隙同。"日夜无郤",即"不失于兑"义。"与物为春",即"和豫通"义。所以反复交互言之者,亦以见其通而无害于塞,塞而不失其通也。天有四时,而惟春为发生,所谓生机也。《齐物论》云:"其杀如秋冬,以言其日消也。其厌也如缄,以言其老洫也。""秋冬"、"老洫",皆杀机也。"与物为春",以生机易杀机,斯和之至也。"接而生时于心","接"即《齐物论》"与接为构"之"接",谓与事变相接也。"时"如《礼记·中庸篇》"君子而时中"之"时",以承上"与物为春"言,故不曰中而曰时,实则时中一也。"生时于心",则心中其权。中读去声所谓"素富贵,行乎富贵;素贫贱,行乎贫贱;素夷狄,行乎夷狄;素患难,行乎患难。无入而不自得"。语见《中庸》如是,则死生存亡、穷达贫富安有入于其心以滑乱其和者哉?是之谓才全也。

"平者,水停之盛","盛"犹至也。"其可以为法也","法"者,准也,《天道篇》云"水静则明烛须眉,平中准,大匠取法焉"是也。"内保之而外不荡",所以释其平而可以为法之故。"保",保守。"荡",动荡。"平"者水之本性。保守之则平。然而外有以动荡之,则亦不能平也。德譬如水,和其本性,不自表襮,所以保其和也。然欲保其和,必使外物无以滑之荡之,所以言德不形,而先言才全也。"成和之修",言修以成其和也。和者本体,修者功夫。有功夫以合其本体,所谓"成和之修"也。"德不形者,物不能离",犹是"唯止能止众止"之意。言惟其德之不形,所以物不能离也。"物不能离",前所云"雌雄合乎前"是也。

"闵子",闵子骞也,名损,见《论语》及《史记·仲尼弟子列传》。"南面而君天下",鲁五百里之国,而曰君天下者,《天下篇》所云"郯有天下",各据其所有而言,大小皆得有天下之称也。"纪",经纪,犹理也。"执民之纪",为民之理也。"忧其死",忧民之不得其所而死亡也。"通",通于治道也。"无其实",无君天下之实,即谓无其德也。"轻用吾身而亡吾国",惧将以不慎而失其国也。"德友",言以德相交友。归结一"德"字而盛推孔子,是则庄子之微意,不可不知也。

阘跂支离无脤说卫灵公,灵公说之,而视全人,其脰肩肩。瓮㼜大瘿说齐桓公,桓公说之,而视全人,其脰肩肩。故德有所长,而形有所忘。人不忘其所忘,而忘其所不忘,此谓诚忘。故圣人有所游,而知为孽,约为胶,德为接,工为商。圣人不谋,恶用知?不斲,恶用胶?无丧,恶用德?不货,恶用商? 四者,天鬻也。天鬻也者,天食也。既受食于天,又恶用人! 有人之形,无人之情。有人之形,故群于人。无人之情,故是非不得于身。眇乎小哉,所以属于人也! 警乎大哉,独成其天!

"闉",城曲门。"跂",一足也。"闉跂",盖跂而守门者。"支离无脹",状其貌也。"脹"与唇同,谓缺唇。"甕",盆也。"甕瓮",盖以货盆瓮为业者。"大瘿",颈生瘿甚大。无唇、大瘿,皆著其丑。若旧说谓瘿之大如甕瓮,故称甕瓮大瘿。瘿虽大,讵至是? 不可从也。"说卫灵公","说齐桓公",两"说"字读如游说之说。"灵公说之","桓公说之",两"说"字读同悦。"全人",形体完全无疾之人也。"脰",颈也。"肩肩"叠字,与《考工记·梓人》"数目顾脰"之顾同。《考工记》今在《周官》书,即《周礼》之末篇。"脰",细长貌也。视全人"其脰肩肩"者,言悦其无唇大瘿,转视形全之人,觉其颈细长为不美也。以脰言者,因颈瘿而为之文也。"德有所长,而形有所忘",言德有过乎人者,形虽不具不美,人将忘之也,是故形所当忘,而人或不忘。德所不当忘,而人或忘之,此则所谓"诚忘"者也。"诚忘"者,忘其实,忘其真也。言此者,欲人之重德而轻形也。

此以上结前数节之文。"故圣人有所游"下,则以起后惠庄问答有情无情之说。言修德非所以益之,但不以好恶之情伤损之而已。"有所游"者,前所谓"游心乎德之和"是也。"孽"同蘗,树木之旁生者曰蘗。"知为孽"者,言知为多余之物,如旁生之孽,非其本也。"约"言信也。"约为胶"者,言恃要约以为信,如胶之胶物,出于强合,不能固也。"德为接"者,此"德"与前德字又异。托德之名,非其所自有,若自外接合者然,故曰"德为接",犹《孟子》言"外铄"也。外铄,语见《告子篇》。"工"犹巧也。以巧炫异,如商贩然。故曰"工为商"也。圣人则异是,动出以诚,不取权谋,故"恶用知"。信所本有,未尝斫削,故"恶用胶"。保其大和，本不丧失，故"恶用德"。巧出自然，非欲相货，故"恶用商"。"鬻"，如《豳风·鸱鸮》之诗"鬻子之闵斯"之鬻，育之假借也。"天鬻也者，天食也"，"食"读饲，言四者育之自天，则惟天和足以饲养之也。"受食于天又恶用人"者，《大宗师篇》所谓"不以人助天"，盖人知巧伪，有足以滑其和而已矣，非能相益也。此"食"读如字。"有人之形"，形不与常人异也。"无人之情"，情不与常人同也。形不与人异，"故群于人"。老子所谓"和其光，同其尘"也。情不与人同，"故是非不得于身"。言身无是非之扰，老子所谓"挫其锐，解其纷"也。"眇乎小哉，所以属于人也"，"眇乎"，小貌。"属"，系属，言牵系于人之情则小也。外篇《骈拇》云"属其性乎仁义，属其性于五味，属其性乎五声"，数属字皆从此出。"謷"同敖。"敖乎大哉，独成其天"，"天"，天德也。成其天德，所以大也。《诗·卫风》："硕人敖敖，说于农郊。"以敖敖状硕，此以敖乎状大，义正相同也。

惠子谓庄子曰："人故无情乎？"庄子曰："然。"惠子曰："人而无情，何以谓之人？"庄子曰："道与之貌，天与之形，恶得不谓之人？"惠子曰："既谓之人，恶得无情？"庄子曰："是非吾所谓情也。吾所谓无情者，言人之不以好恶内伤其身，常因自然，而不益生也。"惠子曰："不益生，何以有其身？"庄子曰："道与之貌，天与之形，无以好恶内伤其身。今子外乎子之神，劳乎子之精，倚树而吟，据槁梧而瞑。天选子之形，子以坚白鸣。"

上文尊德而薄形，今复扬形而斥情者，何也？盖德形对言，则德本而形末。而形情并举，则形主而情贼也。情之为贼，先贼其德，而后及于形。故斥情者，为形斥，正为德斥也。且德之所著，符见于形。德虽外形而存，德不能离形而见也。前叙德充，不取形完者，特以表德不在形,非曰残毁其形,始可与言修德也。不然,若藐姑射之神人,肌肤若冰雪,淖约若处子,之人之德,何为数数称道之哉?明乎此,则知形有所忘之言,与有人之形之说,各有攸当,非两相乖剌也。

"道与之貌",貌不违乎道也。"天与之形",形不失其天也。此修德之所至。追原其始,曰道与之、天与之耳,非任其自然而能之也。如是,则形与德合,故曰:"恶得不谓之人?"若以失德者论,则人而非人者多矣,庄子固未易轻许之也。"是非吾所谓情",情之正曰性情。情之贼曰情欲。"无人之情"者,无情欲之情,非无性情之情也,故于此辨之。或曰:好恶非性情之情乎?抑性情之情独无好恶乎?曰:好恶诚性情也,然以之内伤其身,则非性情之正,而情欲矣。情欲、性情,岂有二哉?用之过当与不过耳。"常因自然而不益生",因其自然则不过。若益之,未有不过者也。"益生"之"生",即"养生"之生。"生"犹性也,性上岂有可加者乎!故老子曰:"益生曰祥。心使气曰强。物壮则老,谓之不道。不道早已。"祥者,不祥也。庄子之言固有所本矣,惠子未能知也。故曰"外乎子之神,劳乎子之精"。"外"者,驰逐于外。"劳"者,不知休止。"倚树而吟","吟",沈吟,是神驰也。"据槁梧而瞑","瞑"犹眠也,是精劳也。"天选子之形,子以坚白鸣",惜其窜句游心于坚白之小辩,而有负于天之完形也。观"天选子之形"语,知惠子必长大美好,有过于常人者,而德之不充,徒拥虚器。反不若王骀之伦,以其残缺,犹足使天下向德而浴化。此庄子所以不能不深为慨叹者也。

大宗师第六

《大宗师》,明内圣也。内圣之功,在通于天道。未有不通于天道而能为圣人者也,故孟子曰:"圣人之于天道也。"见《尽心篇》子贡曰:"夫子之言性与天道。"见《论语·公冶长篇》而孔子亦自言曰:"下学而上达,知我者其天乎!"见《论语·宪问篇》程子曰:"下学,学人事;上达,达天理。"天理即天道然则圣功、天德非两事也。以人言,则所宗所师者,圣也。以圣人言,则所宗所师者,天也。《天下篇》曰:"不离于宗,谓之天人。"又曰:"以天为宗,以德为本,以道为门,兆于变化,谓之圣人。"是宗者,宗天也。《则阳篇》曰:"圣人达绸缪,周尽一体矣,而不知其然,性也。复命摇作,而以天为师,人则从而命之也。"是师者,师天也。宗天师天,则宗师云者,直天之代名耳。惟天为大,故曰"大宗师"也。

顾天而又曰道者,何也?对人言则曰天,对事言则曰道。天道者,对人事之称也。故或合而言之,或分而言之,其实一也。本篇始言天,中言道,末言命。命者,天道之流行也。天道之流行,莫大于生死。惟乐天知命者,不以生死动其虑。此义于《齐物论》发之,于《养生主》、《德充符》申之,而于此篇则又反复以致其意焉。盖人之惜生而恶死者,在于执此身为己有,不知"身非己有,是天地之委形也。生非己有,是天地之委和也"。语见《知北游篇》非己而执为己,是惑也。不执为己,而以生为虚幻,急求脱离,是亦惑也。至哉庄子之言乎!曰:"善吾生者,乃所以善吾死也。"善吾生者,生尽其道之谓也。生尽其道,则生不徒生矣。生不徒生,则死有不死矣。故曰:"君子曰终,小人曰死。"语见《小戴礼记·檀弓篇》终者,反其始之谓也。反其始,是为反真。圣人尽性至命之学,所以异于宗教家侈言死后天堂地狱以及轮回往生之诞谩者,此也。

知天之所为,知人之所为者,至矣。知天之所为者,天而生也。知人之所为者,以其知之所知,以养其知之所不知。终其天年,而不中道夭者,是知之盛也。虽然,有患。夫知有所待而后当,其所待者,特未定也。庸讵知吾所谓天之非人乎?所谓人之非天乎?且有真人而后有真知。

"天之所为",言本体也。"人之所为",言功夫也。"天而生"者,即本体以为功夫。"以其知之所知,养其知之所不知"者,由功夫以合其本体也。《缮性篇》曰:"古之治道者,以恬养知。生而无以知为也,谓之以知养恬。"彼"生"字与此"生"字同,皆率性之谓也。彼所谓"恬",即此所谓"知之所不知"也。故以恬养知,是天之所为也;以知养恬,是人之所为也。特此言"天而生",从天说起。彼言"生而无以知为",从性说起。故分属有不同耳。至彼又曰:"知与恬交相养,而和理出其性。"是则合天人而一之。此所谓"知天之所为,知人之所为,至矣"者也。"终其天年而不中道夭"者,知恬交养之效,《养生主篇》所谓"可以全生,可以尽年"也,故曰"是知之盛"。"盛"犹至也。

此数语与《孟子·尽心篇》首章亦极相似,试比而论之。"知天之所为"者,孟子之所谓尽心、知性、知天也。"知人之所为"者,孟子之所谓存心、养性、事天也。"终其天年而不中道夭"者,孟子之所谓夭寿不贰、修身立命也。然则此固孔门一脉之传。以言圣功,莫之能外者也。

"虽然有患"者,知天非易事也。世之学者认人以为天者多矣,如是则不识本体。不识本体,其所为功夫,将有非徒无益,而又害之者矣。故于此不得不料拣之。"知有所待而后当"者,《达生篇》云:"开天者德生,开人者贼生。"德生则当,贼生则非当也。当与不当未定,夫何能无患乎!"所谓天之非人乎? 所谓人之非天乎",天人交杂,疑似之间,非理穷义熟,其孰能辨之! 故曰"有真人而后有真知"也。"真人"者,不失其真宰、真君以为人者也。不失其真宰、真君以为人,则亦不离夫真宰、真君以为知。真宰、真君,天也。故"真人"即天人也,"真知"即天知也。

何谓真人? 古之真人,不逆寡,不雄成,不謩士。若然者,过而弗悔,当而不自得也;若然者,登高不栗,入水不濡,入火不热。是知之能登假于道也若此。古之真人,其寝不梦,其觉无忧,其食不甘,其息深深。真人之息以踵,众人之息以喉。屈服者,其嗌言若哇。其嗜欲深者,其天机浅。古之真人,不知说生,不知恶死;其出不䜣,其入不距;翛然而往,翛然而来而已矣。不忘其所始,不求其所终;受而喜之,忘而复之。是之谓不以心捐道,不以人助天。是之谓真人。若然者,其心志,其容寂,其颡頯;凄然似秋,暖然似春,喜怒通四时,与物有宜,而莫知其极。故圣人之用兵也,亡国而不失人心,利泽施乎万世,不为爱人。故乐通物,非圣人也;有亲,非仁也;失时,非贤也;利害不通,非君子也;行名失己,非士也;亡身不真,非役人也。若狐不偕、务光、伯夷、叔齐、箕子胥余、纪他、申徒狄,是役人之役,适人之适,而不自适其适者也。

此段三提"古之真人",其一遭得失,其二一梦觉,其三齐生死。人至混同得失，梦觉一如，生死无变，则与化为一，可谓真人也已。故中以"是之谓真人"结之。

"不逆寡"，"逆"如《论语》"不逆诈，不億，不信"之逆。"寡"，小也。《秋水篇》："小而不寡，大而不多，知量无穷。"是言多寡犹言大小也。当事之未兆，其机甚小，不逆料之以为智，所谓"不逆寡"也。"不雄成"，事之既成，不自雄以为能也。总而言之，则曰"不謩士"。"謩"同谟，谋也。"士"与事通。或曰：不謩士者，不与士谋，守其独也。亦通。"过而弗悔"，失无心也。"当而不自得"，得不处也。"登高不栗"，神不慑也。"入水不濡，入火不热"，化无迹也。曰登高，曰入水火，皆譬喻之辞也。"登"，升也，进也。"假"读若格，至也。知之能进而至于道，遗其知也。

"其寝不梦"，想、因绝也。卫玠问乐广梦，乐云："是想。"又云："因也。"见《世说新语》。"其觉无忧"，安于仁也。"其食不甘"，味道腴也。味道之腴，见昭明《文选》班固《答宾戏》。"其息深深"，思渊默也。"以踵"、"以喉"，判深浅也。"屈服者其嗌言若哇"，所谓"失其守者其辞屈"也。语见《易·系辞传》"嗌言若哇"，口将言而嗳嚅之状也。"其耆欲深者，其天机浅"，所谓"其为人也多欲，虽有存焉者寡矣"也。语见《孟子·尽心篇》"耆"同嗜。"天机"、"嗜欲"，见天人之相为消长也。

"不知说生，不知恶死"，死生一致，不复有所欣厌也。"其出不䜣，其入不距"，视死生犹出入。"翛然而往，翛然而来"，视死生犹往来也。"䜣"同忻、欣。"距"同拒。"翛然"，自在而无碍也。"不忘其所始"，"始"，天命之始也。不忘，故全其生而无憾。"不求其所终"，"终"，天年之终也。不求，故尽其年而斯止。全其生而无憾，故"受而喜之"。尽其年而斯止，故"忘而复之"。"复"者，复其始也。上言"不忘"，而此又曰"忘"者，何也？上不忘者德，物得以生之谓德。此之忘者年也。前言"不知说生"，而此又曰"受而喜之"，何也？说生者，生死之幻形。受而喜者，性命之全理也。不忘而受之，是之谓"不以心捐道"。"捐"，弃也。弃则忘矣。不求而复之,是之谓"不以人助天"。"助"如《孟子》勿助长之助。助则求矣。

"其心志",所谓"用志不分,乃疑于神"也。语见《达生篇》"志"谓之志,"用志不分"亦谓之志。实字虚用,《庄子》一书中屡见之。或疑其不辞,而欲改作"忘",非也。此言"其心志",正如《逍遥游》言"其神凝"也。"其容寂","寂",不动也,所谓"望之似木鸡,其德全"也。亦见《达生篇》"其颡頯",所谓"宇泰定者发乎天光"也。语见《庚桑楚篇》。宇谓眉宇之间,正颡之地。泰定,大定也。"頯"一作魋,并形声字,音傀。郭子玄于此注云:"大朴之貌。"《天道篇》"而颡頯然",则注云:"高露发美之貌。"实则"大朴"二字不足以尽"其颡頯"之义,且与"其容寂""寂"字亦似犯复。当移《天道篇》注以注此。高露发美,正天光之发,而德充之符也。

"凄然似秋,暖然似春,喜怒通四时",举春秋以概冬夏,举喜怒以概哀乐,《易·乾·文言》所谓"与四时合其序"也。"暖"读暄。"与物有宜而莫知其极",则所谓与天地合其德。"极"犹则也。"莫知其极",言无定则,故莫可测知也。惟如是,故用兵亡人之国,而不失人心,若秋霜之杀物,物不知怨也。"利泽施乎万世,不为爱人",若阳春之长物,物亦不知谢也。盖真知之所知,一无知而已矣,一无心而已矣。

"故乐通物,非圣人也",乐读如《大学》"有所好乐"之乐。何也? 乐出有心,则物或不同,必有反而忿懥者矣,是非四时之和,而天地之德也,故曰"非圣人"。"有亲"则有不亲矣,故曰"有亲,非仁也"。贤者要在乘时,故曰"失时,非贤也"。"失"旧作天,注家虽强为解释,终不可通。本篇文字时有倒误。"天"与失,一笔之差,其误甚明,故径改之。君子贵乎通识,故"利害不通,非君子也"。士重在行己,故"行名失己,非士也"。"役人",庶人凡民也。由圣人而仁人而贤人而君子而士,等而下之,故当是庶人也。庶人而谓之"役人"者,庶人召之役则往役,见《孟子·万章篇》故曰"役人"也。《孝经》曰:"用天之道,分地之利,谨身节用,以养父母,此庶人之孝也。""亡身不真",则非谨身养亲之道矣,故曰"亡

106

身不真,非役人也"。孟子举世俗所谓不孝者五:一曰惰其四支,不顾父母之养;二曰博弈好饮酒,不顾父母之养;三曰好货财,私妻子,不顾父母之养;四曰从耳目之欲,以为父母戮;五曰好勇斗狠,以危父母。是皆所谓亡身不真之类也。"亡身"者,忘其身。"不真"者,失其本也。<u>此真字义较浅,与真人真字不同,宜分别看。</u>郭子玄注此云:"自失其性,而矫以从物,受役多矣,安能役人?"盖以下文有"役人之役"语,遂牵连而为之说。不知此役人列在君子、士之后,自是人之一等,文义甚明。且"役"乃状字,非动字也,解作役使旁人,实乖文理,而注解之家率循用郭说,不可解也。

"狐不偕",或云尧时人,尧让以天下,不受,投河水死;或云周之贤人;莫能考正。"务光",夏人。汤伐桀,克之,让于务光,务光辞曰:"非其义者,不受其禄;无道之世,不践其土。况尊我乎!吾不忍久见也。"乃负石而自沈于庐水,见本书《让王篇》<u>《让王篇》作瞀光,务、瞀一也</u>。"伯夷"、"叔齐",孤竹君之二子,饿于首阳之下,见《论语》。本书《让王篇》则云:"有士二人,处于孤竹,曰伯夷、叔齐。"又云:"武王使叔旦与之盟。"与《史记·伯夷传》不合,盖传闻异辞也。"箕子",纣诸父,见《论语·微子篇》及《尚书·洪范》。"胥余",仆隶之称。汉伏生《尚书大传》载太公曰:"爱人者,兼其屋上之乌;不爱人者,及其胥余。"是也。<u>《韩诗外传》亦有此文</u>以箕子为奴,故曰"箕子胥余"。此如《孟子》言微子、微仲、王子比干,<u>见《公孙丑篇》</u>第一章于"比干"上加"王子"二字,皆以四字为句,便文之故。解者不明此例,或以胥余为比干,或云是箕子之名,皆误也。"纪他"、"申徒狄",皆殷人。《外物篇》云:"汤与务光天下,务光怒之。纪他闻之,帅弟子而踆于窾水,<u>踆同逡,退也,遯也</u>。诸侯吊之。三年,申徒狄因以踣河。"<u>踣同仆,僵也,毙也</u>。以上诸贤,皆未能养其生、终其天年,故曰"是役人之役,适人之适,而不自适其适者也",言异乎古之真人也。

或疑曰:孔子称殷有三仁,而箕子居其次。于伯夷、叔齐、则曰:

"求仁而得仁,又何怨!"夫仁也者,人也。合而言之,道也。语见《孟子·尽心篇》若箕子、夷、齐,皆履仁践道,曷为不能自适其适?庄子之是非,毋乃有悖于圣人欤?曰:庄子特借是数人以发其保身全生之旨,非为箕子、夷、齐作定评也,是当分别观之。若以文害辞,以辞害志,岂所谓得意忘言者哉!

古之真人,其状义而不朋,若不足而不承。与乎其坚而不觚也,张乎其虚而不华也。邴邴乎其似喜乎?崔乎其不得已乎?滀乎进我色也,与乎止我德也。厉乎其似世乎?謷乎其未可制也。连乎其似好闭也,悗乎忘其言也。以刑为体,以礼为翼,以知为时,以德为循。以刑为体者,绰乎其杀也;以礼为翼者,所以行于世也;以知为时者,不得已于事也;以德为循者,言其与有足者至于丘也;而人真以为勤行者也。故其好之也一,其弗好之也一。其一也一,其不一也一。其一与天为徒,其不一与人为徒。天与人不相胜也,是之谓真人。

"其状"二字统摄下文,至"悗乎忘其言也"止。老子曰:"古之善为道者,微妙玄通,深不可识。夫唯不可识,故强为之容。"此亦可谓强为之状者也。仔细推寻,大抵表两端以见中道,与《论语》"子温而厉,威而不猛,恭而安"一种笔法。循是求之,虽不加诠释,可领解也。

"义而不朋",郭注云"与物同宜,而非朋党。"是也。《庄》书每以实字作虚字用,虚字作实字用,《天道篇》亦有"而状义然"语,正其比也。俞氏樾武断,读"义"为峨,读"朋"为崩,谓"义"可言德,不可言状。见《诸子平议》则试问:《春秋》桓二年《公羊传》云:"孔父可谓义形于色矣。""义"而曰形于色,是非状乎?不知状以状德、状本根于德也。若如俞说,改作"峨而不崩",试问:此状何德?吾思虽俞氏亦自莫能举似之也。清之汉学家泥于训诂,往往不求本书文义,辄窜易字句,以就己说,以此多失古人微旨,其贻误学者甚大,故于此聊一辩之。"若不足而不承",状其谦也。不足者或且奉承于人。"不足而不承",《易·谦卦象传》所谓"卑而不可逾"也。

"与乎其坚而不觚也","与"读若举。知"与"之为举者,《逍遥游》言大瓠其坚不能自举,是坚之与否,以能举不能举决之。以举表坚,亦犹下之以"张"表"虚"也。曰"不觚"者,"觚",方也。坚则重,重者之病在于拘方,故曰"坚而不觚",所以见其无偏失也。此段每两句为韵,而觚与华叶。古音华读敷各本皆作"觚而不坚",其讹已久,今依韵校正之。"张乎其虚而不华也",物虚则张,故曰"张乎其虚"。虚而至实,故曰"虚而不华也"。

"邴邴乎其似喜乎?崔乎其不得已乎?"自此以下,并两句相对为义。"邴邴"犹旁旁,古方、丙同音,故枋亦作枋。《春秋》隐八年:"郑伯使宛来归祊。"《谷梁传》即作"归邴",可证也。《小雅·北山》之诗"王事傍傍",一作旁旁,言事冗而不得自息也,然亦即有肆应之义,故此云"似喜",谓诸事纷至而不辞,有似喜事者也。然而感而后应,和而非唱,实出不得已也。故又曰:"崔乎其不得已乎?""崔"同确。《说文》崔下引《易》"夫乾崔然",今《易·系辞传》作"确然"。《应帝王篇》曰:"圣人之治也,治外乎?正而后行,确乎能其事者而已矣。"此云"崔乎其不得已",正与"确乎能其事"意合。确谓定也。

"滀乎进我色也,与乎止我德也",进止对举,义尤显然。"进我色"者,进我以色也,《田子方篇》所谓"正容以悟之"也。"止我德"者,止我以德也,《田子方篇》所谓"使人之意也消"也。"滀",渟滀,不浅露也。"与",容与,不急迫也。此"与"读如字。

"厉乎其似世乎?謷乎其未可制也","厉"同励,勤勉也。"似世"者,同乎世俗之所为,所谓与人为徒也。"謷"即《德充符》"謷乎大哉"之謷。"未可制"者,非世俗所可羁制,所谓独成其天也。

"连乎其似好闲也,悗乎忘其言也","闲"与"言"为韵。旧各本作

"闭",盖缺笔也,今正之。"连"如《易·蹇卦》"六四往蹇来连"之连,谓难也。难者,著力也。"好闲"者,戒慎周详,有同闲卫也。"悗",无心也。"忘其言"者,任天而动,不假言说也。

"以刑为体",承"义而不朋"两句言。"义"与"谦"皆有节制、损退义,于刑为近,故曰"以刑为体者,绰乎其杀也"。"杀",减杀。"绰"即绰约之绰。一作淖,亦作汋。《楚辞·远游篇》:"质销铄以汋约兮。"于"销铄"下而接云"绰约",则知绰约非仅如常解谓之柔弱,兼有敛约检制之意,故此云"绰乎其杀",绰、杀义正相连。郭子玄但知宽绰之训,乃注云"虽杀而宽",失其旨矣。

"以礼为翼",承"与乎其觚而不觚"二句言。厚重虚徐,并礼之要,而人非礼不行,故曰"以礼为翼,所以行于世也"。盖刑以自治,故比之于体;礼以接物,故比之于翼。郭注云"刑者治之体,非我为",以刑为治人,亦误也。

"以知为时",承"邴邴乎其似喜乎"二句言,观其曰"不得已于事也",正与"崔乎其不得已"相应可知。曰"时"者,时止则止,时行则行,《易》所谓"知几"也。

"以德为循",承"滀乎进我色也"二句言,观两"德"字相应可知。曰"循"者,《说文》:"循,行顺也。"顺者,顺乎人之性,而非有所强焉者也,故曰"言其与有足者至于丘也,而人真以为勤行者也"。"丘"隐喻孔子。丘非高也,迤逦而登,凡有足者无不可至也。人见其勤勉而行,而不知其出于至顺,非有难也。言此者,以见德者人皆可修而至,非独真人为能也。"真以为",疑本作"直以为",因上下文"真"字而误,然未有显证,故存而不改。

"其好之也一,其弗好之也一","好",好德也。"弗好",弗好非德也。好德,德也。弗好非德,亦德也。故皆曰"一"也。不谓之德而谓之"一"者,前篇所谓"一知之所知",而下文所谓"一化之所待"也。其"一"者,体也;其"不一"者,用也。体固一,用不离体,亦一也,故曰"其一也一",其不一也一"。用不离体,所以合天也,故曰"其一与天为徒"。体以起用,所以之人也,故曰"其不一与人为徒"。"与人为徒",承"厉乎似世"、"连乎好闲"言也。"与天为徒",承"謷乎未可制"、"悗乎忘其言"言也。合两端以得中道,所谓天均、两行者,故曰"天与人不相胜也"。

篇首言天言人,以功夫与本体言。此言天言人,则以本体与作用言。功夫者,入手之方;作用者,成功之效。然必待成功之效而后知入手之无误,所以真知必征之真人也。

死生,命也。其有夜旦之常,天也。人之有所不得与,皆物之情也。彼特以天为父,而身犹爱之,而况其卓乎!人特以有君为愈乎己,而身犹死之,而况其真乎!泉涸,鱼相与处于陆,相呴以湿,相濡以沫,不如相忘于江湖。与其誉尧而非桀也,不如两忘而化其道。夫大块载我以形,劳我以生,佚我以老,息我以死。故善吾生者,乃所以善吾死也。夫藏舟于壑,藏山于泽,谓之固矣。然而夜半有力者负之而走,昧者不知也。藏小大有宜,犹有所遁。若夫藏天下于天下,而不得所遁,是恒物之大情也。特犯人之形,而犹喜之。若人之形者,万化而未始有极也,其为乐可胜计邪!故圣人将游于物之所不得遁而皆存。善夭善老,善始善终,人犹效之,又况万物之所系,而一化之所待乎!

此段重申前生死之说,以为下论道发端也。"夜旦",喻生死也。曰"常"者,言为人所习见也。人习见夜旦,未尝有介于怀,而于死生则未能释然,是为不知类也,故举此以点醒之,曰"人之有所不得与"。"与"读同预,言非人所能为力。"情",实也。"物之情也"者,言物之实际如是也。

"以天为父",犹云以天视父,即后世称父为所天之意。旧顺文为解,非也。所以知之者,《人间世篇》以爱亲事君陪起事心,此以爱父死君陪起天命,文字正是一样结构。父与君对,非天与君对也。此其一。接云"身犹爱之","爱"者爱父也。观《人间世篇》"子之爱亲"语可知。至推爱亲之爱,而后及于天,故下云"而况其卓乎!""卓"者,卓绝,超出于万物之上之谓,是即指天而言。若开首便说天,则此卓者更谓何物?此其二。卓者、真者,文正一例。真者指天,卓者岂得有异! 此其三。

然则安知非"天"与"父"二字,文有舛错乎? 曰:古人自有此倒装句法,如后文云"父母于子,东西南北,唯命之从"。以今文法言,当云"子于父母",是即倒装之一例,细心玩之,不难理会,无取改窜旧文为也。

"以有君为愈乎已",谓有君愈于无君也。《论语》孔子言"夷狄之有君,不如诸夏之亡也",见《八佾篇》盖亦此意。解者皆读"已"为我己之己,以为君之势分尊过乎我,故为之死。若然,则但云以君为愈乎己可矣。"君"上著"有"字,何说乎? 且古者臣之效死于君者,以君为一国之所托命,非以其势分然也,故曰:"君为社稷死,则死之。为社稷亡,则亡之。"晏子语,见襄二十五年《春秋左氏传》此书于君臣之义,曰"无适而非君",见《人间世篇》曰"有君为愈乎已",与后世视君如帝天,不复敢涉议及其有无向背者实异。盖春秋、战国之际,去古未远,又列国分立,未始定于一尊,于是追原置君、有君之故,故其论若此。而注家率据后世之见以为之解,则宜其不合也。

"泉",水源也。人之恃天以生,犹鱼之恃水以活也,故取鱼以为喻。鱼之水涸而处于陆也,"相呴以湿,相濡以沫",非不相爱也,然而不足以救死者,湿沫有尽时,不如江湖之恃源而往者也,故江湖者,鱼之天也。曰"相忘"者,各不见德,乃德之至,爱不足以言也。夫尧之仁非桀之比,人无不知也,然博施济众,不能无病。见《论语·雍也篇》是其仁亦有尽时,不如天之无心于物,而物无不蒙德也,故曰"与其誉尧而非桀也,不如两忘而化其道"。曰"化其道"者,尧忘其尧,桀亦化其为桀,一纳于道之中,而誉与非更无所用之也。

凡言此者,皆为下"善吾生乃所以善吾死"一句而设。盖"大块载我以形,劳我以生,佚我以老,息我以死",生、老、死者,天也,前所云"人之有所不得与"者也。若善吾生以善吾死,则人也,吾之所可得为者也。舍其所可得为,而蕲其所不得与,即使有术以延其生,能比寿于彭祖,亦何异于鱼之脱于江湖,借湿沫以缓其斯须之命也哉!故《知北游篇》云:"虽有寿夭,相去几何?须臾之说也。奚足以为尧、桀之是非。"以尧、桀并称,是非贬尧以就桀也。自吾性分中言之,桀固尘污,尧亦阴翳,由是二者起伏胶扰于胸中,而心乃与天日远,遂觉形气一散,归著无所。人之不能善生以善其死者,率坐是也。昔者子路问死,孔子告之曰:"未知生,焉知死!"此与善生以善死之言,先后一揆。知生者,知其所以生也。知其所以生,则知性、知天在其中矣。善生者,善其所以生也。善其所以生,则尽性至命在其中矣。夫尽性至命,则天人一也,尚何有生死之不齐、而尧桀之相非哉!

"藏舟","舟"以喻君之位也。《荀子·王制篇》云:"传曰:'君者舟也,庶人者水也,水则载舟,水则覆舟。'"是比君于舟,有其所本。舟藏于壑,壑藏于山,山藏于泽,省文但举首尾,故曰"藏舟于壑,藏山于泽"也。或分两事说之,非是。夫舟可负之走,山岂可负之走者哉!有力负舟而走者,谓如田氏之移齐,韩、赵、魏之分晋,皆乘其君之不觉,而先篡其权,后取其位。故比之于"夜半",而曰"昧者不知也"。"藏天下于天下",则如尧之禅舜,舜之禅禹,不私天下于一己,亦即不尸亡天下之名,故曰"不得所遯"。"遯",失也。"是恒物之大情"者,对前"皆物之情也"句言。曰恒,则常存。曰大,则无外矣。"藏舟"以喻藏天下。"藏天下于天下",则以喻善生者委其身于造化,故下云"圣人将游于物之所不得遯而皆存"。"物之所不得遯"者,如后文之弹鸡轮马、鼠肝虫臂,视物皆我,即我于物而皆存,是之谓"不得所遯"也。旧以"藏舟"解作藏生,亦非是。若藏舟为藏生者,则"藏天下于天下"更何谓乎？通玩全文，自知其不然矣。

"特犯人之形而犹喜之"，"犯"犹遭也，此就常人言也。"若人之形者，万化而未始有极也，其为乐可胜计邪！"二十字当连作一气读，言一得为人，尚且喜之，若使人之形千变万化而无极，而得一一更历其所遭，其为乐不将益甚乎！此因常人乐生之妄情而为之剖解也。"善夭善老，善始善终"，承"圣人"言，即所谓善其生者也。"人犹效之"者，人犹师之也。若"万物之所系，而一化之所待"，则所谓天、所谓道、而圣人之所师者。人师圣人，即安得不师圣人之所师？故曰"又况"，而以进之也。

夫道，有情有信，无为无形；可传而不可受，可得而不可见；自本自根，未有天地，自古以固存；神鬼神帝，生天生地；在太极之先而不为高，在六极之下而不为深，先天地生而不为久，长于上古而不为老。狶韦氏得之，以挈天地；伏戏得之，以袭气母；维斗得之，终古不忒；日月得之，终古不息；堪坏得之，以袭昆仑；冯夷得之，以游大川；肩吾得之，以处大山；黄帝得之，以登云天；颛顼得之，以处玄宫；禺强得之，立乎北极；西王母得之，坐乎少广，莫知其始，莫知其终；彭祖得之，上及有虞，下及五伯；傅说得之，以相武丁，奄有天下，乘东维，骑箕尾，而比于列星。

前既言"知之登假于道"，又言"两忘而化其道"矣，故承上"万物所系一化所待"之文，特提"夫道"二字，而一为敷扬之。

"有情有信，无为无形"，即《齐物论》所云"若有真宰，而特不得其眹；可行己信，而不见其形。有情而无形"也。特彼即心而言之，故号曰真宰、真君，此则别于心而言之，故曰道也。惟"有情有信"，故可传可得。惟"无为无形"，故不可受、不可见。万物以道为根本，而更无有物为道之根本者,故曰"自本自根"。道先天地生,故曰"未有天地自古以固存"。"神鬼神帝"者,"鬼",人鬼,"帝",天帝。鬼、帝之神,以道而神也。"生天生地"者,天施地化而生万物。天地之能生,以道而能生也。"太极",见《易·系辞传》。阴阳未判,谓之"太极"。"六极"犹六合也。"高深"以空间言,"久老"以时间言。

"狶韦氏",古帝王之号。"挈"犹举也。以举天地,殆如后世所云"开辟天地"然。"伏戏"已见《人间世篇》。"气母",谓元气。"袭",合也。谓天地分,而伏羲画卦,复合之也。"维斗",北斗也。"忒",差也。古者观斗杓所指,以定四时,故与日月并举,而称其不差忒也。"堪坏",昆仑山神。"冯夷",河神,所谓河伯者也。"大川"即指河。"肩吾",人名,曾见《逍遥游篇》。然此与堪坏、冯夷并举,则当为泰山之神,与前名同而实异也。"黄帝",轩辕氏。"登云天"者,相传黄帝死而乘龙上仙也。"颛顼",高阳氏。"玄宫",北方宫,《小戴礼记·月令》冬曰"其帝颛顼,其神玄冥"是也。"禺强",北海神,见《山海经》。"西王母",亦见《山海经》。"少广",其所居宫。或曰山也。于此特言"莫知其始,莫知其终"者,"终"与上"玄宫"为韵,亦以见非彭祖之"上及有虞,下及五伯",年寿有数者所可比也。"有虞",舜有天下号。"五伯",夏昆吾,殷大彭、豕韦,周齐桓、晋文也。"傅说",殷高宗相,《尚书》有《说命篇》,即记说相武丁事。"武丁",高宗名。"奄有天下","奄"同掩。掩有,犹包有也。《星经》傅说一星在尾上。尾,东方之宿苍龙之尾也。而箕斗之间,正当天汉津之东维。故曰"乘东维,骑箕尾,而比于列星"。凡言此者,极力证明道之于人至切,而圣人亦非道莫成也。

以上凡五段文字,为一篇之总论。下则即人与事而明之。

南伯子葵问乎女偊曰:"子之年长矣,而色若孺子,何也?"曰:"吾闻道矣。"南伯子葵曰:"道可得学邪?"曰:"恶!恶可!子非其人也。夫卜梁倚有圣人之才,而无圣人之道;

我有圣人之道,而无圣人之才。吾欲以教之,庶几其果为圣人乎!不然,以圣人之道告圣人之才,亦易矣。吾犹守而告之参日,而后能外天下;已外天下矣,吾又守之七日,而后能外物;已外物矣,吾又守之九日,而后能外生;已外生矣,而后能朝彻;朝彻,而后能见独;见独,而后能无古今;无古今,而后能入于不死不生。杀生者不死,生生者不生。其为物,无不将也,无不迎也,无不毁也,无不成也。其名为撄宁。撄宁也者,撄而后成者也。"南伯子葵曰:"子独恶乎闻之?"曰:"闻诸副墨之子,副墨之子闻诸洛诵之孙,洛诵之孙闻之瞻明,瞻明闻之聂许,聂许闻之需役,需役闻之於讴,於讴闻之玄冥,玄冥闻之参寥,参寥闻之疑始。"

此承上得道之言,而明道不易闻、不易传也。"南伯子葵"即南伯子綦。綦、葵一声之转也。"女",姓,读若汝,晋有女宽,见昭二十八年《左传》,又女叔齐亦称女齐,亦见《左传》,是古自有"女"姓。"偊",其名也。或疑以为妇人,非是。"色若孺子",年长而色稚,盖修道之效而德充之符也。"子非其人也",激之之辞,非拒之也。若其拒之,则不告之矣。

"卜梁倚",姓卜梁,名倚。"有圣人之才","才"者,材质。言有圣人之质,若今云天才然也。"庶几其果为圣人乎!"而继之云"不然"者,望其为圣人,而不能必其为圣人,即上文可传而不可受之意也。

"守而告之"者,告之以言;行之而有差失,则从而矫正之,故守之不离去也。"参"同三。由三日而七日而九日,言其次第也。日之不多者,以倚有圣人之才,故进之速也。"外物"后于"外天下"者,天下远而物近也。"外生"复后于"外物"者,生亲而物疏也。外之犹遗之也。"朝彻"者,蔀障既撤,光明现前,有如朝日之出,物无隐形,故曰"朝彻"。"彻"者通也。"见独","独"即道也、天也,谓之"独"者,无与为对

116

也。自"朝彻"而"见独"而"无古今"而"入于不死不生",不言日数者,一彻则俱彻,更无先后渐次也。"入于不死不生"而止,所谓善吾生以善吾死,此为究竟也。

"杀生者不死,生生者不生",释所以"不死不生"之故也。盖生死者物,若生物者初无生,杀物者初无死也。何也?若其有生有死,则是一物耳。物岂能生物哉?不能生物,又岂能死物哉?非物也,而曰"其为物"者,顺俗之谈,亦文字之穷也。故老子亦曰:"道之为物。"是在读者善为分别耳。"无不将","无不迎",以言其用之无不到也。"无不毁","无不成",以言其用之无所滞也。"将"如《诗·召南·鹊巢》"百两将之"之将,送也。"撄",挠乱也。"宁",安定也。虽挠乱而安定,故名曰"撄宁"也。又曰"撄而后成"者,未经挠乱之安定,非真安定,真安定必从挠乱中锻炼而得也。

"副墨之子",喻书册也。"洛诵之孙",喻诵读也。"副墨之子闻之洛诵之孙"者,书皆先口授而后著之竹帛也。曰子曰孙者,言其有所祖述也。"瞻明",谓见也。"聂许",谓闻也。见次于闻者,见之隘不如闻之博也。"需",须也,饮食之道也。语见《易·需卦象传》与序、杂《卦传》"役",劳作也。《易·说卦传》所谓"致役乎坤"也。饮食劳作,皆寻常日用之事。"闻之需役"者,言道不出乎日用间也。"於"读乌。"於讴",咏歌也。饮食劳作之有迹,又不如咏歌之近自然也。"玄冥",深远也。"参寥",空寂也。"疑始",若有始,若无始,是则非心思所得而卜度,言语所得而拟议,故以是为至也。

子祀、子舆、子犁、子来四人相与语曰:"孰能以无为首,以生为脊,以死为尻,孰知死生存亡之一体者,吾与之友矣。"四人相视而笑,莫逆于心,遂相与为友。

俄而子舆有病,子祀往视之。曰:"伟哉!夫造物者,将以予为此拘拘也！"曲偻发背，上有五管，颐隐于齐，肩高于顶，句赘指天。阴阳之气有沴，其心閒而无事。跰𨇤而鉴于井，曰："嗟乎！夫造物者，又将以予为此拘拘也！"子祀曰："女恶之乎？"曰："亡，予何恶！浸假而化予之左臂以为鸡，予因以求时夜；浸假而化予之右臂以为弹，予因以求鸮炙；浸假而化予之尻以为轮，以神为马，予因而乘之，岂更驾哉！且夫得者时也，失者顺也；安时而处顺，哀乐不能入也。此古之所谓县解也。而不能自解者，物有结之。且夫物不胜天久矣，吾又何恶焉！"

俄而子来有病，喘喘然将死，其妻子环而泣之。子犁往问之，曰："叱！避！无怛化！"倚其户与之语曰："伟哉造化！又将奚以女为，将奚以女适？以女为鼠肝乎？以女为虫臂乎？"子来曰："父母于子，东西南北，唯命之从。阴阳于人，不翅于父母；彼近吾死，而我不听，我则悍矣，彼何罪焉！夫大块载我以形，劳我以生，佚我以老，息我以死。故善吾生者，乃所以善吾死也。今大冶铸金，金踊跃曰：'我且必为镆铘！'大冶必以为不祥之金。今一犯人之形，而曰：'人耳！人耳！'夫造物者必以为不祥之人。今一以天地为大炉，以造化为大冶，恶乎往而不可哉！"成然寐，蘧然觉。

以下三节，承上"入于不死不生"之文，而举其人其事以实之，以反复发明真人"不知说生，不知恶死"之义也。"子祀"、"子舆"、"子犁"、"子来"四人，无所考，而末节有"子舆与子桑友"之语，以是推之，皆孔子所谓狂士，而此篇所云游于方之外者也。

"以无为首"，"无"即不死不生之别名也。惟无为首，故"生为脊"、"死为尻"。"首"，始也。"尻"，尾骨，终也。终复于始，故曰"死生存亡一体"也。"孰能"、"孰知",先"能"于"知"者,惟其能之,是以知之,所谓有真人而后有真知也。"相视而笑,莫逆于心",心有默契,付于一笑,不烦言说也。

"造物"即造化。"拘拘"谓形体也。人有形体则为所拘系,不能自脱,故曰"拘拘"也。《达生篇》痀偻丈人云:"吾处身也若厥株拘。"厥同橛,谓若橛株之拘而不动也。以彼例此,义略可知。"曲偻"犹伛偻。"发背",病发于背也。因病发于背而伛偻,故曰"曲偻发背"也。"五管"即《德充符篇》"五管在上"之五管,谓五藏之腧穴也,因承上"背"字言之,故变其文,而曰"上有五管",不曰五管在上也。"句赘指天","句",句曲。"赘",犹今言突起,谓项椎也。项椎句曲,故指天也。自"曲偻"以下五句,夹叙子舆病状,即以为"为此拘拘"之"此"字注脚也。

"沴"同戾,乖也。"阴阳之气有沴",述其病之原也。"其心闲而无事",不以气之病而累及于心也。"跰𨇤"犹蹩躠,一声之转,谓艰于行也。"鉴于井",鉴其形也。"又将以予为此拘拘",此与前语不同。前语谓今时,此语叹日后。言将复受形为此,故曰"又"也。两"也"字皆当读若邪。

"女恶之乎","恶之"谓恶其化为此形,读去声。"亡"读若无,犹言非也。"浸",渐也。"假",使也。化左臂以为鸡,化右臂以为弹,非顷刻之事,故曰渐,亦非必然之事,故曰假也。"因以求时夜","因以求鸮炙","求"者,求以尽其能,以见其不恶。此二语义轻。"以尻为轮,以神为马","因而乘之,岂更驾哉","乘"者,乘夫自然之变,根前《逍遥游》"乘天地之正而御六气之辨"乘字说,此义则深也。盖能乘而驾之,则无之不可,造化未始不在我也,所以生不说、死不恶者,正恃夫此。"更"读平声。"更驾",改驾也。"得"、"失"犹言生死。"安时处顺"至"古之所谓县解",已见《养生主篇》。"物有结之",言为物情缠绕,所以不能自解也。"物不胜天久矣"者,知天知人,用功之久,故物情不能夺也。此真实功夫语,非泛论道理如是,因接曰"吾又何恶焉!"言县解之后,无复生死之见存,尚何恶之有哉!

"喘喘然",气促也。曰"将死",则又过于子舆之病矣。"叱"、"避",皆一字为句。"叱",诃声。"怛",惊也。"无怛化",告其妻子,使无惊将化之人也。"鼠肝"、"虫臂",虫鼠,物之贱者,肝臂又其身之一体,至微劣不足道。举此以与子来语者,盖欲其行异类中,坐微尘里,依然分别之见不生,虚灵之体不昧,斯乃真可与大化而同流,历千劫而无变,即安时处顺,又不足言也已。由是可知四人之相与为友者,无时不在相切磋,相鞭策,虽当气息仅属之际,犹不肯放过,如此,固不仅志之同、道之合而已。

"唯命之从",唯命是从也。"阴阳"即指造化。"不翅"犹不啻。"近",迫也。"听",从也。"悍",不顺也。一作捍者,亦"悍"之假借。复引"大块载我以形"一段文字说之者,义与前亦稍别。前文重在"善吾生",此则重在"善吾死",犹言平日之功夫正在此时用著也。"大冶",冶工之长也。"铸金",以金铸为兵也。"镆铘"即莫邪,吴王阖闾剑名。"我且必为镆铘"者,言必当为宝剑,不甘于凡器也。"以为不祥之金",以为妖也。"一犯人之形",言尝一为人也。"人耳人耳"者,言惟为人则已,不甘于他类也。此所以答鼠肝虫臂之言,见人之与物本同一体。《齐物论》云:"万物与我为一。"贵人贱物,适成褊见,所以造化以为不祥之人也。"以天地为大炉,以造化为大冶,恶乎往而不可"者,既游于物之所不得遁而皆存,即无往而不自得也。

"成然寐,蘧然觉",言子来语毕而寐,寐而旋觉也。寐觉以喻死生。"成然"犹全然。全其生而终,是为"成然寐"也。"成然寐"者亦"蘧然觉",寐觉如一,即死生如一也,故以是二语结之。"蘧然"犹蘧蘧然,叠言之则曰蘧蘧,单言之则曰蘧,一也。旧解多以此为子来所自言,非是。此犹如前写子舆有病,著"阴阳之气有沴,其心閒而无事"二句,正与发端"孰能"、"孰知"语相应,以见二人非惟知之,亦且能之,皆点睛之笔也。《音义》崔本此下尚有"发然汗出"一句,崔本可据与否诚难知,亦可见"成然"以下乃叙事之文,而非子来口中之言,甚明也。

子桑户、孟子反、子琴张三人相与友,曰:"孰能相与于无相与,相为于无相为? 孰能登天游雾,挠挑无极,相忘以生,无所终穷?"三人相视而笑,莫逆于心,遂相与友,莫然有间。而子桑户死,未葬,孔子闻之,使子贡往待事焉。或编曲,或鼓琴,相和而歌,曰:"嗟! 来! 桑户乎! 嗟! 来! 桑户乎!而已反其真,而我犹为人。猗!"子贡趋而进,曰:"敢问临尸而歌,礼乎?"二人相视而笑曰:"是恶知礼意!"

子贡反,以告孔子,曰:"彼何人者邪? 修行无有,而外其形骸,临尸而歌,颜色不变,无以命之。彼何人者邪?"孔子曰:"彼游方之外者也,而丘游方之内者也。外内不相及,而丘使女往吊之,丘则陋矣。彼方且与造物者为人,而游乎天地之一气。彼以生为附赘县疣,以死为决疯溃痈。夫若然者,又恶知死生先后之所在! 假于异物,托于同体;忘其肝胆,遗其耳目;反复终始,不知端倪。芒然彷徨乎尘垢之外,消摇乎无为之业。彼又恶能愦愦然为世俗之礼,以观众人之耳目哉!"子贡曰:"然则夫子何方之依?"曰:"丘,天之戮民也。虽然,吾与女共之。"子贡曰:"敢问其方。"孔子曰:"鱼相造乎水,人相造乎道。相造乎水者,穿池而养给;相造乎道者,无事而生定。故曰:鱼相忘乎江湖,人相忘乎道术。"子贡曰:"敢问畸人。"曰:"畸人者,畸于人而侔于天。故曰:人之小人,天之君子;人之君子,天之小人也。"

"子桑户",即仲弓所问子桑伯子,孔子以简许之者。见《论语·雍也篇》"户"其字也。知户是字者,以子反、子张皆称字,不得有异。且后歌曰"嗟来桑户",朋友相称,以字不以名,尤显证也。外篇《山木》有孔子问子桑雽语,户、雽一音之转,同一人也。"孟子反"即孟之反,孔子称其不伐者,亦见《雍也篇》名侧。见哀十一年《左传》"琴张"名牢,《论语》载牢曰:"子云:'吾不试,故艺。'"见《子罕篇》即其人也。《史记·仲尼弟子列传》无琴牢名,然《论语》书之。又其称夫子曰子,其为学于孔门无疑。《家语》言牢为卫人,一字子开,当有所据。桑户、孟反皆当与孔子有故,不然,无为能深知其人也。《说苑·修文篇》云:"孔子见子桑伯子。子桑伯子不衣冠而处。弟子曰:'夫子何为见此人乎?'曰:'其质美而无文,吾欲说而文之。'孔子去,子桑伯子门人不说,曰:'何为见孔子乎?'曰:'其质美而文繁,吾欲说而去其文。'"观此,则桑户亦有其徒众,自是当时一家。仲尼谓其居简行简,斥为太简,合之后文"游方之外"之言,朱子以为老氏之徒,见《论语集注》殆是也。

"相与于无相与,相为于无相为",谓相与相为并出之以无心也。"为"读去声。此承上"相与友"言,言朋友之道当如是。"登天",出于阳也。"游雾",入于阴也。阴阳相为终始,故曰"挠挑无极"。"挠挑"犹宛转也。"无极"犹无穷也。既宛转于无穷之中,复何有于生死?故曰:"相忘以生,无所终穷。"此则言生死无变之理,以起下文子桑之死也。"莫然有间","有间"之上著"莫然"二字者,"莫"同漠。"漠然",无心相忘貌。以见三人果能如其要之言也。

子桑户死,使子贡往待事者,欲使助之治丧也。"子贡",端木赐也。见《论语》注"编曲"者,缀次其曲辞。"或编曲,或鼓琴,相和而歌",明琴曲为一事也。杂篇《渔父》云:"孔子弦歌鼓琴,奏曲未半。"彼亦以琴曲对文,此当无异。《释文》:李颐云:"曲,蚕薄。"注家多从之,非也。"嗟!来!桑户乎","嗟"字"来"字皆当读断。"来,桑户",犹云桑户来,盖招魂之辞也。"而已反其真","而"读同尔,指桑户言。"反其真"者,反其天也。"而我犹为人","人"字绝句,人与真叶韵也。"猗",一字别为句,歌之尾声也。"猗"有用于歌辞之首者,《诗·商颂·那》

之篇:"猗与那与。"毛传云:"猗,叹辞。"是也。用于歌辞之尾者,则此是,并有声而无义也。

三人朋友也。子桑死,而子反、琴张相和而歌者,盖既达于生死之故,又"相与于无相与,相为于无相为",非寻常朋友之谊所可同日而语,而子贡不知也,故疑而问之曰:"临尸而歌,礼乎?""是恶知礼意",谓礼之所以为礼,不在哀戚容貌之间,非子贡所知也。故反以问于孔子。

"修行无有",言不见其修为之迹也。"无以命之",犹言无以名之。"何人",犹言何等人。两举之者,一以相问,一以表其惊讶也。

"方内"、"方外",两"方"字即指礼言。《荀子·礼论》云:"不法礼,不足礼,谓之无方之民。法礼,足礼,谓之有方之士。"《小戴礼记·经解篇》亦云:"隆礼由礼,谓之有方之士。不隆礼,不由礼,谓之无方之民。"然则"游方之外",谓游于礼法之外。"游方之内",谓游于礼法之内。旧解以"方"为方域。至今方内方外,乃成为在家出家之称,实大误也。"外内不相及",犹言道不同不相为谋。语见《论语·卫灵公篇》"陋"者,固而不知变也,与上《德充符》之"陋矣"陋字义异。知吊之为礼,而不知不可施之于此辈,是为固而不知变也已。

"与造物者为人","与"犹从也,谓听命于造物而为人。上所谓安时处顺,惟命之从,是也。王引之云:"为人犹言为偶。"见《读书杂志》非也。此"为人"正答"彼何人"之问,若解"人"作偶,则失其答之之义矣。且《天运篇》有云:"久矣夫,丘不与化为人。不与化为人,安能化人!"彼云与化为人,即此云"与造物者为人"也,可解与化为人为与化为偶乎?比而观之,益知"人"字只当作人,不可作别解矣。"游乎天地之一气",即"登天游雾,挠挑无极"之谓。"赘",结肉,俗所谓疙瘩也。"疣",瘤也。"附",著也。"县"同悬。"以生为附赘县疣",视生为系累也。"疽",肿也。"痈"一作痈,疽也。"决",破裂。"溃",旁决也。"以死为决疣溃痈",视死为解脱也。"假于异物,托于同体",前云为鸡、为

123

弹、为鼠肝、为虫臂,是化一体为异物。反而言之,即安知今之我非鸡非弹、非鼠肝虫臂之所化而为之?则是假彼异物托为此体也。"忘肝胆"、"遗耳目",即外其形骸之谓。内举肝胆,外举耳目,而全体具是矣。"反复终始,不知端倪",即"相忘以生,无所终穷"之谓。"芒然"犹茫然。"彷徨"、"逍遥",并见前释。"溃溃然",烦乱也。以世俗之礼为烦乱者,探彼二人之意而代为言之也。"观"读去声。"观众人之耳目",谓随世俗之所尚,因以观示之也。

"夫子何方之依"者,以夫子既盛赞方外之所为,则何为复依于方?故进而请问也。旧解如成玄英疏,解作"方内方外夫子将何从"。则夫子已明告子贡游方之内矣,何待问乎!

"丘,天之戮民"者,答所以依方之故。盖大同之世既不可期,欲蕲小康,非礼莫由。徇时之急,因自甘受礼之桎梏而不辞。此天实为之,故曰"天之戮民",且欲与赐也共之也。其意具见于《小戴礼记·礼运》之篇,以彼通此,不难明也。

"敢问其方",因上"与女共之"之言而问其道也。"鱼相造乎水,人相造乎道","造"如《诗·大雅·思齐》"肆成人有德,小子有造"之造。"造"者就也,成也。言鱼非水不成为鱼,人非道不成为人也。"穿池而养给","给"者足也。养取其足,不在多也。"无事而生定",无事非绝事也。有事而不为事累,是为无事,即上所云"无为之业"也。"生"者性也。性求其定,不在远也,故曰"鱼相忘于江湖,人相忘于道术"。"相忘"者,内不见己,外不见物。如是,虽游于方之内,未尝不出乎方之外,即方内方外之名,可以不立也。由是可知子反、琴张之伦实非其至。荀子有云:"礼,至备,情文俱尽;其次,情文代胜;其下,复情以归大一。"见《礼论》若二子者,知复情以归大一矣,而不知乃其下也。

子贡曰"敢问畸人","畸人"者,异人也,游于方外,与世人异,故目之为"畸人"。"畸于人而侔于天","侔"犹合也,言虽异于人,而却合于天也。"人之小人,天之君子",旧作天之小人,人之君子,既与下文犯复,而与上文意亦不接,自是"天"、"人"二字传写互舛,因改正之。"人之小人,天之君子;人之君子,天之小人",反复言之者,见侔于人不若其侔于天,孔子所以卒有取于三子也。然"天人不相胜,则谓之真人",侔于天而畸于人,仅谓之君子,君子非真人比也。其中高下之差,又不可不知也。

颜回问仲尼曰:"孟孙才,其母死,哭泣无涕,中心不戚,居丧不哀。无是三者,以善丧盖鲁国。固有无其实而得其名者乎?回一怪之。"仲尼曰:"夫孟孙氏尽之矣。进于知矣。唯简之而不得,夫已有所简矣。孟孙氏不知所以生,不知所以死;不知孰先,不知孰后;若化为物,以待其所不知之化已乎!且方将化,恶知不化哉?方将不化,恶知已化哉?吾特与女其梦未始觉者邪?且彼有骇形而无损心,有旦宅而无情死。孟孙氏特觉,人哭亦哭,是自其所以乃。且也相与吾之耳矣。庸讵知吾所谓吾之乎?且女梦为鸟而厉乎天,梦为鱼而没于渊。不识今之言者,其觉者乎?其梦者乎?造适不及笑,献笑不及排,安排而去,化乃入于寥天一。"

此节极为难看。盖死生无变,不极之于母子之亲,即理有未尽;而哀乐不入,乃施之于生我之人,则情有未安。想见庄叟当初下笔时,亦自费几许踌躇也。夫母死"哭泣无涕,中心不戚,居丧不哀",世间尽有此等人,如何孟孙才却如此而"以善丧盖鲁国"?此不可忽过一也。颜子怪而问之,曰:"固有无其实而得其名者乎?"是非怪其得名,乃怪在不知其实何在,欲因名以求实。此不可忽过二也。

吾尝读《小戴礼·檀弓》之篇,云:"颜丁善居丧,始死,皇皇焉如有求而弗得;既殡,望望焉如有从而弗及;既葬,慨焉如不及其反而息。"文中未见一哀戚字,而读之,孝慕之情,其动人乃有什佰于哀戚者,则知孝子之用心，固非哀戚所能尽，而孟孙之以善丧盖鲁国，诚别有其所以自尽之道。是唯孔子能知之，故曰"夫孟孙氏尽之矣"。

"进于知矣"，与《养生主篇》"进乎技矣"之文正同。进乎技者，技而进于道。"进于知"者，知而进于不知也。知者人也，不知者天也。知而进于不知，即人而进于天也；人而进于天，则人世居丧，哭踊拜杖之仪文将焉用之？故曰："唯简之而不得，夫已有所简矣。"曰"简"者，大礼必简之义也。"大乐必易，大礼必简"，语见《小戴礼记·乐记》。其"有所简"者人也。"简之而不得"者天也。"不知所以生，不知所以死，不知孰先，不知孰后"，叠用数"不知"字，皆从"进于知矣"句出，即皆言其用天而不用人也。两"孰"字旧本作就。上文有云："又恶知死生先后之所在"，"恶知先后之所在"，即不知孰先、孰后也。先后承生死言。若曰就先就后，则与生死义不相属矣。孰、就字形似，易讹。故依文义改正之。

"若化为物，以待其所不知之化已乎"，"若"犹似也。"化为物"，言当今。"待其不知之化"，言方来。当今、方来，总在一化中也。化者天也，而天固不自化。故又曰"且方将化，恶知不化哉？方将不化，恶知已化哉？"依是言之，则才母虽死，而才固未始以为死。未始以为死，则其事死如事生，事亡如事存，一段母子相爱而不可解之情，必有感人于不知不觉之间者，此其所以善丧盖鲁国之实也。

"吾特与女其梦未始觉者"，言未能造乎孟孙之境，如人在梦中，执梦为实有，不知此身为幻化，故于其居丧之异于世人而怪之也。"彼"，彼孟孙也，对吾与女言，故曰彼也。"骇"，动也，变也。"有骇形"，谓居丧哭泣。"无损心"，谓不戚不哀。"旦"，明也。《大雅·板》之诗曰："昊天曰明，及尔出王。昊天曰旦，及尔游衍。"是旦、明一也。又《礼记·郊特牲篇》云"所以交于旦明之义也"，方以智《通雅·释诂》以"旦明"为即"神明"，则是旦犹神也。其实神明义亦相通。"宅"，如《人间世篇》"一宅而寓于不得已"之宅。"有旦宅"者，谓宅于神明，指"已有所简"言。"情"即人情之情。"死"犹亡也。"无情死"，谓情未尝亡，指

"简之不得"言。旧解多著眼于死字,而于情字则忽之。训"情"为实,谓之实无有死。不知"无损心"、"无情死",文正一律。情与心对,死与损对,特字有倒顺耳。"无损心"有似乎无情,故以"无情死"救之不使堕于一边。此微意也。且下接云"孟孙氏特觉,人哭亦哭",人哭亦哭,正其未忘情处。文义不甚明乎!"是自其所以乃",犹言是乃自其所以,与"技经肯綮之未尝"句法同,盖倒文也。"所以"者,所由也。"乃"本或作宜,宜亦乃也,《诗·小雅·小宛》之篇"宜岸宜狱",即乃岸乃狱,可证也。

"且也相与吾之耳矣"以下,所以教颜子也。吾本化物,强名为吾,故曰"吾之"。核而求之,吾果安在？故曰："庸讵知吾所谓吾之乎？""梦为鸟而厉乎天,梦为鱼而没于渊",时而为鸟,时而为鱼,将据何者以为吾？然则所为"吾之"者,直戏论矣。"厉"同戾,至也。"不识今之言者,其觉者乎？其梦者乎",欲颜子自一体勘之也。

"造适不及笑,献笑不及排",言适笑之出于天也。"适"即上文"自适"之适。"造"犹遭也。"献"如《楚辞》"献岁发春"之献,犹言发也。"排",推也,遣也。适出于天,故笑有不及;笑出于天,故排有不及也。虽然,排亦出于天也,则有安之而随之以往而已。如孟孙氏之有所简,及简之而不得,即所谓安排而去者也。安排而去,是之谓"化",故以"化乃入于寥天一"一语结焉。郭象注云:"安于推移,而与化俱去。"以"去化"连文。夫与化俱去,不得曰"去化"也,故当以"化"字属下读。若后之注家有解"安排"如今俗所云云者,其误固不待辩。

天也,而又曰寥、曰一者,"寥"即前云参寥,言其虚寂也。"一"即前云一气、一化,言其不贰也。不贰者,其一也一,其不一也亦一也。此准天而谈,正亦准情而谈也。

昔者乐正子春之母死,五日而不食,曰："吾悔之。自吾母而不得吾情,吾恶乎用吾情！"见《檀弓》知乐正子五日不食之非情,则知孟孙无涕不哀之率情矣。孔子之故人曰原壤,其母死,夫子助之沐椁。原壤登木曰:"久矣予之不托于音也。"歌曰:"狸首之班然,执女手之卷然。"夫子为弗闻也者而过之。亦见《檀弓》知夫子不责原壤之登木而歌,则知夫子之有取于孟孙之有所简矣。此固非拘墟小儒之所能识,而亦岂灭绝天性之小人所可得而假托乎哉?

意而子见许由。许由曰:"尧何以资女?"意而子曰:"尧谓我:'女必躬服仁义而明言是非'。"许由曰:"而奚来为轵?夫尧既已黥女以仁义,而劓女以是非矣。女将何以游夫摇荡恣睢转徙之涂乎?"意而子曰:"虽然,吾愿游于其藩。"许由曰:"不然。夫盲者无以与乎眉目颜色之好,瞽者无以与乎青黄黼黻之观。"意而子曰:"夫无庄之失其美,据梁之失其力,黄帝之亡其知,皆在炉捶之间耳。庸讵知夫造物者之不息我黥而补我劓,使我乘成以随先生邪?"许由曰:"噫!未可知也。我为女言其大略。吾师乎!吾师乎!齑万物,而不为义;泽及万世,而不为仁;长于上古,而不为老;覆载天地、刻雕众形,而不为巧。此所游已。"

前三节穷死生一致之理,所以去我执也。以下二节,贬仁义、退礼乐,所以去法执也。执一身为己有,是为我执。执众理为实得,是为法执。就常人言,去我执难;就学者言,则去法执较去我执为尤难。然法执不去,执理为我,即我执自在,终不可以入圣也。故继前三节而复说此二事也。

"意而子"盖假名。仁义是非,皆从意出,故托之于"意而"也。"尧何以资女","资"犹益也。谈仁义者必首称尧,故托之于尧也。"躬服仁义而明言是非","仁义"上著"躬服"字,"是非"上著"明言"字,亦可见仁义之非自然,是非之为争端已。

"而",女也。"轵"与《诗·鄘风·柏舟》"母也天只,不谅人只"之只同,语辞也。而奚来为只,犹言女奚为来乎。"黥",刻其面而以墨涅之,故亦谓之墨刑。"劓",刖其鼻也。"黥女以仁义而劓女以是非"者,言仁义是非伤残人之天德,有似墨、劓之刑然也。"摇荡"犹动荡,言不定也。"恣睢",纵任也。"转徙",迁变也。皆"执"字之反,而"化"字之注脚也。执于仁义是非,复何由以游于化之涂乎?

"吾愿游于其藩",言虽不能便化,但涉其藩篱亦所愿也。"盲"犹蒙也,蒙蒙然不能别,故曰"无以与乎眉目颜色之好"。"瞽",无目者也。无目者不能见色,故曰"无以与乎青黄黼黻之观"。"与"犹预也。"黼",白与黑相次,文作斧形。"黻",黑与青相次,形如亞。亞,古弗字也。

"无庄",古美人名。"据梁",古力士名。"失"、"亡"一意,皆言不自据以为得,非果丧失之也。"捶"一作锤,字同。"皆在炉捶之间"者,言在教者之变化之,如锻冶之各成其器也。"息我黥而补我劓",系之于造物者,"造物者"天也。惟天可息黥补劓,以喻仁义是非而能行之以天,则黥不为黥,而劓不为劓也。"成"犹全也。"乘成"者,载其全也。

"我为女言其大略",道不可言,言者皆其似,故曰"大略"也。"吾师"者,吾所师也。再言之者,赞叹之不能已也。"鳌",碎也,犹言杀也。义于四时为秋,于五行为金,故用杀。"不为义"、"不为仁"者,本无仁义之名也。本无仁义之名,斯何从著仁义之见乎?又言"覆载天地、刻雕众形"者,应前黥劓之言。人非仁义不行,事非是非不辨,亦犹众形非刻雕不成也。所贵照之于天,不用乎己,则刻雕而不为巧,何从有黥劓之害乎?"此所游已",以游为师,是为善师者也。夫"游"者,自由自在之谓,此所以托之于许由之言也。"大宗师""师"字,至此一点,其为大为宗,则不言可知,故不复觇缕也。

颜回曰:"回益矣。"仲尼曰:"何谓也?"曰:"回忘仁义矣。"曰:"可矣,犹未也。"它日复见,曰:"回益矣。"曰:"何谓也?"曰:"回忘礼乐矣。"曰:"可矣,犹未也。"它日复见,曰:"回益矣。"曰:"何谓也?"曰:"回坐忘矣。"仲尼蹴然曰:"何谓坐忘?"颜回曰:"堕枝体,黜聪明,离形去知,同于大通,此谓坐忘。"仲尼曰:"同则无好也,化则无常也。而果其贤乎!丘也请从而后也。"

"回益矣",言"益"。而其所以益者,则在忘仁义、忘礼乐、坐忘。何也?老子曰:"为学日益,为道日损。"以学言,则谓之益;以道言,则谓之损。损与益非二事也。郭子玄注云:"以损为益。"可谓知言矣。

"忘仁义"先于"忘礼乐"者,何也?乐由天作,礼以地制;乐者为同,礼者为异;并见《小戴礼记·乐记》同则相亲,相亲之谓仁;异则相别,相别之谓义。是礼乐者,仁义之源。故先"忘仁义"而后"忘礼乐"也。此礼乐就源头上说,与常言礼乐就施行处说者,固有别矣。

"蹴然",惊而改容也。"坐忘"者,坐而自忘,犹南郭子綦之隐几而嗒焉丧耦也。"堕",废也。"枝"同肢。"堕枝体",忘其身也。"黜"犹外也。"黜聪明",忘其知也。"离形"承"堕枝体"言。"去知"承"黜聪明"言。"离形去知",是为我法两忘。"同于大通",即与化为一。孟子所谓"上下与天地同流"也。见《尽心篇》

"无好",则无著矣。"无常",则无滞矣。无著无滞,则二执净矣,故极赞之曰:"而果其贤乎!丘也请从而后也。""从而后"者,从之而步其后尘也。两"而"字并同尔。极赞之者,既以进回,亦以为其余学者告也。

子舆与子桑友。而霖雨十日。子舆曰:"子桑殆病矣!"裹饭而往食之。至子桑之门,则若歌若哭,鼓琴曰:"父邪!母邪!天乎?人乎?"有不任其声而趋举其诗焉。子舆入,曰:"子之歌诗,何故若是?"曰:"吾思夫使我至此极者,而弗得也。父母岂欲吾贫哉?天无私覆,地无私载,天地岂私贫我哉? 求其为之者而不得也。然而至此极者,命也夫!"

"霖"一作淋,字同。"霖雨",甚雨而久也。"病",困也。"食"同饲。"裹饭往食之"者,子舆亦贫,不能具粮以往也。若歌若哭而鼓琴,忘其惫也。歌曰:"父邪!母邪!""邪",叹辞。呼父母而诉之也。"天乎?人乎?""乎"疑辞。反而自省,天为之抑自致之也。"不任其声",饥而不能举其声也。"趋"读若促。"趋举其诗",声短促而不能成曲也。"子之歌诗,何故若是",疑其近于怨也而问之。"极",穷也。"思夫使我至此极者而弗得",则非自致之也。"天地岂私贫我",是亦非天故为之也。然则特事之变,命之行,我适值其会耳。知命乐天,何怨之有!

孟子曰:"莫之为而为者,天也。莫之致而至者,命也。"此亦曰:"求其为之者而不得也。然而至此极者,命也夫!"庄子、孟子之言何其相合也!《论语》二十篇,终于"不知命无以为君子",此篇明内圣,亦以言命终。《论语》、庄子之书又何其相合也! 吾故曰: 庄子之学出于孔、颜之传,岂为无据哉!

应帝王第七

《应帝王》,明外王也。"帝王之功,圣人之余事",语见《让王篇》亦应之而已矣,故曰"应帝王"也。"应"读去声。其见于《齐物论》者,曰"枢始得其环中,以应无穷",见于外篇《知北游》者,曰"其用心不劳,其应物无方",见于本篇者,则曰"至人之用心若镜,应而不藏,故能胜物而不伤",并可证也。郭注:"夫无心而任乎自化者,应为帝王也。"曰"无心",曰"任乎自化",推其意,"应"亦当为因应之应,非谓如是当为帝王也。后之解者不察,或读"应"为平声,以为惟圣人当居帝王之位。清宣颖《南华经解》说即如是不独失本书之旨,亦违子玄注《庄》之意矣。

予前解《齐物论》"以应无穷",引《逍遥游》"以游无穷"语比而说之,云:惟能游者能应,亦惟能应者能游。游与应,名异而理则一。盖游就心言,本书每言游心可见。应就事言。游者理无碍,应者事无碍。合而言之,则理事无碍,事事无碍也。四无碍语,见唐李通玄《华严经论》。七篇以一"游"字始,以一"应"字终,前后照摄,理至玄微,不观其通,何由穷"内圣外王"之蕴奥哉!

啮缺问于王倪,四问而四不知。啮缺因跃而大喜,行以告蒲衣子。蒲衣子曰："而乃今知之乎？有虞氏不及泰氏。有虞氏，其犹藏仁以要人；亦得人矣，而未始出于非人。泰氏其卧徐徐，其觉于于；一以己为马，一以己为牛；其知情信，其德甚真，而未始入于非人。"

啮缺、王倪问答，见上《齐物论篇》，彼答恶知者凡三，而此言四不知者，盖并不知利害一句言。此虽未见啮缺之问，而问固在答中也。"跃而大喜"者，领夫不知之旨，而为之豁然也。"蒲衣"即被衣。《天地篇》云："尧之师曰许由，许由之师曰啮缺，啮缺之师曰王倪，王倪之师曰被衣。"蒲、被一声之转也。"而乃今知之乎"，"而"同尔。许其悟，而亦惜其晚也。

"有虞氏"，舜也。"泰氏"，"泰"与太通，太皞、伏羲氏也。虞借言欢虞。太皞借言皞皞。欢虞、皞皞，见《孟子·尽心篇》霸者之民章。有知而欢虞，固不若无知之皞皞，故曰"有虞氏不及泰氏也"。

"藏"即后文"应而不藏"之藏。"藏"者留也。《天运篇》曰："仁义，先王之蘧庐也，止可以一宿，而不可以久处。""藏仁"，则所谓久处者也。久处则滞矣。以是要人，则虽得人之道，而非如天之浩浩也。故曰"亦得人矣，而未始出于非人"。"非人"，谓天也。"出"犹进也。言未能进于天也。

"其卧徐徐"，安舒也。"其觉于于"，闲适也。"一以己为马，一以己为牛"，马言其健，牛言其顺。劳而忘其劳，自侪于牛马而不辞，犹后世禅师家言异类中行也。"其知情信，其德甚真"，"真"、"信"一义。以知言则曰信，以德言则曰真。"情"犹实也。实信，信之至也。真与信则天矣。天则非人，而又云"未始入于非人"者，以有天为可入，则犹是藏也，滞也，故特扫之。此所谓以破为立也。注家有以非人释作物者，不知人与天对，不与物对。《庄子》全书皆如此，可检案也。

肩吾见狂接舆。狂接舆曰："日中始何以语女？"肩吾曰：

"告我：君人者以己出经式义度，人孰敢不听而化诸！"狂接舆曰："是欺德也。其于治天下也，犹涉海凿河，而使蚊负山也。夫圣人之治也，治外乎？正而后行，确乎能其事者而已矣。且鸟高飞以避矰弋之害，鼷鼠深穴乎神丘之下以避熏凿之患，而曾二虫之无知！"

"肩吾"、"接舆"并已见前。"日中始"，人名。桓十七年《春秋左氏传》云："天子有日官，诸侯有日御。"日中始，殆日官之俦，"中"疑当读仲。

官人守数，语见《荀子·君道篇》故以为"出经式义度"可以为治也。"式"，法也。"度"，制也。"经式"者，经常之法。"义度"者，义理之制。经式义度而以己出，则是私意也，故曰"是欺德"。曰"欺德"者，言其为欺伪之所自出，如外篇《胠箧》所云："为之斗斛以量之，则并与斗斛而窃之；为之权衡以称之，则并与权衡而窃之；为之符玺以信之，则并与符玺而窃之；为之仁义以矫之，则并与仁义而窃之。"是也。"涉海"言其不量，"凿河"言其徒劳。"使蚊负山"，则言其无是情理也。或以涉海凿河并作一事释之，非是。"圣人之治也，治外乎？"言治不在外而在内也。"正而后行"，正其身而后行也。"确乎能其事"，实尽其性命分内之事也。如是已足，故曰"而已矣"。

"矰"，矢之有缴者。缴音灼，生丝缕也。用矰以射谓之雄。"弋"，雄之假借也。"鼷鼠"，鼠之小而有毒者。"神丘"谓社坛。鼠穴于社坛，即所谓社鼠者也。社鼠见《晏子春秋》。"熏凿"，熏以烟而凿穿其穴也。"而曾二虫之无知"，言鸟鼠尚知趋避，何况于人！极言治天下无取于经式义度，而强人从己之为害事也。

天根游于殷阳。至蓼水之上，适遭无名人而问焉。曰："请问为天下。"无名人曰："去！女鄙人也。何问之不豫也！予方将与造物者为人，厌，则又乘夫莽眇之鸟，以出六极之外，而游无何有之乡，以处圹埌之野。女又何帠以治天下感予之心为？"又复问。无名人曰："女游心于淡，合气于漠，顺物自然，而无容私焉。而天下治矣。"

"天根"盖假名，取喻于《易》之《震卦》。宋邵雍诗云："地逢雷处见天根。"盖本乎此。震，动象也。为天下者，每喜于动，故以是为名。"殷阳"，殷山之阳。知殷为山者，以其言阳，故当是山也。"蓼"，水名。"无名人"，喻圣人，《逍遥游》云"圣人无名"是也。

"去"，一字句。"不豫"犹不快。孟子言"吾何为不豫"是也。见《孟子·公孙丑篇》充虞路问章"莽"，大也。见《小尔雅》"眇"，小也。"鸟"即《逍遥游》"化而为鸟"之鸟，喻道也。老子言道曰："常无欲，可名于小。万物归焉而不知主，可名于大。"以其可大可小，故曰莽眇之鸟也。"圹埌"，犹广莫也。"帠"，寐语也。以"问为天下"比之于寐语，犹之师金告颜渊"以孔子取先王已陈之刍狗，游居寝卧其下"比之于梦眯也，见《天运篇》意本至显至顺。自各本作"帠"，而解者纷纷，终莫能当。方以智谓古为字作𢦤，讹而成帠。以智，字密之，桐城人。明亡，出家，号药地大师。所解《庄子》曰《药地炮庄》，说如此。按：《音义》即云"崔本作为"。然两为字不应复也。孙诒让又云"为叚之误"。见其所著《札移》或径读叚为暇，并无根据，而于文义亦未能顺，故此断从一本作帠。见《释文》盖帠即"帠"之残缺而讹者，故字书皆不载此字也。"感予之心"，"感"有撼义，犹言动予之心，所谓"问之不豫"者，此也。

"游心于淡"，心之虚而无事也。"合气于漠"，气之静而不扰也。必若是乃能应物，故先言之。"顺物自然而无容私焉"，即为"应"字作诠解。"顺物自然"者，顺物之则，《齐物论》之所谓"因是"。"无容私"者，无意见夹杂其间，《齐物论》之所谓"以明"也。若"藏仁以要人"，则非顺物自然也。"以己出经式义度"，则不能无容私也。故承上二节而言，此之所谓"私"，即上之所谓"己"。有私有己，则与至人之无己异矣。由是而不能无功,亦即不能无名,故托之于无名人,而圣人、神人、至人并在其中矣,曰"天下治矣"者,帝王之道不出于是也。

阳子居见老聃,曰:"有人于此,向疾强梁,物彻疏明,学道不倦。如是者,可比明王乎?"老聃曰:"是于圣人也,胥易技系,劳形怵心者也。且也虎豹之文来田,猿狙之便、执斄之狗来藉。如是者,可比明王乎?"阳子居蹴然曰:"敢问明王之治。"老聃曰:"明王之治:功盖天下,而似不自己;化贷万物,而民弗恃;有莫举名,使物自喜;立乎不测,而游于无有者也。"

"阳子居"即杨朱,孟子所云"杨子取为我"者也。见《尽心篇》上本书《寓言篇》末载阳子居南之沛,至梁而遇老子。《列子·黄帝篇》作杨朱。又《山木篇》末载阳子之宋,《列子》亦作杨朱过宋,其文并同,故知阳居即杨朱。阳、杨同音,居、朱亦一音之转也。

"向"同响。"向疾",如响之疾,言其敏也。"强梁",言其勇。"物彻疏明",物情洞彻而疏通开明,言其智也。"学道不倦",言其勤也。"比",辅也。《易·比卦象传》文"明王"犹圣王。问如是可辅圣王为治不也。其于圣人也,不曰圣王而曰圣人者,盖王者一时之迹,圣人则不易之名也。

"胥"如《周官书》"府史胥徒"之胥。"易",更易,谓更番直事也。"技"即《礼记·王制篇》所云"执技以事上者",凡祝史、射御、医卜及百工皆是。彼又云"凡执技以事上者,不贰事,不移官。"是终身限于一技而不得辄改,故曰"技系"也。"劳形怵心",言其供人役使,形劳而心亦不得宁也。"文",文皮。"来田","田"与畋通,谓招致畋猎也。"便",巧捷。"斄",李颐音狸。见《释文》盖假斄为狸。"藉",拘系也。复取虎豹猿狗以相喻者,言不独"劳形怵心",且将伤残其生也。己身之不能全,焉能为天下? 故曰"如是可比明王乎?"

"功盖天下,而似不自己",任天下以为功,故不见功自己出。是则与"以己出经式义度"者异矣。"化贷万物,而民弗恃","贷"犹施也。民日迁善而不知,故似若无恃于上。是则与"藏仁以要人"者又异矣。"有莫举名",所谓荡荡乎民无能名焉。见《论语·泰伯篇》孔子称尧之言"使物自喜",所谓百姓皆谓我自然也。语见《老子》"立乎不测",所存者神也。语见《孟子·尽心篇》"游于无有",无为而成也。语见《中庸》以是为明王之治,则岂敏勇智勤,支支节节而为之者所可冀乎!

郑有神巫曰季咸,知人之死生存亡,祸福寿夭,期以岁月旬日,若神。郑人见之皆弃而走。列子见之而心醉,归,以告壶子,曰:"始吾以夫子之道为至矣,则又有至焉者矣。"壶子曰:"吾与女既其文,未既其实,而固得道与?众雌而无雄,而又奚卵焉?而以道与世亢,必信,夫故使人得而相女。尝试与来,以予示之。"

明日,列子与之见壶子。出而谓列子曰:"嘻!子之先生死矣!弗活矣!不以旬数矣!吾见怪焉,见湿灰焉。"列子入,泣涕沾襟,以告壶子。壶子曰:"乡吾示之以地文,萌乎不震不正。是殆见吾杜德机也。尝又与来。"

明日,又与之见壶子。出而谓列子曰:"幸矣!子之先生遇我也!有瘳矣,全然有生矣。吾见其杜权矣。"列子入以告壶子。壶子曰:"乡吾示之以天壤,名实不入,而机发于踵。是殆见吾善者机也。尝又与来。"

明日,又与之见壶子。出而谓列子曰:"子之先生不齐,吾无得而相焉。试齐,且复相之。"列子入以告壶子。壶子曰:"乡吾示之以太冲莫胜。是殆见吾衡气机也。鲵桓之审为渊,止水之审为渊,流水之审为渊。渊有九名,此处三焉。尝又与来。"

明日，又与之见壶子。立未定，自失而走。壶子曰："追之！"列子追之不及，反，以报壶子，曰："已灭矣，已失矣，吾弗及已。"壶子曰："乡吾示之以未始出吾宗。吾与之虚而委蛇，不知其谁何，因以为弟靡，因以为波随，故逃也。"然后列子自以为未始学而归，三年不出。为其妻爨，食豕如食人。于事无与亲，雕琢复朴，块然独以其形立。纷而封戎，一以是终。

"巫"，托于神以为术者。《尚书·君奭》之篇曰："在太戊时……巫咸乂王家。"是殷时有巫名咸，故此名季咸也。"期以岁月旬日，若神"者，或以岁为期，或以月为期，或以旬日为期，无不中也，以所期如神，故号之曰"神巫"。"弃"，棄之古文。"见之皆弃而走"者，畏其术，不欲自闻其不祥也。"列子见之而心醉"者，惑于其术，耽之如中酒然也。"壶子"，壶丘子林也。见《列子·天瑞》与《黄帝篇》"又有至焉者"，谓季咸之道其至又过于壶子也。

"既"，尽也。文者道之末，实者道之本，本则一而末万殊。尽其文未尽其实，则不能会万归一，故以众雌无雄况之。"又奚卵"者，虽有卵，卵而鷇，《说文》："鷇，卵不孚也。"仍与无卵同也。"而固得道与"，"而以道与世亢"，两"而"字并与"尔"同。"与"读如欤。"以道与世亢"，即《人间世》所云"以阳为充"者，阳亢也。"必信"，"信"读若伸。言不能自韬晦也。"夫故"，犹是故也。"使人得而相女"，"相"读去声，察视也，《荀子·非相篇》云"相人之形状颜色，而知其吉凶妖祥"是也。"以予示之"，欲使季咸来相己也。

"死矣！弗活矣"，既曰死，又曰弗活者，自神其术，又欲以耸动人也。"不以旬数"者，"数"读上声，计也。言将不及一旬也。"怪"，异也。言其异于人。"湿灰"，灰而沾湿，甚于死灰，必无复燃之理。极言壶子之不复得活也。

"泣涕沾襟"者，信其言而为师戚也。"乡"同曏。"示之以地文"

庄子发微卷之一·应帝王第七

者,"地",坤象,阴静也,而兼言"文"。"文"者,《姤》之"天地相遇,品物咸章"也。见《易·姤卦象辞传》盖阴阳不孤立,阴根于阳,故老聃曰"至阴肃肃,肃肃出乎天"也。见《田子方篇》"不震",不动也。不动者地。"萌乎不震",则地文也。"萌"者,生意也,下文所云"机"者是也。"不正",正如《孟子》"必有事焉而不正心"之正,谓不加以造作也。"示之"者,应之也。应不得有心,故云"不正"也。一本作不止,浅矣。"杜德机","杜",闭藏也。"德",即"物得以生谓之德"之德,故"德机"犹生机也。

"幸矣子之先生遇我",欲揽之以为己功,真术人之声口也。"见其杜权"者,"权",变动之物,于闭藏中而见其变动,故许之以瘥,以有生也。"示之以天壤","天",乾象,阳动也,而兼言"壤"。"壤",地也。老子所谓"至阳赫赫,赫赫发乎地",于《易》则《复》之"见天地之心"也。见《易·复卦象辞传》"名实不入",不入于心也。"机发于踵",即《大宗师篇》所云"真人之息以踵"者。"发"者,动也。故"机发于踵",与"萌乎不震"文对,"名实不入"则与"不正"文对,所以表"应之"、"示之"之意也。"善者机",犹言善之机。"善"者,易之元也。《易·乾·文言》云:"元者,善之长也。"机发为元,则知杜机之为贞矣。元亨利贞,卦之四德。见《易·乾卦(下)》。

"不齐"犹不定。"示之以太冲莫胜","太冲"犹太和也。老子曰:"万物负阴而抱阳,冲气以为和。"冲气者,中气也。惟中则和,故太冲犹太和也。"莫胜"者,阴阳交融,莫适为主。若地文,则阴为主而藏于阳;天壤,则阳为主而发于阴。阴为主则阴胜,阳为主则阳胜也。"衡气机"者,"衡"之为言平也。"气",阴阳之气也。阴阳以交融而莫相胜,故曰衡也。是其于《易》则《既济》之象,所谓"刚柔正而位当"者也。见《易·既济卦象辞传》。

"鲵桓之审为渊,止水之审为渊,流水之审为渊",取譬于渊者,老子曰:"心善渊。"三者皆言心,故并托于渊以说之。"审",审定而不移也。《徐无鬼篇》云"水之守土也审,影之守人也审,物之守物也审"是也。鲵桓以喻太冲莫胜。止水以喻地文。流水以喻天壤。知鲵桓之喻太冲莫胜者,鲵之为言倪也。《寓言篇》曰:"天均者,天倪也。"均、衡一义。天倪为天均,则鲵桓之为衡气机无疑。此其一。"桓",磐桓也。《屯》之初九曰:"磐桓。"屯,刚柔始交之卦也,故"磐桓"为欲进不进之象,此与"巽"为进退之义通。巽为进退,见《说卦》。《屯》之下卦《震》也,而通于《巽》,盖兼地文、天壤而一之,非所谓太冲莫胜者乎?此其二。"止水"、"流水"文对,犹"地文"、"天壤"之文对也。止所谓不震,流所谓机发也。止水流水喻地文天壤,莫可移易,则鲵桓非指太冲莫胜而何!此其三。

且以文章次序言,三渊接于衡气机下,首及太冲莫胜,曰鲵桓,而后上溯地文曰止水,天壤曰流水,于序亦顺,吾故断以鲵桓之为太冲也。旧解多未合,幸读者详焉。至"渊有九名",《列子·黄帝篇》详言之。然于文于义,皆为支节,可以无论。

"自失而走"者,其术已穷,不复可留也。"已灭矣,已失矣",言灭又言失者,灭就季咸言,失就自己言,故继之曰"吾弗及也"。叠三句以言之者,一以见季咸走之速,一以与上"死矣,弗活矣"等句相映成趣,文笔之妙也。

"示之以未始出吾宗","宗"即"大宗师"之宗。而曰"吾宗"者,人与天合,则天即吾也。此于《易》惟太极可以当之。阴阳未兆,动静未分,盖一虚而已,故曰"吾与之虚而委蛇"。"委蛇"者,随顺也。"不知其谁何,因以为弟靡,因以为波随",此三句俱就季咸言。"弟靡"、"波随",并变动不居之貌。季咸不知其为何,但见其变动不居,莫得而相,故逃也。"弟"本或作弚,音颓,而宋《类篇》"弟"字下即收有徒回反一音。弟之转为颓,犹隋之转为䜔也。然则原是"弟"字,不必缺笔作弚也。"波随"各本作波流,惟崔本作"随",兹从崔本。"蛇"古音读它,"靡"古音读摩,"随"古音读堕之平声,故蛇、何、靡、随相叶。又"委蛇"叠韵,委读同倭。"波随"叠韵,而"弟"读颓音,疑亦从靡而变,则"弟靡"亦可以叠韵读之也。

"三年不出",不复与世亢也。"为其妻爨,食豕如食人","食"同饲。不知有人物也。"于事无与亲",不知有事也。"雕琢复朴",还其真也。"块然独以其形立",所谓有人之形无人之情也。"封戎"各本作纷哉,兹改从崔本。《列子》亦作封戎,而张湛注引向秀曰:"封戎,真不散也。"秀有《庄子注》,湛所引当即《庄子注》之文,则向本亦作"封戎"也。且"封戎"叠韵,戎、哉形近,自是传写之讹。"纷而封戎"者,言在纷扰之中,而不失其常然也。"一以是终",以是终其身也。

此节似与帝王无涉,而称述之如此其详者,盖以发挥上文"立乎不测而游于无有"之弘旨也。申不害有言曰:"上明见,人备之。其不明见,人惑之。其知见,人饰之。其不知见,人匿之。其无欲见,人伺之。其有欲见,人饵之。"见《韩非子·外储说右上》而韩非亦云:"君无见其所欲。君见其所欲,臣将自雕琢。君无见其意。君见其意,臣将自表异。"见《韩非子·主道篇》此虽法术之粗谈,固亦参验之至理,是故居南面之任者,可与天下以共见,而却不可为天下之所窥。与天下以共见者,公也。不为天下之所窥者,密也。密以成其公,公以行其密。非圣人其孰能之!此所以外王必基于内圣,而内圣尤难于外王也。

无为名尸,无为谋府,无为事任,无为知主。体尽无穷,而游无朕。尽其所受乎天,而无见得,亦虚而已。至人之用心若镜,不将不迎,应而不藏,故能胜物而不伤。

此一篇之主旨,亦一书之主旨也。圣人无名,故"无为名尸"。圣人不谋,故"无为谋府"。圣人无为,故"无为事任"。圣人不知,故"无为知主"。然"无为事任",非不任事也,以事任之天下,天下各尽其职,而王者要其成,所以无不为也。"无为知主",非不用知也,以知止于不知,知效其用,而不知操其柄,所以为大知也。故曰"体尽无穷,而游无朕"。"体"者本体。壶子所云"未既其实",体即实也。尽无穷而游无朕,斯其为知也,不亦大乎!斯其所为也,不亦多乎!

无穷者言其终,无朕者言其始,终始皆一天也,合始终而言之,则曰"尽其所受乎天"。"无见得"者,不自见其有得,《秋水篇》云"至德不得"是也。夫是之谓虚,故曰"亦虚而已"。虚者无己,无己者至人也,故曰"至人之用心若镜,不将不迎,应而不藏"。

"不将",则已去者不随之去。"不迎",则未来者不逆其来。"不藏",则现在者亦不与之俱住。是则我与物两无碍,应之而已。应者无迹,故以镜之照物况之。"胜物而不伤","胜"读平声。"胜"者,堪其事也。"不伤"者,不害其心也。《知北游》云:"其用心不劳,其应物无方。"不劳所以不伤,无方所以能胜也。

南海之帝为儵,北海之帝为忽,中央之帝为浑沌。儵与忽,时相与遇于浑沌之地,浑沌待之甚善。儵与忽谋报浑沌之德,曰:"人皆有七窍,以视听食息,此独无有,尝试凿之。"日凿一窍,七日而浑沌死。

此承上"无为知主"而言,并与篇首"不知"语意相应,欲人知而复于不知,老子所谓"歙歙为天下浑其心"者,故设为浑沌之凿,以示其鉴戒焉。

"儵"与"忽",皆喻知,《楚辞·少司命》云"儵而来者忽而逝"。儵言知之来,忽言知之逝。一来一逝,迅如飘风,故名之以"儵"、"忽"也。来者其出也,象阳明,故曰"南海之帝"。逝者其入也,象阴晦,故曰"北海之帝"。"浑沌",喻不知之体,居中以运其知者,故曰"中央之帝"。

人之知,恃其所不知而后知,语见《徐无鬼篇》故曰"儵与忽时相与遇于浑沌之地,浑沌待之甚善也"。谋报浑沌之德,从而凿之,而浑沌死矣。"凿"者,穿凿之,反乎自然者也。孟子曰:"所恶于智者,为其凿也。"见《离娄篇》亦此意也。夫浑沌死,而知亦凌乱破碎,无复统纪。则贼浑沌者,亦即所以自贼其知,故外篇如《骈拇》、《马蹄》、《胠箧》、《在宥》诸篇,欲绝圣弃知,使人含其聪明,以不淫其性,不迁其德,盖皆由此出矣。"七窍",耳、目、口、鼻也,故曰"以视听食息"。

庄子发微卷之二

外篇

　　外篇凡十五，曰《骈拇》，曰《马蹄》，曰《胠箧》，曰《在宥》，曰《天地》，曰《天道》，曰《天运》，曰《刻意》，曰《缮性》，曰《秋水》，曰《至乐》，曰《达生》，曰《山木》，曰《田子方》，曰《知北游》。此郭象注本也。而司马彪注，则内篇七、外篇二十八、杂篇十四，以外篇言，多于郭本者十有三。见陆德明《经典释文·序录》郭氏与司马异同，今不可知，然有须辩者。世人以为司马彪所注即《汉书·艺文志》五十二篇之旧，则未然也。据《释文》所列，彪本合内外杂篇亦只四十有九，外解说三，与为音三卷同，自是彪所自为，安得以是三篇充五十二篇之数哉？盖五十二篇者，其中实多巧杂窜入，即司马氏亦有并合删削者矣。今各本皆佚，惟郭本独传，则欲上穷庄叟之蕴，固非郭本莫由，若其中义有未醇、辞或过当，大抵漆园门下之文，附之以传者，以内七篇宗旨印之，何取何舍，必无差失。《释文·序录》有云："内篇众家并同，自余或有外而无杂。"是则外杂之篇，或有争议，若内七篇，则众所同是，更无可疑，故读三十三篇，以七篇为本经，而以余二十六篇为羽翼，是乃不可易之准则。

　　明人乌程潘良耜（基庆）作《南华会解》，即以外篇之《缮性》《至乐》、杂篇之《外物》《让王》附之《逍遥游》之后，以外篇《秋水》、杂篇之《寓言》《盗跖》附之《齐物论》之后，以外篇之《刻意》《达生》附之《养生主》之后，以外篇之《天地》《山木》、杂篇之《庚桑楚》《渔父》附之《人间世》之后，以外篇之《田子方》《知北游》、杂篇之《列御寇》附之《德充符》之后，以外篇之《骈拇》、杂篇之《徐无鬼》《则阳》附之《大宗师》之后，以外篇之《马蹄》《胠箧》《在宥》《天道》《天运》及杂篇之《说剑》附之《应帝王》之后，而以《天下》一篇冠于册首，作为庄子之自序，虽其割裂安排，不免牵强钉铰之失，而其意则固可取也，兹特标而出之，亦欲使学者知前人读书，善观其通，有如此者。

骈拇第八

　　此摘篇首二字为题。外杂篇皆如此。或疑为郭象所名,非也。古书命题,若是者多矣。若《诗》三百篇,若《论语》,若《孟子》,皆其例也。时至晚周,诸子著书,为欲明标旨趣,于是乃有括一篇之义以为题者,此盖后起之事,然亦往往杂而用之。试以《荀子》言,其《劝学》、《修身》以至《解蔽》、《正名》诸篇,皆以义名篇者也;然其间如《仲尼篇》,其后如《哀公》、《尧问》诸篇,即皆以篇端为篇名。庄子之书,盖亦如此,虽曰内七篇为本经,即篇名可以见义,然名生于义,而义初不由乎名。若以其篇名之无义,遂疑为掇拾成篇,都无统纪,则亦浅率武断之见也。

　　骈拇枝指,出乎性哉,而侈于德。附赘县疣,出乎形哉,而侈于性。多方乎仁义而用之者,列于五藏哉,而非道德之正也。

　　是故骈于足者,连无用之肉也;枝于手者,树无用之指也。多方骈枝于五藏之情者,淫僻于仁义之行,而多方于聪明之用也。

是故骈于明者,乱五色,淫文章,青黄黼黻之煌煌非乎？而离朱是已。多于聪者,乱五声,淫六律,金石丝竹黄钟大吕之声非乎？而师旷是已。枝于仁者,擢德塞性,以收名声,使天下簧鼓以奉不及之法非乎？而曾、史是已。骈于辩者,累瓦结绳,窜句游心于坚白同异之间,而敝跬誉无用之言非乎？而杨、墨是已。故此皆多骈旁枝之道,非天下之至正也。

彼至正者,不失其性命之情。故合者不为骈,而枝者不为跂；长者不为有余,短者不为不足。是故凫胫虽短,续之则忧；鹤胫虽长,断之则悲。故性长非所断,性短非所续,无所去忧也。

"拇",足大指,知为足大指者,以下文云"骈于足"而知之也。"骈拇",拇指连第二指也。"枝指",手有六指也,指旁复生指,如木之有枝然,故曰枝指。是二者生而即然,故曰"出乎性"。"性"之为言生也。"德"者,物得以生谓之德。非德之所当有,故曰"侈于德"。"侈"者,多也,过也。"附赘县疣"发自本身,故曰"出乎形",然非形生之本有也,故曰"侈于性"。"多方"犹多端。夫仁义一而已。今多端而用之,则必有失乎仁义之本原者,故曰"非道德之正也",言仁义而曰列于五藏者何？肝之神仁,肺之神义,心之神礼,肾之神智,脾之神信,此医家旧说,本乎《内经》。故康成注《礼记》"天命之谓性",亦用是说之,知其所由来远矣。

"离朱",即《孟子·离娄篇》之离娄。朱、娄盖一音之转。白与黑间谓之黼,黑与青间谓之黻,古之绨绣用之。"青黄"即玄黄。古者玄衣而黄裳。"青黄黼黻",《尚书·皋陶谟》所谓"以五采彰施于五色作服"者。故先之曰"乱五色,淫文章"。"乱"言其杂,"淫"言其过盛也。

"师旷"已见前注。"五声",宫、商、角、徵、羽,不言变宫变徵,省也。"六律"兼六吕言。何以知之？下言"黄钟大吕",黄钟律之首,大吕则吕之首也。

"枝于仁",不言义者,举仁以包义,犹举律以包吕也。"擢德","擢"者拔而出之,孟子所谓"揠苗助长"。"塞性","塞"者,孟子所谓"今茅塞子之心",是也。德性互文,德就仁言,性就义言,仁主施与故曰擢,义主克制故曰塞,一毗阳,一毗阴。要之,其失同也。"簧鼓",犹今云鼓吹,言相与唱和而效之也。"不及之法"者,言非人性所能胜。"法"犹道也。"曾、史",旧注曾参、史鳅也。"参",孔子弟子。"鳅",卫大夫,孔子所称"直哉史鱼!邦有道如矢,邦无道如矢"者也。见《论语·卫灵公篇》。

夫曾、史,世之所谓贤人也,而讥其"擢德塞性以收名声",不亦过乎!故王船山《庄子解》即以《骈拇》、《马蹄》数篇指为浅薄虚嚣之说,而欲削之。然吾尝观《外物篇》有曰:"圣人之所以骇天下,神人未尝过而问焉。贤人所以骇世,圣人未尝过而问焉。君子所以骇国,贤人未尝过而问焉。小人所以合时,君子未尝过而问焉。"故自下而望之,彼曾、史者,信所谓贤人矣,夫孰得而讥之贬之?若自上而视之,则二子亦所谓贤者过之者。"贤者过之",语本《中庸》。虽欲不讥之贬之,不可得也。

且荀子固儒者之徒也,而其作《非十二子篇》,乃非及子思、孟轲。夫荀子何所挟而敢于非子思、孟子?彼所挟者,仲尼、子弓也。以仲尼、子弓而衡子思、孟子,则子思、孟子之有所不足也固宜。《非十二子篇》未尝非及曾子,然于史鳅则有言矣,曰:"忍情性,綦溪利跂,苟以分异人为高,足以欺惑愚众,是陈仲、史鳅也。"中有省文荀子之所谓"忍情性",即此之所谓"擢德塞性"也;荀子之所谓"以分异人为高",即此之所谓"以收名声"也;荀子之所谓"欺惑愚众",即此之所谓"使天下簧鼓以奉不及之法"也。然则此之所言,又宁有过乎?

或曰:史鳅则固然矣,若曾子则岂史鳅之伦?曰:曾子吾何敢议!然若以"擢德塞性"与夫"忍情性"之说而观曾子,曾子亦即有相近者。

曾子芸瓜而误斩其根,曾皙怒,援大杖击之,曾子仆地,有顷苏,蹶然而起,退屏,鼓琴而歌,欲令曾皙听其歌声,知其平也。孔子闻之,告门人曰:"参来,勿内也。"曾子自以无罪,使人谢孔子。孔子曰:"汝闻瞽瞍有子,名曰舜。舜之事父也,索而使之,未尝不在侧;求而杀之,未尝可得。小棰则待,大棰则走,以逃暴怒也。今子委身以待暴怒,立而不去,杀身以陷父不义,不孝孰是大乎!汝非天子之民邪?杀天子之民,罪奚如!"见《说苑》等书 夫受父之大杖而不辞,死而复苏而无怨悔,且鼓琴而歌,以安其父之心也,是非忍性之极,何以能此!然而孔子责之矣。何也?是非中道也,即所谓"奉不及之法"者也。此犹曾子少时事也。《礼记·檀弓》载曾子谓子思曰:"伋,吾执亲之丧也,水浆不入于口者七日。"子思曰:"先王之制礼也,过之者俯而就之,不至焉者跂而及之,故君子之执亲之丧也,水浆不入于口者三日。"夫礼,执亲之丧,水浆不入口不过三日,而曾子乃至七日,是非"擢德塞性"而何!故虽子思学于曾子者,亦不得苟而同之。孔子责之,子思议之,后之儒者未尝以为非。而出自庄氏之徒,则遂骇怪以为毁谤贤者,毋亦未察其类欤!

且君子立论,固有其主旨矣。此篇主旨在不失其性命之情,以不失其性命之情为宗,是以上讥曾、史,而后刺伯夷,非讥曾、史而刺伯夷也,讥刺夫失其性命之情者也。读书不求其宗趣所在,见夫一二语与旧持之见解不合,遂格格不入,欲起而夺其席杜其口,是又岂善于读书者哉?此以下数篇,盖自来聚讼之的,故不惮详为剖析之如此,实非有所偏袒也。

言仁义而又及于辩者,盖本《齐物论》"大辩不言、大仁不仁"之言以为说。知夫大辩不言,则知夫大仁不仁矣。知夫大仁不仁,则又何"枝于仁"、"多方乎仁义"之有?此其微意也。

"累瓦结绳",并太古之民用以记事之法,此假以为喻,以见其用力劳而所得寡也。"窜句",司马彪注云"穿凿文句",是也。"游心"犹荡心。此"游"字与他处言"游"者字同而义异。《春秋传》所谓"美恶不嫌同辞",是也。"窘句"下,唐写本多"棰辞"二字。"棰辞",犹炼辞也。若补入"棰辞"字,则"窘句棰辞"四字为句,而"游心"当属下读。

"坚白同异",已见前注。《墨经》有云:"坚白不相外也。"盖所以反公孙龙子坚白不相盈之说。又云:"同,一,重体合类;异,二,不体不合不类。"《经说》解之云:"同,二名一实,重同也。不外于兼,体同也。俱递于室,合同也。有以同,类同也。异,二必异,二也。不连属,不体也。不同所,不合也。不有同,不类也。"则墨子于坚白同异之辩,有明征矣。若杨朱,则其书不传,《列子·杨朱》一篇,出于后人所辑,又多窜乱,无从考证。要之成一家之言,必有其立言之统,而非辩即无以济之,故荀子亦曰:"君子必辩。"此谈坚白同异之辩,而兼及杨墨,其必有所据依,非虚辞也。

"敝",本亦作"蹩",则"敝"与"蹩"通。"敝跬",犹下篇之"蹩躠"也。两者皆叠韵谜语。言其劳于行也,但"蹩跬"读去声,"蹩躠"读入声,为微异耳。或以敝与跬分而释之,非也。又有以"跬誉"字连读,谓誉在半步之间,言其短暂,则尤非也。"誉"者,夸也,称也。誉无用之言,与上"奉不及之法",文正相对,意本明显。而注家故乱之,异矣。

"至正者不失其性命之情","情"者实也。"至正"二字,旧作"正正"。郭注云:"以一正万,则万不正矣。故至正者,不以己正天下,使天下各得其正而已。物各任性,乃正正也。"其说不可谓不巧。然以文论,承上"至正"而言,"正正"自是"至正"之误,"正"与"至"形极相近,传写而讹,固在情理之中。故焦弱侯《庄子翼》即欲正之,兹径改作"至正"。读者虚心求之,知不责其妄也。"枝者不为跂",焦氏以"跂"为"歧"之误。此则"跂"与"歧"通。古从足之字,亦多从止,如踵亦作歱,跱踌亦作峙躇皆是,则跂即歧,不烦改字也。"性长非所断,性短非所续",言非所可断,非所可续也。"无所去忧",犹言无用去忧。盖出乎性命之实者,本自无忧,何用去之! 故曰"无所去忧"。郭注云:"知其性分,非可断续而任之,则无所去忧,而忧自去矣。"所说亦赘,未得本意,不可从也。

　　意仁义其非人情乎? 彼仁人何其多忧也? 且夫骈于拇者,决之则泣;枝于手者,龁之则啼。二者,或有余于数,或不足于数,其于忧一也。今世之仁人,蒿目而忧世之患;不仁之人,决性命之情而饕贵富。故意仁义其非人情乎? 自三代以下者,天下何其嚣嚣也!

　　且夫待钩绳规矩而正者,是削其性也;待绳约胶漆而固者,是侵其德也;屈折礼乐,呴俞仁义,以慰天下之心者,此失其常然也。天下有常然。常然者,屈者不以钩,直者不以绳,圆者不以规,方者不以矩,附离不以胶漆,约束不以纆索。故天下诱然皆生,而不知其所以生;同焉皆得,而不知其所以得。故古今不二,不可亏也。则仁义又奚连连如胶漆纆索,而游乎道德之间为哉? 使天下惑也! 夫小惑易方,大惑易性。何以知其然邪? 自虞氏招仁义以挠天下也,天下莫不奔命于仁义,是非以仁义易其性与?

　　此言仁义,承上"多方乎仁义而用之"者言,所谓"失其性命之情"者,故曰:"意仁义其非人情乎?"此处当善看,若以为其果排斥仁义,则未免误会作者之旨。何也? 使果排斥仁义,则彼不仁之人饕乎贵富者当是矣,何为言其"决性命之情"哉? 以不仁为决性命之情,则仁义为性命之所本有,彰彰明矣。抑孔子言仁者不忧,而此云"彼仁人何其多忧也",一忧一不忧,是即一率乎性,一侈于性之判,故继云"骈于拇者决之则泣,枝于手者龁之则啼"。以啼泣生于龁决,明忧之生于失其本情也。

　　"饕",贪也。"蒿目",犹云蓬心。此庄书文字之巧。旧注云"乱也",意尚近之。训诂家不解此,乃专求之声音通假,展转为训。如俞樲谓"蒿目"即是曚目,真成笑谈矣。见俞氏《诸子平议》又如"意仁义其非人情乎?""意",自是意度之辞,与下云"尝试论之"用"尝试"字一种笔法。而高邮王氏父子解"意"作抑,群袭用之不敢违。不知解上句作抑尚可,下文"故意仁义其非人情乎",若直以为故抑,成何辞句? 予故常言:不通训诂不能读《庄子》,而泥于训诂更不能读《庄子》,盖谓此等也。

"嚣嚣",言议论之多也。"待钩绳规矩而正","待绳约胶漆而固",本《德充符》"不斫恶用胶"、"无丧恶用德"为说,亦即从老子"善闭,无关楗而不可开;善结,无绳约而不可解"来。"削其性"、"侵其德"云者,言非徒无益,而又害之也。"屈折礼乐",屈折其肢体以为礼乐也。"呴俞仁义",呴俞于辞气以为仁义也。"失其常然",即"失其性命之情",易言为常然者,以见其人心之同,平平常常,非有何奇特殊异也。

"钩",半规也。"附离"之"离"同丽。《易·离卦象》曰:"离,丽也。"是也。"纆",索之三合者。"诱然"犹油然,生之盛也。"不可亏",谓不可变易也。"连连",粘结貌。知连连之为粘结者,以其言"如胶漆缠索"可知之。粘结正游之反,故曰:又奚"游乎道德之间为哉"? 言其欲游而不能也。"使天下惑也",犹云使天下惑耳。"也"之用有与耳同者。《论语》子曰:"由也升堂矣,未入于室也。"马融注云:"升我堂矣,未入于室耳。"是也。亦见王引之《经传释词》"易方",易向也。"招",如《国语·周语》"国武子好多言以招人过"之招,音翘,举也。"挠",搅乱也。"奔命",谓闻命而奔走。"命",战陈出师之命也。命莫急于战陈出师,故奔命有不能宁居之义。《春秋》成七年《左氏传》巫臣遗子重子反书,言"必使尔罢同疲于奔命以死"。观此,亦可知奔命之辞之严切矣。

此一段文字,即孟子"由仁义行,非行仁义"之意。语见《孟子·离娄篇(下)》"由仁义行",此所谓"常然"也,"故天下诱然皆生,而不知其所以生;同焉皆得,而不知其所以得"。若夫"屈折礼乐,呴俞仁义,以慰天下之心",则所谓"行仁义"者,故曰"使天下惑",又曰"以仁义易其性"也。

然孟子言"由仁义行,非行仁义",举舜以为典则,曰"舜明于庶物,察于人伦"。此言"多方乎仁义而用之",则又归其过于舜,谓之"招仁义以挠天下",抑何其为论之相违异欤?曰:孟子顺俗之谈,意主在立,《齐物论》之所谓因是也。庄书祛惑之作,意主在破,《齐物论》之所谓以明也。善读者合而观之,则于庄书之旨可以无疑,而孟子之言亦可以益彻矣。至于舜之为舜,则初不以孟子之推称,而庄书之贬斥,有所损益于其间也。

故尝试论之,自三代以下者,天下莫不以物易其性矣。小人则以身殉利,士则以身殉名,大夫则以身殉家,圣人则以身殉天下。故此数子者,事业不同,名声异号,其于伤性以身为殉,一也。臧与穀,二人相与牧羊,而俱亡其羊。问臧奚事,则挟筴读书;问穀奚事,则博塞以遊。二人者事业不同,其于亡羊均也。伯夷死名于首阳之下,盗跖死利于东陵之上。二人者所死不同,其于残生伤性均也。奚必伯夷之是,而盗跖之非乎?天下尽殉也。彼其所殉仁义也,则俗谓之君子;其所殉货财也,则俗谓之小人。其殉一也,则有君子焉,有小人焉。若其残生损性,则盗跖亦伯夷已,又恶取君子小人于其间哉!

"小人则以身殉利",此小人谓庶民,若农、工、贾皆是也。"殉"者,以身从之,至死而不恤,若殉葬然也。

"臧",奴。"穀",僮也。然此之取名亦有义:"穀"如《论语》"邦有道穀,邦无道穀"之穀,谓食粟而已,是饮食之人也;"臧",善也,喻欲以善行自立者;故臧读书而穀嬉遊也。"筴"与策同,谓简策也。"博塞"

一作簙簺,古之棋戏也。言"相与牧羊"者,"羊"之为言养也,以喻养生。《达生篇》田开之述祝肾之言曰:"善养生者若牧羊然,视其后者而鞭之。"以彼通此,则知言牧羊非漫无意义,而固有所指已。

伯夷饿于首阳之下,民到于今称之,见《论语·季氏篇》,故此云"死名"。实则伯夷求仁得仁,岂为名哉!盗跖以盗名,犹轮扁以轮名、工倕以工名也。杂篇《盗跖》以跖为柳下季之弟,盖托言,非事实。《音义》引李奇《汉书注》曰:"跖,秦之大盗也。"奇之说当有所本。既为秦人,其非柳下之弟明矣。而后之言跖者,遂强以跖为柳下氏,过矣。"东陵"亦秦地,召平为东陵侯,可证。李颐注谓即泰山,又或指为山东章武之东陵山,并云上有跖冢,皆因《盗跖篇》而附会为之说,不可信也。

"残生伤性",此"生"字盖指身言,与言"养生"生字异。上云"伤性以身为殉",此云"残生伤性",可知残生即以身为殉之意。故残生犹言残身也。"其所殉货财也,则俗谓之小人",此小人与君子对称,则与上"小人以身殉利"之小人亦微有别。"若其残生损性,则盗跖亦伯夷已",谓以残生损性论,即盗跖与伯夷无二。其文省简,宜善看,非谓盗跖果即伯夷也。"恶取君子小人于其间"者,言此中更无君子小人可分也。

且夫属其性乎仁义者,虽通如曾、史,非吾所谓臧也;属其性于五味,虽通如俞儿,非吾所谓臧也;属其性乎五声,虽通如师旷,非吾所谓聪也;属其性乎五色,虽通如离朱,非吾所谓明也。吾所谓臧,非仁义之谓也,臧于其德而已矣;吾所谓臧者,非所谓仁义之谓也,任其性命之情而已矣;吾所谓聪者,非谓其闻彼也,自闻而已矣;吾所谓明者,非谓其见彼也,自见而已矣。夫不自见而见彼,不自得而得彼者,是得人之得,而不自得其得者也;适人之适,而不自适其适者也。夫适人之适,而不自适其适,虽盗跖与伯夷,是同为淫僻也。余愧乎道德,是以上不敢为仁义之操,而下不敢为淫僻之行也。

"属"即前《德充符篇》"眇乎小哉,所以属于人也"之属,郭注谓"系属",是也,而音则从徐邈读烛。"属"即著也。上文云"连连如胶漆缠索",正"属"字大好注脚。庄书最重在一游字。有所属,即不能游。故于此反复言之也。"臧"即承上臧穀"臧"字说,此"臧"训善,则知臧穀之臧,隐寓善意,非穿凿之说也。"俞儿",古之善为味者,或曰黄帝时人。

既曰"非仁义之谓",又曰"非所谓仁义之谓",复重言以申之者,见世之所谓仁义非彼仁义之本真,二者当有所别。此立言之谨也。既曰"臧于其德",又曰"任其性命之情",复易言以释之者,明德之为性命,非于性命之外别有所谓德,二者不能相歧。此亦立言之谨也。人皆知庄书之文洸洋恣肆,而不知其谨严乃有如此者。

"自闻"、"自见",本于老子归根复命之旨,"自"即指德言、指性命言。故继之曰"自得其得"、"自适其适"。"自得其得"者,德也。"自适其适"者,道也。故终之曰"余愧乎道德,上不敢为仁义之操,而下不敢为淫僻之行也","淫"者过也。"僻"者邪也。邪则不中,过则不庸。然则不为仁义之操、淫僻之行,亦反之中庸而已矣。故上文既曰"至正",又曰"常然"。曰正、曰常,即与中庸奚异哉?

马　蹄　第　九

　　《骈拇》就成己言，《马蹄》就成物言。成己本而成物末，故《骈拇》先而《马蹄》后也。天下固有戕贼人以为仁义者，名曰成物，实则毁之。此《马蹄篇》之所以作。

　　马，蹄可以践霜雪，毛可以御风寒，龁草饮水，翘足而陆，此马之真性也。虽有义台路寝，无所用之。及至伯乐，曰："我善治马。"烧之，剔之，刻之，雒之，连之以羁絷，编之以皁栈，马之死者十二三矣；饥之，渴之，驰之，骤之，整之，齐之，前有橛饰之患，而后有鞭筴之威，而马之死者已过半矣。陶者曰："我善治埴，圆者中规，方者中矩。"匠人曰："我善治木，曲者中钩，直者应绳。"夫埴，木之性，岂欲中规矩钩绳哉？然且世世称之，曰："伯乐善治马，而陶、匠善治埴、木。"此亦治天下者之过也。

　　篇名"马蹄"连文，而正文则"马"字当读断。以治天下托之于治马者，牧马童子所云："夫为天下者，亦若此而已矣，又奚事焉？"是也。见

《徐无鬼篇》"龁草",食草也。"翘",举也。"陆",陆梁,谓跳跃也。"义"同仪。"仪台",即《礼记·郊特牲》所谓台门。筑土为台,台上架屋,当中为门,因以为宫室之仪,故谓之仪台。后世衙署门称仪门,盖昉乎此。"路寝",大寝也。古者居室皆曰寝。路寝,王公治事之所,非谓寝息地也。此举"义台路寝",盖总宫室之全言之。"无所用之"者,言宫室非马之所需也。

"伯乐",古之善治马者。后秦穆公时,孙阳亦名伯乐。驾车用马,非始于秦穆时,则此伯乐不得为孙阳也。"烧"谓烙印。"剔"同鬄,谓翦毛。"刻之",削其蹄。"雒"同络,络其首也。"羁",勒。"絷",绊。"皁",槽。"栈",栅也。云"连之"、"编之"者,聚众马而驯之养之也。"饥之,渴之",马为人用,则食饮有定时,即不能无饥渴也。"驰",走之疾。"骤",则腾跃而行。今北人谈马者,尚云有走马、跑马之别,盖走马则用驰,跑马则用骤也。"整之,齐之"者,一车四马,驰骤迟疾,不得有不同也。故《六月》之诗曰:"比物四骊,闲之维则。"《车攻》之诗曰:"我马既同,四牡庞庞。"皆言整齐也。"橛",衔也。"饰"如锡鸾镳帉之类。锡、鸾,皆铃也,锡在马额,鸾在马项。镳,勒旁铁。帉,所以缠之,后世谓之排沫者是。"筴"同策,马棰也。

"陶者",陶工。"埴",土可以为陶器者,今曰黏土。"匠人",木工。"中"犹合也。读若仲。"绳",今云墨线。"应"亦中也。告子曰:"以人性为仁义,犹以杞柳为桮棬。"盖仅知有矫揉之功,而不见夫自然之妙。夫人类自蒙昧以至文明,皆自然之发展,非待矫揉以就之也。使矫揉之说胜,则必有屈千里之骥以服盐车,斫万章之材以作桮棬者。故庄生主因任,而孟子言扩充,皆所以救俗说之偏,而开浅见之陋。余解《庄子》,每喜引孟氏之说以通之,意固在是也。

吾意善治天下者不然。彼民有常性,织而衣,耕而食,是谓同德;一而不党,是谓天放。故至德之世,其行填填,其视颠颠。当是时也,山无蹊隧,泽无舟梁。万物群生,连属其乡;禽兽成群,草木遂长。是故禽兽可系羁而游,乌鹊之巢可攀援而闚。夫至德之世,同与禽兽居,族与万物并。恶乎知君子小人哉!同乎无知,其德不离;同乎无欲,是谓素朴。素朴,而民性得矣。及至圣人,蹩躠为仁,踶跂为义,而天下始疑矣;澶漫为乐,摘辟为礼,而天下始分矣。故纯朴不残,孰为牺尊!白玉不毁,孰为珪璋!道德不毁,安取仁义!性情不离,安用礼乐!五色不乱,孰为五采!五声不乱,孰应六律!夫残朴以为器,工匠之罪也;毁道德以为仁义,圣人之过也。

　　"常性",即《骈拇篇》之所谓常然。以古今不二言,则谓之"常性";以智愚无别言,则谓之"同德"。德即性也。"一",纯一。"党",偏也。"天放",崔本作天牧。此文"食"与"德"韵,"党"与"放"韵,"填"与"颠"韵,"梁"与"乡"、"长"韵,则从"放"为是。"天放",犹《论语》子贡之称孔子曰"固天纵之将圣",言不可得而遏抑之、限制之也。前篇云"擢德塞性",塞固非放,擢亦非放也。何者?擢者人,而非天也。"填填",重迟也。"颠颠",敛聚也。皆所谓"一而不党"也。

　　"蹊隧",皆山间道。"蹊",孟子所谓"山径之蹊间介然,用之而成路"者。"隧"则人工开凿而成。此其异也。"泽",川泽。"梁",桥也。"山无蹊隧,泽无舟梁"者,言各安其居,各乐其俗,可以老死不相往来也。"万物"言物,"群生"言人。言人而先言物者,《秋水篇》所谓:"号物之数谓之万,人处一焉。"是也。"连属其乡"者,乡里相接,鸡犬之音相闻,无复邦域之界也。"遂长",遂其生而滋长无阻也。"乌鹊"各本作鸟鹊,鸟盖乌之讹。《荀子·哀公篇》"乌鹊之巢,可俯而窥也",《淮南子·泛论训》"乌鹊之巢,可俯而探也",并作乌不作鸟。鸟者共名,乌鹊者别名,共名不得与别名对举,兹故正之。"闚"窥一字。

庄子发微卷之二·马蹄第九

"恶乎知君子小人",言不知有君子小人之别。盖名生于对立,人皆君子,则何有小人之名?既无小人之名,亦安取君子之号?所以云"恶乎知君子小人"也。"无知"、"无欲",义本老子。"素朴"者,"素"言其不染污,"朴"言其不雕琢。老子亦曰"见素抱朴"也。

"蹩躠"已见上。"踶跂"亦叠韵诨语。"踶"即下文"怒则分背相踶"之踶,今俗作踢,言举足也。"跂"同企,言举踵也。老子曰:"跂者不立,跨者不行。"此"踶跂"连言,盖所谓跂企以为高者,不知其立之不安也。"澶漫"犹漫衍,《乐记》所谓"乐胜则流"者也。"摘辟","辟"同擗、同擘,言其擘析琐细,《乐记》所谓"礼胜则离"者也。本有以"辟"作僻者,误。"澶漫"、"摘辟",亦皆诨语也。"天下始疑",疑则非同德矣。"天下始分",分则非一而有党矣。

"牺尊",祭祀所用,刻尊为牛形也。"珪璋",朝聘所执,锐上方下曰珪,半珪曰璋。"道德不毁,安取仁义",及"毁道德以为仁义,圣人之过也",即老子"道失而后德,德失而后仁,仁失而后义,义失而后礼"之说。《齐物论》曰:"道隐于小成,言隐于荣华。"盖仁义之名立,则此见以为仁者,彼见以为义。相辩相争,而道之全亏,人之情薄矣。道之全亏,人之情薄,天下于是乎多事。故老子曰:"大丈夫处其厚不处其薄,居其实不居其华。"审夫厚薄华实之分,于此论可无疑已。

夫马,陆居则食草饮水,喜则交颈相靡,怒则分背相踶。马知已此矣。夫加之以衡扼,齐之以月题,而马知介倪闉扼,鸷曼,诡衔窃辔。故马之知而能至盗者,伯乐之罪也。夫赫胥氏之时,民居不知所为,行不知所之。含哺而熙,鼓腹而遊,民能已此矣。及至圣人屈折礼乐,以匡天下之形;县跂仁义,以慰天下之心;而民乃始踶跂好知,争归于利,不可止也。此亦圣人之过也。

"陆居",居于陆也,与前文"翘足而陆"陆字,字同而义异。"靡"同摩,谓相摩挲也。"马知已此"者,马之知止于此也。"衡",辕上横木。"扼"同軛,加于服马颈上,以驾车者。古者驾车,至少两马,是为服马;参之则曰骖,四之则曰驷。

"月题",旧注谓马雒上当颅,如月形者。若是,则"齐"字无义。考之《秦风·小戎》之诗曰"游环胁驱",笺云:"游环在背上,无常处,贯骖之外辔,以禁其出。胁驱者,著服马之外胁,以止骖之入。"诗又曰"鋈以觼軜",传云:"軜骖内辔也。"笺:"鋈以觼軜勒之觼,以白金为饰也。"案觼乃环之有舌者。此云月题盖指游环,軜觼之类,其形如月,而视之以为控纵驰驱之节,因名曰月题,《小雅·小宛》之诗曰"题彼脊令",传,题,视也,故题有视训。是则所以齐骖马,而与服马调一者,故曰"齐之以月题"也。

"倪",假借作輗。《说文》云:"輗,大车辕端所以持衡者。""介",闲也。"介倪",言乘人之闲而不就衡。"闉",曲也。"闉扼",言曲其颈而不就軛。"诡衔",诡不受衔。"窃辔",啮其辔。"介倪闉扼",皆出之以强力,是之谓鸷。"诡衔窃辔",则出之以诈巧,是之谓曼。故于四者之间插入"鸷曼"二字。"曼"者谩也。谩之训欺。下云"马之知而能至盗者",合鸷力与诈欺,则盗之为也。

"赫胥氏",古帝王之号,详见下《胠箧篇》。"居不知所为,行不知所之",所谓无知也。"含哺而熙,鼓腹而遊",所谓无欲也。"哺",食在口中。"熙"与嬉同。"鼓腹",犹《消摇游》之云"腹犹果然",谓腹如鼓也,是皆一饱之外无所求,故曰无欲也。"民能已此"言能,与上"马知已此"言知,盖互文也。

"匡",正也。"礼乐",动止屈伸皆有仪度,故曰"以匡天下之形"。"形",形体也。上篇"屈折礼乐"下无此六字,盖省文。不然,则传写者脱之也。"县",县而望之。"跂",跂而及之。曰"县跂"者,言不可必得也。不可必得,故"民乃始踶跂好知,争归于利"。夫利者,仁义之反也。以仁义示民,而民反入于利者,求之不以情,应之必以伪。此亦自然之势也。曰"圣人之过"者,"过"犹失也。

老子曰:"天下皆知美之为,美斯恶已。"为"字断句也。下同。皆知善之为,善斯不善已。"又曰:"不尚贤,使民不争。贤犹胜也,如"夫子贤于尧舜"之贤。不贵难得之货,使民不为盗。"又曰:"常使民无知无欲,使夫知者不敢为也,则无不治。"各本"则无不治"上有"为无为"三字,乃他处窜入,罗卷本无之,据删。此篇所言,大要本乎此。

夫民智既启,世变日新,乃欲返之于无知无欲之古初,譬之障江河而使西流,是何可得!然而留此一段文字,俾为天下者知夫用知之过,利起而害亦随之,或害且加于利十倍、百倍而未止,因之慎用其术,不敢急一时之功,而贻长久之祸,则亦未为无助也。若乃执滞于其说,信以为今不逮古,有如郭子玄所云:"或者闻任马之性,乃谓放而不乘;闻无为之风,遂云行不如卧。岂亦将弃匠人不用,而甘于露处;屏陶器不使,而偏取抔饮哉!"是岂特失老、庄之旨,抑亦违生人自然之性者矣!

胠 箧 第 十

　　此篇言"为大盗积"、"为大盗守",又曰"圣人不死,大盗不止",即从前篇"知而能至盗"一语而畅言之。大抵《骈拇》、《马蹄》、《胠箧》三篇出于一人之手,故郭子玄删订此书时荟聚一处,盖必有所据依焉。或疑其文与庄子不类,顾亦其门中高弟所作。论若稍激,而未尝与七篇之旨背驰。孟子曰:"五霸,假之也。"此之所谓盗,即孟子之所谓"假"。天下大患,莫过于假名与盗名,非惟乱实,亦且启争;非惟启争,亦且重祸。然则其论之不得不激,抑可见谅于君子矣。

　　将为胠箧探囊发匮之盗而为守备,则必摄缄縢,固扃鐍,此世俗之所谓知也。然而巨盗至,则负匮揭箧担囊而趋,唯恐缄縢扃鐍之不固也。然则乡之所谓知者,不乃为大盗积者也。故尝试论之。世俗所谓知者,有不为大盗积者乎?所谓圣者,有不为大盗守者乎?何以知其然邪?昔者,齐国邻邑相望,鸡狗之音相闻,罔罟之所布,耒耨之所刺,方二千余里;阖四竟之内,所以立宗庙社稷,治邑屋州闾乡曲者,曷尝不法圣人哉！然而田成子一日杀齐君而盗其国。所盗者岂独其国邪？并与其圣知之法而盗之。故田成子有乎盗贼之名，而身处尧、舜之安；小国不敢非，大国不敢诛；十二世有齐国。则是不乃窃齐国，并与其圣知之法，以守其盗贼之身乎？

"将为"之"为"读去声，下"为大盗积"、"为大盗守"亦同。"胠"本义训胁，从其胁而发之，亦曰胠。故司马彪注云："从旁开为胠。"是也。"箧"，箱之狭而长者。"探"，探取也。"匮"，即今之柜。"缄"、"縢"，皆绳也。直束之曰缄，纵横束之曰縢。"摄"，收也，谓结束之紧。"扃"，关键也。"鐍"，键之有舌者。扃、鐍皆今所谓锁。"知"读同智。"巨盗"即大盗。匮大，故负之。"负"，负于背。"揭"，举也。"揭"、"担"皆于肩。然箧之为物也坚，故用"揭"。囊之为物也软，故用"担"。古人文字未有随便用者，不可不知也。"趋"，疾行。"固"，牢也。"乡"同曏，或作向，犹昔也。"不乃"，犹无乃。"也"读若邪。"积"谓积货财，即指箧囊匮中之物。"守"承守备言，即所谓"摄缄縢，固扃鐍"也。

"邻邑相望"，邻与邻相望，邑与邑相望也。《周官·遂人》"五家为邻"，《管子·制国》"五家为轨"，轨即邻也。又《制鄙》"三十家为邑"。齐邻邑之制，大抵如此。"罔"同网。"罔罟之所布"，谓山泽之地可以渔猎者也。"耒"用以耕，"耨"用以除草。"耒耨之所刺"，谓原隰之地可以耕种者也。"方二千余里"，地势奇衺不齐，裁而方之，可二千余里也。"阖"犹合也。"竟"同境。"宗庙"，祖庙也。"社"，所以祀后土。"稷"，所以祀后稷。古凡有国者必备此，盖皆不忘其本者也。"邑屋"者，邑以人言，屋以地言。亩百为夫，夫三为屋，屋三为井，古井田之制如是，亦见《周官书》。"州闾"，犹州里。"闾"，里门也。里二十五家，州二千五百家。此举大小两端而言之。"乡曲"者，邑屋州闾之所不数、散居于岩陬水澨者，则入之于此。乡非五州为乡之乡，亦非《管子·制国》以为二十一乡之乡也。"曷尝"犹何尝。

"田成子"，田恒也。"一日"，各本作一旦。《释文》云："宋元嘉本作一日。"一日、一旦并通。然元嘉本最古，宜从之，兹改作一日。"齐君"，简公壬也。田恒执简公，弑之于舒州，事见哀公十四年《左传》，孔子尝请讨之，见《论语》，曰："陈恒弑其君。"陈、田古一音。《史记·田完世家》云："敬仲如齐，以陈字为田氏。"故后世或称陈，或称田，一也。恒，《世家》作常，盖避文帝讳而改之。臣杀君曰弑，故《论语》与《左传》并书"弑"。

"非"，非议也。"十二世有齐国"，旧注皆谓："自田敬仲完至威王婴齐，凡十有二世。"盖本《世家》以为说。然此云"田成子一日杀齐君而盗其国"，不应上溯至于敬仲。敬仲之由陈始奔齐也，官不过工正，一羁旅之臣耳。其后文子须无且尝去齐矣。见《论语》安得以有齐国之名加之！考田氏之谋有齐，实始于恒父僖子乞以小斗收赋税于民，而予民粟则以大斗，以是得齐人之心，而恒复效之。故乞得援立悼公阳生，而恒弑简公，齐人不之讨也。此论事，与史公作《世家》异。作《世家》必推其所自出，故不得不始于田完，犹后世作家谱，必自始迁祖叙起也。论事，则诛止于首祸，故乞且可以不论，况自乞以上乎？窃疑此文本作四世有齐国，谓自恒而襄子盘、而庄子白、而太公和。和始与魏文侯斯，会于浊泽，求为诸侯。文侯乃为之使，使言于周天子及诸侯，以田代姜，故曰四世有齐国。"有齐国"云者，谓自得而有之，非复曩者盗据之名矣。"四"字传写讹作"十二"，其形亦颇相近。《释文》云："自敬仲至庄子九世知齐政，自太公和至威王三世为齐侯，故云十二世也。"不言注者姓氏，当是德明自注。则是作十二世，实始自唐矣。顾其传已久，未有凿据，不敢径改。爰著其说于此，以俟后世知者详焉。

"圣知之法"，当是指太公、管子之法。田齐之强，实由守此，是亦实录也。

尝试论之，世俗之所谓至知者，有不为大盗积者乎？所

谓至圣者,有不为大盗守者乎？何以知其然邪？昔者龙逢斩,比干剖,苌弘胣,子胥靡,故四子之贤,而身不免乎戮。

故跖之徒问于跖曰:"盗亦有道乎？"跖曰:"何适而无有道邪？夫妄意室中之藏,圣也；入先,勇也；出后,义也；知可否,知也；分均,仁也。五者不备,而能成大盗者,天下未之有也。"

由是观之,善人不得圣人之道不立；跖不得圣人之道不行。天下之善人少,而不善人多,则圣人之利天下也少,而害天下也多。故曰:唇竭则齿寒,鲁酒薄而邯郸围,圣人生而大盗起。掊击圣人,纵舍盗贼,而天下始治矣。夫川竭而谷虚,丘夷而渊实。圣人已死,则大盗不起,天下平而无故矣。圣人不死,大盗不止。虽重圣人而治天下,则是重利盗跖也。为之斗斛以量之,则并与斗斛而窃之；为之权衡以称之,则并与权衡而窃之；为之符玺以信之,则并与符玺而窃之；为之仁义以矫之,则并与仁义而窃之。

何以知其然邪？彼窃钩者诛,窃国者为诸侯,诸侯之门而仁义存焉,则是非窃仁义圣知邪？故逐于大盗,揭诸侯,窃仁义,并斗斛、权衡、符玺之利者,虽轩冕之赏弗能劝,斧钺之威弗能禁。此重利盗跖而使不可禁者。是乃圣人之过也。故曰:"鱼不可脱于渊,国之利器不可以示人。"彼圣知者,天下之利器也,非所以明天下也。

曰"至知",曰"至圣",盖更进一步论之。龙逢、比干,已见前《人间世篇》。"斩",腰斩。"剖",剖心也。"苌弘"见《外物篇》,曰:"苌弘死于蜀,藏其血,三年而化为碧。"考之《春秋左氏传》及《国语》,苌弘为周悼王、敬王大夫。其死也,以晋范中行氏之难,晋赵鞅以为讨,周人为之杀苌弘,事在敬王二十八年,即鲁哀公三年。盖忠于周室,而为霸国强臣赵鞅所不容,因以屈死者。"胣"或作胉,刳肠也。"子胥",伍员也,事吴王夫差,强谏,夫差赐之属镂之剑以死,遂投其尸于江。"靡"同糜,谓尸糜烂也。

举此四贤"身不免乎戮",与为大盗积、为大盗守何与?盖桀之杀龙逢,纣之杀比干,周人之杀苌弘,吴王之杀子胥,固皆有其杀之之辞。其杀之之辞,若所谓好名,见《人间世篇》桀纣之所以责龙、比者。助叛,晋赵鞅之讨苌弘,盖以是。处以念恶、挠乱百度。见《国语·吴语》,夫差所以讯子胥者。念恶,犹今云蓄意不良也。岂非圣知之所大戒,而龙、比、苌弘、子胥服膺之无异言者哉!是故桀、纣、赵鞅、夫差之徒,得假之以塞四贤之口,而惑天下之听,是其为大盗积、为大盗守,虽四贤至死有不自觉悟者矣。其文虽简,其意固可推而知之。不然,"何以知其然"下横入此二十余字,文气几不相衔接矣。

"何适而无有道",言无往而非道也。"妄意室中之藏","藏"为宝藏之藏,读去声。"意"同億,度也。"妄意",谓无所依据而能度之,故曰"圣也"。"妄"取虚义,非乱义也。近人简阳王叔岷作《庄子校释》引《淮南子·道应训》作"意而中藏",读中如《论语》"億则屡中"之中,以为"室"、"之"二字为后人所加,所见颇有理,似可从也。"知可否"者,知其时之可否也。"知也"之"知"读智。或曰"可否",如后世所云"劫富不劫贫,劫贪不劫廉",亦通。

"善人不得圣人之道不立,跖不得圣人之道不行",挈两端而言之,可谓允当矣。而乃转曰"天下之善人少,而不善人多,则圣人之利天下也少,而害天下也多",且进而曰"圣人生而大盗起,掊击圣人,纵舍盗贼,而天下始治矣",则毋乃失之偏激欤?善夫《齐物论》之言曰:"辩也者有不见也。"圣人揭仁义以示天下,而不见仁义之为盗有,是圣人之不见也。此文穷仁义之害天下,而不见天下之不善人得持此以集矢于仁义,以逞其不仁不义之暴,是亦庄氏之徒之不见也。故郭子玄之注曰:"圣人利天下少,害天下多,信哉斯言!斯言虽信,而犹不可亡圣者。天下之知未能都亡,故须圣道以镇之也。群知不亡,而独亡圣知,则天下之害又多于有圣矣。然则有圣之害虽多,犹愈于亡圣之无治也。虽愈于亡圣,未若都亡之无害也。"子玄之言,信乎能融通此书之旨者矣。

顾余犹有进者。夫至则不论,论则不至。论之不能无偏,势也。惟达者为能齐之。齐之,则存其偏而用其是,是偏亦全也。不能齐之,则用其一而亡其一,虽全亦偏也。是以必彻于《齐物》之旨,而后《胠箧》之文可读也。不能彻于《齐物》之旨,岂唯《胠箧》之文,《庄子》全书皆毒药也。

"唇竭则齿寒",即所谓唇亡齿寒也。见僖五年《左氏传》"鲁酒薄而邯郸围",旧有二说,并见于《释文》。一说,楚宣王朝诸侯,鲁共公后至而酒薄,宣王怒,欲辱之,共公不受命,曰:"我周公之胤,长于诸侯,行天子礼乐,勋在周室。我送酒已失礼,方责其薄,无乃太甚!"遂不辞而还。宣王怒,乃发兵与齐攻鲁。梁惠王常欲击赵,而畏楚之救。楚以鲁为事,故梁得围邯郸,言事相由也。一说,楚会诸侯,鲁、赵俱献酒于楚王,鲁酒薄而赵酒厚。楚之主酒吏求酒于赵,赵不与,吏怒,乃以赵厚酒易鲁薄酒,奏之,楚王以赵酒薄故围邯郸也。按此言事之相因,有非始料所及。当以第一说为是。

"圣人生而大盗起",则圣人者其本源,而大盗者其末委,害必绝其本源,故曰"掊击圣人,纵舍盗贼"。"纵舍"云者,谓其罪可以末减耳,非果欲置之不问也。此等处最宜善看。若果欲置盗贼不问,则其于田成子口诛笔伐一再而未已,又何为者哉?"圣人已死"者,谓圣人之名与其说亡,非谓圣人之人死也。圣人之名与其说亡,则大盗无复有假借之资,故曰"则大盗不起"。《消摇游》言圣人无名,《齐物论》言圣人怀之,意盖在是也。

"重圣人"之"重"训累,读平声。"重利盗跖"之"重"义与大同,读去声。"量之"、"称之",义皆训平。"量"犹剂也。"称"即《易·谦卦》大象"称物平施"之称。"平"者,所以平人之争。"符",符节,破竹为之。"玺",印玺,刻玉为之。"信"者,所以杜人之欺也。有斗斛、权衡、符玺,而人犹不免于争与欺也。于是圣人乃有仁义之说,告之以为人之道必当如是,故曰"矫之"。"矫之"为言正也,正其前日之过也。乃若并仁义而窃之,而后圣人之道穷。穷则反本,是此文之所以作也。

"钩",孟子所谓"一钩金",亦即《达生篇》"以钩注者惮"之钩,盖铸金以为钩形,如后世银锞之类。旧注谓带钩者,误也。"窃钩者诛",得以盗贼之名加之者也。"窃国者为诸侯",不得以盗贼之名加之者也。不得以盗贼之名加之者,彼固曰:吾是乃为仁义也。乌有为仁义而乃名之盗贼者?故曰:"诸侯之门而仁义存焉。"夫仁义而存于诸侯之门,则仁义即非仁义矣。是言也,盖痛哭流涕而出之。若视以为嬉笑怒骂之辞,未为能深体作者之心也。

"逐"者随也。一大盗起,而天下纷纷随之,故曰逐。"揭",标举之,言戴之以为魁首也。党与众而风气成,故"虽轩冕之赏弗能劝,斧钺之威弗能禁"。《易·坤文言》所以云"非一朝一夕之故,其所由来者渐也"。"鱼不可脱于渊,国之利器不可以示人",本老子语。引前人语以证,是以加"故曰"字。"圣知",各本皆作圣人,惟褚伯秀辑《南华义海纂微》,所附《管见》断言"圣人"为"圣知"之误。按以文义论,此言器,非言人,自当作"圣知",因据以改正。"非所以明天下",犹言非所以明于天下。老子曰:"古之善为道者,非以明民,将以愚之。"此用其意以起下文,故即用"明"字。或疑为"明"字误,或以为"明"下脱"示"字,皆非也。

故绝圣弃知,大盗乃止;擿玉毁珠,小盗不起;焚符剖玺,而民朴鄙;掊斗折衡,而民不争;殚残天下之圣法,而民始可与论议;擢乱六律,铄绝竽瑟,塞师旷之耳,而天下始人含其聪矣;灭文章,散五采,胶离朱之目,而天下始人含其明矣;毁绝钩绳而弃规矩,攦工倕之指,而天下始人有其巧矣。故曰"大巧若拙"。削曾、史之行,钳杨、墨之口,攘弃仁义,而天下之德始玄同矣。彼人含其明,则天下不铄矣;人含其聪,则天下不累矣;人含其知,则天下不惑矣;人含其德,则天下不僻矣。彼曾、史、杨、墨、师旷、工倕、离朱者,皆外立其德,而以爁乱天下者也,法之所无用也。

此段言及聪明辩知、钩绳规矩、师旷离娄、曾史杨墨,皆前两篇文中所有,故此三篇意实相承,定以为一人之作,是亦一证也。

"摘"读同掷,谓投弃之。"朴",诚。"鄙",野,鄙野之野,亦有美恶二义。子曰:"野哉由也!"此恶义也。子曰:"先进于礼乐,野人也。"此美意也。并见《论语》老子曰:"众人皆有以,我独顽且鄙。"朴鄙之鄙,正顽鄙之鄙也。

"殚残",叠韵谩语,谓残毁之,而不使有遗余也。夫圣法既殚残矣,所谓一法不立,又何所容其论议;若有论议,此论议者必且立以为法。不独立以为法,且将以为天下之法莫能过之,则是即一圣法也。何得云"殚残天下之圣法"哉?推作者之意,盖依据《齐物论》"不言之辩、不道之道"而为之说,以为忘言而始可与言耳。特《庄子》本文之辞圆,圆则无病。此文不能如《庄子》,遂不免自相矛盾,而转为后人指责之的。然此一段中,此二句者实为其主旨所在。要其通其意而无执于其文可也。

"攦",抽也。六律六吕,隔八相生,抽其一,则乱矣,故曰"攦乱"。"铄",销也。竽之成声在簧,故销之。瑟之成声在弦,故绝之。"绝",断也,此用"绝"字本义,与上"绝圣弃知"绝训绝灭,用引申之义者不同。"含其聪",《骈拇篇》所谓自闻也。"含其明",所谓自见也。自闻自见,聪明斯含矣。"胶"谓合也。"攦"同撕,谓束十指而并之。《达生篇》:"工倕旋而盖规矩,指与物化而不以心稽。"谓倕以指画圆,自然合规,初不用心计之也。其巧也如此。此云擪指,亦曰束其指而不用耳。旧注或曰折之,或曰撕之。夫骈于拇者尚不欲决,枝于手者尚不欲龁,安有取全形之指而撕之、折之者哉!此亦注者不考之过也。"倕"即《尚书·尧典》之垂。舜曰:"垂,女共工。"共读供职之供 以号曰"工倕"。"人有其巧",不曰含而曰"有"者,聪明在耳目,耳目可曰含,巧在手,手不可曰含,故易之曰"有","有"谓藏有之也。

"大巧若拙",引用老子语。"玄同",亦出老子。曰:"塞其兑、闭其门,挫其锐、解其纷,和其光、同其尘,是谓玄同。"所谓塞兑闭门、挫锐解纷、和光同尘,即此之塞耳胶目、含聪含明、藏有其巧之意。故以"天下之德始玄同矣"结之。若以本书通之,"同"即上篇"是谓同德"之同,而此曰"玄同"者,玄之为言潜也,亦即含聪含明"含"字之义。惟玄而后能同,惟含而后能同也。

"不铄"之"铄",与孟子言"非由外铄我也"铄字义同,与上言"铄绝竽瑟"铄字义同而用则别。"累",负累也。"僻",偏僻,即上篇"一而不党"之党,而"同"之反也。"外立其德",则上篇所谓"得人之得而不自得其得"者。上之则以德自矜,下之则以德沽世。自矜者为名,沽世者志利。天下纷纷,胥由乎此,故曰"以爚乱天下"。"爚"犹炫也。炫者乱之本。乱者炫之果也。上云"非所以明天下",即不欲以是炫之耳。

"法之所无用","法"疑"治"字之讹。上云"擿击圣人,纵舍盗贼,而天下始治矣",此承前意而申言之,故曰"治之所无用"。谓治天下,无用乎是也。观其下历数容成氏、大庭氏以至伏戏、神农而总之曰:"若此之时,则至治已。"此一"治"字,正前后相关连,以与"法"字形近,传写致讹,是宜急正之者。著其说于此,以俟后人择焉。

子独不知至德之世乎?昔者容成氏、大庭氏、伯皇氏、中央氏、栗陆氏、骊畜氏、轩辕氏、赫胥氏、尊卢氏、祝融氏、伏戏氏、神农氏,当是时也,民结绳而用之,甘其食,美其服,乐其俗,安其居,邻国相望,鸡狗之音相闻,民至老死而不相往来。若此之时,则至治已。今遂至使民延颈举踵,曰"某所有贤者",赢粮而趣之,则内弃其亲,而外去其主之事,足迹接乎诸侯之境,车轨结乎千里之外。则是上好知之过也。上诚好知而无道,则天下大乱矣。

何以知其然邪? 夫弓弩毕弋机变之知多,则鸟乱于上矣;钩饵罔罟罾笱之知多,则鱼乱于水矣;削格罗落罝罘之知多,则兽乱于泽矣;知诈、渐毒、颉滑、坚白、解垢、同异之变多,则俗,惑于辩矣。故天下每每大乱,罪在于好知。故天下皆知求其所不知,而莫知求其所已知者;皆知非其所不善,而莫知非其所已善者,是以大乱。故上悖日月之明,下烁山川之精,中堕四时之施。惴耎之虫,肖翘之物,莫不失其性。甚矣夫,好知之乱天下也! 自三代以下者是已,舍夫种种之民,而悦夫役役之佞;释夫恬淡无为,而悦夫啍啍之意。啍啍已乱天下矣!

"至德",含其德而非外立者。容成氏以下十二氏,轩辕、祝融、伏戏、神农,皆尝见于经传,以是推之,其他八氏必有其人。十口所传,不得遂以子虚乌有目之也。旧注云:皆古帝王名。若以今言之,则部落之酋之较大而贤者耳,决非唐虞以下帝王之比。

"结绳用之"至"老死不相往来",皆用老子语。甘食美服,乐俗安居,所谓"自得其得"、"自适其适",故无外求也。"邻国相望,鸡狗之音相闻,民至老死不相往来",所谓"同乎无知"、"同乎无欲",故无争扰也。邻国谓邻近之国,与上文言邻邑者不同。彼谓人口蕃庶,此谓彼此相安也。"则至治已",犹言则至治也。有至德则有至治,言治根于德,以见治不根于知也。

"赢粮",裹粮,儋粮也。"趣"同趋。"贤者"谓贤诸侯,如梁惠、齐宣之属。此为当时游士而发,故曰"足迹接乎诸侯之境,车轨结乎千里之外"。其后《韩非子·五蠹》之篇以文学、言谈之士为二蠹,而与私门之串御、敛财之商工并列,为其不事力而衣食、无功而显荣也。虽韩非所主在乎用法,与庄子之徒殚残圣法者,处乎截然不同之两端,然至于指斥游士之害,则固当时身受其祸者之所见闻,是以同符合撲若是,不得疑为过言也。

上言"好知之过",下又言"诚好知而无道,则天下大乱"者,盖知而有道以节之,则知得其当,即知何害!知之为害,在于过好,过好必无节,此所以曰"好知而无道"也。然则如何而得有道以节之?曰《齐物论》盖尝诏吾侪矣,曰:"知止其所不知,至矣。"至者非道乎?止者非节乎?夫言必有宗,《齐物论》者,亦此言之宗已。

"弩",弓之发以机者。"毕",网之有柄者,若今捕虫网然,"毕"字正象其形。"弋"同隿,结缴于矢以射也。弓弩以及高远,毕弋以取卑近。"机变",则四者之外,如以黐黏、以媒诱,皆是也。"罟"、"罾",亦网也。网用撒,罟用撩,罾用搬,则其别。"笱",以竹为之,故字从竹,用于鱼梁,承其流而获取之,《诗·齐风》所云"敝笱在梁,其鱼唯唯"是也。"削格",即《中庸》"驱而纳诸罟擭陷阱"之擭,以竹或木之坚者削而施之,兽蹈其机,则中其足而不得脱。其大者可以捕獐豕。"削"亦作峭,左思《吴都赋》云"峭格周施"是也。"罗落"即罗网,"落"与"络"通,《秋水篇》"落马首"即络马首也。"罝",兔罔。"罘"同罦,罝之有机括可以翻弄者,俗亦谓之翻车。"泽",山泽也。

"知诈"之"知"读智。"渐",刻深也,读平声。"毒",毒辣。"渐毒"又深于智诈。旧注以"渐毒"作一事释之,谓为渐渍之毒,或云深害,固未是。清之训诂家谓"渐"亦诈也,引《荀子·正论》"上凶险则下渐诈矣"以证,亦非也。夫渐之不同于诈,犹凶之不同于险,安得等而一之哉！"頡滑"犹滑稽，并双声诙语。滑稽倒之而为頡滑，犹荡佚倒之而为跌荡，佚，古音与跌无别。泷泷倒之而为泷泷也。頡滑滑稽者，言其出之无穷也。"解垢"犹邂逅，不期而遇合曰邂逅，引申之，无因而造说亦曰邂逅。"逅"一作遘。《后汉书·隗嚣传》云"勿用傍人解构之言"，《窦融传》云"乱惑真心，转相解构"，邂逅、解垢、解构、解构，用字虽殊，取义则一也。《天下篇》之言惠施也曰："南方有倚人焉，曰黄缭，问天地所以不坠不陷、风雨雷霆之故。惠施不辞而应，不虑而对，遍为万物说，说而不休，多而无已，犹以为寡，益之以怪。"若此者，抑可谓解垢之说矣。然则頡滑、坚白、解垢、同异盖皆有所本而言之，非虚说也。"求其所不知"，即指頡滑、坚白、解垢、同异之变言，所已知则人生日用之常道也。"非其所不善"，谓古人拙钝僿野之俗。"所已善"则上之言"知诈渐毒"是也。

"烁"同铄，销也。"堕"同隳，废也。"四时之施"，四时之行也。"喘"亦作喘，息也。"奭"同蜎，动也。"肖"之为言小也。"翘"，举也。"肖翘"，谓句萌也。从崔撰植物训"喘奭之虫，肖翘之物"，皆举其极小者言之，此且"莫不失其性"，则大者不待言矣。

"种种"犹憧憧，谓诚朴无知也。"役役"，奔走不息，上所谓"足迹接乎诸侯之境，车轨结乎千里之外"者是也。"佞"，巧。"恬淡无为"，见后《刻意篇》。"谆谆"即谆谆。《天下篇》言"宋钘尹文，周行天下，上说下教，强聒而不舍"，是所谓"谆谆之意"也。"役役之佞"，谓知也。"谆谆之意"，谓辩也。上言知、言辩，故此亦两结之。而"谆谆已乱天下"，又独以辩言者，夫彼其意岂不曰吾欲以救天下哉？而不知天下之乱乃反以是而益亟，故不得不提醒之。曰"谆谆已乱天下"，亦劝之反本之意也。

在宥第十一

此篇与上三篇意亦相因，然非出上三篇作者之手，而为庄子所自作。何以断之？文章有论有喻，又有引证，完全与内七篇同一格局。一也。"尸居龙见，渊默雷声，神动天随"，以至"与日无始，颂论形躯，合乎大同，大同而无己"之言，皆理趣宏深，非庄子不能道。二也。篇首非仁义，掊礼乐，极道无为之盛，而末乃言"粗而不可不陈者法也，远而不可不居者义也，亲而不可不广者仁也，节而不可不积者礼也"，本末精粗并举不废，不似三篇之偏重一端。三也。

然则其言性、言德、言聪明、言仁义，意乃相因，何耶？曰：是三篇之因袭此文，非此文之因袭三篇也。今外篇次第，乃郭象所定，非其本然，向使以此篇置前，而以三篇附后，则是疑不生矣。然而郭象编次，亦自有意，篇末无为、有为之论，实为下《天地》、《天道》两篇发端，置之于此，则上结《骈拇》、《马蹄》、《胠箧》之文，而下通《天地》、《天道》、《天运》之脉，贯串有序，是郭氏之意也。

闻在宥天下，不闻治天下也。在之也者，恐天下之淫其性也；宥之也者，恐天下之迁其德也。天下不淫其性，不迁其德,有治天下者哉!

昔尧之治天下也,使天下欣欣焉人乐其性,是不恬也;桀之治天下也,使天下瘁瘁焉人苦其性,是不愉也。夫不恬不愉,非德也;非德也,而可长久者,天下无之。人大喜邪,毗于阳;大怒邪,毗于阴;阴阳并毗,四时不至,寒暑之和不成,其反伤人之形乎!使人喜怒失位,居处无常,思虑不自得,中道不成章,于是乎天下始乔诘卓鸷,而后有盗跖、曾、史之行。故举天下以赏其善者不足,举天下以罚其恶者不给,故天下之大,不足以赏罚。自三代以下者,匈匈焉终以赏罚为事,彼何暇安其性命之情哉?

而且说明邪,是淫于色也;说聪邪,是淫于声也;说仁邪,是乱于德也;说义邪,是悖于理也;说礼邪,是相于技也;说乐邪,是相于淫也;说圣邪,是相于艺也;说知邪,是相于疵也。天下将安其性命之情,之八者,存可也,亡可也;天下将不安其性命之情,之八者,乃始脔卷�424而乱天下也。而天下乃始尊之、惜之,甚矣,天下之惑也!岂直过也而去之邪?乃齐戒以言之,跪坐以进之,鼓歌以儛之,吾若是何哉!

故君子不得已而临莅天下,莫若无为。无为也,而后安其性命之情。故贵以身于为天下,则可以托天下;爱以身于为天下,则可以寄天下。故君子苟能无解其五藏,无擢其聪明,尸居而龙见,渊默而雷声,神动而天随,从容无为,而万物炊累焉。吾又何暇治天下哉!

"在"犹存也,存如孟子"存心养性"之存,存则不放矣。不放,故"不淫其性"。"淫"者洗也,洗者失也。"宥"同囿,谓范围之也。《易·系辞》曰:"范围天地之化而不过。"彼言不过,此言不迁其性,其义一

175

也。以不迁之义求之,则知宥之为囿,而不得如旧注之训为宽矣。"在宥"如上医之调人元气,不使生疾。"治"则如常医以药攻病,病去而人亦伤,故曰:"闻在宥天下,不闻治天下也。"

"恬",安也。"愉",怿也。"不恬不愉,非德也"者,言非性之所本然也。"喜"根乐言,"怒"根苦言。"怒",怨怒也。"毗",偏也。"毗阳"、"毗阴",即《人间世篇》所谓"阴阳之患"。"四时不至,寒暑之和不成",皆就一身言,亦即《大宗师篇》所云"喜怒通四时"之反,是以"反伤人之形"也。"不自得",不得其性也。"中道",与"力不足者中道而废"见《论语·雍也篇》之中道同,"中"读如字,谓半道也。"章",乐之成也,故字从音从十。"不成章",言其鲜克有终也。"乔诘"、"卓鸷",皆双声连语。"乔"读矫,"矫诘"者,刻意尚行,离世异俗者也,指下曾、史言。"卓鸷"者,心如涌泉,意如飘风,顺其心则喜,逆其心则怒者也,指下盗跖言。盖一则"忍情性",一则"纵情性","忍情性、纵情性",并荀子语,见《非十二子篇》。要之皆非德也。忍情性者,赏之所不能劝。纵情性者,罚之所不能沮。故曰"举天下以赏其善者不足,举天下以罚其恶者不给","不给"犹不足也。"匈匈",喧扰不宁也。"终"犹既也。"性命之情",谓性命之真,即上之所谓"德"也。

"淫于色","淫于声",明聪以淫言者,"淫"即"不淫其性"之淫。明聪不能离耳目之形,形之本曰性。以性言,故言淫也。"乱于德"、"悖于理",理者德之理。悖理,即乱德也。仁义以德言者,"德"即"不迁其德"之德。仁义列于五藏,非如聪明之属耳目之外也。等而进之,故不言性而言德;不言性而言德,则乱与悖即迁之意可知。《骈拇篇》言性而及德,言形而及性,其等厘然。依是求之,故知此言"淫"言"德"亦各当其位,而非漫然为辞者也。

礼言"相于技"者,五射五御,皆有其礼,不独周旋、揖让而已,故礼近于技。"相"者,助也,即助长之谓。乐言"相于淫"者,"淫"如《关雎》乐而不淫之淫,乐之失淫也。圣言"相于艺"者,周公多材多艺,见

《尚书·金縢篇》孔子多能鄙事,又不试故艺,见《论语·子罕篇》艺固圣者之事也。知言"相于疵"者,"疵"如"不女疵瑕"之疵,见僖七年《春秋左氏传》谓指谪人之短也。知者明于察物,易见人过,故曰"相于疵"。

"脔卷"同挛拳,司马彪注云"不申舒之状",是也。"㥞囊"同抢攘,言烦扰也。脔卷之病,忍情性者中之。㥞囊之病,纵情性者中之。脔卷毗阴,㥞囊毗阳,皆分而言之,不得一律观也。"惜之",犹言爱之。"过也而去之",《天运篇》所云"仁义,天地之蘧庐,可以一宿,而不可以久处"者,今不能如是,故曰:"岂直过也而去之邪?"此"邪"字当读如"也"。"齐"同斋。"齐戒以言之,跪坐以进之",上所谓"尊之"也。"儛"者舞之异文。"鼓歌以儛之",上所谓"惜之"也。"若是何哉",犹言奈之何哉,谓无如天下何也。

君子"临莅天下",而曰"不得已"者,君子无必为天下之心,迫而后起,感而后应。故曰"不得已"也。"无为"本上"在之"、"宥之"言。在之、宥之,使天下不淫其性,不迁其德,是以能"安其性命之情"。然则"无为"非无所事事明矣。"贵以身于为天下","爱以身于为天下",皆倒文,直言之,当云"以身贵于为天下","以身爱于为天下"。"可以托天下","可以寄天下",曰托曰寄,皆不有天下之谓。此四语本出老子,引之以明不得已之义也。

"解",解散也。"无解其五藏",则五性全,而德亦玄同矣。"无擢其聪明",则耳目内,而形亦自正矣。"尸居",如尸之居。尸谓祭祀之尸,端拱而坐,不言不动也。"龙见",如龙之见。"尸居龙见",《中庸》所谓"不见而章,不动而变"也。"渊默",如渊之默。"雷声",如雷之声。"渊默雷声",《易·系辞》所谓"默而成之,不言而信"也。"神动天随",则《乾·文言》所谓"先天而天弗违也"。夫天且弗违,而况于人乎!故曰"从容无为,而万物炊累焉"。此文藏、明、声为韵,随与累为韵。"炊累"亦叠韵字。"炊"与吹同,故本亦作吹,吹言其动荡。"累"与纍同,读如《诗·南有樛木》"葛藟纍之"之纍,言其旋绕。动荡故不息,不息则存,应上"在"字言。旋绕故不散,不散则定,应上"宥"字言。"何暇治天下",应上"有治天下者哉"言。

崔瞿问于老聃曰:"不治天下,安臧人心?"老聃曰:"女慎无撄人心。人心排下而进上,上下囚杀,淖约柔乎刚强。廉刿雕琢。其热焦火,其寒凝冰。其疾俛仰之间,而再抚四海之外。其居也渊而静,其动也县而天。偾骄而不可系者,其唯人心乎!昔者,黄帝始以仁义撄人之心,尧舜于是乎股无胈,胫无毛,以养天下之形;愁其五藏,以为仁义;矜其血气,以规法度。然犹有不胜也,尧于是放欢兜于崇山,投三苗于三峗,流共工于幽都,此不胜天下也。夫施及三王,而天下大骇矣。下有桀、跖,上有曾、史,而儒、墨毕起。于是乎喜怒相疑,愚知相欺,善否相非,诞信相讥,而天下衰矣;大德不同,而性命烂漫矣;天下好知,而百姓求竭矣;于是乎斤锯制焉,绳墨杀焉,椎凿决焉。天下脊脊大乱,罪在撄人心。故贤者伏处大山嵁岩之下,而万乘之君忧栗乎庙堂之上。今世殊死者相枕也,桁杨者相推也,刑戮者相望也,而儒、墨乃始离跂攘臂乎桎梏之间。意,甚矣哉!其无愧而不知耻也甚矣!吾未知圣知之不为桁杨椄槢也,仁义之不为桎梏凿枘也,焉知曾、史之不为桀、跖嚆矢也!故曰:绝圣弃知,而天下大治。"

此盖托为老子之言。知其为托言者,老子之时,尚无儒、墨之名,而曾子为孔门最小之弟子,迨曾子成名,与史鱼并称曾、史,老聃之死久矣。由是言之,崔瞿其人亦出虚拟。"瞿",向、崔本并作臞。臞之为言,即下文"股无胈,胫无毛",以及"愁其五藏"、"矜其血气"之状,言治天下之劳瘁有如是耳。

"安臧人心"者,"臧",善也,言何以使人心之善。不知人心本善,其不善者,由有以挠乱之也,故曰"女慎无撄人心"。"撄"即《大宗师篇》"撄宁"之撄。夫撄而后宁者,惟古之真人能之。若夫恒人,撄则不宁矣。不宁,不善之所由生也。

"排下进上"者,排之则下,进之则上也。"排"犹抑也。排、进皆撄也。"上下囚杀"者,下则囚,上则杀。"囚"者遏其生机,"杀"者逞其暴行也。"淖约柔乎刚强",承"囚杀"言。遏其生机者弱,施其暴行者强,弱者常屈于强者,故曰"淖约柔乎刚强",此与老子书中所言"天下之至柔驰骋天下之至刚"义异。即"淖约"字,与《逍遥游篇》姑射神人"淖约若处子"之淖约用亦不同。郭象注云:"言能淖约,则刚强者柔矣。"如此,不独与上下文意不衔接,且于全篇在宥之旨亦无关涉。横插此议何为乎?此其讹误,固不难辨。而注家率从之,非也。

"廉刿"者,磨之使锐;"雕琢"者,凿之使巧。此更进一步言之。"热焦火"而"寒凝冰",则毗阴毗阳之病,《人间世篇》所谓"阴阳之患"也。"其疾俯仰之间,而再抚四海之外",言人心之捷,声响光景之所不能及,即孔子所云"出入无时,莫知其乡,惟心之谓"也。见《孟子·告子篇》"其居也渊而静",操之则存也。"其动也县而天",舍之则亡也。"操存舍亡",亦见同章。"县"者,言其无所倚薄也。"偾"音奋,即僖十五年《左传》"张脉偾兴"之偾。"骄",恣也。"偾骄而不可系者,其唯人心乎",喻人心如马之奔放,不可得而羁系也。然此乃廉刿雕琢以后之事,亦即撄之使然,非谓人心本如是也。若人心之本,则所谓"其居也渊而静"。渊静者宁也。人心本宁,而挠之使不宁,故曰"无撄人心"也。

《骈拇篇》言"自虞氏招仁义以挠天下",此篇篇首亦只言"尧之治天下"。而今则更进而言"黄帝始以仁义撄人之心"者,意在贬斥仁义,初不为黄帝、尧、舜作品骘也。《胠箧》言至德之世,中列轩辕氏,而在伏戏、神农之前,其非指黄帝轩辕氏甚明。

"胈",毳肤皮也。"股无胈,胫无毛",言奔走勤苦,肤毛为之脱落也。"养天下之形",养天下之民也。养天下之民,而曰养天下之形者,言知养其形,而不知养其心也。"愁"之为言摰也。摰其五藏,五藏为之不舒也。"矜",盛也。盛其血气,血气为之不平也。虽为仁义、规法度,而不能改共工之庸违、驩兜之同恶、三苗之弗率。共工、驩兜、三苗并见《尚书·尧典》《皋陶谟篇》。是犹有不胜也。"胜"读平声。"不胜",犹不堪也。

"崇山",南方之山,旧注云在湖南澧州。"三峗"亦作三危,西方之山,旧注云在甘肃天水。"幽都"即幽州。"三苗"谓三苗之君长。放之、投之、流之,《大学篇》所谓"屏诸四裔,不与同中国"也。事并见《尚书·尧典》

"施"读迤逦之迤,延也。"三王",夏、商、周。"骇",扰动也。"否",不善也。"诞",不信也。相疑在心,相欺在行。相非相讥,则在行亦在言。"衰"者,言非至德之世。"性命烂漫"者,烂伤于火,漫伤于水,即焦火凝冰之义,所谓失其性命之常然也。既言"性命烂漫",而又言"天下好知,百姓求竭"者,总结其病根在于好知。惟好知,而欲乃无厌。"求竭"者,求满其无厌之欲也。"斩"同斫。"斩锯制焉",斩锯之制,制于此。"绳墨杀焉",绳墨之杀,杀于此。"椎凿决焉",椎凿之决,决于此。始以利器用之资,卒以为杀伤之具,是固非好知者始料之所及已。"杀"如杀青之杀,削也。"决",断也。"脊脊"同藉藉,谓相陵藉也。《胠箧篇》言"天下每每大乱,罪在于好知",而此云天下大乱"罪在于撄人心"者,穷其好知之源也。

"大山","大"读如字。"岩"一作巖,字同。"嶪岩",险岩也。"忧栗",忧苦而危栗也。"殊",身首异处也。"桁杨",长械,施于人之颈与胫,如后世连枷大镣之类。多人而共一械,故曰"相推"。"刑戮"之"戮"同僇,谓辱也。如墨黥鞭笞之刑不伤及生命者,盖自殊死等而下之,则知刑戮之为轻刑,而非斩戮之谓矣。"乃始"犹乃方。"离跂",阔步也。"攘臂"犹奋臂。"桎",足械。"梏",手械。"桎梏"正与"离跂攘臂"相对。人方桎梏,而已乃奋臂高步,故曰"无愧而不知耻也"。"意同噫,叹辞。"甚矣哉",犹言过矣哉,此"甚"字与下"甚矣"之甚别,不得作重复看。"桉楢",小木。接之、折之,以为桁杨之柱楔者也。"凿枘",桎梏之笋牙。与凿之围枘相似,故以凿枘名之,非谓用凿枘以为桎梏也。为桎梏或须于凿,若枘,则何用哉?"嚆矢",向秀注云"矢之鸣者",是也,后世谓之响箭。盗贼劫人,则先发响箭以为号,故"为桀、跖嚆矢"者,犹云为桀、跖先声云尔。

篇首云"未闻治天下",而此云"绝圣弃知而天下大治"者,不治之而自治,是为大治也。又此节发端谓"以仁义撄人之心",结尾乃舍仁义而归重于圣知者,仁义发自仁义,仁义未失为仁义也。仁义而发自圣知,仁义乃不能无伪,而虚存仁义之名。至虚存仁义之名,而祸天下者起矣。故欲除天下之祸,反仁义之实,必自去知始。此庄子之微意也。若以为仁义圣知必四名并举,而后于文为全,此后世文士之见,亦浅之乎知庄子矣。

　　黄帝立为天子十九年,令行天下,闻广成子在于空同之上,故往见之,曰:"我闻吾子达于至道,敢问至道之精。吾欲取天地之精,以佐五谷,以养民人;吾又欲官阴阳,以遂群生。为之奈何?"广成子曰:"而所欲问者,物之质也;而所欲官者,物之残也。自而治天下,云气不待族而雨,草木不待黄而落,日月之光益以荒矣。而佞人之心翦翦者,又奚足以语至道!"
　　黄帝退,捐天下,筑特室,席白茅,閒居三月,复往邀之。广成子南首而卧,黄帝顺下风,膝行而进,再拜稽首而问曰:"闻吾子达于至道,敢问治身奈何而可以长久?"广成子蹶然而起曰:"善哉问乎! 来! 吾语女至道。至道之精,窈窈冥冥;至道之极,昏昏默默。无视无听,抱神以静,形将自正,必静必清;无劳女形,无摇女精,乃可以长生。目无所见,耳无所闻,心无所知,女神将守形,形乃长生。慎女内,闭女外,多知为败。我为女遂于大明之上矣,至彼至阳之原也;为女入于窈冥之门矣,至彼至阴之原也。天地有官,阴阳有藏,慎守女身,物将自壮。我守其一,以处其和,故我修身千二百岁矣,吾形未尝衰。"黄帝再拜稽首曰:"广成子之谓天矣!"

广成子曰:"来!余语女。彼其物无穷,而人皆以为终;彼其物无测,而人皆以为极。得吾道者,上为皇而下为王;失吾道者,上见光而下为土。今夫百昌皆生于土而反于土,故余将去女,入无穷之门,以游无极之野。吾与日月参光,吾与天地为常。当我,缗乎!远我,昏乎!人其尽死,而我独存乎?"

此节盖示人以安其性命之情之道,而托之于广成子之语黄帝也。"空同"一作崆峒,山名。《史记·五帝本纪》亦言"黄帝西至于空桐",殆一地也,在今甘肃凉州。

"至道之精",精微也。"天地之精",精华也。两字不同训,不得混而一之。"官阴阳",使阴阳不失其官,即《中庸》所谓"天地位"也。"群生"对上"民人"言。"遂群生",即《中庸》所谓万物育也。黄帝所问未尝非也,而广成不然者,盖以中和未致而求天地位万物育,是不揣其本而齐其末也,故曰"而所欲问者,物之质也;而所欲官者,物之残也"。曰质曰残,皆对上"至道之精""精"字言。质则非精,残又质之残余不全者也。

"而"同尔,下"自而治天下","而佞人之心"两"而"字亦同。"族"同簇,聚也。"云气不待族而雨",喻助长也。"草木不待黄而落",喻速成也。"荒"如《诗·周颂》"天作高山,大王荒之"之荒,言大也。"日月之光益以荒矣"者,喻不能含其聪明,而用知之无已也,故曰:"而佞人之心翦翦者,又奚足以语至道!""翦翦"与戋戋同,残义,亦狭小义也。

"筑特室,席白茅",所以斋其心也。席用白茅者,白取其洁,茅则取其物薄而用重也。"物薄用重",语本《易·系辞传》。"邀"通要。"要之",求之也。"稽首",首至地也。"顺下风膝行而进,再拜稽首",言其卑礼之至。盖于是而"令行天下"之心,丝毫无复有存者矣。退而问"治身"。"治身",治天下之本也。曰"奈何而可以长久",则非助长速成之意,于是而性命之情可安矣,故广成善其问,而卒语以至道也。

窈冥昏默,皆用知之反也。然而真知于是出焉。故《知北游》曰"昭昭生于冥冥",原其始也。《齐物论》曰"知止乎其所不知",归其根也。"无视无听"以下,言其用功之次。"抱神以静,形将自正",神为形主也。形既正矣,而复曰"无劳女形"者,有一强为正之之心,是即劳也;既"无视无听"矣,而又曰"无摇女精"者,有一强为"无视无听"之心,是即摇也。故曰"必静必清",形不劳则静矣,精不摇则清矣。及至"目无所见、耳无所闻、心无所知",是自然之无见无闻无知,不独不见外,亦不见内,不闻外,亦不闻内,不知外,亦不知内,内外两忘而后形与神合,故曰"神将守形,形乃长生"也。"慎女内,闭女外,多知为败",又复丁宁以戒之也。

"我为女遂于大明之上矣"四句,答前"取天地之精"及"官阴阳"之问也。盖既得其本,则其用不难识也。"为女"犹与女。不独语之,且与之实践其境。惟黄帝闲居斋心三月之后,故可以领受之也。"遂"犹达也。至阳至阴,皆回原者,以别其非物之质而为天地之精。若所谓"佐五谷,养民人,遂群生"此遂为成遂之遂,不得与"遂于文明"遂字混。者,皆其余事,即皆其残也。"天地有官",天地自官也。"阴阳有藏",阴阳自藏也。"藏"如府藏之藏,读去声。百物皆由阴阳以生,故曰"藏"也。"慎守女身"者,不为阴阳天地之贼也。"物将自壮"者,五谷自生,民人自养,群生自遂也。"守其一",守天地之一。老子曰:"天得一以清,地得一以宁。"是天地亦此一也。"处其和",处阴阳之和。"修身千二百岁",千二百岁无时而不修身,此形之所以未尝衰,故黄帝曰:"广成子之谓天矣。""天"者,四时行,百物生,运行无息,而不见其功者也。

"彼其物","彼"承上两"至彼"之"彼"言之。前阴阳分言,此阴阳合言,故曰"其物"。"物"即老子"有物混成"、"道之为物"之物,与上言"物之质"、"物之残"之物异,彼粗而此精也。质言之,则此云"其物",即"至道"之异名,故下即继曰"得吾道"、"失吾道",知物与道非两事也。上节云"施及三王,而天下大骇矣",此乃云"得吾道者上为皇而下为王",犹存王之一等者。王者治以仁义,仁义固不在道之外也。"见光","见"读如现。《列御寇篇》所谓"形谍成光"者,此正神不守形之征,而道之所不收也。若夫下为土,则与百昌同生同死,乌有长久者哉!"百昌"犹百物也。"入无穷之门,以游无极之野",犹《应帝王篇》言"游无何有之乡,以处圹埌之野"也。"与日月参光","与天地为常",犹《齐物论》言"旁日月,挟宇宙,参万岁而一成纯"也。"缗"亦昏也。昏即"昏昏默默"之昏。司马彪注:"缗、昏并无心之谓。"是也。"当我",谓今问答时。"远我",谓将去女时。一以无心遇之,故曰"当我,缗乎!远我,昏乎!"惟无心为长生之道,故曰:"人其尽死,而我独存乎!"

夫无心则无我,无我而曰我存,何也? 不知无我,斯无往而非我,亦即无往而不存。若区区据一己而有之,是必死之道,人之所以尽死也。昔宰我问于孔子曰:"予闻诸荣伊,言黄帝三百年。请问黄帝者,人邪? 抑非人邪? 何以至于三百年乎?"孔子曰:"夫黄帝尚矣! 抚万民,度四方,以顺天地之纪,幽明之故。劳心力、耳目,节用水人材物,生而民得其利百年,死而民畏其神百年,亡而民用其教百年,故曰三百年。"见《大戴礼记·五帝德篇》。中有节文。知黄帝三百年之说,则知广成子千二百岁之说,而所谓长生者,非如神仙家之云"保其形骸而不委化也"。夫老子亦曰"死而不亡者寿",读《庄子》者可不晓此义乎!

云将东游,过扶摇之枝,而适遭鸿蒙,鸿蒙方将拊髀雀跃而游。云将见之,倘然止,贽然立,曰:"叟何人邪? 叟何为此?"鸿蒙拊髀雀跃不辍,对云将曰:"游。"云将曰:"朕愿有问也。"鸿蒙仰而视云将曰:"吁!"云将曰:"天气不和,地气郁结,六气不调,四时不节。今我愿合六气之精,以育群生,为之奈何?"鸿蒙拊髀雀跃,掉头曰:"吾弗知,吾弗知。"云将不得问。

又三年,东游,过有宋之野,而适遭鸿蒙。云将大喜,行趋而进,曰:"天忘朕邪? 天忘朕邪?"再拜稽首,愿闻于鸿蒙。鸿蒙曰:"浮游,不知所求;猖狂,不知所往。游者鞅掌,以观无妄。朕又何知!"云将曰:"朕也自以为猖狂,而民随予所往。朕也不得已于民,今则民之放也。愿闻一言。"鸿蒙曰:"乱天之经,逆物之情,玄天弗成;解兽之群,而鸟皆夜鸣,灾及草木,祸及止虫。意!治人之过也!"云将曰:"然则吾奈何?"鸿蒙曰:"意,毒哉! 仙仙乎归矣!"云将曰:"吾遇天难,愿闻一言。"鸿蒙曰:"意,心养! 汝徒处无为,而物自化。堕尔形体,吐尔聪明,伦与物忘;大同乎涬溟,解心释神,莫然无魂。万物云云,各复其根;各复其根而不知,浑浑沌沌,终身不离;若彼知之,乃是离之。无问其名,无窥其情,物故自生。"云将曰:"天降朕以德,示朕以默;躬身求之,乃今也得。"再拜稽首,起辞而行。

此与上节旨趣相似。旧训"将"为主,无义。"将"当训行,读平声。"云将",即《易·乾象》"云行雨施"之云行也。知"将"当训行者,下言"天气不和,地气郁结",以至"愿合六气之精以育群生"云云,意实在行,云固以行为用者也。"扶摇"见《逍遥游》,即"飚"之缓读,盖云有形者也;风无形,而触之如有物,则犹有迹也;至鸿蒙,则混然一气,并迹而无之。此其寓言之次第也。扶摇言枝者,《易·说卦》言"风以散之"。散则由本而末,由大而小,斯枝之谓矣。

　　常以为庄子最善体物,故一字一义无有不合于其物情者,如于鸿蒙下"拊髀雀跃"四字,仔细玩之,是四字施之于风则不似,施之于云更不似,惟有天地之元气,其运行也,鼓舞动荡,徐徐然,悠悠然,本无迹也,而欲以有迹状之,故不得曰鼓翼而曰拊髀,不得曰马驰而曰雀跃,抑何其形容之深细耶!"倘然"犹忽然。"贽然"与《田子方篇》"慹然似非人"之慹然同,不动貌也。"倘然止,慹然立",此于状云,亦可谓切矣。是故读《庄子》更无一字可以轻易放过者,字字不放过,而更于上下文通其语脉,寻其宗趣。虽不能尽,亦思过半矣。

　　始称鸿蒙曰"叟",而后称之曰"天"者,"叟"如《寓言篇》之叟叟,一作搜搜向注云"动貌",盖以其动也而称之。"天"则无为之称也,不知鸿蒙之动,未尝有为、未尝非天也,故拊髀雀跃不辍,而对云将曰:"游。""游"者天游,"天游",见《外物篇》实无为也。云将不解,而更愿有问,故鸿蒙仰而视之曰:"吁。""吁",如《书·尧典》"吁,咈哉"之吁,不然之辞也。云将自称曰"朕"者,《应帝王》曰"体尽无穷而游无朕",云将东游,亦游也,而非游无朕之游,故以"朕"名之。有朕则有迹,有迹则有我矣。

　　"天气不和,地气郁结"者,天道不下济,则地气亦不上应也。"六气不调,四时不节"者,"六气"见《逍遥游》,即天地之气。天地不交,则寒暑温凉亦将错乱也;寒暑温凉错乱,而万物蒙其害矣,故曰"我愿合六气之精以育群生"。"为之奈何",愿闻其方也。鸿蒙掉头不顾,而连曰"吾弗知,吾弗知"者,非弗知也,真知出于无知,故先以弗知酬其问也。

　　"有宋之野",宋于其时处天下之中,又庄子宋人,故托之于宋,以成其说焉。"浮游"以上下言,故曰"不知所求"。"猖狂",谓放纵也,以四旁言,故曰"不知所往"。游与求为韵,狂与往为韵,亦与下掌、妄为韵。"鞅掌",《小雅·北山》之诗毛传曰"失容也"。失容者,谓忽遽而不暇为礼容也。本书《庚桑楚篇》曰:"拥肿之与居,鞅掌之为使。"以鞅掌与拥肿并称,则鞅掌自亦犷野无礼之义,正与毛传义合。以犷野无礼形其不可规范,犹上以狷狂形其不可羁约也。旧解以自得释之,非矣。夫自得者,可以不拘礼法。然自得之义与不拘礼法之义,则固截然为二事也。至若王先谦《荀子集解》谓有鞅在掌,言出游也。以叠韵谜语义当求之于声者,而以形求之,望文生义,其谬误更不待言矣。"以观无妄"者,"观",所谓"中正以观天下,下观而化也"。语见《易·观卦象传》"无妄",则"天下雷行,物与无妄"。语见《易·无妄卦象传》。无、無字同。"无妄"者物之本然,而更欲以无妄治之,所谓"无妄之药不可试",《无妄卦》九五象辞天下之多事,率由乎是也。曰"朕又何知"者,既发"游者鞅掌以观无妄"之言,是即有朕可循矣。有迹而复泯之于无迹,故言"朕又何知"也。

至是三年,云将已进于前,曰"朕也自以为狷狂",则非复昔之"愿合六气之精以育群生"者之自矜有我矣。而"民随予所往,朕也不得已于民",是虽忘我,而犹未能忘民也。伯昏瞀人之戒列御寇也,曰:"吾固告女曰:'人将保女。'果保女矣,非女能使人保女,而女不能使人无保女也。""随予所往",即保女之说也。保,司马彪注云"附也",是也。"不得已于民",即不能使人无保女之说也。以是比而观之,则知今也"民之放"也,谓得解放于民。"民之放",正如《马蹄篇》"天放"之放,不得若郭子玄之训为仿效矣。其有训放为依者,误亦同。盖于是民我两忘,我忘民,民亦忘我,云将为更进矣。夫然后鸿蒙乃可以告之。

"乱天之经","经",常也。天有其常,乱之,而常失矣。"逆物之情",物有其情,逆之,而情悖矣,此所以"玄天弗成"也。"玄天"二字并列,郭子玄注云:"情不逆而经不乱,玄默成而自然得也。"以玄与天分而释之,是也。"解兽之群"以下,极言乱经逆情之害。"止虫"犹豸虫也。宣十七年《左传》"庶有豸乎",谓乱庶有止也。彼以"豸"作"止",此以"止"作"豸",其为通假一也。"豸",虫之无足者也。不知者乃改"止"为"正",失之矣。"意"同噫。"治人之过",谓人之治之之过。夫知治之之过,则勿乱其经,勿逆其情足矣。而云将犹有"吾奈何"之问,故曰:"噫,毒哉!""毒"者,责其问之无已,犹今云困窘人也。"仙仙乎归矣"者,劝之使归,犹孟子告曹交,言归而求之有余师也。

"吾遇天难",寓言达天德之难,若徒以难与鸿蒙相遇观之,浅矣。"心养",与《诗·鄘风·二子乘舟》言"中心养养"意同。毛传云:"养养然,忧不知所定。"朱子《集传》谓养养犹漾漾,则心养即心漾,非养心之谓也。若曰养心,则告之之辞,而非责之之辞,与"噫,治人之过!""噫,毒哉!"语气绝不相似,即不当以噫声发端。且下云"解心释神,莫然无魂",心且不得而有,又何从而养之? 抑养心而曰心养,毋乃失之不辞乎? 马其昶作《庄子故》,亦知"心养"之不辞也,于是连下"女"字为句,而解"意"同億,曰"億,安也",谓安心养女,是则求其说而不得,而强为之辞,谬乃益甚矣。

"吐"同杜。"杜尔聪明",塞尔聪明也。"伦",类也。"伦与物忘",倒文,言与物则忘其类也。"滓溟"即鸿蒙之别名。鸿蒙不得自举其名,故易言曰"滓溟"也。"大同乎滓溟",同于一气之浑沦也。"解心"则无心,"释神"则不神。<small>不神之所以为神也。</small>"莫然无魂"者,漠然无营也。老子"载营魂",王弼注曰"营,魂也",是营魂可互训也。"万物云云,各复其根",承上"而物自化"言,谓各复其本。各复其本者,各得其所也。老子亦有"夫物芸芸,各归其根"之语,然其上言"万物并作,吾以观其复",彼就观之者言,此则就物之本身言,取义各异,不得据彼以解此。"云云",犹种种也。"各复其根而不知",物自不知也。惟不知而后能复,故曰"浑浑沌沌,终身不离"。"若彼知之,乃是离之","彼"者,彼万物也。夫彼且自不知,而我乃欲问其名,窥其情,从而治之,可乎? 故曰"无问其名,无窥其情,物故自生"。"物故自生"者,物本自生也。

"降朕以德",原其受命之初也。"示朕以默",感今复命之教也。孔子曰:"默而识之,学而不厌,诲人不倦。"<small>见《论语·述而篇》</small>于学诲之前,特提默识,可见默固入道之机也。"躬身求之,乃今也得",见求之之勤，而得之之不易也。"起辞而行"，"行"者，可以行其合六气育群生之始愿，体立而用自彰也。

世俗之人，皆喜人之同乎己，而恶人之异于己也。同于己而欲之，异于己而不欲者，以出乎众为心也。夫以出乎众为心者，曷尝出乎众哉！因众以宁所闻，不如众技众矣。而欲为人之国者，此揽乎三王之利，而不见其患者也。此以人之国侥幸也，几何侥幸而不丧人之国乎！其存人之国也，无万分之一；而丧人之国也，一不成，而万有余丧矣。悲夫，有土者之不知也！夫有土者，有大物也。有大物者，不可以物。物而不物，故能物物。明乎物物者之非物也，岂独治天下百姓而已哉！出入六合，游乎九州，独往独来，是谓独有。独有之人，是之谓至贵。

大人之教，若形之于影，声之于响。有问而应之，尽其所怀，为天下配。处乎无响，行乎无方；挈女适复之，挠挠以游无端；出入无旁，与日无始；颂论形躯，合乎大同，大同而无己。无己，恶乎得有有！睹有者，昔之君子；睹无者，天地之友。

贱而不可不任者，物也；卑而不可不因者，民也；匿而不可不为者，事也；粗而不可不陈者，法也；远而不可不居者，义也；亲而不可不广者，仁也；节而不可不积者，礼也；中而不可不高者，德也；一而不可不易者，道也；神而不可不为者，天也。故圣人观于天而不助，成于德而不累，出于道而不谋，会于仁而不恃，薄于义而不积，应于礼而不讳，接于事而不辞，齐于法而不乱，恃于民而不轻，因于物而不去。物者莫足为也，而不可不为。不明于天者，不纯于德；不通于道者，无自而可；不明于道者，悲夫！何谓道？有天道，有人道。无为而尊者，天道也；有为而累者，人道也。主者，天道也；臣者，人道也。天道之与人道也，相去远矣，不可不察也。

此节承上"大同乎涬溟"之言，更详畅大同无己之旨，因以判分有无之等，有为无为之异，以见末不离本，精不废粗。于是无为而无不为之用，乃该备而无渗漏矣。

首言"世俗之人喜人之同己而恶人之异己"者，此有己之害，而不能大同之根，故特抉发之也。"以出乎众为心"者，意在高出于众人之上也。意在高出于众人之上，乃反因众人之同己，以安其所闻而坚其自信，是《大宗师》所谓"役人之役、适人之适"者。其不如众人之技亦多矣，则何尝出乎众哉！此唤醒世人之语。郭子玄注曰："众皆以出众为心，所以为众人也。若我亦欲出乎众，则与众无异，而不能相出矣。"此说是也。而又曰："吾一人之所闻，不如众技多。故因众则宁。若不因众，则众之千万皆我敌也。"是则横生枝节，与上下文皆不连贯，且于"以宁"断句，以"所闻"属下，技非耳治之事，于文亦不辞，故不敢从也。

"而欲为人之国"者，承上文而言，谓以喜同恶异之心为人之国也。"揽乎三王之利"，利谓出众。"而不见其患"，"患"谓"因众以宁所闻"。夫居尊位，操生杀予夺之柄，其欲人之同己亦易矣。然而圣人不取此，必明四目，达四聪，周谘兼听，执两端以用中者，诚以众同之未足恃，而是非之必衷于道也。若离道而取同，背公而信己，即不失之专断，亦失之偏党。以此为国，其何能淑！故曰"以人之国侥幸"，"侥幸"者，尝试之谓，如子产所云"操刀使割，其伤实多"者，见襄三十一年《左传》故曰："几何侥幸而不丧人之国乎！"

"一不成而万有余丧"，对"无万分之一"言，言丧人之国，则非万分之一之事，且过于万数而有余，极言其丧亡之不可免也。"悲夫，有土者之不知"，谓不知此患。"有土"即有天下也。老子曰"天下神器"，此曰"有土者,有大物也"。神器言其难为,大物言其难任,欲其易任,莫若藐之,老子曰:"治大国若烹小鲜。"是也。故曰"不可以物"。"不可以物"者,不可以其为大物而振矜之也。以为大物而振矜之,则我为物役,物为主而我为客,何以任之!故曰:"物而不物,故能物物。"此言"物"者,谓我则役物;"不物"者,谓不为物所役。如是则我为主而物为客。"故能物物"者,谓能物此大物,亦即能任此大物也。旧以"不可以物物"为句,兹断后一"物"字属下,于文则顺,于义则惬,善读者知不以为妄也。

"物物者之非物",与《齐物论》言"指非指"一义,盖物不能物物,物物者人,然人常陷于物中,则人亦物也,安能物物!故此非物之云,当知不独非物,亦且非人。非人者,丧己之功,而与天合德者也。故曰"出入六合,游乎九州,独往独来,是谓独有"。"独"即《养生主》所云"天之生是使独"之独,亦即《大宗师》"朝彻而后能见独"之独。独则无耦,《齐物论》以丧我为丧耦,则独者无我,故知此是丧己之功。丧己则非人而天,故知与天合德。与天合德,贵孰贵于此,故曰"独有之人,是之谓至贵"也。有此"至贵",其于治天下百姓,曾不足当一瞥,尚何有同己出众之心哉!

"大人"即独有之人,而易名曰"大人"者,对上有大物言,在位之称也。不曰治而曰教者,以德化天下,不以治也。"若形之于影,声之于嚮","嚮"同响,此倒文,谓若影响之随形声,即《德充符》所云"和而不唱"者也。"有问而应之,尽其所怀",如孔子"叩两端而竭焉"之意。见《论语·子罕篇》非仅应者必尽其理,亦使问者得尽其情也。"为天下配","配",对也。《大雅·皇矣》之诗所谓"以对于天下"也。"处乎无嚮","无嚮"与下文"无方"文对,则"嚮"从本训。郭注"寂以待物",非也。"挈女适复之"五字为句,与"有问而应之"句同。"女"指所教之人。"挈"者提挈。"适"音敌,主也。"复"即上节"各复其根"之复。谓教者不过提挈之复其本有,非有他道,故曰"适复之"也。"挠挠"即《大宗师》之"挠挑"。彼云"挠挑无极",此云"挠挑以游无端",文义并同。故知"挠挑"当属下为句,一为谜语,一为重言,其训非有二也。"无极"以终言,"无端"以始言,其旨亦非有二也。"出入无旁",即上"出入六合"义。"无端"、"无旁",正与上"无嚮"、"无方"文相应,亦可知"嚮"之为"向",不得同上声响,以响释之矣。"与日无始","无始"疑"无终"之讹。此一段影、嚮为韵,怀、配为韵,嚮、方、旁为韵,两"之"字亦为韵,若"无始"为"无终",则与下"大同""同"字为韵,且郭注云:"与日新俱,故无始也。"推日新之义,似当言无终,不得言无始。成玄英疏云:"与日俱新,故无终始。"于"始"上加"终"字,傥亦于郭注不能无疑欤!兹不敢率改,特著其所见,以俟知者。

"颂"通诵,孟子言"颂其诗,读其书",即诵诗读书也。见《万章》下篇"颂论"者言,"形躯"者形。上言教言应,皆颂论事。言处言行,言挈言游,皆形躯事,故两举之,而谓其"合乎大同"。章太炎解象作兒,即貌本字解类作象,谓颂论、形躯一义。则是只有形之一边,不独于"大人之教""教"字不相应,即于喜人同己、恶人异己之言,亦不相应。何也?同异皆由于颂论,观"以宁所闻"之文可见也。近人解庄者,每每喜据之以为说,殆不可解矣。"大同而无己",大同则无己也。"无己恶乎得有有","恶"同乌。上"有"与"无"对,无之反。下"有"与"己"对,谓物也。故"恶得有有",即云无物。无物者,不见有物也,即承上"不可以物,物而不物"而言之。不曰物而曰有者,欲与无对论,而无者更无可名,故不得已而易之曰有也。

"睹有者,昔之君子",谓制礼乐、立法度者,上云三王是。"睹无者,天地之友",谓官阴阳、合六气者,则上云黄帝、广成是也。然虽黄帝、广成亦不能舍礼乐法度而为治,故以高下之等言之,则天地之友信非君子所可企及。而以本末之道言之,则君子亦天地之友所依赖而不可缺少者。所以有下一段文字也。

"贱而不可不任者物","卑而不可不因者民",先物而后民者,民恃物以生也。"匿而不可不为者事","粗而不可不陈者法",先事而后法者,法因事而立也。"匿",微也,见《尔雅·释诂》非匿藏之谓。"远而不可不居者义","亲而不可不广者仁",义言远而仁言亲者,义以方外,见《易·坤卦·文言》故曰远。"亲亲,仁也",见《孟子》故曰亲。"居"者守也。"广"者推也。先义而后仁,自远而反诸近也。"节而不可不积者礼","中而不可不高者德",礼取节文,故曰"节"。德贵中庸,故曰"中"。"不可不积"者,礼以配地,见《乐记》积厚者地也。"不可不高"者,惟德配天,高明者天也。见《礼记·中庸》"一而不可不易者道","神而不可不为者天","易",变易也。执一则非道,故"不可不易"。"为"借作譌,与上"不可不为者事""为"字异。"譌"同䜋。《尧典》"平秩南讹",《史记·五帝本纪》引作"南譌"是其证也。䜋者化也。神以化为用,故不可不化也。《易·系辞传》曰:"穷神知化,德之盛也。"又曰:"知变化之道者,其知神之所为乎?"孟子曰:"君子所存者神,所过者化。"并以神化对言,故知为是化义。

"观于天而不助",《大宗师》所谓"不以人助天也"也。"成于德而不累",《应帝王》所谓"尽其所受乎天而无见得"也。无见得,何累之有!"出于道而不谋",《德充符》所谓"圣人不谋"也。"会于仁而不恃","会"者同也,《庚桑楚》所谓"至仁无亲"也。无亲,何恃之有!"薄于义而不积","薄"同溥。"积"如《天道篇》"运而无所积"之积。"不积",谓不泥也。"应于礼而不讳","应",肆应,"不讳"者,不以多忌讳为礼也。"接于事而不辞","接"谓如理而应,故不辞避也。"齐于法而不乱","齐"读去声,同剂。谓以时调剂损益之,故不为所乱也。"恃于民而不轻","不轻",不以得民而轻用之也。"因于物而不去","不去",不逐物而随以去也。"物者莫足为也,而不可不为",此"物"则总括自礼以下,重提以起下文,而归重于天道。故曰"不明于天者,不纯于德;不通于道者,无自而可"。"无自而可"者,无所之而不触碍也,故曰"不明于道者,悲夫!"

"有为而累者,人道也","累"谓劳累。有为而累,即有为而劳。郭注以有为为累,则是负累之义。以有为为负累,则人道臣道,群将趋而避之矣,尚成何世界乎!此大非庄子之意也。曰"天道之与人道也,相去远矣",庄子之尊天道则有之,而未尝有薄人道而不为之意也。《大宗师》曰:"知天之所为,知人之所为,至矣!"非其明征乎?至宣颖《南华经解》乃谓自"贱而不可不任者物也"以下,意肤文杂,不似庄子之笔。王先谦《集解》亦赞同其说盖以为既言无为,则不当更言有为,不知本末精粗、相依为用,此正一篇大关键处。若遂删之,岂徒于理不全,即文字亦无收煞。吾尝叹庄子之学之晦,大率由注家晦之,若此者盖不鲜,安得一一而为之辩驳乎哉!

天地第十二

此下《天地》、《天道》、《天运》三篇、盖自为一类,而与上《在宥》之义相承,为庄子自作无疑。

天地虽大,其化均也;万物虽多,其治一也;人卒虽众,其主君也。君,原于德而成于天,故曰:玄古之君天下,无为也,天德而已矣。以道观言,而天下之君正;以道观分,而君臣之义明;以道观能,而天下之官治;以道泛观,而万物之应备。故通于天地者,德也;行于万物者,道也;上治人者,事也;能有所艺者,技也。技兼于事,事兼于义,义兼于德,德兼于道,道兼于天。故曰:古之畜天下者,无欲而天下足,无为而万物化,渊静而百姓定。《记》曰:"通于一,而万事毕;无心得,而鬼神服。"

此承上篇而言君道同于天道也。"卒",徒也;徒,众也。"人卒"犹今云民众。成玄英疏以"卒"为隶卒,失之。《秋水篇》亦有"人卒九州"之语,则"卒"非隶卒可知也。"原于德",推其始。"成于天",究其终。

天无为，德亦无为也，故曰："玄古之君天下，无为也，天德而已矣。"曰"玄古"者，远古也，前所谓至德之世是也。或疑玄古之名不常见，因于"玄"字断句，并引老子"同谓之玄"以说之。宋吕惠卿《庄子义》及褚伯秀《管见》皆如此，近人亦有从之者。不知此云"故曰：玄古之君天下"与下文"故曰：古之畜天下"者同一笔法，此可以"故曰玄"为句，将下亦以"故曰古"句绝乎？且老子之书言道言名故可谓之玄，此文言君，君者人也，人安得谓之玄乎！是亦不思之甚矣。

"以道观言"，谓观名也。老子以道名对举，而《齐物论》则以道言对举。知庄书之"言"即老子之"名"矣。"观言而天下之君正"者，君之名正也。君之名何以正？前篇所云"主者天道，天道无为而尊者"，是此一篇之要旨也。"分"读去声。有名斯有分。君不能为臣之事，犹臣不能为君之事，此其分也，此分读平声故曰"观分而君臣之义明"。"能"者，技能。能治水者不必能教士，能典刑者不必能共工，工读供各因其能而任之，则事无不举，故曰"观能而天下之官治"。"天下之官"，即皆臣道也。又不独是而已，五土异宜，五材异用，三农异产，百工异制，上之所以财成辅相，以左右民者，又非可执一以求也。故曰"泛观而万物之应备"，"泛观"犹博观也。

"通于天地者德"，总上"天地虽大"至"天德而已矣"一段言。"行于万物者道"，总上"以道观言"至"以道泛观"一段言。"上治人者事"，"事"即百官之事也。"能有所艺者技"，"艺"者树艺，犹今云生产。易能而曰技者，为其有所专也。"技兼于事"，"兼"者，统也。技各有所专，此其长也。而专则不能相通。以不通之故，或至相妨相病，则其短也，故必待主其事者，为之经画而节制之，是所谓"技兼于事"也。"事兼于义"，"义"即上君臣之义。无君臣之义，则有如《天道篇》所云"上无为下亦无为，下有为上亦有为"者，而分乱矣。分乱，事恶得治！故于此又将"义"字特为提出。前后文义甚明。或疑"通于天地者德"以下，言德言道、言事言技而未尝言义，见宋道士陈碧虚注引江南古藏本作"故通于天者道也,顺于地者德也,行于万物者义也",遂谓今通行本有阙文,当据古藏本补入。见近人王叔岷《庄子校释》不知郭注云:"万物莫不皆得,则天地通。道不塞其所由,则万物自得其行矣。"原文明明是"通于天地者德,行于万物者道",安得有"通于天者道、顺于地者德、行于万物者义"之说乎?所谓江南古藏本者,岂能先于郭象所见之本?盖道士之不学者,不明文义,妄为改窜,遂使上下文自相矛盾,是何可恃以为据乎!

"义兼于德",即谓"臣兼于君"。"德兼于道,道兼于天",则所谓君道也。"畜"者,养也。易"君天下"而曰"畜天下"者,承上"德"字言。老子曰:"道生之,德畜之。"是也。"无欲而天下足"三句,与老子之文颇有异同。老子曰:"圣人云:'我无为而民自化,我好静而民自正,我无事而民自富,我无欲而民自朴。'""正"与"定"一义。"富"、"朴"即"足"也。彼四句皆曰"民",而此三句曰"天下"、曰"万物"、曰"百姓",分而言之者,以上言天下、言万物,不仅言民,必如是而义始具备也。于此可见庄文虽曰洸洋自恣,而固未始不严谨有法也。

"记"者,古传记之书,《音义》云"老子所作",此出揣拟之辞,不足信。"通于一","一"者道也。"而万事毕"者,道行于万物也。"无心得","得"者德也。"而鬼神服"者,德通于天地也。以此益知古藏本之妄,而"通于天地,行于万物"之文之万无可易也。

夫子曰:"夫道,覆载万物者也,洋洋乎大哉!君子不可以不刳心焉。无为为之之谓天,无为言之之谓德,爱人利物之谓仁,不同同之之谓大,行不崖异之谓宽,有万不同之谓富。故执德之谓纪,德成之谓立,循于道之谓备,不以物挫志之谓完。君子明于此十者,则韬乎其事心之大也,沛乎其为万物逝也。若然者,藏金于山,藏珠于渊;不利货财,不近贵富；不乐寿，不哀夭；不荣通，不丑穷；不拘一世之利以为己私分，不以王天下为己处显。显则明，万物一府，死生同状。"

此及下文两引夫子之言道以为首节之证，盖所谓重言者也。"夫子"，有以为庄子者，司马彪注是；有以为老子者，《音义》所举"一云"，而成玄英疏遵用之者也。案本书自内篇以至杂篇，称庄子皆曰庄子，此不应独曰夫子。若以为出自庄子弟子之口，则此篇以文论、以义论，皆当为庄子自作，未有显证能断其必出于弟子之笔，是司马氏之注不可从也。以为老子，似矣。而自内篇至杂篇，称老子皆曰老聃，或曰老子，亦未有称夫子者。其称老聃为夫子，如弟子曰："非夫子之友邪？"见《养生主》孔子曰："夫子德配天地。"见《田子方》皆述他人之言，而非庄子之称之，不应于此忽用"夫子"之号，是"一云"与成疏亦不可从也。

然则"夫子"孰谓？曰：本文有明征矣。后"夫子问于老聃，老聃曰'丘，予告若而所不能闻与而所不能言'"。彼"夫子"之为孔子，既见孔子之名，孰得而疑之！今以彼证此，同在一篇之中，同一"夫子"之名，其不得为两人决也。宣颖《南华经解》独以夫子为孔子，是则有卓见。其所以疑非孔子者，盖皆以为庄子之学出于老聃，其所称述，非老氏之言莫属，故于前"记曰"，明明谓古传记之书，而亦必曰老子所作。不知庄于孔门实有渊源，书中所称引，出于七十子之徒传述者不少，即不必定为颜子之嫡传，要之其尊信孔氏，则通全书观之，固班班可考也。或又疑下节言"视乎冥冥，听乎无声"，与《论语》孔子之言不类，则曷不取《小戴礼记·孔子闲居》之篇而读之？孔子告子夏以"三无五至"，即有"明目视之不可得而见，倾耳听之不可得而闻"之语，与是所言有何异？圣人岂真不言有无者哉？"圣人不言有无。言有无，诸子之陋也。"张横渠先生语，见其所著《正蒙》。此非一名之争，关乎庄子学术之本源者甚大，故不得不详辩焉。

"刳心"犹尽心。刳心焉，谓刳心于道，非谓刳其心而去之。旧注自郭象以下，皆失其解，盖浅而凿之使深，反于文义悖戾矣。"无为为之之谓天"以下,皆本道为说。道,一也,析而言之,则有十。十者,未尝在道之外也。

"无为言之",与"无为为之"对举,"言"谓教也。老子曰:"不言之教,无为之益,天下希及之。"是则孔子与老子所主,未尝有异者。若下言"爱人利物之谓仁",案之老子"道失而后德,德失而后仁"之说,则不无径庭。而与《论语》所记"志道,据德,依仁"以及其他言仁诸章,盛称仁之为德者,如出一揆。以是推之,此为仲尼之言益可见矣。"不同同之",谓能同彼不同,如《易·同人卦》所云:"能通天下之志者,是之谓大。"非曰以不同同之,如所谓不齐之齐也。郭注:"不引彼以同我,乃成大耳。"亦误。"行不崖异",即《戴记·儒行篇》所云:"忠信之美,优游之法,慕贤而容众,毁方而瓦和,其宽裕有如此者。"是以谓之宽也。"有万不同之谓富",即《系辞传》所云"富有之谓大业"也。

"执德",谓执此德以君天下。执得其要,故曰"之谓纪"。于"执德"上加"故"字者,上六者主言体,下四者主言用。从体起用,故以是而别之也。"德成之谓立","立"如孟子"中天下而立,定四海之民"之立,非谓立一己而已也。"循"一作修,修实"循"之讹。"循道",谓率道而行也。"之谓备"者,"备"谓无应而不可也。"不以物挫志",此"挫志"字甚细。如孟子所云"大行不加,穷居不损","不以加齐之卿相而动心"之类,故曰"之谓完","完"者,完其德而无缺也。十者终之以此。盖虽德成道备,而犹有丝毫物之见存隐微之中,为所摇撼,即与无为之本体不相应,故君子为学之功未尝有一息之可懈,所以曰"不可以不刳心者"为是也。

"韬"言包,容也。作"藏"解者非。"其为万物逝","为"当读去声,犹与也。与万物逝,即《齐物论》之所谓"物化",《应帝王》之所谓"顺物自然",而上篇《在宥》之所谓"物而不物,故能物物"者也。"沛乎"言其无碍。孟子云"沛然谁能御之"是也。郭注横加"德泽"字,而曰"德泽滂沛",支矣。若合之上文,则"韬乎其事心之大",言体之立。事心义见

《人间世》。"沛乎其为万物逝",言用之行也。

"藏金于山,藏珠于渊",乃比况之辞。"藏"如《养生主》"善刀而藏"之藏,谓藏其用而不轻发也。何以知其为比况之辞?下云"不利货财",不利则有之,货财固未尝无也。若果藏金而不开,藏珠而不采,试问货财于何而生?不独是也。下又云"不拘一世之利以为己私分",此即《礼运篇》所云"货恶其弃于地,不必藏诸己"之弘义。试问为一世兴利,有藏金不开、藏珠不采者乎?郭注云:"不贵难得之货。"珠或可谓难得,若金则五金,民生之所必需,不独孔子,即依老氏之说,亦只云"使民有什伯之器而不用",未尝谓于五材之中去金也。"拘"谓揽取之。"分"读去声。"私分",犹言私有也。"王天下",即上云"君天下"。"王"者,王读去声。天下之所归往也。不以天下之所归往"为己处显",盖推尧、舜犹病之心,"尧、舜犹病",两见《论语·雍也》与《宪问篇》。常歉然若不足,岂有荣名显功之可居也。

"显则明"者,"明"即上"明于此十者"之明,谓明此十者以达之于天下也,是则其显功之所在,故曰"显则明"也。"万物一府",道无物我也。"死生同状",道无死生也。"洋洋乎大哉",必至是而始极,故卒言之。

夫子曰:"夫道,渊乎其居也,漻乎其清也。金石不得无以鸣。万物孰能定之。夫王德之人,素逝而耻通于事,立之本原而知通于神,故其德广。其心之出,有物采之。故形非道不生,生非德不明。存形穷生,立德明道,非王德者邪?荡荡乎,忽然出,勃然动,而万物从之乎!此谓王德之人。视乎冥冥,听乎无声。冥冥之中,独见晓焉;无声之中,独闻和焉。故深之又深而能物焉,神之又神而能精焉。故其与万物接也。至无而供其求,时骋而要其宿。大小长短,修远。"

"居",不动也。"渊"即上渊静之渊。"漻"同浏,清貌,《诗·溱洧》

庄子发微卷之二·天地第十二

"浏其清矣"是也。"金石不得无以鸣",言道虽清静,实为万物之主,举金石之鸣由道而得,以见其余皆然也。"万物孰能定之",承上"不得"二字言,意不得道,即万物莫能定之。下文所谓"形非道不生",虽专就人言,而万物亦莫能外也。

"金石不得无以鸣"下,今各本皆有"故金石有声,不考不鸣"九字,此乃郭子玄注误入正文者。郭注本云:"声由寂彰,故金石有声,不考不鸣,因以喻体道者物感而后应也。"后人以注散入正文各句下,传写者偶未能明,遂成此误,其迹甚显。夫既言"金石不得无以鸣",又言"金石有声,不考不鸣",已嫌重复,况加以"故"字,又如何连接得上!故断然删去,以还其本。

"王德之人",即有王天下之德之人。"素逝"之"逝",即上"为万物逝"之逝。"素"如《中庸》"素其位而行"之素。彼以素行言,此以素逝言,一也。"素逝"者,虽与万物皆逝而其素不改,即《知北游》所云:"与物化者,一不化者也。"

"耻通于事","耻"疑"聏"字之讹,《天下篇》"以聏合欢",崔、郭、王并云"和也",然则聏通于事,与《德充符》孔子告鲁哀公"使之和豫通而不失于兑""和豫通"之义正同。若如今本作耻通于事,以通事为耻,此则山谷之士、避世之人或有之,岂王德者而出于是!不独与孔子之学不合,即在庄子亦尝深斥之矣,见《刻意篇》且郭注云:"非好通于事。"耻与非好,中间悬殊甚远。盖亦心有所疑,不得不迁就为说。以后注家率依郭注敷衍其义,而不知其不可通也。惟平江苏舆认"耻"字有误,见王先谦《庄子集解》可谓卓识,然亦未能指其误之所由。考《天下篇》"以聏"之聏各本作聊,聊与耻字形甚相近,而亦有惭义,见《集韵》则聊误作耻,信有可能,非凭空妄构也。然此误在郭前。郭本沿用已久,未敢率改,谨记其所见于此,以俟知者决焉。

"立之本原","本原"即指道。上云"素",亦与本原一义,但"素"作虚字用耳。"知通于神",则较聏通于事更进一步言之,极道其用之不可测,接曰"故其德广",德之广由于用之神也。

"其心之出,有物采之",言心与道一,本静本清,而物则采之。"采之"犹伐之也。举此以见"立德明道"之不可缓,故此八字当合下文看,不当合上文看。"形非道不生",推其受生之本。"生非德不明",示之全生之方。"存形"谓保身,"穷生"谓尽性,身之不保,性之不尽,则物害之也。"立德"者,德立则物不能摇;"明道"者,道明则物不能惑。不摇不惑,则心以应物,非物以役心。是以"荡荡乎,忽然出,勃然动,而万物从之"也。出曰"忽然",动曰"勃然",斯其出动由心不由物,明矣。如是,岂有物能采伐之者哉!圣人于应酬纷扰之中,而能养其生而不伤,率用是道也。

"视乎冥冥,听乎无声",此"存形穷生"之功。"见晓"、"闻和",则"立德明道"之效。"深之又深而能物焉,神之又神而能精焉",即《系辞传》所云"唯深也故能通天下之志,唯几也故能成天下之务,唯神也故不疾而速,不行而至"者,此皆实际理地,常人思议之所不及,非夫夫子聪明圣知达天德者,语本《中庸》其孰能发之乎!

"至无而供其求",承"深之又深而能物"言,深则无迹,虽无迹而物来斯应,应之不穷,是"至无而供其求"也。"时骋而要其宿",承"神之又神而能精"言,神则周行,"周行而不殆",本《老子》语。虽周行而同于坐驰,未离其位,是"时骋而要其宿"也。"要"如要归之要,读平声。"要其宿"者,归于所止,无放失也。

"大小长短"句,言其可大可小,可长可短,不可以形象求也。"修远"二字为句。"修",久也。犹云久矣远矣,言其不可以时日穷也。《淮南子·原道训》作"大小修短各有其具",盖因安父名长避用"长"字,改作修短,乃加四字以足其义。其意浅近,自非庄书原文。或乃欲援用《淮南子》于"修远"之下补入此四字,误矣。

黄帝游乎赤水之北,登乎昆仑之丘而南望。还归,遗其玄珠。使知索之,而不得。使离朱索之。而不得。使吃诟索之,而不得也。乃使象罔,象罔得之。黄帝曰:"异哉! 象罔乃可以得之乎?"

此寓言也。托之于黄帝者,"黄",中央之色,犹之《应帝王》言中央之帝也。"昆仑"犹混沦,混沦犹浑沌也。"赤",离火之色。"水",坎也。水而曰赤,则坎离合也。坎离合,是以有"昆仑之丘"焉。"玄",水色。"珠",水产也。水,北方之卦也,故"游乎赤水之北"而得之,"南望还归"则遗失之矣。"南望",乡明也。以乡明而失之,故使知索之而不得,使离朱索之而不得,使吃诟索之而不得,为其愈用而愈远也。"乃使象罔","象罔"恍惚之貌,《淮南子·人间训》即作忽恍。斯与玄冥混沦为近,故得之也。

"黄帝曰:异哉,象罔乃可以得之乎",言"异"者,正明其非异,所谓正言若反者也。"吃诟",即《胠箧篇》之解垢,故《初学记》引此即作"僻诟",谓巧辩也。详见《胠箧篇》注"象罔"一作罔象。象罔之为罔象,犹恍忽之为忽恍,颠倒用之皆可,其名非有二也。

尧之师曰许由,许由之师曰啮缺,啮缺之师曰王倪,王倪之师曰被衣。尧问于许由曰:"啮缺可以配天乎? 吾借王倪以要之。"许由曰:"殆哉圾乎天下! 啮缺之为人也,聪明睿知,给数以敏,其性过人,而又乃以人受天。彼审乎禁过,而不知过之所由生。与之配天乎? 彼且乘人而无天。方且本身而异形,方且尊知而火驰,方且为绪使,方且为物絯,方且四顾而物应,方且应众宜,方且与物化,而未始有恒。夫何足以配天乎? 虽然,有族有祖,可以为众父,而不可以为众父父。治乱之率也,北面之祸也,南面之贼也。"

"许由"见《逍遥游》。"啮缺"、"王倪"见《齐物论》与《应帝王》。

"被衣"即蒲衣子。被蒲一声之转,亦见《应帝王》。曰"师"云云,并寓言,非事实。不然,许由明揭啮缺之过,而乃从而师之,非自相矛盾乎?"配天"谓为天子;然不曰为天子而曰"配天"者,承上"天德"言,意谓其称读去声是天德否也。"借王倪以要之","王倪"犹天倪也。惟借天倪可达天德,此又文外意也。

"圾"同岌,故一本作岌。殆、岌,皆危也。言殆又言危,极言啮缺之不可使为天下也。"睿知",圣知也。"知"与智同。"给",便给。便,读平声。"数"音朔,捷疾也。"敏",敏锐。"聪明睿知"言其智,"给数以敏"言其才,总之则曰"其性过人"。"过人",则其求之于人也亦必过,而人将不堪矣。"而又乃以人受天","受"犹代也。以人代天,则必有如《胠箧篇》所云"上悖日月之明,下烁山川之精,中堕四时之施"者,而物亦将不堪矣。人不堪,物亦不堪,则过失必多矣。夫以彼"聪明睿知",宁有不知者?以彼"给数以敏",又宁有不能禁者?"而不知过之所由生",正在于"聪明睿知"与"给数以敏",不变其道,而惟以禁之之为事,则灭于西而生于东,塞于前而坏于后。"聪明"、"给数"亦将有穷时,此所以云"殆哉圾乎天下"也。

然而其失不易见也,"与之配天","方且本身而异形","且",将也;"异形",变异其形,能柔能刚,能阴能阳也。"方且尊知而火驰","火驰"者,机应捷疾如火传之速也。"方且为绪使","绪",丝端,言细微也。细微无有不到,无有不受其役使者,是曰"绪使"也。"方且为物絯",《集韵》"絯,大丝也",正与上"绪"字相对。绪言其细,絯则言其大。纲纪万物而揽其全,是曰"物絯"也。"方且四顾而物应,方且应众宜,方且与物化",旧注皆就不好处说,实则自"本身而异形"以下七句,皆言其才智之优,而前一句断之曰"彼且乘人而无天",后一句结之曰"而未始有恒"。"恒"者,天道。"未始有恒",即从乘人无天来。惟其如是,以"配天"言,则其才智之优反成殆圾之祸,失之不易见者,兹乃昭然若揭矣,故曰"夫何足以配天乎?"

郭注"未始有恒"曰："此皆尽当时之宜。然今日受其德,而明日承其弊矣,故曰未始有恒。"不知庄子之所谓"恒"乃贯万事万物之常道,历万古而不改者。若夫一设施、一举措久而无弊,亦不过百年而止,以是为"恒"之诠解,则亦浅矣。然而郭氏之言却有可以为后世戒者,分别观之可也。

"有族有祖","族"者,一族之人,喻万事万物。"祖"者,一族之所自始,喻道。"可以为众父",喻啮缺为臣道而有余。"而不可以为众父父",喻啮缺为君道则不足。"众父父",即祖也。"众父"之名本于老子。老子言："道之为物,惟恍惟惚。"下云："自今及古,其名不去,以阅众甫。吾何以知众甫之然哉?"以此众甫与众父,一也。

"治乱之率也"以下三句当连读。"率"者准率。"祸"与过通,言为北面而过,乃南面之贼。治乱之准,实在乎是也。北面之过、南面之贼,并指啮缺言。注家乃或牵引他事释之,非也。此与上节皆言"知"与"道"相背,合前"视乎冥冥,听乎无声"之文观之,当自晓然。

尧观乎华。华封人曰："嘻,圣人!请祝圣人,使圣人寿。"尧曰："辞。""使圣人富。"尧曰："辞。""使圣人多男子。"尧曰："辞。"封人曰："寿、富、多男子,人之所欲也,女独不欲,何邪?"尧曰："多男子则多惧,富则多事,寿则多辱。是三者,非所以养德也,故辞。"封人曰："始也我以女为圣人邪,今然,君子也。天生万民,必授之职,多男子而授之职,则何惧之有!富而使人分之,则何事之有!夫圣人,鹑居而鷇食,鸟行而无彰,天下有道,则与物皆昌;天下无道,则修德就闲;千岁厌世,去而上仙,乘彼白云,至于帝乡。三患莫至,身常无殃,则何辱之有!"封人去之。尧随之,曰："请问。"封人曰："退已!"

无为非厌事也,故上篇曰"贱而不可不任者物也,匿而不可不为者事也",又曰"物者莫足为也而不可不为"。此节引华封人之言,盖在申明此义。初不为富、寿、多男子说也。

"观"即《易·观卦·大象》所云"省方观民"之观,故得见封人也。"嘻,圣人"者,讶之之辞,故后曰"始也我以女为圣人邪",用"邪"不用"也",依训诂言,"邪"与"也"通;以文章言,则"邪"与"也"语气固有别矣。"多男子则多惧"者,惧无以为之养也,故曰"多男子而授之职"。"职",业也。有业则人足以自养,如是,"何惧之有!""富则多事"者,封殖经营皆事也,故曰"富而使人分之"。分之于人,则无经营封殖之劳,而享富有四海之名。如是,"何事之有!""鹑居鷇食",取其居食之无心。"鸟形无彰",取其行动之无迹。是皆比况之辞,非有深切之义。若必执鹑无常居,谓宜野处,鷇食仅饱,便当减膳,则岂对尧之言,喻君之道?且使圣人富之谓何?天下有野处之王者而损食之富人哉?解书如此,亦太泥矣。"皆"同偕。"与物偕昌",即孟子之"兼善天下"。"修德就闲",即孟子之"独善其身"。"厌"读如餍,饱也,足也。"厌世",谓德业成就,经世愿足,于是"去而上仙,乘彼白云,至于帝乡",正老子所云"功成名遂身退,天之道"者。"千岁"、"上仙"云云,犹是祷祝之辞,非为实语。而神仙家因之,便据以为上仙不死之证,于是漆园之吏蒙受"南华真人"之号,或竟以老仙呼之,抑何可笑之甚也!"三患",寒暑、饥渴、疾病也。注家或以水、火、风三灾当之。水、火、风三灾之说,出于释典,中土岂有是哉?"身常无殃",老子所谓"及吾无身,吾有何患"也。夫无身,非必身不存也。身在而忘其身,斯谓之无身已。故又曰"后其身而身先,外其身而身存"。此言"身常无殃",盖同此义。夫"寿则多辱"者,为阴阳人事之患之逼也。若一以忘其身者应之,则阴阳调,人事顺,"何辱之有!"

由是观之,天下之事,莫不各有其当然之则。此当然之则,即所谓道也。故曰"以道泛观而万物之应备"。诚能执道以治事,即无事而不治,又何事之可厌哉!故前解"素逝而耻通于事",断然以"耻"为"胁"之误,亦以见夫事之当为而不当拒。通《庄子》全书观之,义固如是也。"退已"者,所言已尽,不烦更说,令之退求也。

尧治天下,伯成子高立为诸侯。尧授舜,舜授禹,伯成子高辞为诸侯而耕。禹往见之,则耕在野。禹趋就下风,立而问焉,曰:"昔尧治天下,吾子立为诸侯。尧授舜,舜授予,而吾子辞为诸侯而耕,敢问其故何也?"子高曰:"昔尧治天下,不赏而民劝,不罚而民畏。今子赏罚,而民且不仁,德自此衰,刑自此作,后世之乱自此始矣。夫子阖行邪?无落吾事!"俋俋乎耕而不顾。

此节承上兼明二义:一、讥禹德衰,乱将自此始。此本义。读者皆知之矣。二、子高辞为诸侯而耕在野,且对禹曰"无落吾事"。此隐义。不独读者,即注家亦鲜注意及之。孔子称舜无为而治,而孟子曰:"舜自耕稼陶渔以至为帝,无非取于人者。"故无为、有为,一皆视乎其位。天下有能有为而不能无为者矣,未有能无为而不能有为者也。今子高去诸侯之君道,就耕夫之末业,岂徒见穷通贵贱之等观,亦以表有为、无为之同迹,故曰"无落吾事"者。其在诸侯之位,则垂拱吾事,及耕而在野,则劳力吾事,无非事也,亦无非吾也,是真王德之人而配天之道也。

"立为诸侯","立",位本字,即位为诸侯也。"刑自此作","作",今各本皆作"立",《吕氏春秋·长利篇》作"作",《后汉书·冯衍传》注、《李固传》注亦并作"作"。"作"者行义,较"立"字义长。其作"立"者,盖涉上文诸立字而误,兹订正。"阖"本亦作"盍",字同。"落",败也。"俋俋"犹抑抑,言专意也。意专,故不顾。旧以为耕貌,或耕人行貌,皆非也。

泰初有无,无有无名;一之所起,有一而未形。物得以生,谓之德;未形者有分,且然无间,谓之命;留动而生物,物成生理,谓之形;形体保神,各有仪则,谓之性。性修反德,德至同于初。同乃虚,虚乃大。合喙鸣,喙鸣合。与天地为合,其合缗缗,若愚若昏,是谓玄德,同乎大顺。

"玄德"即天德也。不曰天德而曰玄德者,因上玄珠而言。玄珠示其象,此则申其理也。"泰初有无"句。"无"对"有"言。既无矣,故曰"无有"。此"无有"犹云非有。既无有矣,故曰"无名"。"无有无名",皆所以为无之诠释者也。或有读"有无无"为一句,"有无名"为一句,分作两截说者,非也。

抑此"无"非死物也,万物实得之以生。老子云"有生于无"是也。物既得之以生矣,则不复得谓之无,于是名之曰"一"。老子又曰:"天得一以清,地得一以宁,万物得一以生。"是也。

然无之与一,名固不同也。无何由而转为一? 既可转而为一,何为立无之名? 为破此疑,故曰"一之所起,有一而未形"。此九字当分两层看。"一之所起",言一起于无,无则非一也。无既非一,则一何由起? 曰:无中实有一,特未形耳,以是故能起一。此破无何由而转为一之疑也。无虽一之所起,虽实有此一。而当其在无时,一固未形也。一既未形,自不得名之为一。不得名之为一,自不害有无之名。此破无转为一何为而立无之名之疑也。

曰无曰一,皆推物之本源超于物以为之名者。若就物言,则亦曰"物得以生谓之德"而已。"物得以生谓之德",其言似甚简易易知也,然析而言之,一何从有物? 物何从有生? 有生矣,又何为有人物之异? 则非简易易知也。故于是又重溯其本源而详说之。

"未形者有分,且然无间,谓之命"者,命非他,即上之所谓无、所谓一也。无而一矣,则未形者将形,将形则有分。读平声"分"即《齐物论》

所云"其分也成也"之分。然有分而尚未分,则犹保其无间之本然,故曰"未形者有分,且然无间,谓之命"。"且然"犹云然且。"无间"谓无间断也。宋儒好言"天命流行",于"天命"下加"流行"二字,最说得好。此云"无间",正即流行意也。"谓之命",则就赋予于物而言之。非如曰无曰一、超于物外之名也。

"留动而生物,物成生理,谓之形"者,"动"即流行也。流行之中而有留滞,则无间者卒有分矣,是物之所从生也。分者不一,则成亦不一,是物之所以有万也,故曰"留动而生物,物成生理,谓之形"。此文"留"字最为要义。或以《释文》有"留或作流"之言,因谓"留"借为"流",以流动生物作解,误之甚也。

又此所谓"物成生理谓之形",尚就一切物言,未说到人上,至"形体保神,各有仪则,谓之性",乃专就人说。盖形体留滞者也,而神则非留滞者也,故以形体言,人与物未始有异;而以神言,则人与物迥然不同。是神也,即无间之命之粹然者也。以有是以为一身之主,故不独耳聪目明,手持足行,而肝仁肺义,心礼脾智,俨然备四时之气,同阴阳之和,是"各有仪则谓之性"者,乃人之所得以生之德。故性与德,有时分言,有时通言,观《骈拇篇》言"侈于德",又言"侈于性"可见也。

虽然,人之性固特出于物,而是性之神又其命之粹然者矣。然既生而为人,为万物之一,终是有分以后之体。与夫未形之前,所谓"天地与我并生,万物与我为一"之本源,不能无隔。此不必深论。观夫常人于物之生杀荣枯,漠然若无关于己,已足知其陷于躯壳之小,而失其性命之全矣。故若欲还源返本,即非实下修之之功不可。何以修?亦率其性以上达夫其德而已矣。故曰"性修反德,德至同于初"。此言"德至",与《系辞传》言"尽性以至于命"之至同。"至"者上达,中间煞有层次,非谓一蹴而便至也。

"同乃虚",同则一,虚则无也。言虚至矣,而又言"虚乃大"者,以见凡有皆小,惟无为大。无之大,即道之大。所以上文夫子称"道覆载万物,而曰洋洋乎大哉!君子不可以不刳心"也。老子曰:"道生一。"又曰:"有物混成,先天地生,吾不知其名,字之曰道,强为之名曰大。"夫不知其名者,本无名可加也。无名可加,故谓之无。合此二言观之,无即指道可知。

大则合于天地,故曰"与天地为合"。在"与天地为合"上复有"合喙鸣,喙鸣合"二言者,此则插入一喻,与《齐物论》"喜怒哀乐,虑叹变慹,姚佚启态,乐出虚,蒸成菌,日夜相代乎前,而莫知其所萌"一段文字相类。"喜怒哀乐"十二字,本直接"日夜相代乎前",而以"乐出虚"六字横隔其间,以见相代乎前者正与乐菌之出同为无根。此庄子之文之奇诡处,读者注者易为之迷惑者也。此文亦然。合喙而鸣,喙鸣而合,两"合"字与下文"与天地为合""合"字完全无涉。"合"犹同也。同喙而鸣,鸣出于无心。喙鸣而同,同亦出于无心。于鸟之鸣见无心感应之妙。无心者虚也,因以是为"同乃虚、虚乃大"之注脚,犹是《齐物论》彀音作喻之比。注家乃率牵及下文,比类而释之,支矣。

"缗缗",合之密也。"若愚若昏",见非知之所能至。"是谓玄德","玄德"者,修后之德。无而有,有而复反于无,有无并妙,所谓"玄之又玄,众妙之门"者也,故曰"玄德"。"同乎大顺","大顺"者,无所往而不通,《易·大有卦》所谓"大有元亨"者也。玄德大顺,亦本于老子。老子曰:"玄德深矣、远矣,与物反矣,乃至于大顺。"彼言"至",究其终极而言之;此言"同",溯其原始而言之,一也。此一节文字虽简而义蕴深微,乃一书中最紧要处,故解释特详,然终惭学问浅薄,不足以发也。

夫子问于老聃曰:"有人治道若相放,可不可,然不然。辩者有言曰:'离坚白若县寓。'若是,则可谓圣人乎?"老聃曰:"是胥易技系、劳形怵心者也。执留之狗成思,猿狙之便自山林来。丘,予告若而所不能闻,与而所不能言。凡有首有趾、无心无耳者,众。有形者与无形无状而皆存者,尽无。其动,止也;其死,生也;其废,起也。此又非其所以也。有治在人。忘乎物,忘乎天,其名为忘己。忘己之人是之谓入于天。"

此寓言,托于孔、老问答以明用智与忘己之异也。知其为寓言者,当孔、老时尚未有离坚白之说,今问而引此,则非孔子之言可知也。孔子虽有"不曰坚乎?磨而不磷。不曰白乎?涅而不缁"之言,见《论语·阳货篇》。然与公孙龙之论绝不相涉。

"放"即《马蹄篇》"一而不党,命曰天放"之放。"放"者执滞之反也。"可不可,然不然"者,人皆可者必可,然者必然,不可者必不可,不然者必不然,而此则可而有所不可,然而有所不然,无执必之意,治道如此,近于无滞,故曰"若相放"也。旧注皆以"放"作仿,解为仿效。夫曰相效则相效耳,无取于言"若"也。以此断之,则"放"非仿效明矣。"寓",宇之籀文。见《说文解字》。"离坚白若县宇"者,言坚白相离,如悬之宇间,至昭晰也。此辩者之言。引此者,以见"可不可、然不然"析理之精,与之无二。因假以为比。非更举辩者以为问也。

"胥易技系、劳形怵心",见内篇《应帝王》注。以是讥之者,为其穷虑竭志,终不出名言物象之间。以是为放,实则自缚耳。故曰"执留之狗成思,猿狙之便自山林来",此二句乃互文。"执留之狗",当如司马彪第二注,言狗之被执留者。"留"读如字,作猶作狸,皆非也。"执留"正对上"放"字说。"成思"者,思山林而不得也。"便"者便捷。"自山林来",自山林而来,被执留也。如此解本甚明晰。注家因《应帝王篇》,有"虎豹之文来田,猿狙之便、执斄之狗来藉"之文,牵率为说,遂疑中有误字,失之远矣。

"告若而所不能闻与而所不能言","若"、"而"皆汝也。所不能闻所不能言,即超出乎名言物象之外者,下文所谓"无形无状"者是也。"有首有趾",自顶至踵,具夫人形者也。"无心无耳",能言而不知言,能闻而不知闻,即不及夫"可不可、然不然"者,此世俗之人,故曰"众"也。"可不可,然不然",则闻所能闻,言所能言,可谓有心有耳矣。然所闻所言,犹是有形边事。若夫"有形者与无形无状而皆存者",则"尽无"矣。不曰"无"而曰"尽无",是在此之前尚有一等寡有之人,文中虽不指出,意在上文所问"治道若相放"可谓圣人之人可知也。

此文与《德充符》申徒嘉言"自状其过以不当亡者众,不状其过以不当存者寡,知不可奈何而安之若命,唯有德者能之",分作三等说,正相类似。彼一一叙说,此则但说两头,中间不说者,以中间已在所问,不待更说。注者未能细心寻究上下语脉,仅就逐句作解,宜其令读者茫然,无从下手也。

"其动,止也"至"有治在人"二十三字,当作一气读,言人之动止、死生、废起皆非其所自以而别有治之者。"有治在人"乃倒文,如云在人有治。此治人者何?即天是也。知其有天,而以为吾依天而动可矣。存此一依天而动之心,即未免执天为己;执天为己,则依然是己而非天也,故曰"忘乎物,忘乎天,其名为忘己。忘己之人是之谓入于天"。"入于天"则真放矣。"天"字正与"放"对,不可不知。

将闾葂见季彻曰:"鲁君谓葂也曰:'请受教。'辞不获命,既已告矣,未知中否,请尝荐之。吾谓鲁君曰:'必服恭俭,拔出公忠之属,而无阿私。民孰敢不辑!'"季彻局局然笑曰:"若夫子之言,于帝王之德,犹螳螂之怒臂以当车轶,则必不胜任矣。且若是,则其自为处危。其观台多,物将往投迹者众。"将闾葂觊觊然惊曰:"葂也汒若于夫子之所言矣。虽然,愿先生之言其风也。"季彻曰:"大圣之治天下也,摇荡民心,使之成教易俗。举灭其贼心,而皆进其独志,若性之自为,而民不知其所由然。若然者,岂兄尧、舜之教民,溟涬然弟之哉?欲同乎德,而心居矣。"

"将闾葂","将闾"姓,而"葂"名也。"将"一作蒋,疑是不知者所改。"鲁君谓葂也曰'请受教'"九字为句。"中"犹当也。"荐",陈也。

"服",行也。"公忠之属",言"属"者,见君子与君子为朋,物各有其类也。"拔出",谓选擢而登之上位。"辑",和也。

"局局然",笑声,今言笑声曰格格,即局局之音也。"軼"同辙。"犹螳螂之怒臂以当车辙",言虽竭其全力,卒无当于帝王之德,此当读去声故曰"必不胜任也"。"自为处危"句,"其观台多"句,"物将往投迹者众"句。"观台",即《周官·太宰》之"象魏",古者县象法之所。"观台多"者,喻言象法之多,如上所云"恭俭"、"公忠"之名皆是。"投迹",谓饰行以投上之所好。《天运篇》曰:"夫迹履之所出,而迹岂履哉?"然则投迹非能践其实者,皆趋名以邀利者耳。此其自为处之所以危也。旧注以"观台"作通常之台观释之,而于"投迹"迹字又率轻轻忽过,宜其误也。

"覤覤",震惊之貌。"汒"同茫。"汒若"犹茫然,谓惑而不明也。"风"即《天下篇》"道术有在于是,闻其风而说之"之风。愿夫子之"言其风",欲闻季彻之所称述也。

"摇荡"犹鼓舞也。"贼心",谓如不公不忠以及饰行趋名之心,皆贼其本性者,故曰"贼心",篇末云"趣舍滑心,使性飞扬",正谓此也。"独志",则脱出于贼心之上者。"无"与"为"对,故谓之"独"。贼心之灭,即"独志"之进。"举"与皆,一也。"若性之自为",顺性之自为也。"不知其所由然",与孟子言"民日迁善而不知为之者"意同。"兄"同况,比也。"弟",古次第字。"溟涬"即《在宥篇》之涬溟,谓一气无别也。"岂兄尧、舜之教民,溟涬然弟之"者,言不比尧、舜之教民于本无分别之中,而为之次第其高下也。此对上"拔出公忠之属"及"民孰敢不辑"而言。公忠之属与民既已不齐,曰"拔出",曰"孰敢不辑",又显有差等,故有"弟之"之言。不知人本同德,何分高下!齐而视之,则无有不公,区而别之,即偏私以起,故进曰"欲同乎德而心居矣"。"居"者,止其所而不迁也。摇荡者启其新机,居止者复其本位,圣人之作用如是而已,岂能于人之德性有所加损哉!

子贡南游于楚，反于晋，过汉阴，见一丈人方将为圃畦，凿隧而入井，抱瓮而出灌，搰搰然用力甚多，而见功寡。子贡曰："有械于此，一日浸百畦，用力甚寡，而见功多。夫子不欲乎？"为圃者卬而视之曰："奈何？"曰："凿木为机，后重前轻。挈水若抽，数如泆汤，其名为槔。"为圃者忿然作色，而笑曰："吾闻之吾师：'有机械者必有机事，有机事者必有机心。机心存于胸中，则纯白不备；纯白不备，则神生不定；神生不定者，道之所不载也。'吾非不知，羞而不为也。"子贡瞒然惭，俯而不对。

有间，为圃者曰："子奚为者邪？"曰："孔丘之徒也。"为圃者曰："子非夫博学以拟圣，於于以盖众，独弦哀歌，以卖名声于天下者乎？女方将忘女神气，堕女形骸，而庶几乎！而身之不能治，而何暇治天下乎？子往矣，无乏吾事！"子贡卑陬失色，顼顼然不自得，行三十里而后愈。

其弟子曰："向之人何为者邪？夫子何故见之变容失色，终日不自反邪？"曰："始吾以为天下一人耳，不知复有夫人也。吾闻之夫子：'事求可，功求成。用力少见功多者，圣人之道也。'今徒不然。执道者德全，德全者形全，形全者神全，神全者，圣人之道也。托生与民并行，而不知其所之，汒乎淳备哉！功利机巧，必忘夫人之心。若夫人者，非其志不之，非其心不为。虽以天下誉之，得其所谓，謷然不顾；以天下非之，失其所谓，傥然不受。天下之非誉，无益损焉。是谓全德之人哉！我之谓风波之民。"

反于鲁，以告孔子。孔子曰："彼假修浑沌氏之术者也，识其一，不知其二；治其内，而不治其外。夫明白入素，无为复朴,体性抱神,以游世俗之间者,女将固惊邪?且浑沌氏之术,予与女何足以识之哉!"

此节与《论语》所记长沮桀溺、荷蓧丈人,颇相类而主旨不同。此于汉阴丈人极尽其褒美之辞,不独子贡赞之,孔子亦推之,盖意在表浑沌之德,申治身之要,故不惜屈孔子以扬其人。所谓寓言十九,贵在得意忘言,不得便作实事实论观也。自郭子玄不明此意,误解"假修""假"字,遂有假浑沌、真浑沌之说,而以子贡之迷没于丈人,比之于列子之心醉于季咸。其于推尊孔子则是矣,然而非庄子之旨也。惟宋道士罗勉道《庄子循本》解后段孔子之言所谓"明白入素,无为复朴,体性抱神,以游世俗之间者",即是指汉阴丈人。细详上下文义,罗解实过于郭。又下文云:"且浑沌氏之术,予与女何足以识之哉!"与《齐物论》长梧子之答瞿鹊子曰:"是黄帝之所听荧也,而丘也何足以知之!"虽一出孔子自言,一出长梧子之论,其文其义,正复相同,安得以"何足识之"为薄之之辞哉!故兹依《循本》之辞,更为诠释如下。

"汉阴",汉水之阴也。水南曰阴。"圃"即《论语》老农老圃之圃,今所谓菜园也。圃下加畦字者,分圃为若干畦,中间作沟以通水,为下抱瓮出灌而发也。"隧",道也。"瓮"亦作甕,字同,汲水器也。"搰搰"同淈淈,读如汩汩。焦氏《易林》"涌泉滑滑",即汩汩也。水自瓮中出貌,字不从水而从手者,为其抱瓮而灌,故从手以表之。周秦古书用字往往如此,是所谓转注也。旧注云"用力貌",失之。"有械于此","械",器也。"浸"亦灌也。《逍遥游》云:"时雨降矣,而犹浸灌。"浸灌联用,知其义同矣。"夫子不欲乎?"夫子称丈人也。"卬"即仰字。曰仰而视之者,抱瓮以灌,身正俯也。"机",械之巧而能自动者。"挈水"谓提水而出之。"若抽",若引也。"抽",司马、崔氏二本并作"流"。流、引义亦相近。"数"音朔,疾速也。"泆"一作溢。"汤"一作荡。字并通。"数如泆汤",言其速如水之自涌溢而荡决也。旧注有解作如汤之沸溢者,《循本》亦从之,大非也。"槔",桔槔,本亦作橰,橰即桔槔之合音。《曲礼》:"奉席如桥衡。"郑注云:"桥,井上絜皋。"絜皋即桔槔也。

"忿然作色"句。"而笑",乃笑也。先作色而后乃笑,是两层。旧连读亦非也。"吾师"特托辞。丈人不必有师,即有师亦不知何人。《释文》云:"吾师谓老子。"附会,不足信也。"机械",机巧之械。"机心",机巧之心。"纯白不备",谓心本纯白,有此染污,遂损缺之也。"神生不定",神之生不定也。或读"生"如性。庄书言神者多矣,未有以神与性连言者,殆不然也。"道之所不载",应上"道覆载万物"言,谓道所屏弃也。"羞而不为",耻其为机事机心,故不为也。孟子亦曰:"为机变之巧者,无所用耻焉。"盖机巧能利人,即能害人,而在当时,以之利人者少,用之害人者多,故圣哲之士每为危之,欲以杜人之贼心而启其愧悔,亦应时之药言也。"瞒",目睑低也。人惭则视下,故曰"瞒然惭"。旧云"惭貌",未尽也。

"拟圣",谓比于圣人。"於于","於"音乌,如《史记》"项王喑恶叱咤"之恶。"于"同盱,张目也,如《汉书》"王莽盱衡厉色"之盱。皆盛气貌。司马彪云"夸诞貌",意亦近之而未的也。"独弦哀歌",言其唱而无和,盖皆讥之之辞。"忘女神气",犹上篇鸿蒙之言"吐尔聪明"也。"堕女形骸",犹鸿蒙之言"堕尔形体"也。"而庶几乎",言乃庶几于道。此则教之之辞也。"而"字句。"身"对"天下"言。"乏",空也。空,旷也。"无乏吾事",犹云无旷吾事。"卑陬",局踖不安也。处卑处陬,皆有局踖之形。"项项",头低垂也。《说文》:"头项项,谨貌。"谨则非昂头,故知为低垂也。"不自得",不自适也。"愈"犹复也。下云"不自反","反"亦复也。

"天下一人"谓孔子。"夫人"犹此人,谓丈人也。"今徒不然","徒",但也,谓但今不然。"但今"而言"今但",犹"乃今而后"言"而后乃今",古人语法往往不必与后世同也。前篇曰"抱神以静、形将自正",先神而后形,此曰"形全者神全",乃先形而后神者,对前"神生不定"言,此固以神为主也。"托生与民并行",谓与凡民无别。"而不知其所之",谓莫测其所至,则与凡民不同也。"淳备"即纯白之备,改言

"淳"者,推其本而言之,见其本不得而染污也。"功利机巧必忘夫人之心","忘"同亡,谓是四者不存于其心也。"得其所谓"者,与其所谓相合。"失其所谓"者,与其所谓相反。"所谓",即上"其志"、"其心",犹今言所认识所主张也。"謷",同傲。"謷然不顾",傲而不顾也。"侻",忽也。"侻然不受",忽而不受也。"风波之民",言德不全者无定守,有如风波然也。

"假",《循本》云:"托也。'假修浑沌氏之术',言托于修浑沌之术。'识其一不知其二',专一而无二也。'治其内不治其外',得乎己自忘乎物也。是丈人者,明白而归诸素,无为而还之朴,体性抱神,以游于世俗者也,赐之学宜不及此,固将惊之矣。"案:《循本》说是也。"将固惊邪",犹云固将惊邪,"邪"者叹辞,非反语。而郭注云"岂必使汝惊哉",已失其语气。王先谦《集解》更引俞樾《平议》之言以证之,谓"固读为胡,固、胡皆从古声,故得通用"。不观其全文,而专于一字上迁就为训,有清一代训诂家,多不免此病,而至末期尤甚。以是涂塞学者耳目,道之入于乖离破碎。每一言及,未尝不为之三叹也。

谆芒将东之大壑,适遇苑风于东海之滨。苑风曰:"子将奚之?"曰:"将之大壑。"曰:"奚为焉?"曰:"夫大壑之为物也,注焉而不满,酌焉而不竭,吾将游焉。"

苑风曰:"夫子无意于横目之民乎?愿闻圣治。"谆芒曰:"圣治乎?官施而不失其宜,拔举而不失其能,毕见其情事,而行其所为,行言自为,而天下化,手挠顾指,四方之民莫不俱至,此之谓圣治。"

"愿闻德人。"曰:"德人者,居无思,行无虑,不藏是非美恶;四海之内,共利之之谓悦,共给之之为安;怊乎若婴儿之失其母也,傥乎若行而失其道也;财用有余而不知其所自来,饮食取足而不知其所自从,此谓德人之容。"

"愿闻神人。"曰:"上神乘光,与形灭亡,此谓昭旷。致命尽情,天地乐而万事销亡,万物复情,此之谓混冥。"

此之"谆芒"、"苑风",犹上篇之鸿蒙、云将,假立姓名,以文为戏,所谓卮言日出者也。"谆芒"者,云气。李云:"望之谆谆,察之芒芒,故曰谆芒。"是也。"芒"一作汒,并与茫同。"大壑",谓海也。"苑"有长养义。"苑风",长养之风,谓东风也。"注焉而不满"二语,见《齐物论》。彼云"此之谓天府",然则大壑犹天府之比矣。

"横目之民",谓人。"横"同衡。衡目,两目平生也。"圣治"、"德人"、"神人",虽分三问而意实贯通,不独意相贯通,亦即理无二致。于"圣治",曰"天下化",曰"四方之民莫不俱至"。于"德人",曰"四海之内共利之之谓悦,共给之之为安"。于"神人",曰"万事销亡,万物复情"。其言始终不离天下万物,此与《中庸》言"能尽其性则能尽人之性,能尽人之性则能尽物之性,能尽物之性则可以赞天地之化育"者,宁有异乎？特《中庸》混言之,此则分言之耳。故在说"圣治"中,最要一语曰"毕见其情事"。在说"德人"中,最要一语曰"不藏是非美恶"。在说"神人"中,最要一语曰"致命尽情"。"尽情"即毕见情事之充类至尽,而"致命"则不藏是非美恶之盛德极功也。自来解《庄子》者,专在无为、自化上著眼,而不知无为之中正有无限工夫在,故于是不得不一阐发之。

"手挠"犹手麾也。"顾指"犹目指也。手麾目指,四方之民莫不俱至,如帝舜之"从欲以治,四方风动"。见《古文尚书·大禹谟》从欲者,非从其欲,乃从四方之欲也,是故"毕见其情事而行其所为",亦见天下之情事而行天下之所为,如是,天下安有不化！四方之民安有不至者哉！

然欲见天下之情事,行天下之所为,必自虚己、无己始、故于"德人"曰:"居无思,行无虑,不藏是非美恶。"无思无虑,乃无分别见之谓,非不用心之谓也。此与"不藏是非美恶"正是一连贯事,不得作两截看。"四海之内共利之之谓悦,共给之之为安",谓为一义。"给",足也。共利、共给,是乃见天下情事、行天下所为之本心,故以是为悦、为安也。"怊乎"以下,则是摹写"德人"之容之言。"怊"与惆一声之转。"怊乎"犹怅然也。"傥乎"已见上。若婴儿失母、行而失道,皆言其栖栖皇皇,忧天下之甚,与《史记·孔子世家》郑人对子贡言"孔子累累若丧家之狗"意全相同。盖既以四海共利为悦、共给为安,其有不得,自不免于忧苦彷徨也。"财用有余",与"饮食取足"对文。"取足"犹言粗足、才足。"从"上各本无"自"字,惟焦竑《庄子翼》有之。"自来"与"自从"亦对文,于义当有,故从焦氏本补入。此言有余才足皆不问其所从来。盖志在四海,自不以一己之贫富享用为意也。

"上神乘光","光"即《庚桑楚篇》所云"生者德之光也"之光。"乘光"犹言乘神,《养生主》所谓官止而神行者也。不言神而言光者,于文不得曰"上神乘神"也。"与形灭亡"者,"形"谓物形。物过而神敛,是光与形俱灭也。《应帝王》曰"圣人之用心若镜,不将不迎,应而不藏,故能胜物而不伤","与形灭亡"即"应而不藏"之意,实则神无灭无亡也。"昭旷"旧作照旷。姚鼐《庄子章义》云:"晋人讳昭,皆书作照。"是也。"昭"者明也。"旷"者空也。明而空,空而明。光如是,神亦如是,故曰"此谓昭旷"。"昭旷"与下"混冥"一例,皆叠用状辞,作昭为合,故改正。"天地乐"者,即下《天道篇》所云"与天和者谓之天乐",言其与天地和也。"万物销亡",言无事也。"万物复情",言万物各还其本,各得其所也。"混冥"即"大同乎涬冥"之谓。"混"言同也,同则冥矣,故曰"混冥"。

门无鬼与赤张满稽观于武王之师。赤张满稽曰:"不及有虞氏乎!故离此患也。"门无鬼曰:"天下均治,而有虞氏治之邪?其乱而后治之与?"赤张满稽曰:"天下均治之为愿,而何计以有虞氏为！有虞氏之药疡也，秃而施髢，病而求医。孝子操药以修慈父，其色燋然，圣人羞之。至德之世，不尚贤，不使能；上如标枝，民如野鹿；端正而不知以为义，相爱而不知以为仁，实而不知以为忠，当而不知以为信，蠢动而相使不以为赐。是故行而无迹，事而无传。"

此承上均利、均给以至混冥之文，而假赤张满稽之言，以益畅其义也。"不及有虞氏"，言其生也后，不逮虞舜之盛也。"离"同罹，遭也。"此患"，即指武王征伐之师。征伐必有杀伤，故曰"患"也。"天下均治"至"乱而后治之与"，为无鬼问辞。"与"读如欤。

郭注云："言二圣俱以乱故治之，则揖让之与用师，直是时异耳，未有胜负于其间也。"此大失庄意。若然，则"不及有虞氏"之叹，岂妄发者邪？盖满稽前言乃即事论事之辞，后则所谓理想之语，故曰"天下均治之为愿"。观一"愿"字，其意可知。宣颖《南华经解》谓满稽因无鬼之言而乃悟，亦非也。

"何计以有虞氏为！"言未尝计虞氏而以为至也。"药疡"，"药"为动字，言下药治病也，与疗同。"疡"，身创也。有疡而后用药，是乱而后待治也，故又设喻以明之，曰"秃而施髢，病而求医"。"髢"，髪也，字同鬄，以其剔罪人之发以为之，故曰鬄，以其用之被于发上，故曰髢。《诗·鄘风·君子偕老》之篇曰："鬒发如云，不屑髢也。"是发美者不用髢，故此云"秃则施髢"。"秃"，发稀少也。"病而求医"，犹之秃而施髢，是求医非得已也，故"孝子操药以修慈父，其色燋然"。"修"借作羞，进也。"燋然"，憔悴貌。忧父之疾致然，如此可谓孝矣。然而圣人羞之者，为其不能养亲使不病也。"羞之"，耻之也。此喻均治则不待治，以起下文。

"不尚贤"，人均贤也，何贤之足尚？"不使能"，人皆能也，何能之当使！"上如标枝"，"标"，末也。标枝在木，未见其尊。"民如野鹿"，鹿在于野,亦未见其不自足也。义而不知以为义,仁而不知以为仁,忠而不知以为忠,信而不知以为信,蹈其实而忘其名也,相使不以为赐,同乎物而忘乎己也。先言"蠢动"者,谓如豸虫之动,信天而行,《庚桑楚篇》所谓"惟虫能虫,惟虫能天"也。"行而无迹",即上之所谓"昭旷"。"事而无传",即上之所谓"混冥"。"无传"者,无可传述于后,盖无得而称之意,非如郭注所云"各止其分,故不传教于彼"也。

孝子不谀其亲,忠臣不谄其君,臣子之盛也。亲之所言而然,所行而善,则世俗谓之不肖子;君之所言而然,所行而善,则世俗谓之不肖臣。而未知此其必然邪?世俗之所谓然而然之,所谓善而善之,则不谓之道谀之人也。然则俗故严于亲而尊于君邪?

谓己道人,则勃然作色;谓己谀人,则怫然作色。而终身道人也,终身谀人也。合譬饰辞聚众也,是终始本末不相坐。垂衣裳,设采色,动容貌,以媚一世,而不自谓道谀;与夫人之为徒通是非,而不自谓众人,愚之至也。

知其愚者,非大愚也;知其惑者,非大惑也。大惑者,终身不解;大愚者,终身不灵。三人行而一人惑,所适者犹可致也,惑者少也;二人惑,则劳而不至,惑者胜也。而今也以天下惑,予虽有祈向,不可得也,不亦悲乎!

大声不入于里耳,《折杨》、《皇荂》,则嗑然而笑。是故高言不止于众人之心,至言不出,俗言胜也。以二缶钟惑,而所适不得矣。而今也以天下惑,予虽有祈向,其庸可得邪?知其不可得也而强之,又一惑也,故莫若释之而不推。不推,谁其比忧!

此伤世俗之说胜而道德之论不见听也,故于篇之将终而痛切言之。举孝子忠臣之不谀不谄以发端者,见严莫严于亲而尊莫尊于君。然而犹有诤臣谏子,而世俗亦知不诤不谏之为不肖也。乃于世俗之议则不然,群起而和之,莫敢相非,而未尝谓之道谀之人,此真天下之惑也。故一则曰"未知此其必然邪?"言责子之于父、臣之于君则然,至其于世俗则不知责之矣。再则曰"俗故严于亲而尊于君邪?"言其视世俗反尊严过于君亲,其非人情也亦甚矣。"道谀"即谄谀。"道"、谄一声之转。"故"与固同。

"勃然"、"怫然",皆怒貌。"作色",动色也。"合譬",《礼》之所谓"雷同"。"饰辞",《礼》之所谓"剿说"。"毋剿说,毋雷同",并见《小戴礼记·曲礼》。"终始本末不相坐","坐"犹因也。谓既有"道人"、"谀人"之实,而不愿受"道人"、"谀人"之名,是终不因始,末不因本,有是理乎?"采色",与《人间世》言"采色不定"之采色同。"设采色",犹云正颜色。"以媚一世",即孟子所云:"同乎流俗,合乎污世,阉然媚于世者。"自孔子恶乡原,而孟子发挥之,庄子此论亦岂有异于孔孟哉!"与夫人之为徒通是非而不自谓众人"十五字连作一气读。"徒通是非",言其仅知是之非之,是非与众人同而不自谓众人,道谀"以媚一世,而不自谓道谀",此二者正属一类,故以之为比而同曰"愚之至也"。愚生于惑,下因言惑。

"终身不灵",终身不悟也。"犹可致",犹可使之至也。"劳而不至",不得其路,故徒劳也。"祈",报也,告也。"向"者方向。"祈向",谓以方向告示人也。"里"同俚。"里耳",谓俚俗之耳。"大声"犹正声,谓雅乐也。"荂"同华,故本一作华。古皇、黄通用。"皇荂"疑即黄华矣。《皇荂》、《折杨》,皆当时俗曲之名。"嗑然",各本作"嗑然",惟《释文》云"本又作嗑"。"嗑",音同哑。《易·震卦》"笑言哑哑",徐锴《说文系传》引作"笑言吃吃",则"嗑然"即《易》之"哑哑吃吃"。"嗑"当是"嗑"之讹字,故兹改从嗑。"高言",谓异乎世俗之言。"至言",则以上各节所论是也。"不出",谓为俗言所蔽不能显出,非不出诸口也。"缶"、"钟"皆乐器。此承上"大声不入于里耳"二句言,钟为雅音,缶则俗乐。李斯《谏逐客书》所云"击瓮叩缶而歌呼乌乌,真秦之声"者也。缶二而钟一,缶足以乱钟,故曰"以二缶钟惑"。《楚辞·卜居》云:"黄钟毁弃,瓦釜雷鸣。"意正略似。《释文》谓"缶钟"应作"垂踵",固非。近人或引《小尔雅》以缶钟为量器,亦不然也。"强之",谓强其必听。强则非因物之道,故曰"又一惑也"。"释之而不推",置之更不推寻也。

"谁其比忧",比如孟子"愿比死者一洒之"之比,_{见《梁惠王篇》}犹言谁其为忧,此似自解之辞,而实则忧世之切,不得已发为慨叹。此老苦心,正当于言外求之也。此一节郭注全误,至谓服物在于从俗,是岂庄旨!明眼人自能辨之,更不待驳。

厉之人夜半生其子,遽取火而视之,汲汲然唯恐其似己也。百年之木,破为牺樽,青黄而文之,其断在沟中。比牺樽于沟中之断,则美恶有间矣,其于失性一也。跖与曾、史,行义有间矣,然其失性,均也。且夫失性有五:一曰五色乱目,使目不明;二曰五声乱耳,使耳不聪;三曰五臭薰鼻,困惾中颡;四曰五味浊口,使口厉爽;五曰趣舍滑心,使性飞扬。此五者,皆生之害也。而杨、墨乃始离跂自以为得,非吾所谓得也。夫得者困可以为得乎?则鸠鸮之在于笼也,亦可以为得矣。且夫趣舍声色,以柴其内,皮弁鹬冠,搢笏绅修,以约其外,内支盈于柴栅,外重缴缴,睆睆然在缴缴之中,而自以为得,则是罪人交臂历指,而虎豹在于囊槛,亦可以为得矣。

"厉之人",有癞疾之人也。"遽",骤也。"汲汲然",急也。"唯恐其似己",恐其亦有是疾也。此三句各本皆连上节释之,不知厉犹骈拇、枝指,皆失性而然,故以此为下文发端,言己失其性,更不欲其子亦尔，而世人乃反以失性为得，是不如厉之人犹为能自知也，意亦与上"知其愚者非大愚，知其惑者非大惑"，遥遥相应。然后知虽上下各自为节，而文仍脉络相通，前所谓天德、圣治，亦但使人无失其性而已。是《庄子》一书之统宗会元也。

"破"犹剖也。"牺樽"，樽之刻为牺牛之形，读如字，今博物馆中犹得见之。"青黄而文之"，加以青黄之文采也。"断"者，断余之木。牺樽于祭器中为最贵，又最华美，故曰"比牺樽于沟中之断，则美恶有间矣"。"失性"，失其木之本性也。"跖与曾、史"，已见上《骈拇》等篇。"行"读去声。外之所为曰行，心之所持曰义，合内外而言之，故曰"行义"。"均"犹一也。此以下皆言人之"失性"，虽列五名，而惟重在"趣舍滑心"。何以见之？下言杨、墨，墨子节用、非乐，其于声色臭味皆所屏斥，是前之四者不足难彼，故知意在第五也。

"五色"，青、赤、黄、白、黑。"五声"，角、徵、宫、商、羽。"五臭"，膻、焦、香、腥、朽。"五味"，酸、苦、甘、辛、咸。并见《礼记·月令》"困"，困苦。"懞"者，臭上冲逆也。"中"读去声。"中颡"，由鼻以中于颡也。旧解"困懞"为刻塞不通，非是。既不通矣，安能上及于颡乎？"浊"谓使口不清。"厉"，病。"爽"，失。失其辨味之能也。"滑"音骨，亦乱义。"趣舍"，或取或舍也。"飞扬"，不守其舍也。"离跂"，阔步，已见《在宥篇》。

"困可以为得乎"，"困"谓困于"趣舍声色"，正逍遥、天放之反，故不可以为得。《养生主》曰："泽雉十步一啄，百步一饮，不蕲畜乎樊中，神虽王，不善也。"故此以鸠鸮在笼为比。"鸠"即《逍遥游》学鸠之鸠。"鸮"即《齐物论》《见弹而求鸮炙》之鸮。鸮亦鸠类。见前《齐物论》注是以鸠鸮连言也。"趣舍声色"，先趣舍而后声色，即此亦可知趣舍为重矣。"以柴其内"，用"柴"字，与言蓬心、蒿目一例，皆以实字作活字用。陆西星《南华副墨》谓"柴"有三义：一者蕴崇，二者错乱，三者梗碍。分析可谓至密。实则"柴内"即上"滑心"之变文，亦言其乱而不安而已。

"皮弁",武冠,以皮为之,清时之瓜皮帽即弁形也。"鹬冠",以鹬羽饰冠。"皮弁鹬冠"非常服,而此云云者,疑墨者之徒服之。墨之后流而为任侠,宜其以武冠为尚也。"笏",手版。"搢",插于带间也。"绅",大带。"修",长也。"约",约束之不得自肆也。"栅"音策,柴之编为篱楄者。"支",支撑。"盈",充满也。"纆"即《骈拇篇》"纆索"之纆。"缴"音皎,谓缴绕也。"纆缴",即上"约"字之张大。"重"读平声,谓加也。"睆",张目也。旧解"睆睆"为穷视貌,正谓遭穷陉而张大其目以视,非云穷其视力也。"交臂",谓缚其手。"历"与枥同。"枥指",谓以木枥其十指也。"槛",圈也,所以捕虎豹者,以其可进而不可出,如囊然,故曰"囊槛"。或以"囊槛"作二物解,非也。

天道第十三

《在宥篇》末节云："何谓道？有天道，有人道。无为而尊者，天道也。有为而累者，人道也。主者，天道也。臣者，人道也。"此篇盖即其义而敷畅之。吾前言庄子不薄有为，观于《天道篇》，当益信。

天道运而无所积，故万物成；帝道运而无所积，故天下归；圣道运而无所积，故海内服。明于天，通于圣，六通四辟于帝王之德者，其自为也，昧然无不静者矣。圣人之静也，非曰静也；善，故静也；万物无足以铙心者，故静也。水静则明烛须眉，平中准，大匠取法焉。水静犹明，而况精神！圣人之心静乎！天地之鉴也，万物之镜也。

夫虚静恬淡、寂寞无为者，天地之平，而道德之至，故帝王圣人休焉。休则虚，虚则实，实者备矣。虚则静，静则动，动则得矣。静则无为，无为也则任事者责矣。无为则俞俞，俞俞者忧患不能处，年寿长矣。

夫虚静恬淡、寂漠无为者，万物之本也。明此以南乡，尧之为君也；明此以北面，舜之为臣也。以此处上，帝王天子之德也；以此处下，玄圣素王之道也。以此退居而闲游，江海山林之士服；以此进为而抚世，则功大名显，而天下一也。静而圣，动而王，无为也而尊，朴素而天下莫能与之争美。夫明白于天地之德者，此之谓大本大宗，与天和者也；所以均调天下，与人和者也。与人和者，谓之人乐；与天和者，谓之天乐。

庄子曰："吾师乎！吾师乎！䪡万物，而不为戾；泽及万世，而不为仁；长于上古，而不为寿；覆载天地，刻雕众形，而不为巧；此之谓天乐。故曰：'知天乐者，其生也天行，其死也物化。静而与阴同德，动而与阳同波。'故知天乐者，无天怨，无人非，无物累，无鬼责。故曰：'其动也天，其静也地，一心定，而王天下；其鬼不祟，其魂不疲，一心定，而万物服。'言以虚静推于天地，通于万物，此之谓天乐。天乐者，圣人之心以畜天下也。"

言帝道、圣道而先以天道者，帝道、圣道皆本乎天也。帝道与圣道分言者，帝固应圣，而圣则不必帝。下文有处上、处下、退居、进为之分，盖谓是也。"运"者，运行。"无所积"，无所滞也。"积"、滞一义，今医家于病人运化不良犹谓之积滞，可见也。上篇云"留动而生物"，而此云"运而无所积，故万物成"，或疑其言为矛盾，不知自物言之，其生也，自是于天命流行之中有所留滞。不然，则物不成。而自天道言之，则终始一运行不息之机，更无停滞。若有停滞，生生之机亦息，何以成物！譬之沤与海水，海自运行，沤自留滞，岂相妨哉！

"辟"同闢。"六通四辟"，谓于帝王之德，无之而不通也。"昧然"，"昧"对"明"言。"无不静"，"静"对"运"言。盖用明者昧，制动者静。故"昧然无不静"上加"其自为也"四字，亦足见昧与静在己，而明动用之于物，非是一味偏主于静也。

"非曰静也"句。"善故静也"句。此与"万物无足以铙心者故静也"一样句法,两"故"字正相对成文。郭象读"非曰静也善故静也"八字作一句。注云:"善之乃静,则有时而动也。"迂曲为说,殊非庄旨。"非曰静也"者,谓圣人之静非若平常之所谓静也云尔。"善"即《应帝王》所云"善者机"之善,亦即《易·乾卦·文言》"元者善之长也"之善,盖根上"运而无所积"说。惟有是生生活泼之机故静,不然,静真成槁木死灰矣。此义甚是紧要,而解者从来失之,可叹也。"铙"借作挠,搅乱也。万物无足以挠心者故静,明静非绝物也。内保生生之机,而外不绝物,于是静乃有体有用。吾故曰非是一味偏主于静。通前后文观之,当知非妄说也。

"烛"犹照也。"中"读去声。"平中准,大匠取法焉",即《德充符》所云"平者水停之盛,其可以为法"者也。"圣人之心静乎"句。"鉴"、"镜"字同。大可以鉴天地,细可以镜万物,两言之,言人知圣人之心之静,而不知其功用乃如此,故以"乎"字喝起下文。庄子之文无一字虚下也。

"恬淡",《刻意篇》作恬惔,"淡"本澹字之省便,以其言心,故亦转而从心,六书所谓转注者是也。一"静"字也而化为"虚静恬淡、寂寞无为"八字者,于其中而分析之,本末始终如是,乃可以尽其蕴也。此观于下文而可知。"休"者止也。"虚则实"者,如镜本无物,而万象毕涵,非"虚则实"乎?"备"各本作伦,陈碧虚《阙误》引江南古藏本作"备","备"与下"得"、"责"字协韵,而与"实"字意亦相承,"伦"、"备"形近易讹,"伦"自是"备"字之误,故兹订作"备"。"实者备",犹实则备。古"者"、则字可通用。实则备,即《天地篇》所云"以道泛观而万物之应备"者也。"静则动"者,如车轴不动,而轮恃以行,非静则动乎?"动则得",即《天地篇》所云"忽然出,勃然动,而万物从之"者也。"任事者责",谓任事者各责其成,即《天地篇》所云"天生万民,必授之职",与夫"官施而不失其宜"者也。"俞"同愉。愉愉即所谓恬淡也。《管子·心术篇》曰:"恬愉无为,去智与故。"彼以恬愉连文,则知愉与恬义一矣。"忧患不能处",谓忧患不能入居其心。《刻意篇》云:"忧患不能入。"或曰入,或曰居,意相通也。

"南乡"犹南面。"乡"同向,故本亦作向。"玄圣",玄默之圣。"素王",素白之王。《孔子家语》齐太史子舆见孔子,退而曰:"天将欲素王之乎!"盖有王者之德,而无王者之位,是之谓素王,犹今云无冕帝王也。"抚世"犹云安世。《说文》:"抚,安也。""无为也而尊",即《在宥篇》所云:"无为而尊者,天道也。""朴素"指道言,老子曰"道常无名"是也。"天下莫能与之争美",言天下之美无有过于道者。"此之谓大本大宗,与天和者也",说道德之体。"所以均调天下,与人和者也",说道德之用。"人乐"者,乐以天下。"天乐"者,乐天知命也,是所谓"俞俞者忧患不能处"也。

"吾师"以下六句,《大宗师篇》有之,以为许由之言,而此作"庄子曰"者,彼许由本托名,许由之言实即庄子之言也。"戾",暴也。彼作"义"。举相对者言,则曰仁义;举相反者言,则曰仁暴。彼末云"此所游已",而此曰"此之谓天乐"。惟游故乐,亦惟乐天而后能游,意亦未始不相通也。"生也天行",与天偕行。"死也物化",与物偕化。"静"、"阴"以体言,故曰"同德"。"动"、"阳"以用言,故曰"同波"。"波"者,播也,播散之于万物也。"无天怨",不怨天。"无人非",不尤人。"无物累",不累于物。"无鬼责",不责报于鬼神。惟不责报于鬼神,故"其鬼不祟"。"祟",祸也。老子曰:"以道莅天下,其鬼不神。非其鬼不神,其神不伤人。"正同此义。惟不累于物,故"其魂不疲"。"推于天地",应上"天地之鉴"言。"通于万物",应上"万物之镜"言。前但言静,而此言虚静者,虚者静之本,所谓虚则静者也。"圣人之心以畜天下"者,天下之大在圣人一心涵育之中,体用不分内外也。

夫帝王之德,以天地为宗,以道德为主,以无为为常。无为也,则用天下而有余;有为也,则为天下用而不足。故古之人贵夫无为也。上无为也,下亦无为也,是下与上同德。下与上同德,则不臣。下有为也,上亦有为也,是上与下同道。上与下同道,则不主。上必无为而用天下,下必有为为天下用,此不易之道也。

故古之王天下者,知虽落天地,不自虑也;辩虽雕万物,不自说也;能虽穷海内,不自为也。天不产而万物化,地不长而万物育,帝王无为而天下功。故曰:"莫神于天,莫富于地,莫大于帝王。"故曰:"帝王之德配天地。"此乘天地,驰万物,而用人群之道也。本在于上,末在于下;要在于主,详在于臣。三军五兵之运,德之末也;赏罚利害,五刑之辟,教之末也;礼法数度,形名比详,治之末也;钟鼓之音,羽旄之容,乐之末也;哭泣衰绖,隆杀之服,哀之末也。此五末者,须精神之运、心术之动,然后从之者也。末学者,古人有之,而非所以先也。君先而臣从,父先而子从,兄先而弟从,长先而少从,男先而女从,夫先而妇从。夫尊卑先后,天地之行也,故圣人取象焉。

天尊地卑,神明之位也;春夏先,秋冬后,四时之序也;万物化作,萌区有状,盛衰之杀,变化之流也。夫天地至神,而有尊卑先后之序,而况人道乎!宗庙尚亲,朝廷尚尊,乡党尚齿,行事尚贤,大道之序也。语道而非其序者,非其道也。语道而非其道者,安取道!

是故古之明大道者,先明天,而道德次之;道德已明,而仁义次之;仁义已明,而分守次之;分守已明,而形名次之;形名已明,而因任次之;因任已明,而原省次之;原省已明,而是非次之；是非已明，而赏罚次之；赏罚已明，而愚知处宜，贵贱履位，仁贤不肖袭情，必分其能，必由其名。以此事上，以此畜下；以此治物，以此修身；知谋不用，必归其天。此之谓太平，治之至也。

故书曰："有形有名。"形名者，古人有之，而非所以先也。古之语大道者，五变而形名可举，九变而赏罚可言也。骤而语形名，不知其本也；骤而语赏罚，不知其始也。倒道而言，迕道而说者，人之所治也。安能治人！骤而语形名赏罚，此有知治之具，非知治之道；可用于天下，不足以用天下，此之谓辩士，一曲之人也。礼法数度，形名比详，古人有之。此下之所以事上，非上之所以畜下也。

前者帝道、圣道并言，此下则专言帝王之德者。圣功之用本在于王道，观内七篇终于《应帝王》亦可知也。"用天下而有余"，无为之至，上与天地精神往来，非徒治一世而已，故曰"有余"。"为天下用而不足"，有为之弊，越尊俎而代庖，非败坏其事不止，故曰"不足"。"不臣"者，失臣之德。"不主"者，失主之道也。"不易之道"，谓世有变迁，而此道则不可改易也。

"落"同络。"络天地"，包天地也。"雕"借作周。周万物，遍万物也。"穷"，极也。极海内，犹冠海内也。然而"不自虑"、"不自说"、"不自为"者，知用一己终不如用天下也。"万物化"，"化"谓化生。"天下功"，"功"谓成功。《荀子·富国篇》亦曰"百姓之力待之而后功"，是功自可作成功用。或据郭注功自彼成，谓"功"下当有"成"字，非也。"驰万物"，"驰"字根上"乘天地"说，盖驱使之义。曰乘曰驰曰用，皆言其榦操自我也，是之谓本，是之谓要。本以御末，故曰："本在上，末在下。"要以挈详，故曰："要在主，详在臣。""要"者纲要，"详"者细目也。

"三军"，周制大国三军，军万有二千五百人。"五兵"，戈、殳、矛、楯与弓矢也。"运",运用。"德之末"者,德不能化而后用兵,故曰"德之末"。赏使民见其利,罚使民知其害,故曰"赏罚利害,五刑之辟"。"辟",致法也。古以墨、劓、剕、宫、大辟为五刑,前四者所谓肉刑,大辟则死刑也。"教之末"者,教所不行而后致法,故曰"教之末"。

"数度"各本作度数,而后"礼法数度,形名比详,古人有之",则作"数度"。考《天下篇》曰:"其明而在数度者,旧法世传之。"亦作"数度"。又曰:"明于本数,系于末度。"是"数"在"度"前甚明,故兹订作"数度"。盖礼别为法,"法出于礼",见《管子·枢言篇》。法别为数,数别为度,此其次也。"数"者差等。《天下篇》云:"其数一二三四,百官以次相齿。"是也。"度"者制度。《易·节卦象传》曰:"节以制度。"节者,节约之使各不侵越也。后文于"形名"之前,言"分守",即"分"与"数"相当,"守"与"度"相当,此又其别也。

"形名"详后。"比详"者,比校而推详之。后文于"形名"之下言"因任原省",是皆比详之类也。曰"治之末"者,此皆治之具,而非治之道,故为"末"也。"羽旄",舞者所执。舞有进退俯仰之容,故曰"羽旄之容"。《乐记》曰:"乐者非谓黄钟大吕、弦歌干扬也,乐之末节也。"与此说同。彼言干扬,扬,斧也。武舞所执。此言"羽旄",则谓文舞也。"衰"同缞,丧服也。"经"有首经、腰经之分。腰经,象带。首经,象冠而缺顶,与缞同,皆制以麻。"隆杀之服","隆"谓加隆。《荀子·礼论》云:"至亲,以期断,何以三年也?曰:加隆焉尔也。""杀"谓降杀,视亲疏之等而服丧,至今乡里犹有"五服之亲"之语,即谓是也。五服者,斩衰、齐衰、大功、小功、缌麻,其详在《仪礼·丧服传》。"哀"者,丧礼主哀也。"末学"即指前"德之末"以下五者之学,而以治之末为主。故后于"礼法数度,形名比详"更详论之。"圣人取象",取尊卑先后之序,以为治本也。

"神明之位","神"属天言,"明"属地言。《天下篇》曰:"神何由降?明何由出?"神言"降",属天可知。明言"出",属地可知。故"神明"者,天神而地明。"明"之为言盛也。上云"莫神于天,莫富于地"。"明"、

"富"皆盛义也。"化作"犹言化生。"萌区","区"同句,读钩,句、区一声之转。《月令》"季春之月,句者尽出,萌者毕达。"注云:"句,屈生者。"是也。"有状",言形状各不同。"盛衰之杀",谓由盛而衰,其降以渐。"变化之流",总上三句言。"流"犹行也。宗庙所以合族,故"尚亲"。朝廷所以序爵,故"尚尊"。乡党所以事老,故"尚齿"。"行事",不言地而言事者,无往而非事,即无往而非尚贤。前三句为宾,此则主也。孟子亦曰:"天下有达尊三:爵一,齿一,德一。朝廷莫如爵,乡党莫如齿,辅世长民莫如德。"德即贤也。孟子不言亲者,亲亲尊尊,名义各殊,以达尊言,故不及亲也。"语道而非其序",则乱,故曰"非其道"。"语道而非其道",则妄,故曰"安取道"。"安取道"者,非道不可取。道而妄,则不可用也。

"先明天而道德次之"者,道德本乎天也。"道德已明而仁义次之"者,仁义出乎道德也。"仁义已明而分守次之"者,有仁义而后有礼法,分守生于礼也。"分守已明而形名次之"者,如有道德仁义、礼法分守种种之形,斯有道德仁义、礼法分守种种之名。言"形名",犹言名实也,故公孙龙有《名实论》,而尹文著书,则称形名。其在当时,或曰形名,或曰名实,一而已矣。形名既彰,各有责成,因而任之,不为牵制,是曰"因任"。上云"无为也,则任事者责矣",任事者责,即所谓因任。循名考实,月比岁校,原情省功,无所假借,是曰"原省"。原省皆察也。名实当者是,名实违者非,是为是非。是于是有赏,非于是有罚,是为"赏罚"。"处宜",处得其宜。"履位",履当其位。"袭",合也。"情",实也。"袭情",谓合于其实也。"必分其能",人各有能,不能兼也。"必由其名",能各有名,不容混也。"知同智谋不用",无相虞诈也。"必归其天",返于淳朴也。"此之谓太平"者,必如是而后谓之太平也。

"书",时所传之书。"有形有名",书之言也。九者之中独断自形名而言之者,形名之说为名法家所乐道。针对名法之弊,故于此尤致意焉。"古人有之",亦因名法家言而姑为是说,言古人未尝不知此事,非谓古人已有此名也。故有以"书曰"。上"故"字连下"书"字，释为"古书曰"者，不敢苟同也。"五变而形名可举，九变而赏罚可言"，名法之弊，至专以赏罚驱使天下，故于形名之后又更提赏罚也。司马迁《史记·老庄申韩列传赞》曰："申子卑卑，施之于名实。申不害也。韩子引绳墨，切事情，明是非，其极惨礉少恩。韩非也。"虽其论申子为庄书所不道，而韩非更在庄子之后，然以施于名实为卑，明是非之极则惨礉少恩，实有合于庄子此章之意。盖迁之父谈尝习道论于黄子，迁承其父之学，固宜其能见及此也。今录迁说，自非注书之体，然以是见庄之意在贬斥名法，亦未为无助也。"骤"犹遽也。"迕"，逆也。"人之所治"，谓只可受人之治。"治"读平声，下"治人"之治亦同。"辩士"指名家言。"一曲"犹一端一隅，谓不能见其全也。余文义可明，更不作释。

昔者舜问于尧曰："天王之用心何如？"尧曰："吾不敖无告，不废穷民，苦死者，嘉孺子，而哀妇人。此吾所以用心也。"舜曰："美则美矣，而未大也。"尧曰："然则何如？"舜曰："天德而出宁，日月照而四时行，若昼夜之有经，云行而雨施矣。"尧曰："胶胶扰扰乎！子，天之合也；我，人之合也。"夫天地者，古之所大也，而黄帝、尧、舜之所共美也。故古之王天下者奚为哉？天地而已矣。

此承上"明此南乡尧之为君，明此北面舜之为臣"而言，见舜在臣位，而实有君德，尧之禅让，为能得其人也。舜问用心，不曰帝王而曰"天王"者，表王道本于天道，且为下"天德"、"天合"发端也。

"敖"同傲。"无告"即穷民。孟子曰："天下之穷民而无告者。"以其无告，则易于傲，故曰"不傲无告"。以其穷，则易于废，故曰"不废穷民"。"废"谓阁置而不理也。不傲则将有以教之，不废则将有以养之。不言教养，而但曰不傲不废者，以舜问用心，故答亦及于用心而止也。

郭注以无告为顽民，意谓无可教告，非也。"苦死者"，苦谓哀苦之。"嘉孺子"，"嘉"谓善爱之。"哀妇人"，"哀"谓矜怜之也。举穷民、死者、孺子、妇人为言者，于无告者而犹若是，则他人可知，非谓用心仅在于四者也。

"天德而出宁"，以天德而出宁也。"出宁"与《易·乾卦象传》言"首出庶物，万国咸宁"同。"宁"，安也。舜曰"未大"，"大"何在？"大"正在首出咸宁。郭注云"与天合德则虽出而静"，以宁为静，亦非也。"日月照而四时行，若昼夜之有经"，于《乾象》则"大明终始"一语尽之。"云行雨施"，亦《乾象》中语。然则此所谓"天德"，一乾德而已。庄子之学本于《易》，是亦一证也。

"胶胶扰扰"，言向之用心之过也。"胶胶"则非善，"扰扰"则非静也。"子，天之合"，言其合于天。"我，人之合"，则合于人而已。尧、舜之问答止此。以下则所以结上三节之文。"所大"谓所称大。老子曰："天大、地大、王亦大。"故王者法天地。

孔子西藏书于周室。子路谋曰："由闻周之征藏史，有老聃者，免而归居。夫子欲藏书，则试往因焉。"孔子曰："善。"往见老聃，而老聃不许。于是翻十二经以说老聃。中其说，曰："太谩。愿闻其要。"孔子曰："要在仁义。"老聃曰："请问：仁义，人之性邪？"孔子曰："然。君子不仁则不成，不义则不生。仁义，真人之性也。又将奚为矣？"老聃曰："请问：何谓仁义？"孔子曰："中心物恺，兼爱无私，此仁义之情也。"老聃曰："意，几乎后言！夫兼爱不亦迂乎！无私焉，乃私也。夫子若欲使天下无失其牧乎？则天地固有常矣，日月固有明矣，星辰固有列矣，禽兽固有群矣，树木固有立矣。夫子亦放德而行，循道而趋，已至矣。又何偈偈乎揭仁义，若击鼓而求亡子为？意，夫子乱人之性也！"

此为"道德已明而仁义次之"句作诠释也。周为当时共主，列国兵争之所不及，藏书于周，可以免于毁灭，孔子所以有西而藏书周室之意也。"子路"，孔子弟子仲由。"谋"，谋其所因也。"因"者，因之以通于其执事者。古者无因，则不得通焉。"征"犹典也。"征藏史"，典守藏室之史也。《史记·老子列传》言聃为守藏室之史，与此正同。此"藏"读去声，谓藏书之所。"免而归居"，已解免史职而归居于家也。"老聃不许"，不允为之通也。"翻十二经以说老聃"句，"说"如游说之说，音税。"说"者，欲说而服之，俾知其有可藏者存也。旧于"说"字句绝，非也。

"十二经"，旧注有三说：一曰《诗》、《书》、《礼》、《乐》、《易》、《春秋》六经加六纬合为十二经。案六经之名见于《天运篇》，未尝兼纬而谓之十二经也。纬之名至汉始有之。诸子之书皆言六经，未有六纬之说。则此一说不可从。一曰《易》上下经并十翼为十二。若然，则是一《易》也。但言翻《易》以说可矣，无为张大之而曰十二经。则此一说尤不可从。一曰《春秋》十二公经也。吾今从此说。一，《诗》、《书》、《礼》、《乐》、《易》皆旧籍，聃之所知，不待孔子为之陈述，惟《春秋》为孔子所作，聃或有未尽晓者，故翻以说之。二，孔子作《春秋》，曰："吾欲托之空言，不如见之行事之深切著明也。"庄子亦曰："《春秋》经世，先王之志。"见《齐物论》此篇论帝道王德而及于礼法数度、形名比详，则翻《春秋》以说，于一篇之旨为合。以是二义，故知第三说为优矣。

或曰：孔子问礼于老聃，在未相鲁之先，而《春秋》绝笔于获麟，去夫子之卒才两年耳。老聃虽老寿，计其时殁已久矣，安得有以《春秋》说老聃之事？曰：是固寓言也。岂特此为寓言，即《天运篇》孔子谓老聃"丘治《诗》、《书》、《礼》、《乐》、《易》、《春秋》，以奸七十二君"者，亦寓言也。顾虽寓言，亦必忠于事实，言之成理。以其近于事理者求之，则舍夫《春秋》十二经之说，固未有能胜之者也。且"翻"者绅绎之谓。执《春秋》以通《诗》、《书》、《礼》、《乐》、《易》，合《诗》、《书》、《礼》、《乐》、

《易》以说《春秋》，皆可谓之翻也。然则"西藏书"者，所藏为六经。说老子者，所说为《春秋》。两义亦可兼备。与《天运篇》之言六经不相背触，其非前二说所可比拟，断断然矣。此予所以独采第三说也。

"中其说"者，孔子之说谗（整理者按：谗，或当作缞）及半也。"谩"字从曼。曼，长也。《诗·鲁颂》"孔曼且硕"，毛传："曼，长也。""太谩"者，嫌其说之太长，是以"愿闻其要"也。"仁"，春也，本以生物。"义"，秋也，本以成物。而此言"不仁则不成，不义则不生"者，生成互相为用，错综之以见仁义之不可分，而同出于一性也。"又将奚为"者，言舍仁义无为也。

"中心"与"物恺"对文。"中心"以心言，"中"者言其不偏。"物恺"以物言，"恺"如"恺恻"之恺，言其于物常怀恺恻，惟恐伤之。旧注训恺为乐，非也。"兼爱"承"物恺"说。"无私"承"中心"说。"仁义之情"者，谓仁义之实也。

"意"同噫。"几乎后言"，几于失言也。"后言"何以谓失言？后者不及之义。言而过，失言也。言而不及，亦失言也。以兼爱为"迂"者，"迂"，远也。本无有不爱，何取于言兼爱？言兼爱则有兼之所不至者矣。是已落第二义，故曰远也。"无私乃私"者，既以无私为言，则有不合于我所者，皆将以无私责之。而私与无私对立，是于大公之中自生畛域。畛域者，正私之所由起，故曰"无私乃私"也。"牧"，养也。养者养其性，故"无失其牧"，亦即谓无失其性之常然者也。"放德而行"，任德而行也。"循道而趋"，遵道而趋也。"已至"者，不言仁义而仁义已至也。"偈偈"，用力貌。"揭仁义"，谓举仁义之名以号召于天下。比之于"击鼓而求亡子"者，"亡子"，逃人也。击鼓求之，则闻鼓声而愈逃愈远耳。故由道德而仁义，其势也顺；由形名而仁义，其势也逆。老、庄之掊击仁义，盖欲破仁义之名，以返仁义之实。是不可不知也。

"为"各本作焉。案："何"、"为"二字相呼应，书中如此者甚多，为、焉形近，是以讹舛，其迹甚显，兹特改正。"乱人之性也"，犹云乱人之

237

性耳。盖针对上"仁义,真人之性"句而发。

士成绮见老子,而问曰:"吾闻夫子,圣人也。吾固不辞远道,而来愿见;百舍重趼而不敢息。今吾观子非圣人也。鼠壤有余蔬,而弃妹,不仁也。生熟不尽于前,而积敛无崖。"老子漠然不应。士成绮明日复见,曰:"昔者吾有刺于子,今吾心正却矣,何故也?"老子曰:"夫巧知神圣之人,吾自以为脱焉。昔者子呼我牛也,而谓之牛;呼我马也,而谓之马。苟有其实,人与之名而弗受,再受其殃。吾服也恒服,吾非以服有服。"士成绮雁行避影,履行遂进,而问修身若何。老子曰:"而容崖然,而目冲然,而颡頯然,而口阚然,而状义然。似系马而止也。动而持,发也机,察而审,知巧而睹于泰,凡以为不信。边竟有人焉,其名为窃。"

"士成"姓,"绮"名。"老子",老聃也。不曰来见,而曰"来愿见",表其向慕之切也。"舍"如字,止舍也。古者行三十里(或三十五里)而一止舍,则"百舍"三千余里也。"趼",足生胝也,今俗云鸡眼,即"趼"之缓读。一作茧,则假借字也。"重"读平声,厚也。"鼠壤",鼠穴口土也。"余蔬",鼠所窃食而弃于穴外者。言老子畜蔬之富如此,而"弃妹"不养,故谓之"不仁"也。

"妹",女弟。郭注云"无近恩,故曰弃",是也。《释文》引刘熙《释名》云:"妹,末也。"以"妹"为末学之徒,谓"当慈诱,乃见弃薄,是不仁之甚"。案《释名》云"妹,末也"者,见"妹"有末义,非"妹"即末也。且即曰末矣,何以见为末学之徒?《释文》之说牵强不可通,甚明。或乃径以末为抹杀,而连"弃"释之,谓弃抹余蔬而不惜,所以为不仁。吴彤说如此夫弃抹余蔬不惜,特细过耳,何为即加以不仁之名?且下云"积敛无崖",方责其聚而不知散,安得有弃抹之事!其不通殆又过于《释文》矣。又有读"妹"为昧者,如成玄英疏解作暗昧之徒,王先谦《集解》则解作散弃而佯不知,其谬亦与前等。推诸家所以宛转曲折作如是解者,不过以为老子之圣不当有弃妹之事耳。不知弃妹出之士成绮之口,其间岂无误会?而老子不辩,且曰:"苟有其实,人与之名而弗受,再受其殃。"亦若有难言之隐者。大抵古人所见不同,虽在骨肉之间,不欲强合,若陈仲子避兄离母,处于於陵。其兄夫岂甚不肖者?见《孟子》屈平好修不变,而女嬃申申詈予,既不为之讳,嬃亦殆非寻常女子也。见《离骚》以是言之,即安知非妹弃聃而聃甘受弃妹之名而不辞?又何取于讳哉!

然郭注亦有误者。"鼠壤有余蔬"句,乃以翻起弃妹之文,而注云言其不惜物,于是一事分作两截。后之解者以弃末连文,即未始不由此发其端,而不知"而"字语气一转,乃以两层并为直下,皆不察全文之过也。

"生熟不尽于前",仍承上"蔬"字说。"积敛无崖",无崖犹无涯,谓已有余而仍敛之无已也,又反复言之者。"蔬",司马彪读作糈,曰"糈,粒也"。注家亦有从之者,以为言糈与后"生熟"字较合,又谷粒于生活为重,不若蔬之轻也。然此文盖以轻见重,蔬且有余,谷之多不言可知。改字殊无义,故兹仍读依本文,以见聃之弃妹而不养,实以惜财之故。盖老氏本主俭主啬,因得以是坐其罪耳。

"漠然不应",于"不应"上著"漠然"二字,不仅见聃之不介意于绮言,亦以表聃胸中虚而无物。上文所谓"虚静恬淡、寂漠无为"者,并于此二字尽之。绮之心能正却者,全因为此气象所感动,未可轻易放过也。

"却",退也。"正却"者,言昔者疑刺之心已退听也。"脱"犹免也。以绮前儗之为圣人,故曰"夫巧知神圣之人,吾自以为脱焉"。此即《消摇游》"圣人无名"之意,而于"神圣"之上加"巧知"二字者,明其为巧知之属,果不足重也。"呼我牛也而谓之牛,呼我马也而谓之马",即《应帝王》"一以己为马,一以己为牛"之意。"而"犹"则"也。言呼我牛则应之牛,呼我马则应之马也,实指弃妹之事说。"人与之名","名"指不仁之刺说。"再受其殃"者,弃妹已一殃,不受不仁之名又一殃。"殃"者咎也。"服",郭注云:"容行之谓也。"是也。"吾服也恒服"二句,答绮"何故"之问。绮之问感于"漠然不应",故告之吾之漠然之容之行乃恒常如是,而非以有所服而为是也。郭注云:"有为为之,则不能恒服。"以"有服"为有为为之,亦是也。惟云"不以毁誉自殃,故能不变其容"。专在毁誉上说,则不免失之于浅。若惟因不受毁誉而不变,是则犹出于有为,而非恒服之道也。

"雁行避影",侧身斜行也。"履行遂进",蹑眰之后而卒进也。或以"履行"为不脱履而行,非也。复见请问之时,便已升堂入室就席,岂容此时尚未脱履耶?"而问修身"者,退而返求诸己身也。

"而",汝也。"崖然"犹岸然,不自下也。"冲然",光暴,不内敛也。"颡"已见《大宗师》"其颡颡"注。此谓之"颡然"者,无其实而有其貌,故曰"然"也。"阚"如《诗·大雅·常武》"阚如虓虎"之阚,故郭注云:"虓豁之貌。"言常欲张动,口容不止也。"口容止",为《礼记·玉藻篇》文。"义然"亦见《大宗师》,是即《春秋公羊传》所谓"义形于色"者也。以上分说。"似系马而止也"以下,乃总说。《在宥篇》曰:"偾骄而不可系者,其惟人心乎?"既已偾骄,如何可系?此曰"似系马而止",亦只见其强系强止而已。故曰"动而持,发也机"。言本动而持之,其发也如机在括,时欲跃然上之。"崖然"、"冲然"是种种者,皆此机之发露者也。推是病之由,坐在"察而审,知巧而睹于泰"。老子之书曰:"俗人察察,我独闷闷。"又曰:"弃知绝巧。"本云:"绝圣弃知,绝巧弃利。"此合而一之。盖"察"者,知巧之所由生,而知巧亦即察察之所积。知巧与察,乃修身学道之大忌,故以是卒言之。"审",悉也,审则是非明而责人苛。"泰",骄泰,泰则己见深而偏信易。故又结之曰"凡以为不信"。"不信"者,不诚也。凡非性命之本然,皆虚妄而非诚实者也。抑泰不曰泰,而曰

"睹于泰"者,泰必外见。上云"发也机",机之发即皆泰之睹也。

"边竟有人焉,其名为窃","竟"同境。守边之人主于窥视,故谓之"窃"。"窃"有私义,亦有浅小义。《齐物论》云"窃窃然知之"是也。窥觇之智,必私必浅,故以是为喻,欲其自为体勘焉。

夫子曰:"夫道,于大不终,于小不遗,故万物备。广广乎,其无不容也;渊渊乎,其不可测也。形德仁义,神之末也,非至人孰能定之!夫至人有世,不亦大乎,而不足以为之累;天下奋棅,而不与之偕;审乎无假,而不与利迁;极物之真,能守其本;故外天地,遗万物,而神未尝有所困也。通乎道,合乎德,退仁义,宾礼乐,至人之心有所定矣。"

"夫子",孔子也,说见前《天地篇》注。各本有作老子曰者,盖用成疏"庄子师老子,故称夫子"之言而改,非其本也。于此引夫子之言者,盖一以结篇中先道德而后仁义之文,一以起下道不在形色名声之论。或疑上孔子对老聃曰"要在仁义",而此则云"退仁义,宾礼乐",前后语不相类,因以是断"夫子"决非孔子。夫"回忘仁义","回忘礼乐",颜子尝有是言矣,见《大宗师篇》于弟子之言忘仁义、忘礼乐则无疑,于其师之言"退仁义,宾礼乐"则疑之,何也?若曰前后语不相类,则庄子尝称"孔子行年六十而六十化,始时所是卒而非之"。见《寓言篇》先言"要在仁义",而后曰"退仁义",此正圣人学问变化之功,而始是卒非之证,又何伤于不相类乎?

抑吾以为庄子安排孔子是前后不相类之语于一篇之中,特有深意。盖藏书周室,原为借书以传道,而道则有非书之可得而传者,欲明斯旨,故于卒章设为轮扁之对,而有书为糟魄之言。然由轮扁发之,不如孔子自为解之之尤见亲切也。夫书之要在仁义,而今退仁义,即书之要失。非书之要失,吾已得夫书之所以为书,则所存者糟魄耳,何要之有！故曰"非至人孰能定之！"又曰"至人之心有所定矣"，"定"者止也。止也者，止于是而无事他求也。《天地篇》引记曰"通于一而万事毕"，是则真其要也，真其精华也。以此意求之，则一篇文义前后贯串，视彼支支节节、割裂而观之者，不较愈乎！

"于大不终"，"终"，尽也，言大则无尽。"于小不遗"，"遗"，漏也，言小则无漏。"广广"犹恢恢。"渊渊"各本不叠字，兹依陈碧虚《阙误》引江南古藏本加。"形德"犹后言"形色"。色就著于外者言，德就具于内者言。此"德"字义浅，固非道德之德，亦非德性之德，盖谓一形之德，如耳之德聪，目之德明是，故与仁义并言，而曰"神之末也"。

"有世"谓有天下。"不足以为之累"，世不足为其累也。"棅"同柄，谓权柄。奋柄，以权柄而奋争也。"不与之偕"，不与奋棅者偕也。"审乎无假"至"能守其本"二句，亦见《德充符篇》。"利"，彼作"物"。"极物之真"，彼作"命物之化"。"能"，彼作"而"。"本"，彼作"宗"。"能"与"而"通，"本"与"宗"一义。前云"大本大宗"，可见此以对末言，故曰"本"。言利不言物者，承上有世与奋柄言，是天下之大利而不为之累、不与之偕，故曰"不与利迁"也。言"真"不言"化"者，意不在化而在真。化者物之变，真者物之实。物之实当尽其蕴，故曰"极"。"极"者，穷也。言至人有世，而又曰"外天地"，言极物之真，而又曰"遗万物"者，意似相碍，而实不相碍。盖有世而不为之累，是即外天地；极物之真而守其本，是即遗万物。即事离事，神之所以不困也。下言"退仁义，宾礼乐"，意亦若是。"宾"犹摈也。"退仁义"，所以"通乎道"；"宾礼乐"，所以"合乎德"。通道，则仁义在其中；合德，则礼乐在其中。若认为仁义礼乐皆所不用，则前文所云本末要详，与夫"道德已明而仁义次之"之言，岂皆戏论乎哉？

世之所贵道者，书也。书不过语，语有贵也。语之所贵者，意也，意有所随。意之所随者，不可以言传也，而世因贵言传书。世虽贵之哉,犹不足贵也,为其贵非其贵也。故视而可见者,形与色也;听而可闻者,名与声也。悲夫,世人以形色名声为足以得彼之情。夫形色名声果不足以得彼之情,则知者不言,言者不知,而世岂识之哉!

桓公读书于堂上,轮扁斫轮于堂下,释椎凿而上,问桓公曰:"敢问公之所读者何言邪?"公曰:"圣人之言也。"曰:"圣人在乎?"曰:"已死矣。"曰:"然则君之所读者,古人之糟魄已夫!"桓公曰:"寡人读书,轮人安得议乎!有说则可,无说则死。"轮扁曰:"臣也以臣之事观之。斫轮,徐,则甘而不固;疾,则苦而不入;不徐不疾,得之于心而应于手,口不能言,有数存焉于其间。臣不能以喻臣之子,臣之子亦不能受之于臣,是以行年七十而老斫轮。古之人,与其不可传也死矣,然则君之所读者,古人之糟魄已夫!"

《易·系辞传》子曰:"书不尽言,言不尽意。"此之所论大率本之《易·系辞传》,而于"意"之上更进一层,曰"意有所随","随"者从也,谓意之所从来也。意之所从来者何?即上文所谓"精神之运、心术之动",而《易·系辞传》所云"变而通之以尽利,鼓之舞之以尽神"者也。故曰"不可以言传"。而世因"贵言传书",则所传者三等之下也。故曰"世虽贵之哉,犹不足贵也"。"哉"字各本有作我,属下读者,非是。若曰我犹不足贵,则不足贵者由于我见,而非天下之公,其言亦浅矣。"为其贵非其贵也","为"读去声。贵在道,而今贵言,故曰"贵非其贵"。"形与色"指文字,"名与声"指言语。"彼之情",即前文所谓"物之真"。"物之真"且不可以形色声名得之,而何况于道乎!"知者不言,言者不知",二语见老子书,后《知北游篇》亦引之,而叙释较详,可以互参。"世岂识之哉!"谓岂识此不言不知之理也。

"桓公",齐桓公小白也。"轮扁",轮人名扁者。古者制车,为舆与为轮者分工。故《考工记》有舆人,有轮人。而孟子曰:"梓匠轮舆,亦别而称之。""斲轮",斲削木以为轮也。"椎"与"凿",皆为轮之具。"释"谓置之。"上",上堂也。"何言"犹云何等言。"糟",酒之渣滓。"魄"借作粕,糟烂则为粕。言"古人之糟魄"者,酒虽糟魄所自出,而糟魄非酒,以喻语言文字虽道之所寓,语言文字非道也。"有说则可,无说则死","说"谓解说也。

"臣之事",斲轮之事也。"徐"言斲之细,"疾"言斲之完。"甘"者宽也,"苦"者紧也。此皆以辐之榱于辋,即俗云斗笋处言之。故"不固"者,动摇而不牢。"不入"者,滞涩而难入。"得之于心而应于手",谓心手如一,即《养生主》所云"官止神行"者。今各本多"心""手"二字互错,"得心应手"已成民间习用之语。《北堂书钞》所引,正"心"字在上、"手"字在下,是隋、唐旧本如此,足证各本之误也。"数",如今言心中有数之数,谓疾徐之际,自有一定分寸也。"喻",晓喻。不能以喻臣之子,言不能举此以告其子。而即告之,其子亦不能领会,故又曰"臣之子亦不能受之于臣"。"行年七十",年且七十也。"老斲轮",老于斲轮,而无以易其业也。古之人已死,斯其不可传者亦与之俱死,故曰"古之人与其不可传也死矣"。或有于"与"字断句,而读作"欤"者,非也。

此段文字,实从"世之所贵道者,书也"一句起。以其泥书以求道,故有古人糟魄之语,非谓书果可不读也。郭注云:"当古之事,已灭于古矣,虽或传之,岂能使古在今哉!古不在今,今事已变,故绝学任性,与时变化,而后至焉。"其云"绝学任性",实大违庄子之旨。不独违庄子之旨,亦与老子言"绝学无忧"意悖。老子明言:"执古之道,以御今之有。"夫"与时变化",一皆自学而来,岂有绝学任性而能与时变化者哉!以其言不免贻误学者,使执之以为薄古之口实,故不能不辩焉!

天运第十四

此篇之意，全重在一"运"字。"运"者，上篇所云"天道运而无所积"、"帝道运而无所积"、"圣道运而无所积"是也。故虽以天运发端，而所论皆帝道、圣道之事，如庄子答太宰荡之问仁、黄帝告北门成之问乐、老聃之两语孔子，皆论圣道之运；师金之答颜渊、老聃之语子贡，则论帝道之运也。而帝道、圣道非有两事，一皆本之天道，故以孔子之"与化为人"终焉。"与化为人"，即与天为人。而不言天而言化者，化则兼天与运二义而有之。天道之活泼泼地，于是乎全盘托出。读者可不加细玩乎哉！

天其运乎？地其处乎？日月其争于所乎？孰主张是？孰维纲是？孰居无事而推行是？意者其有机缄而不得已邪？意者其运转而不能自止邪？云者为雨乎？雨者为云乎？孰隆施是？孰居无事淫乐而劝是？风起北方，一西一东，有上彷徨，孰嘘吸是？孰居无事而披拂是？敢问何故？巫咸祒曰："来，吾语女！天有六极五常，帝王顺之则治，逆之则凶。

九洛之事,治成德备,监照下土,天下载之,此谓上皇。"

"处"对"运"言,谓静止而不动也。古人依其所见,皆以天为动而地为静,故庄子云然。然地统于天,天运则地亦随之而运,此理古人亦知之,故《易·坤卦象辞》曰:"牝马地类,行地无疆。"夫地类犹行,则地之行可知矣。是以下文曰"推行",曰"有机缄而不得已",曰"运转而不能自止",皆兼天地而言之,不以地为在运之外也。此意读者不可不知。日月言"争于所"者,以其更相出入,而时先时后,有不相让之象,故曰"争"也。

"而推行是",今各本作"推而行是",盖误倒。郭注云:"无事而推行是者谁乎?"以"推行"连文,可证也。"主张"、"维纲"、"推行",分三层说。"推行",有迹可见。而"主张"、"维纲",则从可见之迹推言之。"主张"犹言主宰,"维纲"犹言维系。主宰维系,其用不可得而见也。不可得见者,所谓无为、无事也。故"推行"上著"居无事"三字,是非閒文也,此意亦不可不知也。

"云者为雨乎?雨者为云乎?"不知云雨孰为先后,故曰"孰隆施是?""隆",兴也,就云言,《诗》所谓"兴云祁祁"也。见《小雅·大田》之篇。今各本作"兴雨"。"雨"为"云"之误。"施",行也,就雨言,《礼》所谓"大雨时行"也。见《小戴礼记·月令篇》俞樾《诸子平议》云:"隆借为降,谓降施此云雨也。"不知雨可云降施,云不可云降施。隆降诚可通,然非所语于此。注家多有从之者,吾不敢苟同也。"淫乐"犹言湛乐。"劝",助也。助而曰湛乐者,见其鼓舞而非出于强勉,犹上言"不得已"、"不能自止"之意也。

"有上彷徨",或上彷徨也。"彷徨"一作旁皇,字同。彷徨者,不西不东,盘绕回翔于上,故司马彪注云:"旁皇,飙风。"盖即《逍遥游》所云"抟扶摇而上者"也。"嘘吸",犹《齐物论》云"大块噫气"。"披拂",则如老子之言"橐籥",老子:"天地之间其犹橐籥乎?"王弼注云:"橐籥,冶铸所用致风之器。"盖即今风箱也。谓鼓排也。

庄子发微卷之二·天运第十四

"敢问何故",欲穷其所以然也。然此其故,殆未有能对者,故托而问之于巫咸,此与《离骚》云"巫咸将夕降兮,怀椒糈而要之"同一用意。"祒",宣颖《南华经解》以为招之讹。窃疑"祒"与诏通。诏之为祒,犹稷之为禝,媒之为禖,从示,以表其神也。巫咸义王家,见《尚书·君奭篇》,在殷中宗太戊时,而后世从而神之,故王逸《离骚注》曰:"巫咸,古神巫也。"《释文》引李颐《集解》,谓:"巫咸,殷相,祒,寄名也。"夫"咸"即其名,何为复有寄名之说?则李氏之解误也。

"六极",上下四方也,与言六合同。下文云:"充满天地,苞裹六极。"六极即六合可知。"五常"谓五行。《小戴礼记·礼运篇》云:"五行之动,迭相竭也。"竭如后世云生克义。下举五声、五味、五色,并言其还相为质。是以五行之运为常道,古人所见正复如此,故庄子言之。

"九洛",盖古帝王之号,如罗泌《路史》所称"九头纪"之类。成玄英疏云:"九洛之事,九州聚落之事也。"以"洛"为聚落,一无根据,其误易知。至吕惠卿《庄子义》以"洛书"、"九畴"当之,明杨慎、清郭嵩焘皆有是说。然非袭自吕惠卿也。则其说甚巧,故注家独喜用之,而不知亦误也。何以言之?上文云"帝王顺之则治,逆之则凶",而下云"治成德备",两"治"字相对,明此所举即"顺之则治"帝王之事。此其一。又云"监照下土,天下载之","载"与戴通,故本亦有作戴者。戴者,戴其人。"九洛"为帝王之号,故言戴。若"九洛"为"九畴"之书,则何以言天下戴之?此其二。至末云"此谓上皇",其明明指人言,更不待释。是以的然知"九洛"为古帝王也。或疑"九洛"为古帝王,于他书无征。则《胠箧篇》所举容成大庭,伯皇中央,以至赫胥、尊卢诸氏,亦未见他书也。抑"洛出书",见《易·系辞传》,"九畴",见《尚书·洪范篇》。以"洛书"为"九畴",始于《尚书》伪孔传,其说盖本之刘歆,而后儒如林之奇辈即多不信之。然则解"九洛"为即"洛书"、"九畴",其无征亦与吾指"九洛"为古帝王之号等。而以前后文义论,则帝王之号可通,作"洛书"、"九畴"便处处窒碍。其孰去孰从,识者想必能辨之也。

又巫咸之对,与所问似不相应,仔细玩之,紧要全在一"顺"字。盖能顺其运行之机,则于所以运行之故,自有相默契而不待于言说者。观"监照下土"云云,实有欐柄在我之意。窃望读者能于此著眼也。

商大宰荡问仁于庄子。庄子曰:"虎狼,仁也。"曰:"何谓也?"庄子曰:"父子相亲,何为不仁?"曰:"请问至仁。"庄子曰:"至仁无亲。"大宰曰:"荡闻之:'无亲则不爱,不爱则不孝。'谓至仁不孝,可乎?"庄子曰:"不然。夫至仁尚矣。孝固不足以言之。此非过孝之言也,不及孝之言也。夫南行者至于郢,北面而不见冥山,是何也? 则去之远也。故曰:'以敬孝易,以爱孝难;以爱孝易,而忘亲难;忘亲易,使亲忘我难;使亲忘我易,兼忘天下难;兼忘天下易,使天下兼忘我难。'夫德遗尧、舜而不为也,利泽施于万世,天下莫知也。岂直大息而言仁孝乎哉! 夫孝悌仁义,忠信贞廉,此皆自勉以役其德者也,不足多也。故曰:'至贵,国爵并焉;至富,国财并焉;至愿,名誉并焉。'是以道不渝。"

"商",宋也,宋为商后,故亦称"商",其都商丘,见《人间世篇》。"大宰",官名,"大"读太。"荡",人名。旧用司马彪注,以"荡"为字,非也。下云"荡闻之"。古人自称皆以名,不以字也。

"父子",指虎狼之父子,此"父"实兼母言。虽虎狼,父母未有不亲其子,子未有不亲其父母者,此即仁之根源,故曰"虎狼,仁也"。"至仁无亲","无亲"者无往而不亲,即《礼运篇》孔子所云"天下一家,中国一人"者。如是,则亲疏之名不立,故曰"至仁无亲"也。大宰不达庄子之旨,故有"至仁不孝"之疑。夫孔子言"不独亲其亲,不独子其子"。亦见《礼运篇》不独亲其亲,正从亲其亲来。不独子其子,正从子其子来。若曰:不亲其亲而亲天下之亲,不子其子而子天下之子,是无源之水,无根之木,可假饰于一时,岂能久哉? 庄子之意正与孔子同,故答曰"不然"。"不然"者,不然其无亲不爱、不爱不孝之说也。

"尚"同上。"至仁尚矣",犹云至仁贵矣。"孝固不足以言之",谓孝不足以尽仁也。"此非过孝之言,不及孝之言也",此即指前"至仁无亲"语。"非过孝"者,非以孝为过,犹云非以孝为不当。"不及孝"者,以孝为不及,犹云孝有所未尽,即上"孝固不足以言之"之意也。下以喻明之。"南行",谓自宋之楚。"郢",楚都,在今湖北江陵。"冥山",即《春秋》所云"冥阨之塞",在今河南信阳。旧注以为北极之山,非也。若北极之山,何必至郢而后始北面不见耶? 冥山以喻孝。郢以喻至仁。至郢而不见冥山,犹至仁而不言孝。"去之远"者,喻仁与孝大小悬殊也。

"以敬孝易",敬可勉强,故易。"以爱孝难",爱出自然,故难。"以爱孝易而忘亲难","忘亲"者,忘其孝也。"忘亲易,使亲忘我难","亲忘我"者,亲亦不见我之孝也。此以上就孝言。以下则入仁言。"使亲忘我易,兼忘天下难","兼忘天下"者,不见天下之为天下也。人于天下而有不仁,皆由视天下为天下,即视天下在我之外,是即强为施仁,终非万物一体之量,故曰"兼忘天下难也"。"兼忘天下易,使天下兼忘我难","天下兼忘我"者,天下亦不见我之仁也。使天下见我之仁,则我之仁为有迹;有迹者终有限,不能如天之生万物而物不感,死万物而物不怨也,故曰"使天下兼忘我难"。"德遗尧、舜而不为",以尧、舜为不足为,是兼忘天下者也。"利泽施于万世,天下莫知",是使天下兼忘我者也。如是不特孝不足言,即仁亦不足言,故曰"岂直大息而言仁孝乎哉!""直"与值同。岂值犹言何须。"大"读太。太息犹叹息也。

"自勉以役其德","勉",勉力。"役其德",谓役于其德。德由是八者而修,故八者为德之役。"不足多"者,不得以是而自满也。《秋水篇》云:"方存乎见少,又奚以自多?"多对少言,故有满义。"至贵,国爵并焉,至富,国财并焉","并",兼也,合也。言贵为一国之君,则爵莫非其爵,财莫非其财,如《大学》言"未有府库,财非其财"者也,故曰"国爵并"、"国财并"。"并"自当从本训。郭注"并者,除弃之谓",读"并"同屏弃之屏,非庄书义也。此二为喻,"至愿,名誉并焉",则其主旨所在。"愿"谓誓愿。"名誉并"者,一切善名合归于是,即下文所谓道也。故终之曰"是以道不渝"。"渝"与逾同,过也。道者,贯孝悌仁义忠信贞廉而一之。是八者莫有能出于道之外者,故曰不逾也。

北门成问于黄帝曰:"帝张咸池之乐于洞庭之野,吾始闻之惧,复闻之怠,卒闻之而惑;荡荡默默,乃不自得。"

帝曰:"女殆其然哉!吾奏之以人,征之以天,行之以礼义,建之以大清。夫至乐者,先应之以人事,顺之以天理,行之以五德,应之以自然,然后调理四时,大和万物。四时迭起,万物循生;一盛一衰,文武伦经;一浊一清,阴阳调和,流光其声;蛰虫始作,吾惊之以雷霆;其卒无尾,其始无首;一死一生,一偾一起;所常无穷,而一不可待。女故惧也。

"吾又奏之以阴阳之和,烛之以日月之明;其声能短能长,能柔能刚,变化齐一,不主故常;在谷满谷,在阬满阬;涂却守神,以物为量。其声挥绰,其名高明。是故鬼神守其幽,日月星辰行其纪。吾止之于有穷,流之于无止。子欲虑之,而不能知也;望之,而不能见也;逐之,而不能及也。傥然立于四虚之道,倚于槁梧而吟。'目知穷乎所欲见,力屈乎所欲逐,吾既不及已夫!'形充空虚,乃至委蛇。女委蛇,故怠。

"吾又奏之以无怠之声,调之以自然之命。故若混逐丛生,林乐而无形;布挥而不曳,幽昏而无声;动于无方,居于窈冥;或谓之死,或谓之生;或谓之实,或谓之荣;行流散徙,不主常声。世疑之，稽于圣人。圣也者，达于情而遂于命也。天机不张，而五官皆备，此之谓天乐，无言而心说。故有焱氏为之颂曰：'听之不闻其声，视之不见其形，充满天地，苞裹六极。'女欲听之而无接焉，而故惑也。

"乐也者，始于惧，惧故祟。吾又次之以怠，怠故遁；卒之于惑，惑故愚；愚故道，道，可载而与之俱也。"

此借言乐以明道也。"北门成"与"黄帝"，盖皆托名。"黄帝"者，中央之帝为浑沌者是。"北门成"，则艮象也。艮于卦位居东北，故曰"北"。艮为门阙，故曰"门"。成言乎艮，故曰"成"也。"成"者，万物之所成终而所成始也。并见《易·说卦传》成终成始，周流不息，是之为运。此明天道圣道之运，故取象于艮也。

"张"，设也。"咸池"，黄帝乐名，取"咸池"为言者，"咸"者感也，"池"者泽也。《咸卦》下《艮》而上《兑》，二气感应以相与。并见《易·咸卦传》。兑为泽也。乐之感人，有似于是。又乐莫备于咸池，《礼记·乐记》曰："咸池备矣。"则咸又有备义。故言乐独取"咸池"也。"洞庭之野"，取其空洞而广大，非必果在今之洞庭也。

"始闻之惧"者，"惧"者震象，《震卦》言"震来虩虩"是也。《彖》曰："震来虩虩，恐致福也。"虩虩为恐惧。传文甚明。故下文言"蛰虫始作，吾惊之以雷霆"。"雷霆"即震也。《说卦》云："震为雷。"震者艮之反，于卦位则震继艮而首出。艮之成始，成始乎震也，故言乐始乎此，入道亦始乎此，子思作《中庸》，所以首言"戒慎恐惧"也。

"复闻之怠"者，"怠"者豫象，《杂卦》言"谦轻而豫怠"是也。"豫"者，雷出地奋，先王所以作乐崇德也。见《豫卦大象传》故此"怠"非怠惰之谓，乃奋豫之至，力无所著，形为此象。故下文言："目知穷乎所欲见，力屈乎所欲逐，吾既不及已夫！"盖入道之久，情移形释，往往有此境界，此颜子所以有"既竭吾才，欲从末由"之叹也。见《论语·子罕篇》颜渊喟

251

然叹曰章。

"卒闻之而惑"者,"惑"非迷惑之谓。荡荡而无所倚,默默而无可名,此于《易》象,则非一卦之所主,所谓变动不居,周流上下,不可为典要,而唯变所适者。见《系辞传》故下文言"动于无方,居于窈冥","行流散徙,不主常声",此孔子所以自称"无可无不可",而孟子所以曰:"可以速而速,可以久而久,可以处而处,可以仕而仕,孔子也。"见《孟子·万章篇》道至于此,何处复容有我?故曰"乃不自得"。"不自得"者,艮之"不获其身",见《易·艮卦彖传》而《齐物论》所言"今者吾丧我也"。

"帝曰:女殆其然哉!"喜其如此,而又虑其未遽如此,故曰"殆"。"殆"者,庶几也。言"奏之以人",复言"征之以天"者,"征",成也。奏之在人,而非天则不能成也。《释文》云:"徵,古本多作徽。"徵、徽古亦通用。"行之以礼义"者,"礼"言其有节文,"义"言其有裁制也。"建之以大清"者,"大"读太。太清,天之清气,老子曰:"天得一以清,地得一以宁。"《鹖冠子》则曰:"圣人之德上及太清,下及太宁。"是言太清犹言天也。兹以清气言者,克就乐言,故加气字。后世乐家所谓元声,《齐物论》谓之天籁。是为五音之源,而节文裁制皆不能离此,故对"行"而言"建"。"建"者,建之以为本也。

"夫至乐者"以下至"调理四时,大和万物"三十五字,苏氏辙谓为郭注误入正文,故各本有径删之者。然观今郭注云:"由此观之,知夫至乐者,非音声之谓也,必先顺乎天,应乎人,得于心而适于性,然后发之以声,奏之以曲耳。"正本"应之以人事"四句而言,则是非郭注也。子由所以疑其非正文者,不过因其言人事天理、五德自然,与上文似犯复耳。不知此非复也。上言人、言天、言礼义、言大清,乃言奏乐时,是言乐;此言人事、言天理、言五德、言自然,则言奏乐前,是言德。必有是德而后有是乐,因乐而及德,正不可或少之文。此观一"先"字,更观"然后调理四时,大和万物"句,此大读如字。和,与调理字对,乃动辞也。可以知之。下言"四时迭起,万物循生",亦正承此文而言。盖惟平时德能调理四时,故乐应之而四时迭起。平时德能大和万物,故乐应之而万物循生。子贡言闻其乐而知其德者,语见《孟子·公孙丑篇》盖谓是也。故今一仍其原文,并著所见于此,以俟识者择焉。

"一盛一衰,文武伦经",言舞。"盛衰",舞之容。舞有文舞,有武舞,见前《天道篇》"羽旄之容"注。"伦经",犹经纶。"经"者,舞之行缀之分。"纶"者,舞之行缀之合也。"一浊一清,阴阳调和,流光其声",言声。声有清浊,故曰"一浊一清"。"阴阳"谓律吕,律阳而吕阴也。"光"通广。"流光",流动而充广也。此以上盖总言之。"蛰虫始作,惊之以雷霆"者,《月令》所谓:"雷乃发声,始电,蛰虫咸动,启户始出。"春分之候,而《易》云"帝出乎震"时也。为下"惧"字发端。"其卒无尾,其始无首,一死一生,一偾一起",并承"雷霆"言。雷霆之来也骤,其过也亦速,故曰"始无首,卒无尾"。一雷霆过,一雷霆又来,故曰"一死一生,一偾一起"。"偾",仆也。大乐之奏,其始也以钟鼓,此以雷霆为喻者,盖钟鼓之音也。"所常无穷",所以为常在也,而实无穷。"一不可待",所以为一也,而实不可待。直是无下手处,是以惧也。

"又奏之以阴阳之和,烛之以日月之明"者,如雷霆之后,天地清朗,光景暄丽,故曰和曰明。以乐言之,则钟鼓之后,堂上琴瑟,堂下笙管,更起迭奏,其声一变,故曰"能短能长,能柔能刚,变化齐一,不主故常"。言变化又言齐一,变化之中自有条理,是之谓"齐一"。又虽齐一,而时变化,故又曰"不主故常"。不故,言其日新。不常,言其不测也。"在谷满谷,在阬满阬","阬"如坳堂之类。谷大而阬小。言大小无不充塞,即上云"流光其声"者也。"涂却守神","却"同隙,谓人耳目之窍也。"涂却",如《人间世》孔子言"听止于耳"。"守神",如言"心止于符"。"涂"者,塞也。此谓乐之入人也深,使人能黜聪明而内守如此。"以物为量"者,随其所得之深浅,而乐之用亦如之,如在谷则满谷,在阬则满阬,故曰"以物为量"也。"其声挥绰",以琴瑟言。"挥绰"者,挥散而绰缓也。"其名高明",以歌者言。歌则有言文,有意义,故曰"名"。"高明"者,高亢而明亮也。"鬼神守其幽,日月星辰行其纪",皆比况之辞。《书·尧典》所云:"八音克谐,无相夺伦。"《礼·乐记》所谓"论伦无患"与"安其位而不相夺"者也。"止之于有穷",止乎其所不得不止,"流之于无止",行乎其所不得不行,即上言"顺之以天理,应之以自然"者也。

"子",谓北门成。各本有作"予"者,误也。此以下皆为"怠"字发端。"欲虑之而不能知,望之而不能见,逐之而不能及",虑之、望之、逐之,皆言其致力之甚,正与颜子言"仰之弥高,钻之弥坚,瞻之在前,忽焉在后"同一景象,故余以"怠"为豫怠之怠,知其是进而非退,盖以此也。"傥然"犹惝然。"四虚之道",言其力无所著。"槁梧",谓琴也。于此言"倚于槁梧而吟"者,以其当堂上弦歌之时,因比类而说之。"吟"犹叹也。下三句即代为所吟之词。故曰"吾既不及已夫!""吾"者,吾北门成也。注家不明,以为是黄帝自吾,遂改上"子"字为"予",误由是生矣。"目知穷乎所欲见",言目又言知者,合"虑之不能知,望之不能见"二句而言之。"力屈乎所欲逐",则谓逐之不能及。"屈"犹竭也。"形充空虚",承"立于四虚之道"言,谓其形为空虚所充满,非谓乐满于空间也。"乃至委蛇","委蛇"即《应帝王》壶子曰"吾与之虚而委蛇"之委蛇。然彼为动辞,故注云"随顺",此则为状辞,与《国风·羔羊》之诗"退食自公,委蛇委蛇"之义为近,盖舒缓宽闲之貌,故曰"女委蛇,故怠"也。

"又奏之以无怠之声,调之以自然之命",自然言"命"者,谓此天命之流行也。此以下则合乐之时。知其为合乐者,曰"故若混逐丛生",以混然相逐、丛然并生为喻,非合乐而何?"林乐而无形","林"如林林总总之林,谓众也。"林乐"承"丛生"言。"无形"者,合众音而为一音,不能为之形状,故曰"无形"也。"布挥而不曳",承"混逐"言。"布"者布散,"挥"者挥动。"不曳"者,前音继后音,绎如之中而皦如不乱。"绎如""皦如",见《论语》子语鲁太师乐章。若未尝引续然者,故曰"不曳"。

"曳",引也。"幽昏而无声",合上二句而言之。"幽"言其深,"昏"言其淡,深且淡焉,故谓之"无声"。非无声也,心耳之所领取,不在于声,有似无声云尔。"动于无方",言乐之用。"居于窈冥",言乐之体。以其体之窈冥也,故"或谓之死,或谓之生;或谓之实,或谓之荣"。此"死生"与前言"一死一生"异。前"死生"谓生灭,以声音言,其语浅;此"死生"犹言动静,以乐理言,其语微。"荣实"犹言文质,谓之不同者,由见之不齐也。以其用之无方也,故"行流散徙,不主常声"。此"不主常声",与前言"不主故常"亦稍异。前言声,乃分言;此言乐,则总言也。

"世疑之,稽于圣人"者,《乐记》云:"知声而不知音者,禽兽是也;知音而不知乐者,众庶是也。唯君子为能知乐。""圣人"者,君子之进焉者也。故"稽于圣人",以圣人之知乐也。乐所以通万物之情而顺自然之命,故曰"圣也者,达于情而遂于命"。"遂"者,遂成之也。"天机不张",所谓遂命。"不张"犹不动也。"五官皆备",所谓达情,此之谓天乐。《天道篇》云:"与人和者谓之人乐。与天和者谓之天乐。"人乐必本之天乐,故前云"吾奏之以人,征之以天",此前后文之相呼应,不可不知也。"无言而心说","说"同悦,心之悦非言可传,故曰"无言"也。于此言"无言"者,欲人于上之言,能求之于言语之外,《外物篇》所云"安得夫忘言之人而与之言"者也。"有焱氏","焱"读若焰,本或作炎。"为之颂"者,颂此咸池之乐也。引此以为稽之圣人之证。取有焱氏为言者,"焱",火华也。于离卦为火。离,南方之卦也,以与北门成对。"听之不闻其声"以下四句,为颂辞。"苞"同包。虽不闻不见,而充满天地,包裹六极。"充满天地",言其无所不入。"包裹六极",言其无所不包也。夫如是,是岂耳力之所及!故曰"女欲听之而无接焉"。听之而无接,故惑,故又曰"而故惑也"。"而故惑",犹言乃所以惑也。

"惧故祟",此"祟"与《天道篇》"其鬼不祟"之祟不同。彼"祟"训祸,此"祟"取警义。徐锴《说文系传》曰:"祟,神出以警人。"是也。"怠故遁","遁"即《遯卦》之遯。遯,遁之本字。《易》两言"遯世无闷",一见于

《乾卦》初九之文言,一见于《大过卦》之大象。惟无闷者能遯,故言"怠故遁"也。"惑故愚","愚",老子言之多矣,不待释。"愚故道"者,惟愚乃合于道也。"道可载而与之俱也","道"字当略顿,言与道合,然后可载而与之俱行。载而与之俱行,盖谓运也。

孔子西游于卫,颜渊问师金曰:"以夫子之行为奚如?"师金曰:"惜乎,而夫子其穷哉!"

颜渊曰:"何也?"师金曰:"夫刍狗之未陈也,盛以箧衍,巾以文绣,尸祝齐戒以将之。及其已陈也,行者践其首脊,苏者取而爨之而已。将复取而盛以箧衍,巾以文绣,游居寝卧其下。彼不得梦,必且数眯焉。今而夫子,亦取先王已陈刍狗,取弟子游居寝卧其下。故伐树于宋,削迹于卫,穷于商、周。是非其梦邪?围于陈、蔡之间,七日不火食,死生相与邻,是非其眯邪?

"夫水行莫如用舟,而陆行莫如用车。以舟之可行于水也,而求推之于陆,则没世不行寻常。古今非水陆与?周、鲁非舟车与?今蕲行周于鲁,是犹推舟于陆也,劳而无功,身必有殃。彼未知夫无方之传,应物而不穷者也。

"且子独不见夫桔槔者乎?引之则俯,舍之则仰。彼人之所引,非引人也,故俯仰而不得罪于人。

"故夫三王五帝之礼义法度,不矜于同,而矜于治。故譬三王五帝之礼义法度,其犹柤梨橘柚邪!其味相反,而皆可于口。故礼义法度者,应时而变者也。

"今取猿狙而衣以周公之服,彼必龁啮挽裂,尽去而后慊。观古今之异,犹猿狙之异乎周公也。

"故西施病心而矉其里,其里之丑人见而美之,归亦捧心而矉其里。其里之富人见之,坚闭门而不出;贫人见之,挈妻子而去之走。彼知矉美,而不知矉之所以美。惜乎,而夫子其穷哉!"

此借孔子以发其古今不同而礼法必变之论,信所谓寓言也。何以言之?考《史记·孔子世家》,孔子游卫者凡五次:一在去鲁司寇时,最早;一在匡围之后,由蒲往(蒲,卫之西邑也);一自陈往;一西见赵简子,临河而返,复入于卫;一自楚往。自蒲、自河皆东行。自陈、自楚皆北行。今曰"孔子西游于卫",则是始去国时也。始去国,而道及"伐树于宋,削迹于卫,穷于商、周,围于陈、蔡之间",是皆未来之事,则其非实言可知矣。

抑孟子称孔子为"圣之时者"。见《孟子·万章篇》下孔子自言,则曰:"殷因于夏礼,所损益可知也。周因于殷礼,所损益可知也。其或继周者,虽百世可知也。"见《论语·为政篇》继周而当有损有益,其非守周之成法而不变,甚明。即安得有"行周于鲁"之事!

况庄子深于《易》者,《易》"穷则变,变则通,通则久",孔子系《易》之辞也,庄子宁不知此?而乃有此文?是意在申其所见,以讥夫儒家之泥古者耳,初非为孔子发也。然则谓庄子贬斥孔子,以为非圣无法者,固非。因此疑庄子之学,尊老而排孔,与孔子为两涂者,亦未为能知庄子者也。

"师金",《释文》引李颐《集解》曰"师,鲁太师。金,其名也",殆出臆测。吾以为此亦"天根"、"云将"之类,言其言可师,如金之不可磨灭,未必真有是人也。"而夫子",汝夫子。"穷",言不通、不遇也。

"刍狗",如刍灵,以茅草扎作人形,以殉葬,则谓之刍灵;以祭祀,则谓之刍狗。后世画神像于纸,以竹为骨而张之,谓之纸马,即刍狗之变。纸马非马,知刍狗非狗矣。李颐云:"结刍为狗。"非也。王弼注《老子》"以万物为刍狗",分刍与狗为两事。曰:"地不为兽生刍,而兽食刍,不为人生狗,而人食狗。"其说尤为荒缪。盖自秦以后,刍狗之制已不存。故魏、晋间人已不知刍狗为何物,而各以其意说之。不知狗之为言苟也,以其暂制而用之,故谓之苟,岂象狗形者哉?"陈",谓祭时陈列之。"盛"读成,谓盛受也。"箧衍"叠文,犹言箧笥。"巾"者,覆盖之物,此作动辞用,即谓覆盖之。"文绣",布之有文与绣者。"尸祝",见《消摇游》注。"齐"同斋,《人间世》所谓祭祀之齐,是斋者齐其念虑。"戒",则谓不饮酒、不茹荤、不宿于内,事皆在祭前。"将之"谓奉之。"行者",行道之人。"践"谓践踏。已陈之后,刍狗弃置于地,故行人得以践踏之。"苏"为樵苏之苏。取薪曰樵,取草曰苏。"刍",草也。故言"苏者"。"爨",谓纳之灶下,用以炊也。"数"读入声,屡也。"眯"借作寐。寐亦省作寐,读寐,魇也。"彼不得梦,必且数眯"者,言纵不得恶梦,亦将屡遭惊魇。

"先王已陈刍狗",喻过时之礼法。"取弟子"之"取"读作聚,古聚、取音同也。"伐树于宋",谓"孔子适宋,与弟子习礼大树下,宋司马桓魋欲杀孔子,孔子微服而去,魋因伐其树"。"削迹于卫",谓"孔子去鲁适卫,卫灵公致粟如鲁,后有谮之者,乃使公孙余假一出一入,公孙余,卫大夫名。假者假借。名曰护卫,实监视之。于是孔子去卫"。"削迹",谓不容留迹,即被逐意也。"商"即宋也,已见前注。"穷于商、周",谓往来周、宋两地,而遭困穷也。"围于陈、蔡",谓"孔子时在陈、蔡之间,楚使人聘孔子。陈、蔡大夫惧楚用孔子,而不利于陈、蔡之用事者也,因发徒役,围孔子于野"。《论语》所称"在陈绝粮,从者病,莫能兴",即此事也。故曰"七日不火食,死生相与邻","邻"者,近也。"是非其梦"、"是非其眯",承上言之。此刍狗一喻也。

水行用舟、陆行用车,为第二喻。"没世"犹言终身。"寻",八尺。倍寻曰"常",则十六尺也。"蕲"同祈。"殃",祸也。"无方之传",承上水陆舟车言,谓驿传也。"传"读去声。"无方"者,无定方,言诸方皆可通也。"应物"之"物",谓水陆以至山陵薮泽皆是。成疏解"传"为转,谓千转万变,随机应物。意未尝不是,而于文则与上不相应。此文前后皆以喻说之,不得离喻别作解也。

"桔槔"为第三喻。或曰槔,见《天地篇》或曰桔槔,一也。"俯仰而不得罪于人",对上"身必有殃"言,谓欲免祸,莫若如桔槔,为人引而不引人也。

"三王五帝",各本作"三皇五帝"。案：下文子贡言"三王五帝之治天下者不同",作三王,则此"皇"自是"王"之声讹,因改归一律。"不矜于同而矜于治",起下"柤梨橘柚"第四喻。"矜"者尚也。"柤梨橘柚",已见《人间世篇》。"味相反"者,柤柚酸而梨橘甘也。"可于口",适于口也,今俗尚有可口之说。

猨狙第五喻。"衣"读去声。服不必周公,而云"周公之服"者,仍承上"行周于鲁"言。周之礼法皆周公旦所制定,故此特提周公也。龁啮以口,挽裂以手,"挽"犹今言搻也。搻,俗省作扯。"慊"者快也。

西施、丑人第六喻。西施已见《齐物论》。"病心",俗所云心口痛,实则胃气也。"矉"通作颦。"矉其里"者,见里人而皱其眉也。"美之",以之为美也。"归亦捧心而矉其里",今通云"东施效颦",盖本乎此。"挈",提携也。富人闭门不出,贫人挈妻子而去之走,皆言恶见之也。"彼"谓丑人。"矉之所以美",言美不在矉,而在西施之容。连用六喻,正《天下篇》所云"不为庄语"者。文章之妙,至是止矣。

孔子行年五十有一,而不闻道,乃南之沛见老聃。老聃曰："子来乎？吾闻子北方之贤者也。子亦得道乎？"孔子曰："未得也。"老子曰："子将恶乎求之哉？"曰："吾求之于度数,五年,而未得也。"老子曰："子又恶乎求之哉？"曰："吾求之于阴阳,十有二年,而未得也。"

老子曰："使道而可献,则人莫不献之于其君;使道而可进,则人莫不进之于其亲;使道而可以告人,则人莫不告其兄弟;使道而可以与人,则人莫不与其子孙。然而不可者,无佗也,中无主而不止,外无正而不行。由中出者,不受于外,圣人不出;由外入者,无主于中,圣人不隐。名,公器也,不可多取;仁义,先王之蘧庐也,止可以一宿,而不可以久处,觏而多责。古之至人,假道于仁,托宿于义,以游逍遥之虚,食于苟简之田,立于不贷之圃。逍遥,无为也;苟简,易养也;不贷,无出也。古者谓是采真之游。以富为是者,不能让禄;以显为是者,不能让名;亲权者,不能与人柄,操之则栗,舍之则悲。而一无所鉴,以窥其所不休者,是天之戮民也。怨、恩、取、与、谏、教、生、杀,八者,正之器也,唯循大变无所湮者,为能用之。故曰:'正者,正也。'其心以为不然者,天门弗开矣。"

此下四节,皆记孔子受教于老子之事。孔之尝受教于老,不必讳。而此其所言,是否尽信,则实难说。孔子自言"五十而知天命",此乃云"孔子行年五十有一而不闻道",是明与圣言相悖也。意者庄子故留此隙,以启后世之疑邪?郭注云:"此皆寄孔、老以明绝学之义。"则即子玄亦不信此为实然矣。要之此等但当通其意而不泥其文,斯为善读耳。

"沛",今江苏沛县。老子本陈国相人,据汉边韶所作《老子碑》相在今河南鹿邑县东,去沛非甚近。而《寓言篇》亦有"阳子居南之沛,邀老子于郊"语,则是老子尝居沛也。

"恶乎求之","恶"读乌,问于何求之也。"求之于度数,五年而未得",生数极于五而止。又《易·系辞》曰"天数五,地数五",故云"五年"也。"求之于阴阳,十二年而未得",阳律六,阴吕六,合之为十二;又十二年为一纪,故云"十二年"也。求之于度数未得,求之于阴阳未得,老子首发"恶乎求之"之问,则所以告孔子者,当告以于何求之。而不然,但言道不可献、不可进、不可以告人、不可以与人,此不可不深长思也。

庄子发微卷之二·天运第十四

《天地篇》引孔子之言曰"夫道覆载万物者也"。道既覆载万物,则度数阴阳即何莫非道?然则云求之于度数、阴阳者之未是、未可也。既非求之于度数、阴阳者之未是,则其未得道也。病将安在?曰:病不在度数、阴阳,而在于求。盖所以求者,以为有可以应其求者也。可以应其求者,惟是献、进、告、与之数涂。至知献、进、告、与之不可,而后乃知求之之非。知求之之非,则知道在天地间,无之而非是。而向之区区于度数、阴阳求之者,之所以不得也。若告以于何求之,即上穷之于冥漠,下推之于万物,亦岂能愈于求之于度数、阴阳者哉?

然又曰"中无主而不止,外无正而不行",何也?曰:此言不可以献、进、告、与之故,即言不可以求之故也。求不于外即于中。求之于度数,求于外也;求之于阴阳,求于中也。《人间世篇》以阴阳之患与人道之患对举,又曰:"朝受命而夕饮水,我其内热与!吾未至乎事之情,而既有阴阳之患矣。"以阴阳之患为由于内热,故知说阴阳是说人身中之阴阳。而道者合外内之道,"合外内之道",语本《中庸》。偏求之于外非也,偏求之于中亦非也。故"中无主而不止"者,言使道在外,不得中以为之主,道不得而止也。"外无正而不行"者,言使道在中,不得外以为之正,道亦不得而行也。是以"由中出者,不受于外,圣人不出"。"者"字当读断,"不受于外"连下为句。下句亦同。"不受于外"即是外无正。外无正,则内施而外不应。故曰"不受于外"。如是,虽出无益,故"圣人不出"也。"由外入者,无主于中,圣人不隐","隐",藏也,纳也。"无主于中",虽纳不久,故圣人不隐。不出,就献、进、告、与者言。不纳,就求者言。故"圣人不隐"犹云圣人不求也。

"名,公器也,不可多取",此于文为宾。"仁义先王之蘧庐也,止可以一宿,而不可以久处",是为主文。"蘧"同遽。《说文》:"遽,传也。"传读去声 故郭注云:"蘧庐犹传舍也。"传舍者,行旅暂宿之舍,故曰"止可以一宿,而不可以久处"。

仁义如是,故曰"古之至人,假道于仁,托宿于义,以游消摇之虚,食于苟简之田,立于不贷之圃"。其间复言"觏而多责"者,"觏",见也,谓以仁义之名见,则以仁义责之者多。盖又合主宾之文总而言之,以见名不可多取,即仁义亦然也。逍遥、苟简、不贷,皆以说道。"逍遥,无为"者,道本无为也。"苟简,易养"者,即《易·系辞》"易知、简能"之义,道本易简也。"贷",假也。"不贷",与《德充符》言"审乎无假而不与物迁"之无假同。道者自本自根本不俟假贷也。郭注云:"不贷者,不损己以为物。"盖与司马彪同以"贷"为施与。信如注言,则老子同于杨朱之为我,其害理亦甚矣。试以老子书证之,曰:"圣人不积,既以为人,己愈有。既以与人,己愈多。"何为有"不损己以为物"之说哉?不贷曰"无出"者,因上"圣人不出"而云然。道既非可假贷而有,是以于告人则曰"无出"。不然,老子之书曰"虚而不屈,屈同竭动而俞出",将何以解之?"无出"与"无为"对,即"立"与"游"对。"立"言其体,"游"言其用。中间言"食"者,易简所以为养,故曰"田"也。不贷曰"圃"者,古者圃皆以自给,知"圃"之义为自给,则知不贷之为无假无疑矣。"采真之游","采"者采取意,谓真者取之而已,不待求也。郭注以"采"为采色,支矣。

以上言得道。以下则因"无正不行"之语,顺言正物,以尽道之大用。常人以为正物不可无权,不知惟权是亲,则念念为权所役,其中已乱,何以正物?故曰"以富为是者,不能让禄;以显为是者,不能让名;亲权者,不能与人柄"。不能与人柄,则必自操之。"操之则栗"者,其力不足以胜,故忧惧而战栗也。至于忧惧战栗,则欲托之于人以自逸;托之于人,又虑人之得权而背我也,故"舍之则悲"。"悲"者,惶惑而悲诧也。"一无所鉴"者,都无所鉴戒也。"以窥其所不休者","窥"借为规,谓规取之。曰"其所不休者",权之大者愈欲其大,权之重者愈欲其重,无有满足休止时也。"是天之戮民"者,患得患失,自缠自缚,如日在徽纆桎梏之间,即与刑戮之民何异!故谓之"戮民"也。

"怨恩"犹言爱恶。"取与"犹言予夺。止非曰"谏"。劝善曰"教"。从谏教则生,不从谏教则死,是为"生杀"。此八者皆系于权,曰"正之器"者,谓权之所在焉尔。"唯循大变无所湮者,为能用之","循大变无所溲",谓死生大变当前而不为之溲其神明。《德充符》曰:"死生亦大矣,而不得与之变。"故知大变为言死生。盖得道者如是。"能用之"者,能用此八者之器,即能用此权也。

"正者,正也",上"正"为正物之正,下"正"则正之字义,言惟正乃可以正物,非如常人以权为能正物也。"其心以为不然者","然"犹是也,承上"以富为是"、"以显为是"两"是"字言。以富显亲权为是,则必以上所言为不然矣。"天门弗开"者,《达生篇》云:"不开人之天,而开天之天。开天者德生,开人者贼生。"言天与人殊涂也。如富、显、亲权者,皆贼也。贼生矣,而望天门之开,何可得欤! 天门不开,道之所以不止也。

孔子见老聃而语仁义。老聃曰:"夫播穅眯目,则天地四方易位矣;蚊虻噆肤,则通昔不寐矣。夫仁义,憯然乃愦吾心,乱莫大焉。吾子使天下无失其朴,吾子亦放风而动,总德而立矣。又奚杰杰然若负建鼓而求亡子者邪? 夫鹄不日浴而白,乌不日黔而黑。黑白之朴,不足以为辩;名誉之欢,不足以为广。泉涸,鱼相与处于陆,相呴以湿,相濡以沫,不若相忘于江湖。"

此节与《天道篇》"孔子西藏书于周室"节论仁义语略相近。然彼但言仁义之乱性,此则从仁义穷究到人之性上,意谓苟全其性,即仁义不待言。失性而言仁义,用力虽劳而无功。其曰"无失其朴","朴",本质,意即性也。

"播穅眯目","穅"今作糠,米皮也。"眯"读如本字,音米,谓物入目而视为病,故曰"天地四方易位"也。"蚊虻"一作蚉虻,已见《人间世篇》。"噆"读咂,与孟子言"蝇蚋姑嘬之"之嘬同义。"昔"同夕。"通夕不寐",通夜不眠也。"憯"读惨。"憯然",痛切貌。"愦"各本作愤。《释文》云"本又作愦"。案: 下云"乱莫大焉","愦"正心乱之义,则作

"愦"为长,故改正。

"放风而动","风"如《论语》孔子言"君子之德风"之风。放以"动"言,自是纵放。其解作侬者,非也。"总德而立","总"以"立"言,总持之义也。"杰"各本不叠字,惟唐写本、陈碧虚《阙误》引张君房本并作"杰杰"。"杰杰"与《天道篇》之"偈偈"同音同义,则叠字者是也,故据补。"建鼓",鼓之以柱贯其中可树立者。盖殷之制如此,以与周之悬鼓别,故曰"建鼓","建"犹立也。"建鼓"者大鼓,别有小鼓,曰应鼓。故此言"负建鼓"者,特取其大,故曰"负",又曰"杰杰然",极写其用力之劳耳。

"鹄",今所谓天鹅也。《释文》云:"本又作鹤。"鹤古音读如确,故鹄、鹤通用。孟子引《灵台》之诗云"白鸟鹤鹤",鸟之白者莫如鹤,故以鹤鹤为之形容。"不日浴而白",言其白出乎性也。"不日黔而黑"亦同。"乌",乌鸦也。"黔"谓染黑。"黑白之朴,不足以为辩",言出乎性者,黑白皎然,不待辩说而知。"欢"各本作观,《释文》云司马本作"欢"。案:《说文》:"欢,哗也。"汲汲于名誉,正所谓"哗众取宠"者,则作"欢"为长。"观"疑即"欢"之假借,故兹改从"欢"。"名誉之欢,不足以为广",言名誉仅乃欢哗于外,不足以广大其身之德也。

"泉涸"以下二十三字,已见《大宗师篇》。此以仁义比之呴湿濡沫,而"无失其朴"比之相忘于江湖,与《大宗师》以喻誉尧非桀不如两忘而化其道者,取义不同。盖彼重在"两忘"二字,而此则重在呴湿濡沫与相忘江湖之分。细玩上下文,当自知之也。

孔子见老聃归,三日不谈。弟子问曰:"夫子见老聃,亦将何规哉?"孔子曰:"吾乃今于是乎见龙。龙,合而成体,散而成章,乘乎云气,而养乎阴阳。予口张而不能嗋,予又何规老聃哉!"子贡曰:"然则人固有尸居而龙见,雷声而渊默,发动如天地者乎?赐亦可得而观乎?"遂以孔子声见老聃。

老聃方将倨堂而应,微曰:"予年运而往矣,子将何以戒我乎?"子贡曰:"夫三王五帝之治天下不同,其系声名一也。而先生独以为非圣人,如何哉?"老聃曰:"小子少进!子何以谓不同?"对曰:"尧授舜,舜授禹,禹用力,而汤用兵。文王顺纣而不敢逆,武王逆纣而不肯顺,故曰不同。"老聃曰:"小子少进!余语女三王五帝之治天下,黄帝之治天下,使民心一,民有其亲死不哭,而民不非也;尧之治天下,使民心亲,民有为其亲杀其杀,而民不非也;舜之治天下,使民心竞,民孕妇十月生子,子生五月而能言,不至乎孩而始谁,则人始有夭矣;禹之治天下,使民心变,人有心而兵有顺,杀盗非杀人,自为种而天下耳。是以天下大骇,儒、墨皆起。其作始有伦,而今乎妇女,何言哉!余语女:三王五帝之治天下,名曰治之,而乱莫甚焉。三王之知,上悖日月之明,下睽山川之精,中堕四时之施。其知憯于蛎虿之尾、鲜规之兽,莫得安其性命之情者,而犹自以为圣人,不可耻乎?其无耻也?"子贡蹴蹴然立不安。

"三日不谈","不谈"亦作不言。非言谈所能表,故不谈不言也。"亦将何规哉?""规",摹也。问将何以摹状之。"乃今于是乎见龙","龙"者难见之物而得见之,故曰"乃今于是",庆幸之意尽吐露于此四五字间。《史记·老子列传》曰:"吾今日见老子,其犹龙邪?"盖从此出。姚鼐《庄子章义》谓此文浅于《史记》,且斥之为非庄子之文,盖未尝详审也。"合而成体,散而成章",言其变化不测。"乘乎云气,养乎阴阳",言其隐见无时。"养乎阴阳",顺阴阳之理而以自养也。成疏解作养物,于文义支矣。"口张而不能噏",惊叹之甚,至不能合其口也。"予又何规老聃哉!"言无得而规摹之。然见龙一喻,规摹之妙,殆无以

265

加。子贡会此而未能信，故欲亲一观以验之。"尸居龙见、雷声渊默"，已见《在宥篇》。"发动如天地"，即"神动天随"之意，而兼天地言之者，天动而地静，合动静而言之也。"赐"，子贡名。"以孔子声见"，谓用孔子之名以为之介也。

"倨"同居。"应"谓应见。"方将居堂而应"，言将见子贡于堂上。"微"如"微见其意"之微，连下"曰"字为句。意子贡来时意气甚盛，故曰"予年运而往矣，子将何以戒我乎？""年运而往"，谓行年老迈也。故作谦辞以诱之，是以谓之"微曰"。旧以"倨堂而应微"作一句，训"倨"为踞，解"微"为应声微细。古人未有踞见宾客之礼，原壤于孔子为故人，可以脱略形迹，故夷俟以待孔子，而尚不免叩胫之责。老氏固达于礼者，且在堂上，安得踞以见子贡哉！若曰应声微细，则当曰"微应"不得曰"应微"。且以"应"为应对之应，子贡尚未发问，何为有应！成疏曰："物感斯应，微发其言。""微发其言"之说，是也。然"物感斯应"，与"微发其言"分而释之则可，并作一处则不辞矣。故兹断以"应"字属上，"微"字属下，识者当知非有意立异也。

"三王"本或作"三皇"。下文言禹、言汤、言文武，自是三王，非三皇也。后亦有作"三皇"者，盖皆声误，并改正。"声名"即治之名，曰"名"又曰"声"者，以文字言曰"名"，以言语言则曰"声"，故"其系声名一也"，犹云其系于治一也。其解"声名"作名闻音问者，盖失之。"先生"，长者之称，故称老聃为先生。"独以为非圣人"，成疏云："排三王为非圣。"案：下文云"舜之治天下，使民心竞"，是舜亦在非圣之中，不得云独排三王也。"独"者，对众之言。谓众皆以三王五帝为圣，而老子独不然。"如何"犹奈何，诘责之辞，非问辞也。

"少进"者，稍进也。"使民心一"，"一"者，无分别也。无分别，故有"亲死不哭"而不之非也。"使民心亲"，"亲"者，无睽异也。无睽异，故"有为亲而杀其杀"而亦不之非也。"杀"者降杀之杀，读铩。独隆其亲，余所欲降杀者，则降杀之，是为"杀其杀"。"使民心竞"，"竞"，强也。强则不一不亲矣。孕妇十月生子,常也。"子生五月而能言,不至乎孩而始谁",则俗所谓早慧,是强之效也。"孩"者孩提。谓知孩笑而在提抱中者。"谁"者谁何。"不至乎孩而始谁",谓未至孩提,而已开始分别人与物也。早慧者往往不寿,故曰"人始有夭矣"。"使民心变","变"谓机变。至机变,则不一不亲愈甚,而争端起矣。

"人有心而兵有顺",下"有"字与"为"通。孟子曰:"人之有道也,饱食暖衣逸居而无教,则近于禽兽。"见《滕文公篇》有为神农之言者许行章。"人之有道",即人之为道也。故此"兵有顺"者,即兵为顺。兵为顺,谓以用兵为顺乎天理而非不当也。下云"杀盗非杀人",即所引以为证者。《墨子·小取篇》曰:"爱盗,非爱人也。杀盗,非杀人也。"此文下云"儒、墨皆起",则所引正《墨子》之言无疑。旧以"人"字属下,而读"杀盗非杀"为句,误也。古者刑统于兵,故曰:"刑罚不可废于国,征伐不可偃于天下。"语见《吕氏春秋·荡兵篇》言兵者每以兵刑并论,至班固《汉书·刑法志》犹然。此上言"兵",而下及"杀盗",正其例矣。

"自为种而天下耳","种"犹类也。"为"如上"为其亲"之为,读去声。"天下"上盖省曰字或以为字,古人文字此例甚多,如孟子言"吾君不能谓之贼"、"吾身不能居仁由义谓之自弃也",皆若此。故此亦谓名为其类,而乃曰为天下耳。孟子曰:"人有恒言,皆曰天下国家。"可见当时群相以天下为标榜,而真能为天下者,几人哉!故举此以讥之。各注解"天下"字,皆未谛当。实则意本明显,而自陷于晦塞,故愈解愈支也。

"天下大骇","骇",扰动也。"儒、墨皆起",当老子时,尚无儒、墨之名,而云然者,意在捃击儒、墨,而托之老子之言。《人间世篇》所云:"其言,古之有也,非吾有也。若然者,虽直不为病。"盖借以免争而已矣。"作始有伦","伦"亦类也。"今乎妇女",谓丈夫而有女子之行。如孟子言:"以顺为正者,妾妇之道也。"郭注云:"以女为妇,上下悖逆。"夫以女为妇,虽极淫乱之世,亦不一二见,庄子安得有此言!其失明矣。"何言哉",谓不足言也。

"乱莫甚焉"者,乱莫甚于此也。"三王之知","知"读智。提一智字,以结前文,言三王之治天下而不免于乱者,皆机变之智以为之害也。"上悖日月之明"三句,已见《胠箧篇》。惟"睽"字为异。"睽"者,乖也。"其知憯于蛎虿之尾,鲜规之兽"十二字为一句。"蛎、虿"皆蝎之异名,其毒在尾,故以尾言。"鲜规"犹云规鲜,谓规取生物以为食者,如虎豹之类。蛎虿举其小,鲜规之兽举其大,两者本对言。注家误以"鲜规之兽"属下为文,因有小虫小兽之说,不知下文"莫得安其性命之情者",乃专就民人言,与《胠箧篇》截然不同,何与于小虫小兽之事乎!既言"不可耻乎?"又言"其无耻也?""也"读若邪,乃反诘子贡之辞。是以"子贡蹴蹴然立不安"也。于今之蹴蹴不安,则知来时固挟有盛气者矣。

孔子谓老聃曰:"丘治《诗》、《书》、《礼》、《乐》、《易》、《春秋》六经,自以为久矣,孰知其故矣。以奸者七十二君,论先王之道,而明周、召之迹,一君无所钩用。甚矣夫!人之难说也?道之难明邪?"老子曰:"幸矣,子之不遇治世之君也!夫六经,先王之陈迹也,岂其所以迹哉!今子之所言,犹迹也。夫迹,履之所出,而迹岂履哉!夫白鶂之相视,眸子不运而风化;虫,雄鸣于上风,雌应于下风而风化;类自为雌雄,故风化。性不可易,命不可变,时不可止,道不可壅。苟得其道,无自而不可;失焉者,无自而可。"孔子不出三月,复见曰:"丘得之矣。乌鹊孺,鱼傅沫,细要者化,有弟而兄啼。久矣夫,丘不与化为人!不与化为人,安能化人!"老子曰:"可。丘得之矣。"

《论语》曰:"子所雅言:《诗》、《书》,执礼。""子曰:兴于诗,立于礼,成于乐。"不言六经也。《礼记·王制》曰:"乐正崇四术,立四教,顺先王《诗》《书》《礼》《乐》以造士。"亦不言六经也。六经之名,盖起于孔子殁后,子夏辈传经之所加。则治《诗》《书》《礼》《乐》《易》《春秋》六经,其非孔子之言明矣。孔子历聘,不过齐、卫、陈、宋诸国,西不至秦、晋,南不至吴、越,其所见之君,不过鲁定、鲁哀、齐景、卫灵等数人,则"以奸者七十二君",其非实事又明矣。庄子虽托之寓言,而必留其隙以示后人,吾于是见此老之苦心焉。

"孰"同熟。"孰知其故",犹后世言习于故事也。"奸"假借作干,谓干谒也。"周、召",周公旦、召公奭也。《诗经·国风》首《周南》《召南》,以为王化之始基。孔子亦尝言:"人而不为《周南》《召南》,其犹正墙面而立也与。"见《论语·阳货篇》故此于论先王之道外,特云"明周、召之迹"也。"钩",钩引。"无所钩用",言无有引用之者。"人之难说也?道之难明邪","也"与邪同。言不知是人之难说,抑道之难明也。"说"读去声。"甚矣夫",叹其遇之不幸也。故老子应曰:"幸矣,子之不遇治世之君也。""幸矣",正针对"甚矣"言,言若遇治世之君而用之,适所以乱天下,盖犹是前章非三王之意也。

"陈迹",旧迹也。"所以迹",谓当时应变设宜,自有其所以然之故。此非执其迹者所能知也。故曰"夫迹,履之所出,而迹岂履哉",以譬六经圣人之所作,不得圣人之意,即六经亦糟魄,执以为圣人之道在是,则不然矣。

"白䴘",水鸟,以其雌雄常相睨,故取名为"䴘"。"眸子",目睛也。定睛注视,故曰"不运"。"风"如《尚书·费誓》"马牛其风"之风,谓交配也。"化"言孕育。雄鸣上风,雌应下风,如《召南·草虫》之诗云:"喓喓草虫,趯趯阜螽。"故先言鸣应、后言风化,与白䴘之先言相视、后言风化者同。郭子玄不察,以为视鸣则化,遂有不待合而便生子之说,并将"风"字略去,实误也。"类自为雌雄",则因䴘虫而推言之,言凡虫豸之类,各自有其雌雄,惟有雌雄之合,而后可以化育。此观于"风化"之上下一"故"字可见。郭注云:"夫同类之雌雄,各自有以相感。相感之异，不可胜极。苟得其类，其化不难。故乃有遥感而风化也。"其言遥感而风化虽误，而以"类"为同类，则是也。而《释文》引或一说，乃谓"类"为鸟兽之名，据《山经》说之，言其自相牝牡。夫动物之中，一体而具雌雄二性者，信有之，然惟蚯蚓之类低等动物则然，若鸟与兽宁有是者！《山海经》志怪之书，何可据哉！诸子之书，摹状物情，率皆精审，盖亲从观察中得之，而注家仅就文字推测拟议，又不详求上下文，以是多违失原意，迷罔读者，可叹也！

细玩此文，接云"性不可易，命不可变，时不可止，道不可壅"，可知言及虫鸟之风化者，意在感应之机存乎时性，故强以性之所本无，与夫时之所未宜，即皆不能不与物相凿枘，所以解孔子"人之难说、道之难明"之疑，而尤重在"命不可变、道不可壅"二语。"壅"者壅滞，即《天道篇》"运而无所积"积字之义。道之不可壅，实由命之不可变而来。盖命者天命之流行。流行之理不变，往过来续，无有停止。道欲与之相应，即安得有所壅滞哉！故曰"苟得其道，无自而不可，失焉者，无自而可"。"得其道"者，得夫无所壅滞之道也。《天运》一篇，全发明运行之义，故于篇末更一醒之。

"乌鹊"，乌与鹊也。"孺"谓伏卵而孚。"沫"，精也。"傅沫"，雄鱼以精傅于子上。其有作"传"者，则"傅"之讹字也。"细要"之"要"，通腰，指蒲卢螺蠃之属。"化"者，不待孚而自化也。此三者，盖从上鹓虫之譬推类而得之。至"有弟而兄啼"，则说明人事递嬗之理。弟生而兄让者，是道之自然也。若既有弟，而复与之争父母之爱怜，而至于啼泣，是为不知化。故与上三者义别，特作反语，以起下文"久矣夫，丘不与化为人"。注家率与上连类释之，非也。"不与化为人者"，不能随化而为人。意即人而不能与化俱也。此"化"盖合"天"与"运"二字而有之。专以造化为释，似犹未能尽其意。"不与化为人，安能化人"者，谓自不能化，安能令人化也。夫苟知化，则《诗》、《书》、《礼》、《乐》、《易》、《春秋》有何不可用！即道有何不可明！故老子许之，曰："可，丘得之也。"

庄子发微卷之三

刻意第十五

此与下《缮性篇》,类掇拾《在宥》、《天地》、《天道》、《天运》四篇之文与义而为之,其非庄子之作,而出诸门下之手,无疑。《缮性篇》尚有精辟之语,此篇则一意为文。始举为亢、为修、为治、无为、为寿之五者,盛张圣人之德,谓为不刻意而高,无仁义而修,无功名而治,无江海而閒,不道引而寿,立论可谓美矣、大矣。而后之所言,则仅及于养神,唯神是守,不亏其神而止,终不免偏于寿考、閒散一边,首尾未能相称,其与本师之言合天德、圣功、王道而一之者,相去远矣。

刻意尚行,离世异俗,高论怨诽,为亢而已矣。此山谷之士、非世之人、枯槁赴渊者之所好也。语仁义忠信,恭俭推让,为修而已矣。此平世之士、教诲之人、游居学者之所好也。语大功,立大名,礼君臣,正上下,为治而已矣。此朝廷之士、尊主强国之人、致功并兼者之所好也。就薮泽,处閒旷,钓鱼閒处,无为而已矣。此江海之士、避世之人、閒暇者之所好也。吹呴呼吸,吐故纳新,熊经鸟申,为寿而已矣。此道引之士、养形之人、彭祖寿考者之所好也。

若夫不刻意而高，无仁义而修，无功名而治，无江海而闲，不道引而寿，无不忘也，无不有也，澹然无极，而众美从之。此天地之道，圣人之德也。

"刻意"，刻削其意，如荀子之所谓"忍嗜欲"。见《非十二子篇》"尚行"，如《易·蛊卦》之所谓"不事王侯，高尚其事"。"行"读去声。"离世异俗"，谓不同乎流俗、不合乎污世。"高论怨诽"，谓持论高峻，怨愤刺讥。"亢"，高也。观下云"不刻意而高"可见。此变文言"亢"者，避与上"高论"之高相犯也。"山谷"，谓隐于深山穷谷，作形容辞用。下朝廷、江海亦同。"非世"，不以世为然也。"枯槁赴渊"，若狐不偕、务光、纪他、申徒狄之徒是。见《大宗师》、《外物》、《让王》等篇刻意之极，至于枯槁无复生意，则沈水赴渊以死。言"好"者，彼固自甘之，故蹈之而不悔也。

"仁义忠信"上加"语"字，言其言；"恭俭推让"，言其行，此互文也。"修"谓修身。"平世"，对上山谷下朝廷言，谓守分安常，与世并处，故名之"平世之士"。或解"平"为平治天下之平，非也。上文明云"为修而已矣"，其道仅于修身而止，岂得言及平世乎！"教诲之人"，谓以教诲后学为事者。"游居学"，或游学，或居学也，此盖指仲尼之门，如游、夏之徒，散处往来，讲学传业者皆是。

"语大功"，以非常之功相标榜，而游说于当世。若有用之者，则功就名立，故复曰"立大名"。曰"语"曰"立"，亦分言与行言。"礼君臣，正上下"，谓正君臣上下之礼。以对举成文，故以"礼"字置于"君臣"字上，即下文所云"尊主"义也。"朝廷之士"，谓意在居朝廷之位，以行其说者。"致功"之"功"，读如攻，谓攻取弱乱之国而兼并其土地，故与"并兼"连言。此盖指当时兵家、法家言，如商鞅、申不害以及孙武、吴起之徒皆是。

"薮泽"，水草之地。言薮泽江海，皆对上朝廷言。薮泽曰"就"者，

庄子发微卷之三·刻意第十五

谓退而就是,犹后世云退居草野,非本在薮泽草野也。"閒旷",谓人所不居之地。"閒"如《礼记·主制篇》"以为閒田"之閒,犹空也,下"閒处"、"閒暇",则优閒之閒,两义不同,不可不知。"閒暇",谓优閒而暇逸也。此如许由、巢父以及《论语》所载荷蒉荷蓧丈人之辈皆是。

"呴"与欨同。老子曰:"或欨或吹。"出气缓者欨,出气急者吹也。"呼",出气。"吸",入气。"吐故",呼浊气。"纳新",吸新气也。"吹呴呼吸,吐故纳新",今之所谓深呼吸者似之。"熊经",效熊悬树而引其颈。"申"同伸。"鸟申",如鸟临风而展其翼。华佗以之为五禽之戏,见《后汉书·方伎·佗传》。一曰虎,二曰鹿,三曰熊,四曰猿,五曰鸟。其曰熊曰鸟,即此熊经鸟申也。今之柔软操与太极拳似之。"道引"之名,见医经,《素问·异法方宜论》作"道引"是。其术由来已久,谓通道气血,柔和肢体,可以引年也。"养形",见后《达生篇》。"彭祖",已见《逍遥游》、《大宗师》。"寿考",老寿也。

"无不忘","忘"与"有"对,盖借作亡,读若无。"无不亡",谓刻意、仁义、功名、江海、道引五者皆无之。"无不有",谓高、修、治、閒、寿五者皆有之。"澹然无极"承"无不亡"言。"澹",淡之本字。"极"者限义。"无极",谓不限于一名。"众美从之"承"无不有"言。"众美",即高、修、治、閒、寿五者。"美"者,善也。是惟圣人能之。故曰"此天地之道,圣人之德也"。言"圣人之德",先之以"天地之道"者,"圣人之德"一本乎天地也。

故曰:夫恬惔寂漠,虚无无为,此天地之平而道德之质也。故圣人休焉,休则平易矣,平易则恬惔矣。平易恬惔则忧患不能入,邪气不能袭,故其德全,而神不亏。故曰:圣人之生也天行,其死也物化;静而与阴同德,动而与阳同波;不为福先,不为祸始;感而后应,迫而后动,不得已而后起。去知与故,循天之理。故无天灾,无物累,无人非,无鬼责。其生若浮,其死若休。不思虑,不豫谋。光矣而不耀,信矣而不期。其寝不梦,其觉无忧。其神纯粹,其魂不罢。虚无恬惔,乃合天德。故曰:悲乐者,德之邪;喜怒者,道之过;好恶者,德之失。故心不忧乐,德之至也;一而不变,静之至也;无所于忤,虚之至也;不与物交,惔之至也;无所于逆,粹之至也。

"恬惔寂漠,虚无无为",《天道篇》作"虚静恬淡,寂寞无为",虚静在前,而此则恬惔在前者。下篇《缮性》云:"以恬养知,以知养恬。"意固重在恬惔,而即此亦可证二篇出于一人之手,无疑也。以"虚无"换"虚静"字,后虽有云"一而不变,静之至也",又云"静一而不变",然虚静自是两义,其义较备。虚无并归一件,又偏在无上,虽加补充,其与《天道》之文亦有间矣。"道德之质","质",《天道篇》作"至",此作"质"者,"质"者实也,对前"刻意为亢"以下五者说,见彼之非其本真。是则因文为义,改之允当者也。

"故圣人休焉","故"下各本多"曰"字,此乃涉上下"故曰"之文而衍。又下文"休则平易矣","休"字倒在"焉"字上,皆证之《天道篇》可知其误,故并改正。"平易"字从"天地之平"平字出。"平易"者,不偏不倚之谓。下篇《缮性》云"礼乐偏行,则天下乱矣",亦正根"平易"为论。此从"恬惔"上推极其本说,故接云"平易则恬惔矣","恬惔"上增"平易"字,似枝蔓,而实非枝蔓也。"忧患不能入",即《天道篇》所云"忧患不能处",下又云"邪气不能袭"者,意在保身尽年。观开端五者以彭祖寿考列之最后,亦可见也。"德全",承"忧患不能入"言。"神不亏",承"邪气不能袭"言。神为形主,保身尽年,必先神不亏损。下云"养神",云"唯神是守,与神为一",云"圣人贵精",皆发乎此。予所以讥其偏于寿考、閒散,而有异乎庄子之圣功、王道并举者,亦由乎此也。

"生也天行"四句,已见《天道篇》。"不为福先,不为祸始",即老子

庄子发微卷之三·刻意第十五

"不为天下先"之意。"不得已",见《人间世篇》,曰"一宅而寓于不得已",又曰"托不得已以养中",杂篇《庚桑楚》亦曰"有为也欲当,读去声。则缘于不得已。不得已之类,圣人之道"。《庄子》一书言"不得已"者多矣。然庄子之言活,此篇之言窒。其曰"感而后应,迫而后动,不得已而后起",与《天下篇》慎到之"推而后行,曳而后往"颇相似,不知此正庄子所云"豪杰相与笑之,曰:慎到之道,非生人之行,而至死人之理"者也。即"不为福先,不为祸始",意虽本乎老子,而亦未能全明老子之意。《天下篇》之论老子,有云:"人皆求福,己独曲全,曰苟免于咎。"夫曰"曲全",曰"苟免",则迫于时势使然,非以是为即天下之至道也。今论道德之质,论圣人之德,而必曰"不为福先,不为祸始",则真成荀子所云:"有后而无先,则群众无门者。"见《荀子·天论篇》天下又何贵乎有圣人哉!即此亦可知其决非庄子之作也。

"去知与故",亦见《管子·心术篇》。彼"知"作"智",知、智字通。"故"者习也。孟子曰:"天下之言性也,则故而已矣。"以故对性言;本书《达生篇》曰:"始乎故,长乎性,成乎命。"以故对性命言;即《管子·心术篇》"去智与故"上亦云"人者,立于强,谓强勉也。读去声。务于善,本于能,"能"即孟子之所谓"良能"。今各本"本"字作"未",盖形误,因改正。动于故"者也,以故对能言。合而观之,可知当时言"故"犹言"习"矣。性本自天,习起于人。起于人则不能自然,而非故加之意不可,故曰"故",今世俗犹有"故意"之言,是即"故"之本义。荀子以"伪"对"性"。伪者人为,则伪亦故也,习也。注家解故为巧、为诈,失之矣。"循天之理",即循乎自然也。"无天灾"四句,亦见《天道篇》,但"灾"作"怨",而以"天怨""人非"对文、"物累""鬼责"对文。彼盖本诸己而言之,故以"知天乐"发端。则"无天怨"者,无怨天;"无人非"者,无非人。与孔子言"不怨天,不尤人"同意,其义切。此则以自外至者言之,则是天不为灾,物不为累,人不之非,鬼不之责而已,其义浅矣。

"生若浮,死若休",出于《大宗师》之"生为附赘悬疣,死为决𤴯溃痛"。"不思虑",出于《天地篇》之"居无思,行无虑"。"不豫谋",出于《德充符》之"圣人不谋"、《大宗师》之"不谟士"。"光而不耀",语本老子。"信而不期",即不必信义。"言不必信",孟子语。见《离娄篇》。哀十六年《左传》:"期死,非勇也。"杜注云:"期,必也。"《论语》:"毋意,毋必。"见《子罕篇》朱子《集注》亦云:"必,期必也。"是"期"与"必"同训。"其寝不梦"二句,已见《大宗师》。"其神纯粹",义见下。"其魂不罢","罢"借为疲,《天道篇》正作"其魂不疲"。

"虚无恬惔,乃合天德",言欲合天德,惟虚无恬惔乃能之,故下文于悲乐喜怒好恶一概绝之,曰"悲乐者,德之邪;喜怒者,道之过;好恶者,德之失"。又曰"心不忧乐,德之至也"。是与魏之何晏论圣人无喜怒哀乐何异!见《三国志·王弼传》注《齐物论》言"不喜求",未尝言不喜也,《大宗师》言"不知说生,不知恶死",未尝言不说不恶也。且言"喜怒通四时",亦见《大宗师》是明明有喜怒矣。言"其好之也一,其弗好之也一",亦见《大宗师》是明明有好恶矣。《德充符》末结以有人之形,无人之情,而旋即自解曰:"吾所谓无情者,言人之不以好恶内伤其身,常因自然而不益生也。"夫不以好恶内伤其身,常因自然而不益生者,即《中庸》"喜怒哀乐发而中节"之谓。喜怒哀乐发乎本性,是即自然,是即天理,岂有以悲乐喜怒好恶不问其中节与否,而悉指为"德之邪、道之过"者哉!违其师说,悖乎通道,是非小疵而已也。

《天道篇》云"静则动,动则得矣",此云"一而不变,静之至",则静而不能动。《天道篇》云"虚则实,实者备矣",此云"无所于忤,虚之至",则虚而不能实。至"不与物交,惔之至",则是绝物也。"无所于逆,粹之至",则是逃世也。于文则巧,于道则支矣。

故曰:形劳而不休则弊,精用而不已则劳,劳则竭。水之性不杂则清,莫动则平;郁闭而不流,亦不能清,天德之象也。故曰:纯粹而不杂,静一而不变,淡而无为,动而以天行,此养神之道也。夫有干越之剑者，柙而藏之，不敢用也，宝之至也。精神四达并流，无所不极，上际于天，下蟠于地，化育万物，不可为象，其名为同帝。纯素之道，唯神是守；守而勿失，与神为一；一之精通，合于天伦。野语有之曰："众人重利，廉士重名，贤人尚志，圣人贵精。"故素也者，谓其无所与杂也；纯也者，谓其不亏其神也。能体纯素，谓之真人。

"弊"与敝通。司马谈《论六家要旨》归重于道家，其曰"神大用则竭，形大劳则敝"，大读太，见《史记·自序》。盖本于此。而"弊"作敝，敝谓疲敝，正与劳对。"劳则竭"，"竭"谓枯竭。独以劳为言者，太史公所谓："神者生之本，形者生之具，精竭而神亡，神亡而形随之。"故此文前后言神，意固仍在形也。"水之性不杂则清"数语，在此文中最为精核。而"郁闭而不流，亦不能清"云云，尤为能阐发运而无所积之义。其曰"天德之象"，曰"动而以天行"，亦皆与《天道》、《天运》等篇不悖。而下言"有干越之剑者，柙而藏之，不敢用也，宝之至也"，则意终偏于静，于上下文皆不免龃龉。《养生主》亦言善刀而藏，然其藏在动刀甚微、踌躇满志之后，所谓用则行、舍则藏者，非一味以藏为贵也。且如下云"精神四达并流，无所不极，上际于天，下蟠于地，化育万物，不可为象，其名为同帝"，曰"达"曰"流"曰"际"曰"蟠"曰"化育"，皆动之、用之而后至，岂柙而藏之而能若是乎？大抵此文醇杂不一，精粗迭见，犹未若《骈拇》、《马蹄》、《胠箧》之作者自伸其说，而前后为能一贯也。

"干"，司马彪注云："干，吴也。吴越出善剑。"是也。盖"干"本国名，后为吴灭，字亦作邗。哀九年《左传》"吴城邗沟，通江淮"，是吴因邗以通于中国，故中国称之为干。《荀子·劝学篇》亦有"干越夷貉之子"之说，则吴越称干越，固当时语也。"柙"同匣。"并流"犹旁流。"极"，至也。"蟠"，委也。《礼记·乐记》"及夫礼乐之际乎天蟠乎地"，郑康成注："蟠，委也。""不可为象"，言不可得而迹象之。"同帝"，谓同乎天也。"纯素"即上云"纯粹"。"纯素之道"变"粹"言"素"者,"素"有本质义,盖兼寓返本还源之意焉。"唯神是守",专守其神使不外驰也。"守而勿失,与神为一"者,守之之久,形与神一,即《在宥篇》广成子告黄帝"神将守形,形乃长生"者也。"精通"之精,与《易·乾卦·文言》云"纯粹精"之精同,非上文"精用而不已则劳"之精也。"精通",犹言通精,谓造乎纯粹之极,故能"合于天伦"。"伦"犹理也。上言"循天之理",犹我是我,天理是天理。此言"合于天伦",则我与天理为一。由与神为一而与天为一,是其次第也。

"野语",谓谚语也。"圣人贵精","精"即精通之精。注家或以精神之精释之,非也。"能体纯素,谓之真人","体"如《天地篇》云"体性抱神"之体。"体纯素"者,谓以纯素为之体也。《大宗师》说古之真人,至费数百字而未已,此仅以"能体纯素"四字尽之,可谓简矣。然在彼不觉其繁,而在此惟觉其略,何也?有体而无用,则偏而不全;有表而无里,则似而不真。其病则虽言养神,终是为形而养。吾断其偏于寿考、闲散一边,非苛论也。

缮性第十六

此篇要旨,全在"复初"二字。"复初"者,复其性也,观"无以反其性情而复其初"语可见。故文中"性"字"初"字交错叠出。

缮性于俗学,以求复其初;滑欲于俗思,以求致其明;谓之蔽蒙之民。古之治道者,以恬养知;生而无以知为也,谓之以知养恬。知与恬交相养,而和理出其性。夫德,和也;道,理也;德无不容,仁也;道无不理,义也;义明而物亲,忠也;中纯实而反乎情,乐也;信行容体而顺乎文,礼也。礼乐偏行,则天下乱矣。彼正而蒙己德,德则不冒,冒则物必失其性也。

"缮"谓补缮。性本无缺,有,复之而已,何须于补?曰"缮性",斯其为俗学可知矣。"俗"字旧重。"俗学"、"俗思"对文,于文义不当重,因校删。"滑"同汩,谓汩没也。"欲"与"性"对。《礼记·乐记》曰:"人生而静,天之性也。感于物而动,性之欲也。"此欲正与彼同,乃感于物而动之性,与常言私欲之欲别。欲本有其明,致之而已矣。何为自汩?汩而求明,是反镜而索照也。即此便是"俗思",不必如后文"溺情轩冕"方谓之俗思也。"谓之蔽蒙之民","蔽"者蔽于俗,"蒙"者蒙其本明,"民"犹人也。

"治道"犹言为道。"恬"即《天道篇》"虚静恬淡"之恬,从上"复其初""初"字出。人性之初,本虚静恬淡,故《乐记》亦言"人生而静"也。"知"从"致其明""明"字出。若以中庸通之,恬则诚也,知则明也。"以恬养知",所谓自诚明也。"以知养恬",所谓自明诚也。"生而无以知为"者,"生"读如性,谓任其性之自然,用知而与不用同,故曰"无以知为"也。孟子曰:"如智者若禹之行水也,行其所无事,则智亦大矣。"义与此同。旧本有重"知"字,而作"知生"者,疑不知者臆增,非其本也。"知与恬交相养",所谓诚则明矣,明则诚矣。知恬,诚明,虽分二名,实则一性而已,故接云:"和理出其性。"和出于恬,理出于知也。"理"者条理之谓。

"德,和也;道,理也",见道德本乎性也。"德无不容,仁也;道无不理,义也",见仁义本乎道德也。本乎道德,亦即本乎性也。"义明而物亲,忠也",兼仁义而言之,所谓合外内之道也。"中纯实而反乎情,乐也","纯实"犹充实,"乐"言"反乎情"者,《乐记》所云"乐盈而反,以反为文"者也。"信行容体而顺乎文,礼也","礼"言"顺乎文"者,《乐记》所云"礼减而进,以进为文"者也。"信行"之"行"读如字,谓信行乎容体也。信行乎容体,容体之所以敛饬也。乐盈而反,是乐中有礼也;礼减而进,是礼中有乐也。礼乐之相为用,犹仁义之不可分也,故接云:"礼乐偏行,则天下乱矣。""偏"旧作徧,徧、偏古亦通,然作"偏"较明,因改正。

"彼正而蒙己德","蒙"即蔽蒙之蒙,言物本各正,而乃自蒙其德。此"德"为"德性"之德,与上"德"与"道"对言者不同,观下文"德则不冒,冒则物必失其性也",以"性"与"德"交说可知。"冒"承"蒙"言。"德则不冒"者,言果得乎性,则必不冒。《说文》云:"冒,冡而前也。"冡,蒙本字。言蒙则仅覆盖义,言冒则兼不明义,故变蒙而言冒也。"冒则物必失其性也"者,言惟不致其明,所以不复其初也,此正文字前后照应处,注家不知,训前蒙为蒙昧,而训后蒙为蒙被,以冒为强加于人,失之甚矣。

古之人在混茫之中,与一世而得澹漠焉。当是时也,阴阳和静,鬼神不扰,四时得节,万物不伤,群生不夭,人虽有知,无所用之,此之谓至一。当是时也,莫之为而常自然。逮德下衰,及燧人、伏羲始为天下,是故顺而不一。德又下衰,及神农、黄帝始为天下,是故安而不顺。德又下衰,及唐、虞始为天下,兴治化之流,澆淳散朴,离道以善,险德以行,然后去性而从于心。心与心识知,而不足以定天下,然后附之以文,益之以博;文灭质,博溺心,然后民始惑乱,无以反其性情而复其初。

首节之言,大抵本诸六经,故精粹而明畅。此节称太古而卑唐虞,与《在宥》、《天运》诸篇为近,则老氏之绪论。盖庄子本兼祧孔、老两家,故其门下亦复尔尔也。"混茫"犹浑沌,后文所云"淳朴"是也。"澹漠"即恬惔寂漠之省文。"与一世","与"读若举,谓举世无不然也。"人虽有知,无所用之"者,无可用知之地,则以知养恬而已矣。"此之谓至一","一"者,一于性而不离也。

"逮",及也。"燧",木燧,用以钻木取火者。燧人氏始为此,以教民火食,故称之曰"燧人"。"伏羲"已见《人间世篇》。《大宗师篇》作伏戏,他书亦作庖牺。羲、戏、牺字通。始教民养牺牲以供庖膳,故称之曰"庖牺"或"伏羲"也。曰"始为天下",则非莫之为而一任自然者。"顺"者,顺乎性而不逆也。曰顺乎性,则已与性离矣,故云"顺而不一"。"安",如"知其不可奈何而安之若命"之安。惟逆而后须安之,故曰"安而不顺"。

"唐、虞",尧、舜也。兴治化而曰"流"者,言非其源也。"濞"一作浇,"淳"一作醇,字并同。淳者而薄之,是为浇淳。"朴"同樸。樸者而斯之,是为"散朴"。"离道以善",则善而失其理。"险德以行",则行而失其和。"险"之为言不易也。不易,斯不和矣。"去性而从于心",即去性而从于知也,故曰"心与心识知"。言知又言识者,"识"者,识人之心。识人之心,而后又起一知以应之。《人间世》云:"知也者争之器也。"盖谓是也。"附之以文","文"谓礼文。"益之以博","博"谓博学。"文灭质",则去复初也益远矣。"博溺心",则求致明也益难矣。故曰"然后民始惑乱,无以反其性情而复其初"。"惑乱"应"蔽蒙"言,蔽则未有不惑,蒙则未有不乱者也。

由是观之,世丧道矣,道丧世矣。世与道交相丧也,道之人何由兴乎世,世亦何由兴乎道哉!道无以兴乎世,世无以兴乎道,虽圣人不在山林之中,其德隐矣。隐故不自隐。古之所谓隐士者,非伏其身而弗见也,非闭其言而不出也,非藏其知而不发也,时命大谬也。当时命而大行乎天下,则反一无迹;不当时命而大穷乎天下,则深根宁极而待;此存身之道也。古之存身者,不以辩饰知,不以知穷天下,不以知穷德,危然处其所而反其性,已又何为哉!

"丧",败也。世愈下而道益漓,所谓"世丧道"也。道益漓而世愈难复于古,所谓"道丧世"也。"世与道交相丧"句,喝起下文。"道之人",谓明道之人,即下云圣人也。圣人不兴于世,则世皆俗学,"世亦何由兴乎道哉!""圣人不在山林之中而其德隐"者,世不足以知圣人,非圣人必不使人知也,故曰"隐故不自隐"。"故"与固通。

"隐士"承上而言,即圣而隐者,以别于当时山谷江海之士,故曰"古之所谓隐士"也。"时命大谬",言悖乎时而遭命之穷也。就世言之,则谓之时;就己言之,则谓之命。"当时命而大行乎天下",道之行也。道行而天下反于一德,莫见其功,是为"反一无迹"。"不当时命而大穷乎天下",道之穷也。道穷,而不改其恬惔之故,是为"深根宁极而待"。"深根"者固其本,"宁极"者安其中。极,如《尚书·洪范》"皇极"之极,故训为中。曰"根"曰"极",皆谓性也。"待"者,待时命之迁移也。

"存身",即《养生主》所云"保身",而《易·系辞传》所云"安身"也。此对上"非伏其身而弗见"说,意谓不必伏其身而身自可存。"不以辩饰知",对上"非闭其言而不出"说,谓出言皆自中理,不必待辩以为之饰。"不以知穷天下,不以知穷德",对上"非藏其知而不发"言,谓知虽时发,而未尝以此困天下,亦未尝以此自困其德也。

"危然",如《论语》"危言危行"之危,见《宪问篇》盖特立不倚之貌。"处其所",犹云止其所。"反其性",即复其初也。"己又何为哉",所谓莫之为而常自然也。

道固不小行,德固不小识;小识伤德,小行伤道。故曰:正己而已矣。乐全之谓得志。古之所谓得志者,非轩冕之谓也,谓其无以益其乐而已矣。今之所谓得志者,轩冕之谓也。轩冕在身,非性命也;物之傥来,寄也。寄之,其来不可圉,其去不可止。故不为轩冕肆志,不为穷约趋俗,其乐彼与此同,故无忧而已矣。今寄去则不乐,由是观之,虽乐未尝不荒也。故曰:丧己于物,失性于俗者,谓之倒置之民。

"道固不小行",故宁穷而不肯自贬。"德固不小识",故宁隐而不求人知。"小识",与孔子言"君子不可小知"之小知同,语见《论语·卫灵公篇》非"贤者识大,不贤者识小"之比也。识大识小,见《论语·子张篇》。夫圣人所以不自贬损而求售者,非独为存身也,亦所以保道德之全之纯,故曰"小识伤德,小行伤道"。"正己而已矣"者,己正而物正,初不待强加之人也。孟子曰:"有大人者,正己而物正者也。"见《尽心篇》。"乐全之谓得志"者,德全者性全,性全者乐全。学之初志如是,而今得之,故谓之得志也。

"轩",车也。得位则乘轩而服冕。"古之所谓得志,非轩冕之谓"者,志本不在乎轩冕高位也。志本不在乎轩冕高位,则得之于其乐何所益,故曰"谓其无以益其乐而已矣"。此"谓"字与"为"同。为读去声《史记·李广传》"士卒咸乐谓之死",《汉书》作"士卒亦佚乐为之死",是古"谓"、"为"通用,至汉犹然也。"轩冕在身,非性命也","非性命",犹言非性命之比。"物之傥来寄也","傥"者,或然之辞。"傥来寄",犹言偶来寄。"寄之",犹言寄者。读时于"之"字当略顿。"圉"与御同。来不可御,去不可止,是所谓寄也。两"不为""为"字,皆去声。"肆",放也,荒也。"不为轩冕肆志"者,不因得位而荒其志。注家多以"得志"、"肆志"解作得意、快意,不免将"志"字看轻矣。"约"与"不仁者不可以久处约"之约同。见《论语·里仁篇》"穷约",即穷困也。"不为穷约趋俗"者,不因困穷变而从俗。"其乐彼与此同",谓在彼与在此同。彼者轩冕,此者穷约,乐本不关于穷通贵贱,故视之一如。若曰乐轩冕与乐穷约同者,则是轩冕犹有可乐,与今之得志者何别!非其旨矣。"故无忧而已矣"者,乐在无忧。有忧即非真乐。"今寄去则不乐",是寄去则忧,故"虽乐而未尝不荒也"。"荒"者,当其乐时,患得患失之心往来搅扰,无复宁静,终是忧多而乐少,是以谓之荒也。

不正己,则丧己于物矣;不反性,则失性于俗矣。故结曰:"丧己于物,失性于俗者,谓之倒置之民。""倒置"者,本末易位,轻重失所也。始于蔽蒙,终于倒置,其势有必然者,言之可谓痛切矣。

秋水第十七

　　此篇河伯、海若问答一章,实摄内七篇之精蕴而熔炼以出之,且有发七篇所未发者,自是庄子经意之作,而惜乎杂入公孙龙问于魏牟及惠子相梁两段,意既浅露,文亦迫隘,不仅瑜中之瑕,几等佛头之粪,当由门弟子模拟而附益之,欲以尊其师,而不知适所以浅视其师也。文出于学,岂易为哉!

　　秋水时至,百川灌河,泾流之大,两涘渚崖之间不辨牛马。于是焉,河伯欣然自喜,以天下之美为尽在己。顺流而东行,至于北海,东面而视,不见水端,于是焉,河伯始旋其面目,望洋向若而叹,曰:"野语有之,曰:'闻道百,以为莫己若'者,我之谓也。且夫我尝闻少仲尼之闻而轻伯夷之义者,始吾弗信,今我睹子之难穷也,吾非至于子之门,则殆矣。吾长见笑于大方之家。"

　　北海若曰:"井鱼不可以语于海者,拘于虚也;夏虫不可以语于冰者,笃于时也;曲士不可以语于道者,束于教也。今尔出于涯涘，观于大海，乃知尔丑，尔将可与语大理矣。天下之水，莫大于海，万川归之，不知何时止而不盈；尾闾泄之，不知何时已而不虚；春秋不变，水旱不知。此其过江河之流，不可为量数。而吾未尝以此自多者，自以比形于天地，而受气于阴阳，吾在天地之间，犹小石小木之在大山也，方存乎见少，又奚以自多！计四海之在天地之间也，不似礨空之在大泽乎？计中国之在海内，不似稊米之在大仓乎？号物之数谓之万，人处一焉；人卒九州，谷食之所生，舟车之所通，人处一焉；此其比万物也，不似豪末之在于马体乎？五帝之所运，三王之所争，仁人之所忧，任士之所劳，尽此矣。伯夷辞之以为名，仲尼语之以为博，此其自多也，不似尔向之自多于水乎？"

此第一问答，即《逍遥游》"小知不及大知"之说也。"秋水"，孟子所云"七八月之间雨集，沟浍皆盈"者。见《离娄篇》"时至"，以时而至也。"泾"与径通，崔譔本作径，曰"直度曰径"是也。其作泾者，以其言水，故改而从水，此正古转注法也。"两涘"，河两岸。"渚"，河中小洲。"崖"与涯通，故字又作涯，就水言之曰涯，就山言之曰崖，一也，观下言"涯涘"可见。"之间"，兼上两涘、渚崖二者而言，谓两涘之间与渚崖之间也。"不辨牛马"，牛马皆大物，而不能别，以见泾流之大如此。

"河伯"，河神，即《大宗师篇》之"冯夷得之以游大川"者。称之伯者，河为百川之长，故号曰伯，冯夷则其名也。"欣然"，自喜貌。"以天下之美为尽在己"，水而言美者，为下闻道语道发端也。"北海"，渤海也。"东面"，面东也。"不见水端"，谓不见水之所际，言端犹言边也。"旋其面目"，转变其欣喜之面目也。"望洋"一作盳洋，望、盳声通，盖茫然自失貌。唐孙樵《骂僮志》"忽恍乎若病醒之未醒，盳洋若痴人之冥行"，以"盳洋"与"忽恍"对用，其义可知。故以望洋解作望海者，固非；谓之远望与仰视者，亦非也。"若"，海神，海神谓之若者，若有若无,犹南海之帝为儵,北海之帝为忽,儵忽之义也。"闻道百以为莫己若",百与若叶韵。由一而十而百而千而万,百居数之中,以百望一、十则多,以百望千、万则少。闻道止此,而以为天下莫能如己,语盖讥其浅小。曰"我之谓",谓己正蹈此讥也。"少"亦轻也。"闻"谓多闻。孔子当时以博学多识著,故云"仲尼之闻"。此文意重在此,若伯夷之义,则以作陪衬耳。"方"即《天下篇》"方术"之方。"大方"对"小道"言,今人称能书画、能诗文者辄曰"大方家",失其义矣。

"井鱼",各本作"井蛙",王引之《经义述闻》据《太平御览》引作鱼,而以《释文》至后"坎井之蛙"始出"蛙"字,以证《御览》之是而各本之非,其说确凿有征,故兹改作鱼。井得有鱼者,古井如今所云土井,往往与沟渎相通连,故《易·井卦》九二爻云"井谷射鲋",是有鱼之证也。"虚"本亦作墟,墟后起字。"拘于虚",犹云拘于地也。"夏虫",如《消摇游》蟪蛄之属,经秋则死或藏者。"笃",笃守。"笃于时",犹云守于时也。"曲士",即《天道篇》所云一曲之人,《天下篇》则曰"不该不遍,一曲之士"也。老子言"曲则全",曲者全之反,故不该不遍谓之一曲之士。此"曲士"对上"大方之家"言。"束于教","教"谓所受学也。"丑"对上"以天下之美为尽在己"美字言。知丑则知不足。知不足,则非旧学所可束缚,故曰"将可与语大理矣"。荀子曰:"蔽于一曲而暗于大理。"见《解蔽篇》"可语大理",则非曲士矣。

"尾闾",假人体以为名,言海水所从宣澡之处。或以《玄中记》沃焦当之,谓在东海中,海水灌之而即消。此明言澡,岂沃焦之谓乎!误显然矣。"澡"与泄同。"不可为量数","为"读去声,犹以也,见王引之《经传释词》言不可以量计。"自多",自以为多,犹自满也。"比"借作庀。"比形",具形也。"大山","大"读太,即泰山。"见少",见其少。"礨"即礧字,读雷。"空"读去声。"礧空"者,转石所成之孔也。"稊米",稊稗之米。不取常米而取稊米为喻者,极欲以形其小也。"大仓","大"亦读太,谓国仓也。"号物之数谓之万,人处一焉",此人对物言,人于万物居其一,谓人类也。"人卒九州,谷食之所生,舟车之所通,人处一焉",此人对人卒言。"人卒"者,人众也,亦即人类。《天地篇》云:"人卒虽众,其主君也。"此人卒正同。"九州",邹衍之所谓大九州,非《禹贡》之九州也。九州之地,凡谷食所生,舟车所通,人众布焉。于此而居其一,谓中国之一人也。两"人"字,名同而义不同,注家混而一之,非也。"此其比万物也,不似豪末之在于马体乎?"此指中国之人言,于万物之中而有人,于人之中而有中国之人,今以中国之人与万物比,故似豪末之在于马体也。"豪"同毫。毫而曰末,则小之又小矣。

"五帝之所运","运"今各本作连,惟陈碧虚《阙误》引江南古藏本作运,连盖运字之缺,兹据改。"运"者运转,谓递相授受,如尧、舜之禅让,是故用以与"争"字对举也。"仁人"指儒家言。"任士"指墨家言。儒家亟言仁,不待释。知任士为墨家者,《墨经》云:"任,士损己而益所为也。"为读去声《经说》曰:"任,为身之所恶,以成人之所急。"为读平声他家未有专以任为教者,而墨子独然,故任士之称惟墨家足当之。庄子每以儒、墨并言。任士为墨,则仁人为儒可知也。"尽此"者,其所运、所争、所忧、所劳不能出此中国之人之外也。"伯夷辞之",辞孤竹之君而不为也。"仲尼语之",语五帝三王之道欲以为治也。伯夷何尝以为名,仲尼何尝以为博,又何尝自多,而云然者,于仲尼、伯夷且有所未足,则余者自桧以下可以无讥焉尔。此微意也。

河伯曰:"然则吾大天地而小豪末,可乎?"北海若曰:"否。夫物,量无穷,时无止,分无常,终始无故。是故大知观于远近,故小而不寡,大而不多,知量无穷;证于曏今,故遥而不闷,掇而不跂,知时无止;察乎盈虚,故得而不喜,失而不忧,知分之无常也;明乎坦涂,故生而不说,死而不祸,知终始之不可故也。计人之所知,不若其所不知;其生之时,不若未生之时；以其至小求穷其至大之域，是故迷乱而不能自得也。由此观之，又何以知豪末之足以定至细之倪！又何以知天地之足以穷至大之域！"

此第二问答，即《齐物论》之旨，而分"量"、"时"、"分"与"终始"四者言之。"量"与"时"，就宇宙言。"分"与"终始"，就人事言。言终始而及死生，则穷至人生之究竟，于是与《养生主》、《大宗师》之篇亦有沟通者焉。"量无穷"，空无尽也。"时无止"，时不停也。"分无常"，"分"者分际，读去声。"无常"，言随时空而变也。"终始无故"，"故"借作固。"无固"，言迁转往复，无得而固定也。郭注曰"日新也"，则以故为旧故。此于"无故"可通，于下文"终始之不可故"则不可通矣。马其昶《庄子故》因郭注之不通，乃改而训故为端。然其于下句之不可通，亦与郭注同。今作固释之，则于上下文既皆无窒，而与无穷、无止、无常之义亦复一贯，余所以敢守之而不疑也。

"观于远近，故小而不寡，大而不多"，此"故"字用与"则"字同，下三"故"字亦然。"小而不寡"，即小而不小；"大而不多"，即大而不大。言小不小、大不大，而先之以观于远近者，盖大者而远观之，则大者亦小；小者而近观之，则小者亦大，以此知小而可大、大而可小，小有更小、大有更大，故曰"知量无穷"。

"证于曏今"，各本皆作"证曏今故"，案：《释文》引崔撰注云"曏，往也"，则曏今即往与今。言曏今，犹言今昔今古也。"今"下"故"字，自是涉下"故遥而不闷"故字而误重。不知何时"证"下脱"于"字，郭子玄乃以"证曏今故"为句，而训曏为明，合上证字，以为连文。夫上言"观于远近"，下言"察乎盈虚"、"明乎坦涂"，皆用一字，不应此独用连文也；且一证字意已足，又焉用明字以益之？今特补"于"字，而删"故"字，以还其旧。"证于曏今"，则"遥而不闷，掇而不跂"者，"遥"，远也。谓古而以今证古，则古犹今也，未尝不明也。"闷"如老子"其政闷闷"

之闷,犹昧也。"掇"谓可掇取者,近也。而以古证今,则刹那刹那不停,今且古矣,不可得而跂及也,故曰"知时无止"。

"察乎盈虚",则"得而不喜,失而不忧"者,盈者有时而虚,虚者有时而盈,是得或失之,失或得之,何喜何忧之有!故曰"知分之无常也"。

"明乎坦涂",则"生而不说,死而不祸"者,《大宗师》曰:"死生,命也。命,谓天命之流行。其有夜旦之常,天也。"以死生为夜旦,是则所谓"坦涂"也。明乎此则生有何可说!同悦 死有何可祸之有!故曰"知终始之不可固也"。

"计人之所知,不若其所不知;其生之时,不若未生之时",即《养生主》"生也有涯,而知也无涯"之说。"以其至小求穷其至大之域",所谓"以有涯随无涯殆已"者,"是故迷乱而不能自得也"。"倪",端也。"又何以知豪末之足以定至细之倪",谓豪末不必小,《齐物论》所以言"天下莫大于秋豪之末"也。"又何以知天地之足以穷至大之域",谓天地不必大,《大宗师》所以言"狶韦氏得之以挈天地"也。

河伯曰:"世之议者,皆曰:'至精无形,至大不可围。'是信情乎?"北海若曰:"夫自细视大者不尽,自大视细者不明。夫精,小之微也;垺,大之殷也。故异便,此势之有也。夫精粗者,期于有形者也。无形者,数之所不能分也;不可围者,数之所不能穷也。可以言论者,物之粗也;可以意致者,物之精也;言之所不能论,意之所不能察致者,不期精粗焉。是故大人之行,不出乎害人,不多仁恩;动不为利,不贱门隶;货财弗争,不多辞让;事焉不借人,不多食乎力,不贱贪污;行殊乎俗,不多辟异;为在从众,不贱佞谄;世之爵禄不足以为劝,戮耻不足以为辱。知是非之不可为分,细大之不可为倪。闻曰:'道人不闻,至德不得,大人无己。'约分之至也。"

庄子发微卷之三·秋水第十七

此第三问答,由大小而说到是非,即从宇宙而归之人事,然后知《齐物论》乃所以为《养生主》、《人间世》以至《德充符》廓清涂径,立之根基,穷理即所以尽性,而非如名家之辩者穷极微渺,终不免强于物而弱于德也。"强于物、弱于德",语见《天下篇》。

"是信情乎","情"实也,"信"亦实也。然情实之实,乃言实际理地,其义实;信实之实,仅谓实然与否,其义虚,故用之不同也。

"自细视大者不尽",如观太空不能尽其边际。"自大视细者不明",如观微虫不能辨其毛里。以视有不尽,因谓之至大。视有不明,因谓之至精耳。此洞极理窟之谈,而出以寻常日用之语,使愚夫孺子闻之者无不可以解会。人知庄子之文奇诡恣肆,而不知其朴实说理处乃明白简易如此也。"小之微"者,谓小中之微,犹言小之至。"垺"同郛,谓郛郭,即不可围围字义。"大之殷",谓大之至。"殷"者盛也。"便"读去声。"异便",言大小各有所便。便异则势异,故曰"此势之有也"。"势之有",犹言势之然。"期"如期必之期。"精粗期于有形"者,谓必有形而后可言精粗也。"数"者形之所起,故无形者数之所不能分。"不可围者,数之所不能穷","穷"谓尽也。"可以言论",谓见之语言。"可以意致",谓得之想像。"致",推致也。"意之所不能察致","致"上加"察"字者,《徐无鬼篇》云:"辩士无谈说之序则不乐,察士无凌谇之事则不乐。"意致者,察士之所长,以是为察士之事,故加"察"字以显之也。"察士"即名家,见后注。"不期精粗"者,谓不能必其精粗,即精粗之名,皆不可得而加也。

"大人之行","行"读去声。"不出乎害人",言其利人。"不多仁恩",不以仁恩自多,无仁恩之见存也。"动不为利","为"读去声。"门",门子。"隶",徒隶。"门隶"皆为利而动者,而不贱之,无义利之见存也。"货财弗争,不多辞让",无争让之见存也。"事焉不借人",谓不借人力以从事。"不多食乎力",谓不使食浮于力。皆言其廉也。而"不贱贪污",无贪廉之见存也。"辟"同僻。"僻异"犹言矫异。"行殊乎俗而不多矫异",则非有意与俗相违也。"佞谄"谓佞上谄上。为在从众而不贱佞谄,则非有意阿众取悦也。凡此皆任理而动,不独无人己之见存,亦无同异之界隔,故"爵禄不足以为劝,戮耻不足以为辱"也。

"知是非之不可为分",总结"大人之行"以下文字。"细大之不可为倪",总结"不期精粗"以上文字。"倪"者端倪,端倪并有极限义,故"不可为倪"犹言不可为限也。

"闻"者,闻诸古圣人也。"道人不闻",闻道如不闻也。"至德不得",得德如不得也。"大人无己",即《逍遥游》之至人无己。此变至人为大人者,以论大小发端,对小而言,故曰大也。上言"大人之行",称大人亦然。"约分之至也",释所闻三言之义。"分"者性分,与孟子言"君子所性,大行不加,穷居不损,分定故也"之分同。"君子所性,虽大行不加焉,虽穷居不损焉,分定故也",见《孟子·尽心篇》上。"约"如"约我以礼"之约,"约我以礼",颜子语,见《论语·子罕篇》。谓要约也。要读去声 故此"约分"犹言尽性。尽性而得其要,以至无己,是为"约分之至"也。

河伯曰:"若物之外,若物之内,恶至而倪贵贱?恶至而倪小大?"北海若曰:"以道观之,物无贵贱;以物观之,自贵而相贱;以俗观之,贵贱不在己。以差观之,因其所大而大之,则万物莫不大;因其所小而小之,则万物莫不小;知天地之为稊米也,知豪末之为丘山也,则差数睹矣。以功观之,因其所有而有之,则万物莫不有;因其所无而无之,则万物莫不无;知东西之相反而不可以相无,则功分定矣。以趣观之,因其所然而然之,则万物莫不然;因其所非而非之,则万物莫不非;知尧、桀之自然而相非,则趣操睹矣。昔者尧、舜让而帝,之、哙让而绝;汤、武争而王,白公争而灭。由此观之,争、让之礼,尧、桀之行,贵贱有时,未可以为常也。梁丽可以冲城,而不可以窒穴,言殊器也;骐骥骅骝,一日而驰千里,捕鼠不如狸狌,言殊技也;鸱鸺夜撮蚤,察豪末,昼出,瞋目而不见丘山,言殊性也。故曰:'盖师是而无非,师治而无乱乎?'是未明天地之理、万物之情者也。是犹师天而无地、师阴而无阳,其不可行明矣。然且语而不舍,非愚则诬也。帝王殊禅,三代殊继。差其时、逆其俗者,谓之篡夫;当其时,顺其俗者,谓之义之徒。默默乎,河伯!女恶知贵贱之门、小大之家!"

此第四问答,因大小而论及贵贱,而断之曰"贵贱有时,未可以为常也"。提出一"时"字,便将《应帝王》"应"字、《天运篇》"运"字一齐纽串,要之一《齐物论》之"物化"而已。

"恶至而倪贵贱?恶至而倪小大?""恶"读同乌,问贵贱小大以何为端始,故曰"恶至"。言"恶至",犹言奚自也。

"以道观之,物无贵贱"者,道通于万物,行于万物者道也,语见上《天地篇》。物性平等,本无贵贱可言也。"以物观之,自贵而相贱"者,物我对立,畛域斯分,则贵己而贱彼,贵贱本起于主观也。"以俗观之,贵贱不在己"者,贵贱虽起于主观,而一夫唱之,众人和之,以俗之贵为贵,俗之贱为贱,忘己而从俗,则贵贱由人,故曰"不在己"也。此三者,略等于《齐物论》之"以明"。以下则《齐物论》"因是"之说也,观其皆以"因"字发端可知。

"以差观之","差"如今云比较。自小观大,是因其所大而大之,故曰"则万物莫不大"。自大观小,是因其所小而小之,故曰"则万物莫不小"。"知天地之为稊米"者,自太虚空观之,世界无量,天地非稊米乎?"知豪末之为丘山"者,自彼细菌之类观之,微尘刹土,豪末非丘山乎?"差数睹",犹言差数明也。"以功观之","功"如今云功用。万物皆有其用处,故曰"因其所有而有之,则万物莫不有"。万物亦皆有其无用处,故曰"因其所无而无之,则万物莫不无"。置其无用而用其有用,则万物无不可用者,故曰"知东西之相反而不可以相无",无东则无西,无西则无东,亦犹无无用则不见有用之可贵也。"功分定"者,功各有其分际,逾其分际而求之,则功或转为无功,故曰"功分定"。"定",言其有定限也。"以趣观之","趣"如今云趋向。趋向于公者,则其所然必公而后然之。而私者反是。趋向于私者,则其所非凡公必皆非之。而公者反是。故曰"因其所然而然之,则万物莫不然;因其所非而非之,则万物莫不非"。尧为公,为读去声,下句同。桀为私,故尧之所然,桀之所非;尧之所非,桀之所然也。"知尧、桀之自然而相非,则趣操睹"者,所趋向在是,则所操守亦在是,故即其然非而可知其趣操,是之谓"趣操睹"也。

"之、哙",谓燕相子之与燕王哙。哙让其国于子之而顾为臣,三年,国大乱,将军市被与太子平攻子之,围公宫,不克,数月,死者数万人。齐因而伐燕,杀子之,王哙亦死,事见《史记·燕世家》及《孟子》。"白公",楚故平王太子建之子胜也,初随建亡在郑,郑杀建,胜走入吴。惠王立,令尹子西公子申也召胜于吴,以为巢大夫,号曰"白公"。"白",其封邑名也。后六年,白公与勇力死士袭杀子西及司马子期于朝,劫惠王,王亡走昭夫人宫,白公自立为王。月余,叶公沈诸梁自蔡入讨,与国人攻白公。白公入山自缢死,事见哀十六年《左传》与《史记·楚世家》。燕哙让非其人,楚胜争不以道,其绝其灭,似不得归罪于让与争。然使燕哙不让,楚胜不争,则亦不得有绝灭之祸。由是言之,虽谓罪在争让可也。且庄子特假此以明争让之有时,不可执一耳。若其人之贤愚、事之类否,初所不计。不然尧之与桀,岂可相提并论者! 此等处固当善体其意,而无泥其文可也。

"丽",栋也,与梁一类,已见前《人间世篇》注。"可以冲城"者,古城皆用土版筑,故用大木可撞陷之也。"窒",塞也。"骐骥骅骝",皆骏马名,别而言之,则"骐"青黑色,文如博棋者,"骅"后世所谓桃花马,

"骊"紫黑色,皆以毛色为之名;"骥"则冀地所产,以地名者也。"狸狌",狸与狌也,见前《逍遥游篇》注。"鸱",各本作鸱鸺,然《释文》不出鸺字,曰:"崔云:鸱,鸺鹠。"以鸺鹠释鸱,即鸱下无鸺字,明矣。其作鸱鸺者,盖因误读《释文》而衍,王引之、吴汝纶说皆云然,兹据删。"蚤",今所谓跳蚤。"撮"者,爪取之也。"瞋目"犹怒目,谓目张大也。鸱,夜出之鸟,昼不见物,故曰"瞋目而不见丘山"。"瞋"本或作瞑,盖形似而讹。郭庆藩《庄子集释》乃反疑作"瞑"为是。夫瞑者合目,合目则自不见,又何待言!郭氏亦太不详审矣。曰"殊器"、曰"殊技"、曰"殊性",实则皆为功分作发挥。盖功分之分,即性分之分。知功分之有定,则知性分之有定。三者以言性终,意可知已。

"师是而无非,师治而无乱",两"而"字用与"则"字同,谓以是者为师,则可无非;以治者为师,则可无乱也。"盖"者,大都之辞;或读作盍,非也。不知是不必尽是,是中有非;治不必永治,治中有乱。若必谓是而无非,治而无乱,则是道无变通,而物无改易,则天地亦几乎熄矣,故曰"是未明天地之理、万物之情者也"。夫天之与地,阴之与阳,人知其不可缺一也,故又曰"是犹师天而无地,师阴而无阳,其不可行明矣"。"语而不舍",犹云语而不休。"非愚则诬"者,"愚"为不知,"诬"则知而妄言,自欺以欺人也。

帝者传贤,王者传子,故云"帝王殊禅"。"禅"犹传也。夏尚忠,而殷继之以尚质;殷尚质,而周继之以尚文。故云"三代殊继"。"差其时、逆其俗者,谓之篡夫",如子之、白公是也。"当",合也,读去声。"当其时、顺其俗者,谓之义之徒",如舜、禹、汤、武是也。"默默乎河伯",戒其勿言,而实欲其默识也。"女恶知贵贱之门、小大之家",小大云"家"者,对上"大方之家"言;贵贱云"门"者,对上"至子之门"言。盖于是而一齐扫却矣。

河伯曰:"然则我何为乎?何不为乎?吾辞受趣舍,吾终奈何?"北海若曰:"以道观之,何贵何贱,是谓反衍;无拘而志,与道大蹇。何少何多,是谓谢施;无一而行,与道参差。严乎若国之有君,其无私德。繇繇乎若祭之有社,其无私福。泛泛乎若四方之无穷,其无所畛域。兼怀万物,其孰承翼?是谓无方。万物一齐,孰短孰长?道无终始,物有死生,不恃其成;一虚一满,不位乎其形。年不可举,时不可止;消息盈虚,终则有始。是所以语大义之方,论万物之理也。物之生也,若骤若驰,无动而不变,无时而不移。何为乎?何不为乎?夫固将自化。"

此第五问答,归结到一"化"字,"化"即《齐物论》"物化"之"化"。故曰"物之生也,若骤若驰,无动而不变,无时而不移。何为乎?何不为乎?夫固将自化"。"若骤若驰,无动而不变,无时而不移"者,此天道之运而无所积也。"何为乎?何不为乎?夫固将自化"者,此圣道与帝道之运而无所积也。圣人明于天,因于道,顺其自然而与之变化,是为自化。自化之中,固有许多财成辅相之功在。财与裁同。"财成辅相",见《易·泰卦象辞》。若以自化为听其自然,则是一天道足矣。圣道、帝道何事乎?《阴符经》曰:"圣人知自然之道不可违,因而制之。""因而制之"之因,即《齐物论》"因是"之因。彼言制,此言化者,以"何为乎"言,则曰化;以"何不为乎"言,则曰制,其义未始不同也。世之读《老》、《庄》者,不会《老》、《庄》之旨,每以无为为无所事事,其于自化也亦然,故特著而辩之。

"然则我何为乎?何不为乎?"盖以上言无贵贱、无小大,则行无准的,故疑而发问也。又曰"吾辞受趣舍,吾终奈何"者,"趣"与趋同。物可无贵贱、无小大,而人不能无辞受、无趋舍也。有辞受趋舍,则即有贵贱小大矣。曰"吾终奈何"者,此反诘之辞,与何为、何不为之为问辞者语气有异,不可不知也。

"何贵何贱,是谓反衍"者,贵可反而为贱,贱可衍而为贵。贵贱无常,则贵贱之判泯矣。"衍"与延通,进之义也。"何少何多,是谓谢施"者,多可谢而为少,少可施而为多。多少非定,则多少之判亦泯矣。"谢"者,代谢之谢。"施"者,易施之施,移也,见前《人间世篇》"哀乐不易施乎前"注。"施"古音亦读如拖,故与多、差<small>差古音读蹉</small>叶韵。"无拘而志","无一而行",上句言志,下句言行,盖互文。"拘"犹执也。曰拘曰一,合之则执一也。"而"与汝同。此戒河伯无执一。所以然者,执一则非道,故曰"与道大蹇"、"与道参差"。"蹇"者,阻塞难行。"参差"者,龃龉而不合也。

"严"读俨。"俨乎"犹俨然,言其敬也。"繇繇"与由由同。由由乎,言其和也。"国之有君"、"祭之有社",皆众之所共戴也。故曰"无私德"、"无私福"。"福"谓降福。"德"犹惠也。"泛泛乎",普遍之貌。"四方",言天之所覆也。"无所畛域",无限隔也,此以天之形言。"兼怀万物,其孰承翼",此以天之德言。"兼怀"者,兼在怀抱之中。"承",后承前也。"翼",上翼下也。"孰承孰翼",无上下、无前后也。"翼"与域、福、德叶韵。德福怀,仁也。无私、无畛域,公也。必仁必公,岂无所事事之谓乎!

"是谓无方",结上以起下文。"无方"对"执一"言。执一者死法,无方者活法也。"万物一齐,孰短孰长",重申所以无方之故。"一齐"者,一皆齐也。"道无终始,物有死生,不恃其成","成"者不变也,"恃"犹持也。不持其不变,是一无方也。"一虚一满,不位乎其形","位"犹守也。不守乎其形,是亦一无方也。"年不可举",古举、与字通。"举"如《论语》"岁不我与"之与,言不可与之偕也。人不可与年而偕往,更不能挽之使待我,故又曰"时不可止"。"消息"承"死生"言。息者生而消者死也。"盈虚"承"虚满"言。"终则有始"承"道无终始"言。"消息盈虚"者,物也。"终则有始"者,道也。终而复始,则无终始矣。前屡言"以道观之",即自无终始者观之也。既无终始矣,复何有贵贱多少

299

哉！故曰"是所以语大义之方，论万物之理也"。曰"大义"，犹曰大理大道也。

"物之生也，若骤若驰"，是化之速也。"无动而不变，无时而不移"，是化之密而隐也。于此而能应之不失其机，处之不违其则，方得谓之与化合符，方得谓之自化。然则非夫运而无所积之圣人，其孰能之！曰"何为乎？何不为乎？"是即无可无不可之深旨，_{无可无不可，语见《论语·微子篇》}。而乃浅视之、易言之，不亦谬乎！

河伯曰："然则何贵于道邪？"北海若曰："知道者必达于理，达于理者必明于权，明于权者不以物害己。至德者，火弗能热，水弗能溺，寒暑弗能害，禽兽弗能贼。非谓其薄之也，言察乎安危，宁于祸福，谨于去就，莫之能害也。故曰：'天在内，人在外，德在乎天。'知天人之行，本乎天，位乎得，蹢躅而屈伸，反要而语极。"曰："何谓天？何谓人？"北海若曰："牛马四足，是谓天；落马首，穿牛鼻，是谓人。故曰：'无以人灭天，无以故灭命，无以得殉名。'谨守而勿失，是谓反其真。"

此第六问答。"何谓天？何谓人？"以下，只是上"天人之行"之注释，故不复分焉。前二问答，言"帝王殊禅，三代殊继"，以及"无所畛域，兼怀万物"，盖与《应帝王》为近。此云"天人"，言"反真"，则直揭《大宗师》之要，由外王而复返之内圣，观夫"反要语极"之言亦可见也。

"知道者必达于理"，道者理之总名，理者道之别相。知总而不知别，则是伈伈而无分析也。"达于理者必明于权"，理者所以观常，权者所以制变。达常而不达变，则是笃守而无机用也。"不以物害己"者，役物而不役于物。役于物，则害中于己，此不明于权之过也。"至德"者，即知道者。上文云："道人不闻，至德不得。"以闻道言，则谓之道人。以得道言，则谓之至德。其实非有二也。"火弗能热，水弗能溺，寒暑弗能害,禽兽弗能贼",所谓不以物害己。"非谓其薄之也","薄"犹迫也。《阴符经》曰:"沈水入火,自取灭亡。"是则薄之者,故曰非谓此也。

"言察乎安危,宁于祸福,谨于去就,莫之能害也",安危言察,祸福言宁,盖互文。"宁"为宁静之宁,不以祸福之来而惊扰,是之谓宁。惟宁始能察,亦惟察而后能宁,故用是分言之。郭注云:"知其不可逃也,安乎命之所遇。"训宁为安,大误。若果安之而不避,则无为言"谨于去就"矣。"莫之能害",实由"谨于去就",而"谨于去就",又由"察乎安危,宁于祸福"。一部《周易》,以吉凶悔吝教人,盖全在此,故《系辞传》曰:"刚柔者,立本者也;变通者,趋时者也;吉凶者,贞胜者也。"贞胜云者,谓能以正胜夫吉凶,而非一听吉凶之安排也。其要存乎变通趋时。变通趋时,即此之所谓权。而上二节言时言化,意亦贯注夫此。故此"秋水"一大段文字,直摄取《大易》之精微,而托之海若之口以出之。不通乎《易》,而以寻常安命之说作释,宜其悖也。

"天在内,人在外",此云内外,犹《易·泰卦象传》言"内阳而外阴、内健而外顺、内君子而外小人",谓以天为体而以人为用也。又云"德在乎天"者,应上"至德"为说,以见至德之德即天德之德也。"知天人之行","行"读去声。《大宗师》首云:"知天之所为,知人之所为,至矣。"天人合言,此《庄子》一书之要旨。褚伯秀《南华义海纂微》附有《管见》,乃谓"天"当是"夫",音符。或者更以陈碧虚《阙误》引江南古藏本作"乎",以证褚说之是,不知古藏本"乎"实"天"字之讹,褚氏不详上下文义,欲改"天"作"夫",特一时误见,岂可据以为是乎!下云"本乎天",正承"天"字言。"本乎天",所谓天在内也。"位乎得","得"者中也。_{中读去声}中谓中权,承上"人"字言,所谓"人在外"也。或以"得"为与"德"通,直解作德,亦误也。"蹢躅"与踯躅字同,犹《养生主》言蹢躅也,盖审慎之义。"蹢躅而屈伸",所谓"谨于去就"也。"反要",犹老子言"归根",亦即下文之"反真"。"要"言其约,"真"言其实也。"语极"者,极穷尽也。至此则言语之所不能及,故曰"语极",禅师家所谓"言语道断"者也。

注家以"语极"与"反要"为对文,不知"要"可云"反","极"不可言"语"也。郭注云:"常不失其要极。"轻轻将"语"字抹过。成疏云:"所有语言皆发乎虚极。"知"语"字不可抹过矣。然以"语极"解作"语言发乎虚极",不独于义不顺,于文亦不可通。且前有云:"可以言论者,物之粗也;可以意致者,物之精也;言之所不能论,意之所不能察致者,不期精粗焉。"夫至于要,则正言之所不能论,意之所不能察,故曰"语极"。谓言语至是而穷,于本文有明征矣。而奈何注家无一注意及此者,不亦异乎!

"落马首","落"与络同,即《马蹄篇》"刻之雒之"之雒。落、雒皆假借字也。马则络首,牛则穿鼻,随物而施,是因之道也。故"无以人灭天",非谓人可无也,但不以之灭天耳。"无以故灭命",非谓故可无也,但不以之灭命耳。郭注曰:"人之生也,可不服牛乘马乎?服牛乘马,可不穿落之乎?牛马不辞穿落者,天命之固当也。苟当乎天命,则虽寄之人事,而本在乎天也。"推子玄之意,殆以庄子有是天非人之心,而以落马首、穿牛鼻为即灭天灭命,故乃宛转为说,冀以弥缝庄子之失,而杜责难者之言。实则庄子无此心也。若果有是心也,则必不曰"天在内,人在外"矣,亦必不曰"知天人之行",而以天人相提并论矣。吾尝怪荀子言"庄子蔽于天而不知人"未能真知庄子之学。庄子特以当时人知日强,而天知日损,故发为"无以人灭天,无以故灭命"之论,以指其过而矫其偏,此其救世不得已之苦心。以子玄深入庄子之室而尚有误会其旨者,则宜乎后之学者疑庄子为欲尽废人事而返之洪荒者矣。

"无以得殉名","得"即上"位乎得"之得,"名"为形名之名,非名誉之谓也。"殉名",则守常而不知通变。守常而不知通变,则不得矣,故曰"无以得殉名"也。《齐物论》曰:"唯达者知通为一,为是不用而寓诸庸。庸也者用也。用也者通也。通也者得也。适得而几矣,因是已。"

此两言得,皆根《齐物论》"通也者得"而言,与"德本乎天"之德,一言体,一言用,不容混也。"谨守而勿失"者,守夫"天人之行"而内外之判也。若是则即用即体,人与天合,故曰"是谓反其真"。或解作守此"无以人灭天"之三言者,亦未然也。

夔怜蚿,蚿怜蛇,蛇怜风,风怜目,目怜心。夔谓蚿曰:"吾以一足趻踔而行。予无如矣。今子之使万足,独奈何?"蚿曰:"不然。子不见夫唾者乎?喷则大者如珠,小者如雾,杂而下者不可胜数也。今予动吾天机,而不知其所以然。"蚿谓蛇曰:"吾以众足行,而不及子之无足,何也?"蛇曰:"夫天机之所动,何可易邪?吾安用足哉!"蛇谓风曰:"予动吾脊胁而行,则有似也。今子蓬蓬然起于北海,蓬蓬然入于南海,而似无有。何也?"风曰:"然。予蓬蓬然起于北海,而入于南海也。然而指我则胜我,䲡我亦胜我。虽然,夫折大木,蜚大屋者,唯我能也。故以众小不胜为大胜也。"为大胜者,唯圣人能之。

此节发明天机之用,亦即发明权之用也。何以知其为发明权之用?权之用,在夫"谨于去就",莫之能害而已,此云"以众小不胜为大胜"。衡夫大小之间,去小而就大,是以物莫能胜,非权之大用乎!然发明权之用,而先之以天机者何?权之用在不测,不测之谓神;若有心而用之,不窒则险,其能中者鲜矣,更何神之云!夫天机者,无心也。故此文言"风怜目,目怜心",而文至于风而止,于目于心更不著一字,盖有深意焉。将以不见之见言目,无心之心言心,此非言语文字所可为也,故留此一空白,以待读者之自参,而又虑夫读者不能会及此意也,因于上文下一语,曰"予动吾天机,而不知其所以然"。知权之出乎天机而不知其所以然,则知夫以机变巧诈为权,以行险侥幸为权者之徒，冒乎权之名，而实为权之贼也，故卒曰"为大胜者，唯圣人能之"，明夫唯圣人为能用权，非他人所可得而伪托也，此庄子之微意也。

"夔"，如牛，无角而一足，见《山海经·大荒东经》。"蚿"，马蚿，虫之多足者，俗亦谓之百足。"怜"，爱羡也。"跰𨃛"与蹁跹同，行不安也。"无如"为无如何之省。言一足而难使已如此，故于蚿之使万足，而问其独奈何也。蚿足不能及百，而云万足者，极言其多耳。"唾"犹噀也，谓以口含水而喷之，故下云"喷则大者如珠，小者如雾，杂而下者不可胜数也"，若以咳唾之唾解之，则误矣。"胜"读平声。"数"，算也。"不可胜数"，谓算之不能尽也。"今予动吾天机"，指动其众足，犹《齐物论》"蛇蚹蜩翼"之说，故曰"不知其所以然"。天机之所动何可易者，天机虽一，而其动不同，则不得以彼易此，是盖与《骈拇篇》云"性长非所断，性短非所续"一意，故曰"吾安用足也"。"动吾脊胁而行，则有似"者，脊胁非足，而动之以行，犹有类夫足者，故曰"有似"也。"蓬蓬然"者，风起则蓬随之而飞转。风无形，不得不假有形者以状之，故云"蓬蓬"，成疏云"尘动貌"，近之。又曰"风声"，则非也。"似无有"者，似无物也。"鰌"，《释文》云"本又作蹜"，蹜与蹙同，鰌其假借字也。"指我则胜我，蹙我亦胜我"，言有手指足蹙者，风不与之争也。若夫大木大屋，则折之、蜚之，唯风为能矣，故曰"以众小不胜为大胜也"。风之言止此。"为大胜者唯圣人能之"，此因风之言而推及圣人，见圣人用权之不测，亦如风之无物。缴此一笔，文便收煞，则知不言目心非遗脱矣，而姚惜抱《庄子章义》必以为此文有残缺，何哉！"蜚"与飞通。

孔子游于匡，宋人围之数匝，而弦歌不惙。子路入见，曰："何夫子之娱也？"孔子曰："来，吾语女！我讳穷久矣而不免，命也；求通久矣而不得，时也。当尧、舜而天下无穷人，非知得也；当桀、纣而天下无通人，非知失也。时势适然。夫水行不避蛟龙者,渔父之勇也;陆行不避兕虎者,猎夫之勇也;白刃交于前,视死若生者,烈士之勇也;知穷之有命,知通之有时,临大难而不惧者,圣人之勇也。由处矣,吾命有所制矣。"无几何,将甲者进,辞曰:"以为阳虎也,故围之。今非也,请辞而退。"

此举孔子匡国之事,以为"察乎安危,宁于祸福,谨于去就,而莫之能害"之榜样也,盖紧承上节"为大胜者唯圣人能之"而言,故不曰圣人之权,而曰圣人之勇。《易·系辞传》曰"巽以行权",而《巽卦彖传》则曰"刚巽乎中正而志行,柔皆顺乎刚,是以小亨"。又初爻,其主爻也,其辞曰:"进退,利武人之贞。"以是观之,则行权虽用柔,而刚武实主之。此文引孔子之言,由智而归之于勇,其意正与《易》合,以是知庄子于《易》深矣。

"孔子游于匡","游"非游玩之谓。古者学于异国曰游学,仕于异国曰游宦,故子曰"父母在,不远游;游必有方"。见《论语·里仁篇》"游"者,适于异国之辞也。《论语》亦有"子畏于匡"之言。畏者,有戒心也。见《子罕篇》。"有戒心",乃朱子注语。《史记·孔子世家》云:"去卫,将适陈,过匡,颜刻为仆,以其策指之曰:'昔吾入此,由彼缺也。'匡人闻之,以为鲁之阳虎;阳虎尝暴匡人。匡人于是遂止孔子,孔子状类阳虎,拘焉。"曰畏、曰止、曰拘,即此所云"围之数匝"。"匡",周也。惟司马彪注云:"宋当作卫。匡,卫邑。"注家多从之。而司马贞《史记索隐》则云:"匡,宋邑也。"考卫与宋为邻国,当时疆场之邑,一彼一此,语见昭九年《左传》所属不常,亦即难定指以为属卫,当依本文作宋,无为率改也。"慑"借作"辍",止也,故《释文》云"本又作辍"。

"子路",孔子弟子仲由也。"见"音现,见于孔子也。"娱",乐也。"讳",忌也。"穷",困也。"通",泰也。命与时对言,则此命谓所遭之会,古人云遭命者是也。尧、舜之时,人各得尽其才,故曰"无穷人"。

桀、纣之时,人不得遂其业,故曰"无通人"。"知得"、"知失"两"知"字皆读同"智"。"时势适然",然指穷通言,穷通由于时势,不关智力,故曰非知得知失也。"蛟",龙属而无角。"兕",今所谓河马也,滇、越交界处尚有之。"由处矣"者,"处",止也。盖子路欲与匡人斗,故孔子止之。"吾命有所制矣",言命制自天,不在匡人也。《论语》曰:"文王既没,文不在兹乎?天之将丧斯文也,后死者不得与于斯文也。天之未丧斯文也,匡人其如予何!"命有所制,盖是之谓。

"无几何",无几时也。"将甲",《释文》云:"本亦作持甲。"将、持一义。围时著甲,今解围,故脱甲而持之,以示不战。"进辞"者,进而辞谢也。孔子履危而安,履险而夷,此所谓"莫之能害"也。故老子亦曰:"善摄生者无死地。"

公孙龙问于魏牟曰:"龙少学先王之道,长而明仁义之行;合同异,离坚白;然不然,可不可;困百家之知,穷众口之辩。吾自以为至达已。今吾闻庄子之言汒然异之。不知论之不及与?知之弗若与?今吾无所开吾喙,敢问其方。"

公子牟隐机大息,仰天而笑,曰:"子独不闻夫坎井之鼃乎?谓东海之鳖曰:'吾乐与!吾跳梁乎井榦之上,入休乎缺甃之崖;赴水则接腋持颐,蹶泥则没足灭跗;还虷蟹与科斗,莫吾能若也。且夫擅一壑之水,而跨跱坎井之乐,此亦至矣。夫子奚不时来入观乎!'东海之鳖左足未入,而右膝已絷矣。于是逡巡而却,告之海曰:'夫千里之远,不足以举其大;千仞之高,不足以极其深。禹之时,十年九潦,而水弗为加益;汤之时,八年七旱,而崖不为加损。夫不为顷久推移,不以多少进退者,此亦东海之大乐也。'于是坎井之鼃闻之,适适然惊,规规然自失也。且夫知不知是非之竟,而犹欲观于庄子之言,是犹使蚊负山、商蚷驰河也,必不胜任矣。且夫知不知论极妙之言而自适一时之利者,是非坎井之鼃与?且彼方跐黄泉而登大皇,无南无北,奭然四解,沦于不测;无西无东,始于玄冥,反于大通。子乃规规然而求之以察,索之以辩,是直用管窥天、用锥指地也,不亦小乎!子往矣。且子独不闻夫寿陵余子之学行于邯郸与?未得国能,又失其故行矣,直匍匐而归耳。今子不去,将忘子之故,失子之业。"公孙龙口呿而不合,舌举而不下,乃逸而走。

此文东海之鼇一段,纯为摹拟海若口吻而作,故当是庄子门下文字搀入之者。"公孙龙",辩者之魁,《齐物论》中尝引用其指非指、马非马之说,而发为天地一指、万物一马之论,虽《天下篇》讥其为辩者之囿,要亦道术之散,自为一家。彼方且与庄子争鸣于时,安有闻魏牟之言,"口呿而不合,舌举而不下,乃逸而走"者乎!诬诋如是,不过欲力尊其师,而不知实悖乎其师之意。"龙",赵人,尝为平原君客。《史记·孟子荀卿列传》云:"赵亦有公孙龙,为坚白异同之辩。"是龙为赵人无疑。"魏牟",魏公子牟也,故下文亦称公子牟。《让王篇》云:"魏牟,万乘之公子也,其隐岩穴也,难为于布衣之士,虽未至乎道,可谓有其意矣。"意牟亦负一时之盛名者,故假其言以抑龙而扬庄也。

同异坚白,然不然、可不可,注并已见前。"百家之知","知"读智,下"知之弗若"亦同。"达",通也。"汒然"犹茫然。"异",怪也。"无所开吾喙","喙",口也,谓开口不得。"敢问其方",问所以解之之术也。

"机"同几。"大"读太。"大息",叹声也。"仰天而笑",笑之甚也。"坎井",井之陷者。"鼃"本又作蛙,古今字也。"鼇"亦作鳖。"乐与"之"与"读欤。"跳梁",见《逍遥游》注。或曰跳梁即跳踉也。"井榦",井栏也,古以木为之,故曰榦曰栏,皆从木。"甃",井壁砖也。井已坏,故曰缺甃,言残破也。"崖"同涯。"接"与挟通。"接腋",挟其两腋也。

"持",承也。"颐",颔也。"持颐",以前肢承其颔也。此写鼋游泳之状,亦可谓维妙维肖矣。"蹶"如"材官蹶张"之蹶,"材官蹶张",见《史记·申屠嘉传》。踏也。"跗"读同蹼,趾间幕也。"没"、灭一义。"还"音旋,顾也。"虷",蚧蛤之属,故与蟹并称;旧以为井中赤虫,非其伦矣。"科斗"即鼋之子。"莫吾能若",无能如我之乐也。"擅"谓专有之。"壑",坑也。"跨跱"犹盘踞也。"且夫"至"之乐"十四字当作一句读。"此亦至矣",谓乐之至也。"奚不时来入观",欲其及时而来观。

"左足未入而右膝已絷"者,言井小不足以容。"絷"者绊也。"逡巡",不进貌;"却",退也;合之则谓倒退。"告之海",以海之大告之也。"极其深",穷其深也。"潦"同涝,雨大而水淹也。"旱",不雨。"崖",岸也。"水弗为加益","崖不为加损",两"为"字皆读去声,因也。"顷久"犹久暂。"推移"谓改变。"多少",言雨水多少也。"进退"即谓益损。"适"音敌,"适适"犹切切也。"规规",局促也。"自失",不自得也。

"知不知是非之竟",上"知"读智,下"知"如字;"竟"谓究竟,或解作境,非也。"是非之竟",即下文所云"极妙之言"。非平常是非之域所限,故谓之曰"竟",犹云其至也。"使蚊负山",语本《应帝王》。"商蚷",司马彪注云:"虫名,北燕谓之马蚿。"然则商蚷即上文夔怜蚿之蚿,蚿也而谓之商蚷,此亦与上文非出一手之证也。"蚷",陆地之虫,而使之驰于河上,鲜有不溺者,故与使蚊负山同谓之不胜任也。"胜"读平声。"自适一时之利",谓取一时之便也。

"趎",蹈也,今俗用踹字,读如柴之上声。"黄泉",地深处,今所云地下水层也。"大"读如太。"皇"者,皇天之皇。"太皇",天高处。"趎黄泉而登大皇",犹《刻意篇》言"精神上际于天、下蟠于地"也。"奭然",盛貌。"沦"犹入也。"奭然四解"言其充,"沦于不测"言其密,"始于玄冥"言其微,"反于大通"言其远。"无南无北"、"无西无东",犹《刻意篇》言"四达并流,无所不极"也。"无西无东",各本皆作"无东无西",王念孙云:"北、测为韵,东、通为韵,东、西字误倒。"是也,因据改。"索"亦求也。察以心言,辩以口言,故辩士亦谓察士,《荀子·不苟篇》曰"说不贵苟察",即指惠施、邓析所谓名家者言之,两相勘比,可知当时言察之义矣。"用管窥天",不能见天之大也;"用锥指地",不能量地之大也,故曰"不亦小乎!"

"寿陵",地名,成疏云"燕邑",或有所据。"邯郸",赵之都也。"余子",孟子所谓余夫,盖未成丁之少年也。"学行",他书引用皆作学步,言步言行,一也。"国能",犹云一国之能。"故行",谓旧行也。"匍匐",伏地而行。"直匍匐而归"者,极言其不堪也。"呿"读去之平声,张口也。"举",上也。"逸"犹逃也。

案《列子·仲尼篇》云:公子牟悦赵人公孙龙,乐正子舆之徒笑之,谓公孙龙佞给而不中,中读去声 漫衍而无家,好怪而妄言。公子牟曰:"智者之言,固非愚者之所晓。"又曰:"子不谕至言 谕同喻 而以为尤也,尤其在子矣。"文多节略 似此,魏牟方盛推崇龙,与此文乃大相反。《列子》虽出晋人纂辑,而所据亦先秦古籍,非其私撰。由是言之,则此文不独诬庄子,亦且诬魏牟矣,吾所以始终于此文无取焉。

庄子钓于濮水。楚王使大夫二人往先焉,曰:"愿以竟内累矣。"庄子持竿不顾,曰:"吾闻楚有神龟,死已三千岁矣,王巾笥而藏之庙堂之上。此龟者,宁其死为留骨而贵乎?宁其生而曳尾于涂中乎?"二大夫曰:"宁生而曳尾涂中。"庄子曰:"往矣!吾将曳尾于涂中。"

此庄子之"谨于去就"也。原文当直接孔子匡围之后,以见己与孔子虽出处不同,而"察乎安危,宁于祸福,莫之能害",则一也。"濮水",在今山东濮县,庄子时隐于此。"楚王",楚威王也。《史记·庄子列传》云:"威王闻庄周贤,使使厚币聘之,许以为相。"此言"愿以竟内累","竟"同境,盖即指为相事。使二人往先者,先往宣示此意也。

"持竿不顾","竿",钓竿;言不为之动也。"不顾",如今云不理睬。"神龟",谓用以占卜、决事如神者。"巾笥",包之以巾,藏之于笥也。"庙堂",宗庙之堂。"宁"者愿辞。"涂中",泥涂之中。言为龟计者,愿贵而死乎?愿困而生乎?"吾将曳尾于涂中",喻贫困可以远害也。《史记》所载庄子语与此不同,而云:"子亟去无污我。"即此"往矣"之言。又云:"我宁游戏污渎之中自快。"与此言"曳尾涂中"亦略仿佛。盖史公采之他书,故与此文不尽合也。

惠子相梁,庄子往见之。或谓惠子曰:"庄子来,欲代子相。"于是惠子恐,搜于国中,三日三夜。庄子往见之,曰:"南方有鸟,其名为鹓鶵,子知之乎?夫鹓鶵发于南海,而飞于北海,非梧桐不止,非练实不食,非醴泉不饮。于是鸱得腐鼠,鹓鶵过之,仰而视之曰'吓!'今子欲以子之梁国,而吓我邪?"

以庄、惠相交之厚,惠子岂有不知庄子之轻视万乘者,而乃疑其欲夺之相位乎?且云"搜于国中三日三夜",使搜而得之,而庄子果有相梁之意,将遂加害于庄子乎?惠子虽贪恋相位,谅必不至此,然则搜之何为?即此亦可知其为虚构矣,吾故断以为庄子之徒造为此文,而以附入之者。且以此列于下文庄、惠问答之前,殊觉不类,欲径删之,而格于体例,有所未可,幸读者能知其意,是所望焉。

"搜",大索也。庄子,宋人,于梁为南,故以南方之鸟设喻。"鹓鶵"盖鸾凤之类,《诗·大雅·卷阿》之篇曰:_{卷读如拳}"凤凰于飞,于彼高冈。梧桐生矣,于彼朝阳。"此云鹓鶵非梧桐不止,盖本诸此。"练"同楝,今谓之苦楝,其实如小铃,可用以练丝,故谓之练。《淮南子·时则训》"七月,其树楝",高诱注云:"其实凤皇所食。"是也。成疏以练实为竹实,注家多从之,非也。"醴泉",甘泉也,《小戴礼记·礼运篇》曰

"天降膏露,地出醴泉",言难得也。"腐鼠",死鼠也。"鹓鶵过之",过其上也。故鸱仰而视之曰"吓"。"吓"者,恐其夺己,故怒其声以惊去之也。《大雅·桑柔》之篇曰:"反予来吓。""吓"一作"赫",郑笺:"以口距人曰吓。"今鸱之鸣声正类此,因借此字以形之,"欲以子之梁国吓我"者,比梁相于腐鼠,言岂将亦如鸱之向鹓鶵作此吓声乎?

庄子与惠子游于濠梁之上。庄子曰:"儵鱼出游从容,是鱼之乐也。"惠子曰:"子非鱼,安知鱼之乐?"庄子曰:"子非我,安知我不知鱼之乐?"惠子曰:"我非子,固不知子矣;子固非鱼也,子之不知鱼之乐,全矣。"庄子曰:"请循其本。子曰'女安知鱼乐'云者,既已知吾知之。而问我,我知之濠上也。"

此节与上"夔怜蚿"节相应。言"鱼乐"者,即言天机也。《中庸》说"君子之道费而隐",引《诗》云:"'鸢飞戾天,鱼跃于渊。'言其上下察也。"朱子注曰:"子思引此诗,以明化育流行、上下昭著,莫非此理之用,所谓费也。"又引程子之言,曰:"此一节子思吃紧为人处,活泼泼地。"庄子此文盖即《中庸》引《诗》之意,正所谓"化育流行、上下昭著",与夫"活泼泼地"者也。

"濠",水名,在今安徽凤阳县北,有庄子墓在焉。"梁"者,以石绝水,后世所谓堰也。"儵"借作鯈,读如条,今俗谓之苍条鱼,身窄小而有条文,故名。"从容",自得之貌。前文云"蹢躅而屈伸",从容与蹢躅、屈伸意亦相近,盖得之天者,必不迫切。迫切惟勉强为然,此天与人之别也。向来读者于"从容"字多忽略过去,不知鱼乐正从其从容处体勘得来,故为指点出之。

《天下篇》举惠施之说有曰:"泛爱万物,天地一体也。"以是言之,则人鱼同体,安得有"子非鱼,安知鱼之乐"之言乎!而施云然者,盖以胜人为心,亦遂自悖其宗旨而不觉矣。"子之不知鱼之乐,全矣"者,谓即我不知子之言,足证子之不知鱼之乐。"全",言其不可破也。"请循其本","循",从也。"本",指首先发问之辞。"既已知吾知之",当读断。"而问我"句,连下"我知之濠上也"成文。"知之濠上"者,谓即其出游从容而知之。濠上濠下,同是一片天机。鱼乐人亦乐,岂有间哉!知此,则知反要、反真矣,故以此终篇焉。

至乐第十八

此篇除"名止于实,义设于适",及"万物皆出于机,皆入于机"数语外,无甚深义,当是庄子门下之文。

天下有至乐无有哉？有可以活身者无有哉？今奚为奚据？奚避奚处？奚就奚去？奚乐奚恶？

夫天下之所尊者,富、贵、寿、善也；所乐者,身安、厚味、美服、好色、音声也；所下者,贫贱、夭恶也；所苦者,身不得安逸,口不得厚味,形不得美服,目不得好色,耳不得音声。若不得者,则大忧以惧。其为形也亦愚哉！夫富者,苦身疾作,多积财而不得尽用,其为形也亦外矣。夫贵者,夜以继日,思虑善否。其为形也亦疏矣。人之生也,与忧俱生,寿者惽惽,久忧不死,何之苦也！其为形也亦远矣。

烈士为天下见善矣,未足以活身。吾未知善之诚善邪？诚不善邪？若以为善矣,不足活身；以为不善矣,足以活人。故曰："忠谏不听,蹲循勿争。"故夫子胥争之,以残其形；不争,名亦不成。诚有善无有哉?

今俗之所为,与其所乐,吾又未知乐之果乐邪? 果不乐邪? 吾观夫俗之所乐,举群趣者,誙誙然如将不得已,而皆曰乐者,吾未之乐也,亦未之不乐也。果有乐无有哉?

吾以无为诚乐矣,又俗之所大苦也。故曰:"至乐无乐,至誉无誉。"天下是非果未可定也。虽然,无为可以定是非。至乐活身,唯无为几存。请尝试言之。天无为以之清,地无为以之宁,故两无为相合,万物皆化。芒乎芴乎,而无从出乎! 芴乎芒乎,而无有象乎! 万物职职,皆从无为殖。故曰:"天地无为也,而无不为也。"人也孰能得无为哉!

"活身",谓全生保身也。避处、就去、乐恶,皆以相反成文,而以"奚为"、"奚据"总之,"为"以动言,"据"以静言,"据"犹言所安也。

"尊",尚也。"下",贱也。"好色"之"好"读上声。"大忧以惧","忧"者,不乐;"惧"者,惧无以活身也。以此谋身而实以伤其身,故曰"其为形也亦愚哉"。"形"即指身言,"为"读去声,下言"为形"皆同。

"苦身疾作",言其劳也。"多积财而不得尽用",言其吝也,此富者之愚也。"夜以继日,思虑善否",言其贪位保禄、患得患失,此贵者之愚也。"寿者惽惽,久忧不死",言其贪生恋世、忘其所归,此寿者之愚也。"惽惽",神识不清貌。"何之苦",犹言何其苦。曰外、曰疏、曰远,皆言失其本也。

"为天下见善",言为天下所见称也。"烈"一作列,字通。言"烈士"者,所谓烈士殉名者也。"未足以活身",言杀其身也。"吾未知善之诚善邪? 诚不善邪?"又曰"诚有善无有哉?"是非模棱之语也。推作者之意,盖必活人、活身两全而后得谓之善;若天下所尊之善,则不免有刻意矫行以成其亢直者,故不之然也。"忠谏不听,蹲循勿争",盖引古训。"蹲循"即逡巡,谓却退也。子胥事见《胠箧篇》,死而投尸江中,故曰"残其形"。"残"犹毁也。

"吾观夫俗之所乐"以下,当读至"而皆曰乐者"为句。"举群趣者","举",皆也,谓群皆趋之。"誙誙"同硁硁,坚定而不移也。"不得已"犹不可已,谓止之不得也。言"吾未之乐",又言"亦未之不乐"者,未之乐,乃排俗之辞,未之不乐,则即理之论。盖若但言未乐,则乐与未乐犹成相对,与后言无为无乐之旨不免违连,故必兼带而举之也。

"吾以无为诚乐"者,无为则平易,平易则恬惔,无为之乐实恬惔之乐也。恬惔之乐,则无乐之乐,故曰"至乐无乐"。言"至乐无乐",又言"至誉无誉"者,应上"烈士为天下见善"而言,以见有誉则非善之至也。"无为可以定是非"者,无是非之执,则得是非之权,此本《齐物论》以为言,故曰"至乐活身,唯无为几存",言唯无为庶几有至乐,唯无为庶几可以活身也。"两无为相合",天地相合也。"万物皆化",万物化生也。"芒",《释文》云:"李音荒,又呼晃反。"则芒芴即老子云"道之为物,惟恍惟惚"之恍惚也。芴芒即老子云"无物之象,是谓惚恍"之惚恍也。"无从出"者,"无"谓无为,言无为从此出也。"无有象"者,言无为则有象也。或以"无从"、"无有"连读者,非是。"万物职职",万物各受其职,是为职职。"皆从无为殖",皆从天地之无为而生长蕃息也。故曰"天地无为也,而无不为也"。"人也孰能得无为"者,欲人之法乎天地也。

庄子妻死,惠子吊之。庄子则方箕踞,鼓盆而歌。惠子曰:"与人居,长子老身,死不哭亦足矣,又鼓盆而歌,不亦甚乎!"庄子曰:"不然。是其始死也,我独何能无概然!察其始而本无生,非徒无生也而本无形,非徒无形也而本无气。杂乎芒芴之间,变而有气,气变而有形,形变而有生,今又变而之死,是相与为春秋冬夏四时行也。人且偃然寝于巨室,而我嗷嗷然随而哭之,自以为不通乎命,故止也。"

此以下三节,皆言生死之一致,盖《大宗师》之绪余也。"箕踞",今所谓盘膝而坐,因两膝张开如箕然,故谓之箕踞。古坐屈两膝,以臀著于足跟之上,今日本之坐正如此,若箕踞则非礼也。著此二字,见庄子欲借放恣以解忧戚,非言其傲也。"盆",瓦缶。"鼓"犹叩也。叩盆,所以为歌声之节。

"与人居","居"谓居室,孟子云"男女居室,人之大伦",是也。"长子",子已长。"老身",身已老也。皆言其夫妇相处之久,故曰"死不哭已足矣,又鼓盆而歌,不亦甚乎!""甚"谓太过也。

"始死",谓初丧妻时。"概"借作慨,故司马彪注云"感也"。"察其始而本无生",此始言人生之始,与上"始死"之始不同。《易·系辞传》云"原始反终,故知生死之说"。此自无生而推至无形,自无形而推至无气,又由气而形,由形而生,由生而死,即"原始反终"四字足以尽之。故曰"是相与为春秋冬夏四时行也",言生死亦如四时之代谢,是乃天命之流行,其来不能却,其去不能止。故又曰"人且偃然寝于巨室,而我嗷嗷然随而哭之,自以为不通乎命,故止也"。"偃然"犹安然。"巨室",谓天地之间。"嗷"同叫。"嗷嗷然",哭声也。"止"者,止而不哭。

支离叔与滑介叔观于冥伯之丘、昆仑之虚、黄帝之所休。俄而柳生其左肘,其意蹙蹙然恶之。支离叔曰:"子恶之乎?"滑介叔曰:"亡,予何恶!生者,假借也;假之而生,生者尘垢也。死生为昼夜。且吾与子观化,而化及我,我又何恶焉!"

"支离",注已见《人间世篇》。"滑介",成疏云"犹滑稽也",是也。"冥伯之丘","冥"者冥漠,喻死者丘墓所在,故曰丘也。又云"昆仑之虚"者,人死返于混沦,故谓之昆仑之虚。《天地篇》曰"黄帝游乎赤水之北,登乎昆仑之丘",此言"黄帝之所休",亦谓黄帝亦休息乎此,非必据《天地篇》而言也。

"柳"通瘤,言瘤生其左肘者,即《大宗师》"生为附赘县疣"之旨,以启下生者假借尘垢之言也。"蘁"音愤,"蘁蘁然",惊而意动也。"恶",嫌恶也。"亡"读若无,犹否也。始者蘁蘁然恶之,而今云"予何恶"者,犹上节言始死不能无慨然,察之而通乎命,则止而不哭。盖惟有情而后待于理遣,若本无情,则同于木石,即理命之说皆无所用之,而人道亦几乎息矣!"生者假借",《大宗师》所谓"假于异物,托于同体"也,故曰"假之而生,生者尘垢",此指柳生而言。"假借"之上而复有此,即与微尘点污何异,故曰"尘垢"也。"死生昼夜",即死生夜旦之说。"观化","化"谓造化,与上云"通乎命"之命,名异而实则同,故曰"而化及我,我又何恶焉!"

庄子之楚,见空髑髅,髐然有形,撽以马捶,因而问之,曰:"夫子贪生失理,而为此乎?将子有亡国之事,斧钺之诛,而为此乎?将子有不善之行,愧遗父母妻子之丑,而为此乎?将子有冻馁之患,而为此乎?将子之春秋故及此乎?"于是语卒,援髑髅,枕而卧。

夜半,髑髅见梦,曰:"子之谈者似辩士。诸子所言,皆生人之累也,死则无此矣。子欲闻死之说乎?"庄子曰:"然"。髑髅曰:"死,无君于上,无臣于下;亦无四时之事,从然与天地为春秋。虽南面王乐,不能过也。"庄子不信,曰:"吾使司命复生子形,为子骨肉肌肤,反子父母、妻子、闾里、知识,子欲之乎?"髑髅深矉蹙额曰:"吾安能弃南面王乐,而复为人间之劳乎!"

《大宗师》有云"大块载我以形,劳我以生,佚我以老,息我以死",此文即从彼化出,观末句"吾安能弃南面王乐,而复为人间之劳乎"一

317

语可见也。然彼则接云"故善吾生者乃所以善吾死也"。善生善死并提，意仍重在生上，故下语圆而无弊。此则以死比之南面王乐不能过，而视生人之累避之唯恐不及，不独意偏，揆之内篇《人间世》安命正身之大义，亦矛盾甚矣，吾所以疑其非庄子自作也。

"髑髅"音独楼，头颅骨也。"骹然"，空骨貌。"有形"，谓有似生人之形也，与《秋水篇》蛇谓风曰"予动吾脊胁而行，则有似也""有似"之云，同一取义。旧解作有枯形，非也。下文"因而问之"，以及髑髅见梦，皆从"有形"二字生发，若作枯形看，则成无意义语矣。"撽"读敲，去声，义同。"马捶"，马杖也，读垂，去声。"贪生"谓纵欲。"失理"，失其生之常理也。"亡国之事"，谓遭丧乱。"斧钺之诛"，则犯罪而受刑也。"遗"，贻也。"有不善之行，愧遗父母妻子之丑而为此"，谓羞愤自杀者。"冻馁之患"，冻饿以死也。"春秋故及此"，"故"与固同。"春秋"谓年寿也。寿尽而死，人之常然，故曰固及。以上数者，皆不当死而死，故曰"为此"。"为"之为言，非其自然也。"援"，引也。

"见梦"，现梦也。"诸"犹凡也。举死之说，独曰"无君于上、无臣于下"者，对上亡国之事、斧钺之诛而发。有君臣，则有争战刑戮；无君臣，则无此矣。"四时之事"，兼包疾病、冻馁而言。"从"读若纵。纵然谓自放也。"与天地为春秋"，即与天地同老之意。"与"，各本皆作"以"，惟成玄英疏云："与二仪同其年寿。"是成本作"与"，《艺文类聚》卷一七、《事文类聚》后集卷二十引此亦作"与"，案"以"、"与"义本通，而作"与"较显，故兹从"与"。"南面王"者，古王者朝则南面也。"司命"，主人生死之神，《周官·大宗伯》云："以槱燎祀司命"，《小戴礼记·祭法》云："王为群姓立七祀，第一曰司命。"《楚辞·九歌》亦有大司命、少司命，皆谓此。"反子父母、妻子、闾里、知识"，"反"犹还也。"闾里"即乡里。"知识"，谓素相知识之人。"子欲之乎"，询其愿否也。"矉"，皱眉，已见《天运篇》注。"深矉"者，矉之甚也。言"深矉"，又言"蹙额"者，极写其不愿之状也。

庄子发微卷之三·至乐第十八

颜渊东之齐,孔子有忧色,子贡下席而问曰:"小子敢问:回东之齐,夫子有忧色,何邪?"孔子曰:"善哉女问!昔者管子有言,丘甚善之。曰:'褚小者不可以怀大,绠短者不可以汲深。'夫若是者,以为命有所成,而形有所适也,夫不可损益。吾恐回与齐侯言黄帝、尧、舜之道,而重以燧人、神农之言。彼将内求于己而不得,不得则惑,人惑则死。且女独不闻邪?昔者海鸟止于鲁郊,鲁侯御而觞之于庙,奏九韶以为乐,具太牢以为膳。鸟乃眩视忧悲,不敢食一脔,不敢饮一杯,三日而死。此以己养养鸟也,非以鸟养养鸟也。夫以鸟养养鸟者,宜栖之深林,游之坛陆,浮之江湖,食之鳅鲦,随行列而止,委蛇而处。彼唯人言之恶闻,奚以夫譊譊为乎!咸池九韶之乐,张之洞庭之野,鸟闻之而飞,兽闻之而走,鱼闻之而下入,人卒闻之,相与还而观之。鱼处水而生,人处水而死,彼必相与异其好恶,故异也。故先圣不一其能,不同其事。名止于实,义设于适,是之谓条达而福持。"

此节要义,只在"命有所成"、"形有所适",与"名止于实,义设于适"两言。其谓颜渊之齐,将与齐侯言黄帝、尧、舜之道,重以燧人、神农之言,盖托为是说,借以畅其旨趣,犹之援引鲁侯觞海鸟于庙,仅用作文字波澜,意初不在是也。首节末云"人也孰能得无为哉","义设于适",惟无为者得以知之,得以用之,此与前文照应处。而下节自"种有几"以下,亦即根"命有所成形有所适"以为说,故以此节置之是间,以通上下之脉。若执定回见齐侯之事,以为是言说人之法,则与此篇全旨更无关涉,而于两与髑髅语之中插此一段文字,亦为不类矣。

齐在鲁北而地偏东,故曰"东之齐"。"下席",降席也。"管子",管仲。"褚",盛衣之囊也。成三年《左传》:"荀罃之在楚也,郑贾人有将置诸褚中以出。"中可以置人,此褚之大者,故曰"褚小者不可以怀大"。

319

"怀"犹藏也。"绠",汲井绳也。此二语不见今《管子》书,盖逸之矣。"命有所成","成"者一成不变之谓。"形有所适","适"者宜也。"夫不可损益",谓是不可损益也。前《骈拇篇》云"凫胫虽短,续之则忧;鹤胫虽长,断之则悲。故性长非所断,性短非所续",此不可损益之例也。"重"犹益也、加也。"内求于己而不得",即《孟子》齐宣王云"反而求之不得吾心"者,见《梁惠王篇》"不得则惑","惑",惶惑也。"人惑则死",谓惶惑不解,人且以此致死,此自是指齐侯言,观下引海鸟为喻,言眩视忧悲三日而死可见。成疏乃云:"心生疑惑,于是忿其胜己,必杀颜子。"宣颖《经解》从之,亦云将加人以刑,皆大谬也。

"海鸟"谓爰居也。爰居亦作鹓鹛。《国语·鲁语》曰:"海鸟曰爰居,止于鲁东门之外,三日,臧文仲使国人祭之。"事虽发自文仲,必请于鲁侯而行之,故此云鲁侯,义不相触也。"御"读如迓,迎也。"觞之",谓飨之。"庙",宗庙也。"韶",舜乐,乐有九章,《尚书·皋陶谟》云"箫韶九成"是也,故谓之九韶。"太牢",牛羊豕三牲具也。"眩",视之惑也。"脔",块切肉。"以己养养鸟",谓鲁侯以其自养者养鸟,喻颜渊以其自学者教齐侯,必格格不入也。

"坛"之为言坦也,如今言广场。"陆",平陆也。"鲻",泥鲻,今亦作鳅。"鳅"即鲦也。"食"读饲。"委蛇",随顺也。"唯人言之恶闻","唯"读如虽,"恶"去声,谓虽人言亦恶闻之。"奚以夫诡诡为","以"犹用也,谓何用此诡诡乎。"诡诡",声喧杂也,指九韶之乐言。

"咸池"、"洞庭",已见前《天运篇》。"下入",沈入也。"人卒",见前《天地篇》。"还"同环。"还而观之",谓环绕而观之。"相与异其好恶,故异也",下"异"谓生死之异,言以好恶之异,故一生一死。好恶之异,即适之与否。适则好,否则恶也。

"先圣不一其能,不同其事",谓能之不一,则圣人用之亦不同。"事"犹使也。"名止于实",承"不一其能"言,谓有何等之实则与以何等之名,如孔子称"由也果、赐也达、求也艺"之类,见《论语·雍也篇》名不过其能也。"义设于适",承"不同其事"言,如孔子称"孟公绰为赵、魏老则优,不可以为滕、薛大夫"之类,见《论语·宪问篇》惟适乃能尽其用也。"义设于适"者,义存乎适也。"是之谓条达而福持","条达"者,通乎条贯。"福"有备义,《小戴礼记·祭统篇》云"福者备也"是也。"福持"者,握其备要。合之,即《秋水篇》知道、达理、明权之义。"条达"所谓达理明权,"福持"所谓知道也。

列子行食于道,从见百岁髑髅,攓蓬而指之曰:"唯予与女,知而未尝死、未尝生也。若果养乎?予果欢乎?"种有幾,得水则为㡭;得水土之际,则为蛙蠙之衣;生于陵屯则为陵舄。陵舄得郁栖则为乌足。乌足之根为蛴螬,其叶为胡蝶,胡蝶胥也。化而为虫,生于灶下,其状若脱,其名为鸲掇。鸲掇千日为鸟,其名为乾馀骨。乾馀骨之沫为斯弥,斯弥为食醯。颐辂生乎食醯,黄軦生乎九猷,瞀芮生乎腐蠸。羊奚比乎不箰久竹生青宁,青宁生程,程生马,马生人,人又反入于机。万物皆出于机,皆入于机。

列子已见《逍遥游篇》。"行"谓旅行。"食于道",中涂造饭而食也。"从"犹因也。髑髅而曰"百岁"者,言其久也。"攓"同搴,拔取之也。"女"、"若"皆谓髑髅。"而"犹乃也。"知而未尝死、未尝生"者,予生而未生,女死而未死,故云而也。"养"如《在宥篇》"心养"之养,与"欢"对文,谓忧而心不定也。知生死之一致,则死而何忧!生而何乐!故曰"若果养乎?予果欢乎?"此以下推言物类变化,实即《大宗师篇》鼠肝虫臂、尻轮神马之旨,故结之以"万物皆出于机,皆入于机"。"机"即《天运篇》所云"机缄"之机。机缄犹言机括,动者为机,止者为缄。云机者,专就动而不止者言之也。

"种有幾","幾"者,微也。《说文解字》云:"幾,微也,故从丝。"此幾字之本训。即上庄子云"杂乎芒芴之间,变而有气"者,是物之种不同,而其始于芒芴之间则无不同,故特提出"种有幾"三字。《寓言篇》云:"万物皆种也,以不同形相禅。"意亦与此相似。但彼言种,此则于种之中又别为幾,则义更密矣。郭注读作幾何之幾,曰"变化种数不可胜计",固误。其有解"幾"为即"机"字者,亦非也。

"得水则为䋣","䋣",今所谓水绵也,断之则复长如故,故曰"䋣"。"䋣"者,继也。"得水土之际,则为蛙蠙之衣","蠙",蚌属。蛙蚌隐藏其下,故名"蛙蠙之衣",盖浮萍蕴藻之类。"生于陵屯则为陵舄","陵屯",高地。"陵舄",旧注云"车前",当是也。然此谓同一幾也,而所遭之地不同,故为䋣、为蛙蠙之衣、为陵舄亦随之不同,即上节所云"命有所成而形有所适"者。故变者幾,而非种之变也。旧解谓䋣变为蛙蠙之衣,蛙蠙之衣变为陵舄,又如胡适之徒以此视同生物进化之论,皆非庄书之意也。是故下文所云皆当准此意释之。

"陵舄得郁栖则为乌足"者,"郁栖",李颐云"粪壤"是也。"乌足"亦草名。言即此陵舄之幾,其得粪壤而生之,则为不同种之乌足。其根或为蛴螬所寄,因又曰"乌足之根为蛴螬"。"蛴螬",今所谓地蚕也。其叶为胡蝶之蛹所栖,则化为胡蝶,因又曰"其叶为胡蝶"。"胡蝶胥也",《释文》云:"蝶一名胥。胥者疏也。"蝶又名胥者,言其翅文采疏疏然也。

"化而为虫",不承胡蝶言,直承上"种有幾"言。盖自䋣至乌足,皆所谓植物,即蛴螬与胡蝶,亦乌足根叶所为,不以虫视之也,故此特云"化而为虫",以见与上者异。不然,蛴螬、胡蝶皆虫也,胡为至此始言化而为虫耶?"生于灶下,其状若脱,其名为鸲掇",此盖乾餘骨之幼虫。"脱"者,孵化而出,若剥脱然也。

"鸲掇千日为鸟,其名为乾餘骨",鸟者蜚虫之异名。《夏小正》之书曰:"丹鸟羞白鸟。"丹鸟谓萤也,白鸟谓蚊蚋也,是古蜚虫亦称鸟也。"乾"读干。以"乾餘骨"之义推之,其虫殆地鳖之类、甲虫之属,然而不可考矣。"沫"如《天运篇》"鱼傅沫"之沫。虫之生子,有以黏液包裹之者,如桑螵蛸,即螳螂子也,是之谓沫。旧注以为鸟口中汁,误之甚也。

"乾馀骨之沫为斯弥,斯弥为食醯","食醯",醋也。意斯弥经久变而味酸,故云"颐辂生乎食醯"。"颐辂"则所谓醯鸡也,亦曰蠛蠓。"黄𩭛生乎九猷","猷"通作酋,《说文》云:"酋,绎酒也。""九"之为言久也。"九猷"盖绎酒之过时者,故黄𩭛生焉。"瞀芮"当是蝥蚋之借。"蠸"同貛。古虫傍、豸傍可通用。《说文》曰:"貛,豕也。"豕肉之腐者,则蝥蚋生之。黄𩭛蝥蚋,皆蠛蠓之类,而一生于醯,一生于酒,一生于腐肉,故三者并言之。

"羊奚比乎不箰久竹生青宁"十一字为句。"不箰久竹",竹老而不生箰者也。"箰"同笋。"羊奚"疑即竹蓐,一名竹菇。《本草》云:"竹蓐生朽竹根节上,似木耳而色赤,可作食用及药用。"故此云"比乎不箰久竹","比"者,比合而生也。此蕈类,司马彪以为草名,殆未详也。"青宁",旧云竹根虫。盖竹朽而蕈蚀之,因之虫复生焉。"青宁生程",成玄英疏云"亦虫名",宋道士陈碧虚《南华经解》则引《尸子》之文,谓越人呼豹曰程,皆为难信。窃疑"程"字从禾,应是野生禾类,故青宁化后程得生之。"程生马"者,马食程而生也。"马生人"者,人食马乳以生也。要之,此"生"字非生产之生。注家或据《搜神记》"秦孝公时有马生人",以及京房《易传》云"上无天子,诸侯相伐,厥妖马生人",以为此文之证,不知此文所言,皆道物类变化之常,若秦孝公时事、京房《易传》之言,皆怪异一类,岂可以之并论!马而产人,特其形与人略似,其生必不久,安得接云"人又反入于机"耶?此通观上下文,可以知其必不然者,而奈何不之察也。

至《列子》后出之书,其《天瑞篇》于《庄子》文外又多附益,大率袭自他书,如鹍之为鹞,田鼠为鴽,并见于《月令》,亶爰之兽自孕而生,见于《山经》,班班可考。注家或欲据《列子》之文为《庄》书校补,尤可不必已。

达生第十九

"生"兼两义：一生死之生，一"生之谓性"之生。生之谓性，本告子语，见《孟子·告子篇》。此自古训，不可废也。前于《养生主篇》已发之，此篇"生"字亦当如是分别理会，或义取在性，或义取在生，各有偏重，不得一视之也，与《养生主篇》合看，自明。

达生之情者，不务生之所无以为；达命之情者，不务知之所无奈何。养形必先之以物，物有余而形不养者，有之矣；有生必先无离形，形不离而生亡者，有之矣。生之来不能却，其去不能止。悲夫！世之人，以为养形足以存生；而养形果不足以存生，则世奚足为哉！虽不足为，而不可不为者，其为不免矣。夫欲免为形者，莫如弃世。弃世则无累，无累则正平，正平则与彼更生，更生则几矣。事奚足弃，而生奚足遗？弃事则形不劳，遗生则精不亏。夫形全精复，与天为一。天地者，万物之父母也，合则成体，散则成始。形精不亏，是谓能移；精而又精，反以相天。

庄子发微卷之三·达生第十九

"达"如《秋水篇》"知道者必达于理"之达,谓通彻也。"情"者,实际理地。"生之情、命之情",即生之所以为生、命之所以为命也。"生之所无以为",性分以外之事。"知之所无奈何",知力不及之地。"不务"者,不役心于是也。"养形必先之以物","物"谓饮食衣服、一切资生之具皆是。"物有余而形不养者",如《至乐篇》所云:"富者苦身疾作,多积财而不得尽用;贵者夜以继日,思虑善否。"是岂不足于物,而形固未尝能养也。"有生必先无离形",谓生不能离形而独存。"离"者脱离,读去声。"形不离而生亡者",如《田子方篇》所云:"哀莫大于心死,而人死次之。"人在而心先死,是非形未尝离而生已亡者乎?"生之来不能却,其去不能止",此言命也。赋命有厚薄,故颜子短折而荣生寿考,荣,启期也。非荣生之养优于颜子也。由是推之,知存生不关乎养形,而世人乃汲汲以养形为事,所以可悲也。"则世奚足为"者,言世之所为不足为也。

然"虽不足为,而不可不为",何也?人禀形以生,即形亦有当养之道,特不可过于求厚耳,故曰"其为不免矣"。孟子曰:"饮食之人,则人贱之矣,为其养小以失大也。饮食之人无有失也,则口腹岂适为尺寸之肤哉!"此文之意正与《孟子》相同,故不可免者,养形之事;而不可存者,为形之心。为读去声。有为形之心,即不免养小而失大,是以继之曰:"夫欲免为形者,莫如弃世。"弃世非绝世也,弃夫世俗之见,即上文"以为养形足以存生"者,故曰"弃世则无累"。"无累"者,不为一切衣食资生之事所累也。"无累则正平","正平"者,《刻意篇》所谓"平易恬惔"也。平易恬惔,则忧患不能入,邪气不能袭,故曰"正平则与彼更生"。"彼"指形言。世人以形为主而生为客,今则以生为主而形为客,生养而形亦随之而养,是之谓"更生"。郭注曰:"更生者,日新之谓也。"以"日新"释"更生",其义虽精,而辞则不切,吾故无取焉。"更生则几矣"者,"几"谓近于道也。

"事奚足弃而生奚足遗?"复设为问端以启下文。弃事即弃世。又更言遗生者,人之不能弃世,实为生死一念所中,疑惧缠绕,不得洒然,故内篇如《养生主》、《大宗师》于生死之际皆不惜反复陈说,破人迷惘,而此篇亦以生命并提,以见知不能与命争。然则惟遗生乃可以存生,其理昭然甚显。老子曰:"后其身而身先,外其身而身存。"盖此之谓矣。"弃事则形不劳","形不劳"者,五官百骸得其理,非不劳动之谓也。"遗生则精不亏","精不亏"者,精神心性安其所,非不发用之谓也。"形全精复,与天为一"者,形神并受之天,还其本然,自与天合德也。

"天地者,万物之父母",言天复言地者,乾以资始,坤以资生,见《易》乾、坤两卦象辞坤统乎乾,地承乎天,分言合言,义无有二也。"合则成体","体"谓万物。"散则成始","始"谓天地。得之于天地,复还之于天地也。"形精不亏,是谓能移","移"犹化也。化而曰能者,柄操自我,化而有不化者在也,故曰"精而又精,反以相天"。此"精"如《易·乾文言》"纯粹精也"之精,谓不亏之极至,与上"精"字指精神言者有别。"相"者助也。"相天",《中庸》所谓"赞天地之化育"也。由"与天为一",而至"反以相天",则天即我,我即天,于此而言存生,已嫌其隘,而况养形乎哉!此一篇之总冒,后文皆由此引申,举例以为之证耳。

　　子列子问关尹曰:"至人潜行不窒,蹈火不热,行乎万物之上而不栗。请问何以至于此?"关尹曰:"是纯气之守也,非知巧果敢之列。居,吾语女!凡有貌象声色者,皆物也。物何以相远?夫奚足以至乎先?是色而已。则物之造乎不形,而止乎无所化,夫得是而穷之者,物焉得而止焉!彼将处乎不淫之度,而藏乎无端之纪,游乎万物之所终始。壹其性,养其气,合其德,以通乎物之所造。夫若是者,其天守全,其神无郄,物奚自入焉!夫醉者之坠车,虽疾不死。骨节与人同,而犯患与人异,其神全也。乘亦不知也,坠亦不知也,死生惊惧,不入乎其胸中,是故遻物而不慑。彼得全于酒,而犹若是,而况得全于天乎！圣人藏于天,故莫之能伤也。复仇者不折镆干,虽有忮心者不怨飘瓦,是以天下平均,故无攻战之乱,无杀戮之刑者,由此道也。不开人之天,而开天之天,开天者德生,开人者贼生。不厌其天,不忽于人,民几乎以其真！"

本书于列子或称子,或称名,其称子者,如内篇《逍遥游》、《应帝王》是,其称名者,如外篇《田子方》、杂篇《列御寇》是,惟此则称"子列子",《让王篇》亦然。依《春秋》公羊家说,凡以子冠于氏上而称子某子者,乃弟子所以称其本师。庄子于御寇,无授受之谊,其作此称甚可异。考此节文见于《列子》书《黄帝篇》,《让王篇》文则见《说符篇》,皆称"子列子"。今《列子》书虽晚出,要当有所据依,非尽伪撰,其称"子列子"者,自是其门下记述师说,故有此称。意此节与《让王篇》所引,皆原《列子》书之旧,袭其本文,未加改易,故亦云"子列子",无他意也。"关尹"者,关令尹喜也,详见后《天下篇》注。

"潜行不窒",喻言虚也。"不窒",犹不碍。"蹈火不热",喻言清也。"行乎万物之上而不栗",喻言静定也。

"是纯气之守",犹言是守气之纯。"纯"者专一也。孟子曰:"孟施舍之守气又不如曾子之守约也。"见《公孙丑篇》守气盖当时通语。成疏以纯气连读,谓乃保守纯和之气,失之矣。老子曰:"专气致柔。"此于"守气"上加"纯"字,正与"专气"一义。不窒不热,疑有知巧。不栗,疑于果敢。故又曰"非知巧果敢之列"。"知"读同智。"列"犹数也,读如字,《释文音例》云"本或作例",并非也。

"貌象"犹形象。"物"有两义:一者外物,一者耳目鼻舌以至手足形体,亦皆物也。故孟子曰:"耳目之官不思而蔽于物。物交物,则引之而已矣。"见《告子篇》此言物盖与孟子同。故曰"物何以相远",谓形体耳目与外物既同为物,中间岂复有所县异！一本作"物与物何以相远",则意尤明。"夫奚足以至乎先","先"者,未始有物之际,故曰"先"也。"是色而已","色"者,貌象声色之略文。谓充其所至,亦不能出乎声色形象之外也。"物之造乎不形而止乎无所化",此"物"谓气,与上"物"字义迥别,不可不知。气本非物,然无以名之,不得不借用物字以相指,犹老子云:"道之为物。"道岂物之类乎!"造乎不形",则非貌象声色之物也。"止乎无所化",则非与物俱化者也,是所谓"先"也。"得是而穷之","穷"者极也,即谓守之之纯。"物焉得而止焉",言一切外物于此皆将无所托足,气之与物相远者,盖在乎是。

"彼将处乎不淫之度","彼",彼至人也。"不淫",不过也。以不过故曰"度"。"藏乎无端之纪","无端",无首也。以无首故曰"纪"。"游乎万物之所终始",与万物相终始,故曰"游"。曰处曰藏言其静,曰游言其动。静则其体,动则其用也。"壹其性",所以守也。"养其气",守之之不懈。"合其德",守之之专一,是所谓纯也。"以通乎物之所造","造"犹至也。以是而通乎物之所造,则至乎先矣,故曰"夫若是者,其天守全,其神无郤,物奚自入焉"。"郤"同隙。无隙,以见其守之全。守曰天守,气与天合也。"物奚自入",物不入于其神也,是所以不窒、不热、不栗之故也。

"醉者坠车"以下,则设事以明之。"虽疾不死",言坠虽急而不至死。成疏云:"虽复困疾,必当不死。"以疾解作伤损之义,误也。此要在"死生惊惧不入乎其胸中"一句。盖神不伤者则身亦可不伤,故接云"是故遻物而不慴"。"遻"同遌,《尔雅》云:"忤也。""遻物",谓与物相触忤。"慴"之为言震也。"不慴",言不受其震慑。不受其震慑,所谓得全于酒也。旧注训慴为惧。上云惊惧不入其胸,兹复云不惧,岂独意复,亦甚不辞矣。"得全于天",即天守全。守者守气,故藏于天亦谓纯气之守,守气所以致虚。老子曰:"致虚极,守静笃。"以致虚、守静并言,知守气即所以致虚矣。虚者无心,故复举"复仇者不折镆干,虽有忮心者不怨飘瓦"二事,以申前义。"镆干"者,莫邪、干将二剑也。镆干杀人,而复仇

328

者报其人不报其器。人有心,器无心也。飘瓦伤人,人虽有忮心,怨不及瓦。瓦之飘起于风,亦非有心也。故无心则争不起。争不起,则刑兵可以不用。"天下平均"者,天下无争心也,故曰"无攻战之乱,无杀戮之刑者,由此道也"。

"不开人之天,而开天之天",复由是而推言之。"人之天",《大宗师》所谓"知之所知"也。"天之天",《大宗师》所谓"知之所不知"。曰气曰神,皆知之所不知也;知之所知,则心与知巧。是故"开天者德生,开人者贼生",贼夫人者,皆心与知巧为之也。"不厌其天",不塞其德也。"厌"读如掩。掩之,压之也。"不忽于人",谨防其贼也。"民几乎以其真",言不必至人,即凡民而能若是,亦将任夫真宰而行。云"几"者,无不可以几及之也。首节言"精",此节言"气"言"神",后之道家以精、气、神为三宝,殆昉于此矣。

仲尼适楚,出于林中,见痀偻者承蜩,犹掇之也。仲尼曰:"子巧乎!有道邪?"曰:"我有道也。五六月,累丸二而不坠,则失者锱铢;累三而不坠,则失者十一;累五而不坠,犹掇之也。吾处身也,若厥株拘;吾执臂也,若槁木之枝;虽天地之大,万物之多,而唯蜩翼之知。吾不反不侧,不以万物易蜩之翼,何为而不得!"孔子顾谓弟子曰:"用志不分,乃凝于神,其痀偻丈人之谓乎!"

此孔子应楚昭王聘而适楚时所见也。"林中"当是地名,以其地有林,故称之林中,非谓通常之林野也。"痀"之为言句也,读钩、读劬,皆可。"偻",屈也。"痀偻",盖因病而背脊句屈者,如是而承蜩犹掇之,极见其难能也。"承蜩",竿头著胶以黐蜩也。不曰黐而曰承者,承者自下而接上之辞。"掇",俯拾之也。"巧乎",叹其巧。"有道邪",问其所以至此之术也。

329

"累"同纍,读上声。"累丸",累之于竿头也。"锱铢"皆重量名,一两三分之为锱,一锱八分之为铢,用此喻言其少也。"十一",十分之一。累丸自二而三而五而不坠,平时习之之术也。"株"谓树身。"拘"者止而不动。"厥"犹其也,即指当下蜩所栖之树言。处身若株,执臂若枝,斯其取蜩于林,如此枝移之彼枝,蜩所以不觉也。《列子·黄帝篇》改"厥"作"橛",注者依而释之,非也。"唯蜩翼之知",言专注意于蜩翼也。于蜩独言翼者,攗则攗其翼也。"不反不侧",不翻覆也。已言"唯蜩翼之知",又言"不以万物易蜩之翼",以见承蜩时审慎谨密,未尝以其能而稍怠恣,孔子所以称其"用志不分"也。"乃疑于神"者,"疑"与儗通,谓比于神也。下节云"津人操舟若神",又"梓庆削木为鐻"节"见者惊犹鬼神",皆与此同意。今《列子》文亦作"疑",不知者乃或改"疑"为"凝",失之甚矣。

颜渊问仲尼曰:"吾尝济乎觞深之渊,津人操舟若神。吾问焉,曰:'操舟可学邪?'曰:'可。善游者数能。若乃夫没人,则未尝见舟而便操之也。'吾问焉而不吾告,敢问何谓也?"仲尼曰:"善游者数能,忘水也。若乃夫没人之未尝见舟而便操之也,彼视渊若陵,视舟之覆犹其车却也。覆却万方陈乎前而不得入其舍,恶往而不暇。以瓦注者巧,以钩注者惮,以黄金注者殙。其巧一也,而有所矜,则重外也。凡外重者内拙。"

水流之有漩洑者称"渊",著其难济也。渊深而形似觞,故曰"觞深之渊"。成疏云"渊在宋国",当有所据。"津人",津济之人。"操舟若神"者,出入渊中而无碍也。"数",疾也,见《尔雅·释诂》读入声。"善游者数能",言其能之速也。注云"数习则能",非是。数习则未有不能者,何待善游者乎!"没人",能久没水中者,不独善游而已,故"未尝见舟而便操之"。"未尝见舟",与《养生主》言庖丁"未尝见牛"一样笔法,谓视舟若无然。或解作向未见舟,见舟便能操之,失其意矣。颜子未会津人之旨,疑其未答,故曰"吾问焉而不吾告",以此复问于夫子也。

"忘水",言与水习也,习则相忘矣。"陵",陵陆。"视渊若陵",则视江河犹平地也。"视舟之覆犹其车却","却"者退也。车遇陵而却,车无伤也,视舟之覆似之,则舟亦无伤可知,故曰"覆却万方陈乎前而不得入其舍"。"舍"者,神明之舍。"万方"犹万端也。覆却言万端者,变故无穷,覆却不足以尽之也。"恶往而不暇","暇",暇豫从容也。一以从容处之,此所以学之易能也。

"以瓦注"以下,设譬以明之。"注",赌博所下注也。"以瓦注",今小儿戏尚有之。"钩",带钩。瓦注胜负无所惜,故其博常巧,言多中也。钩注则希胜而畏负,故其博常惮。惮者气馁,气馁者易负也。若以黄金注者,则可胜不可负,是念隐主于中,于是震悚失措,即鲜有不负者,故谓之曰"殙"。"其巧一"者,言惮者、殙者其巧与瓦注者本无异也。"矜"者,杨雄《方言》云:"秦晋或言矜,或言遽。"是矜、遽一义,谓恩遽惑乱也,即指"惮"与"殙"言,故曰"而有所矜,则重外也"。"重外"者,重夫钩与黄金也。"凡外重者内拙",回应上文"无往而不暇"。所以暇,为其忘水忘舟。忘水忘舟,是外轻也。外轻而内恶有不巧者乎!旧解"矜"作矜惜、矜持,与"重"字义混,未敢苟同也。

田开之见周威公。威公曰:"吾闻祝肾学生,吾子与祝肾游,亦何闻焉?"田开之曰:"开之操拔篲以侍门庭,亦何闻于夫子!"威公曰:"田子无让,寡人愿闻之。"开之曰:"闻之夫子曰:'善养生者,若牧羊然,视其后者而鞭之。'"威公曰:"何谓也?"田开之曰:"鲁有单豹者,岩居而水饮,不与民共利,行年七十而犹有婴儿之色,不幸遇饿虎,饿虎杀而食之。有张毅者,高门县薄,无不走也,行年四十而有内热之病以死。豹养其内,而虎食其外;毅养其外,而病攻其内。此二子者,皆不鞭其后者也。仲尼曰:'无入而藏,无出而阳,柴立其中央。三者若得,其名必极。'夫畏涂者,十杀一人,则父子兄弟相戒也,必盛卒徒而后敢出焉,不亦知乎!人之所取畏者,衽席之上、饮食之间,而不知为之戒者,过也。"

"田",姓,"开之",名。"周威公",西周桓公之子,《史记·周本纪》云:"考王封其弟于河南,是为桓公,以续周公之官职。桓公卒,子威公代立。"是也。《释文》谓崔本作周威公灶,然则威公名灶欤?"祝肾",当是以官为氏,如祝鮀之比,"肾"其名也。"学生"者,以养生为学也。"与祝肾游",犹云从祝肾游。威公欲知祝肾养生之说,故问于开之,询其何闻。"拔"读如拂。"篲",帚也。拂与帚二物皆所以去尘。"操拔篲以侍门庭",言供扫除之役而已,不足与闻道,故曰"亦何闻于夫子!"

"田子无让",请其无辞也。善养生若牧羊然,取譬于牧羊者,羊之性柔而狠,柔则易退,狠则轻进,故于卦巽为羊,又为进退,意可知也。郭注云:"鞭其后者,去其不及也。"不知不及于此者,实由过于彼。如单豹不知防虎,其不及也,而根在离群而独处,故"不与民共利",则其过也。张毅不知慎疾,其不及也,而根在媚世而卑损,故"高门县薄",过无不趋,则其过也。是故"视其后者而鞭之",去其不及者,正所以救其过也。当合二义观之始全,下引仲尼之言尤显。"入而藏"者,一意于退者也。"出而阳"者,一意于进者也。"阳"如《人间世》云"以阳为充"之阳,谓发露也。"入而藏",单豹似之。"出而阳",张毅似之。"柴立其中央",则无过不及而守中之谓也。云"柴立"者,立如槁木,《中庸》之所谓中立而不倚也。"三者若得",得于入、得于出、复能得其中也。"其名必极",谓必得大名也。

"夫畏涂者"以下,则开之针对威公之病而言之者。"衽席之上",

谓男女也。当时,侯王君公纵欲败度,非厚味腊毒,即女蛊丧志,故举饮食男女二者以戒之,而比之畏涂,言其足以杀人,其可畏不减伏戎于莽也。注家多断"仲尼曰"以下别为一节。如是则开之对威公之言为未尽,而衽席饮食云云,更不知意何所指,兹故并而释之。

单豹言"鲁"而张毅不言者,从上可知,不待言也。"单"音善。"岩居水饮",言其淡泊也。"不与民共利",言其绝世也。行年七十而有婴儿之色,亦可谓有得于养矣,而遇饿虎杀而食之,故著"不幸"字,所以惜之也。"高门"谓大家。"县"同悬。"薄"同箔,席也。挂席以蔽门,谓贫户也。"无不走"者,过之必趋,言其于贵贱贫富无有不恭,故《吕览·必己篇》、《淮南子·人间训》皆云:"张毅好恭,<small>好读去声</small>门闾帷薄聚居众无不趋,以定其身。"<small>高注:"定,安也。"</small>注家或以走为往,谓毅奉贵富无不至门,大误也。"内热",见《人间世篇》所谓阴阳贼之者也。"行年四十而有内热之病以死",盖又逊于豹矣。

"畏涂"一作畏途,指道路不安靖言。"卒徒"犹徒众。"盛卒徒而后敢出",谓聚众而行。"出"者,出于其涂也。"不亦知乎","知"读同智。"取畏",犹言取患。谓畏在自取,非自外至也。"为之戒","为"读去声。"过"者失也。

祝宗人玄端以临牢策,说彘曰:"女奚恶死?吾将三月豢女,十日戒,三日齐,藉白茅,加女肩尻乎雕俎之上,则女为之乎?"为彘谋,曰:"不如食以糠糟,而错之牢策之中。"自为谋,则:"苟生有轩冕之尊,死得于腞楯之上、聚偻之中,则为之。"为彘谋则去之,自为谋则取之,所异彘者何也?

上节为周威公辈为君者言,此节则泛为当时为臣者言也。"祝",大祝、小祝。"宗人",都宗人、家宗人也。并见于《周官书·春官》下,皆掌祭祀祷祠之官。"玄端",斋服也,其色玄,端正而无杀,<small>杀谓杀缝</small>故曰"玄端"。"牢"，豕牢。"策"通作栅，牢栏也。"彘"本亦作豕，彘、豕一也。"说"音税。"说彘"云云，特设为之辞以起下文，所谓卮言者也。"恶"读去声。"豢"同豢，谓饲之以谷类也。"齐"同斋，注见内篇《人间世》。斋必有所戒，如不饮酒、不茹荤之类，故先言戒后言齐也。"藉白茅"，以白茅为藉，示洁净也。"俎"载牲之器。曰"雕俎"者，俎有雕绘之饰，见其贵也。曰"加女肩尻"者，肩前而尻后，举肩尻以表其全体也。"则女为之乎？"意其甘之也。

"为彘谋"，为彘计也。"为"读去声。"食"读若饲。"糠"，米糠。"糟"，酒糟。"错"亦作措，谓置而舍之也。"轩冕之尊"，乘轩而戴冕，谓卿大夫之位也。死而曰得，得其尸也。"脵"读如篆，画也。"楯"同盾。画盾，即《诗·秦风》所云"蒙伐有苑"者。宋罗勉道《庄子循本》说即如此此盖因争战而死，故以画盾载其尸也。"聚"读如藂。"丛"字之或体"偻"读如褴褛之褛。"聚偻之中"，犹后世所云藂葬，盖死于刑戮者也。生慕其尊，而死受其酷，如是而为之，故曰"所异彘者何也"。讥其智乃同于彘之蠢然也。庄子宁为泥中曳尾之龟，而不受楚大夫之聘，意正若此。

王念孙读脵为辁，读楯如辅，以为载枢之车，而以聚偻为枢车之饰，且引《曲礼》等书以实之。若然，则生荣而死哀，其自为谋正得也，何为讥之乎！故诸注家多用王说，而予独不然，非故立异也，以为考文详理，必如上解，乃与书旨无悖。何去何从，是在读者。

桓公田于泽，管仲御，见鬼焉。公抚管仲之手曰："仲父何见？"对曰："臣无所见。"公反，诶诒为病，数日不出。齐士有皇子告敖者，曰："公则自伤，鬼恶能伤公！夫忿滀之气，散而不反，则为不足；上而不下，则使人善怒；下而不上，则使人善忘；不上不下，中身当心，则为病。"桓公曰："然则有鬼乎？"

曰:"有。沈有履,灶有髻。户内之烦壤,雷霆处之;东北方之下者倍阿,鲑蠪跃之;西北方之下者,则泆阳处之。水有罔象,丘有莘,山有夔,野有彷徨,泽有委蛇。"公曰:"请问委蛇之状何如?"皇子曰:"委蛇,其大如毂,其长如辕,紫衣而朱冠,其为物也恶,闻雷车之声,则捧其首而立。见之者殆乎霸。"桓公辴然而笑曰:"此寡人之所见者也。"于是正衣冠与之坐,不终日,而不知病之去也。

"桓公",齐桓公小白也。"田",田猎。"泽",薮泽。《吕览·有始篇》及《淮南子·墬形训》墬即地字举九薮,皆言齐之海隅,当即其地。海隅者,沿海之地。中多异物,未之经见,故以为"见鬼焉"。"御",御车。"仲父",桓公称管仲也。"反"同返。"诶诒"音骇呆,失魂魄貌。"皇子告敖","皇"姓,"告敖"字。称"子",尊其贤也。言"公则自伤"者,病生于疑惧,伤其神也。"鬼恶能伤公!""恶"读若乌,言病非鬼之为也。"忿"通作愤,发动之义,非谓忿怨也。"滀"与蓄同,积聚也。忿滀之气,人所当有,故云"散而不反,则为不足"。旧以阴阳逆气解之,非也。"善怒",恒怒也。"善忘",恒忘也。"中身当心则为病"者,欲发动则不得,积聚而无所容,心受其害,是以病也。

公问有鬼,直应曰有,而不破之者,欲祛其疑惧,当巧言以释之,不在直折也。"沈",污水所积也。"烦壤",尘壤所积也。"倍"同培。"倍阿",培塿之阿也。"东北方之下者倍阿",八字作一气读。下"西北方之下者",亦指倍阿言,以见于上文,故不重复,观下一"则"字,即意可知也。旧以倍阿亦为鬼物之名者,误。"莘"亦从山作峷。自"履"、"髻"以下,皆造为鬼物之名,不必实有也。

公独问委蛇者,以云"泽有委蛇",公所见正在泽也。大如毂,长如辕,以公见之在车中,故就车以形容之。"其为物也恶","恶"者丑也。"恶"字句绝。旧连下读,误。"闻雷车之声,则捧其首而立",曰"雷车"

者,车声如雷骇也。上云"紫衣而朱冠"者,特以身紫而首赤,故为是说,以神其为鬼物耳,不得直认作有衣有冠也。"见之者殆乎霸",此语盖深窥桓公之隐而中之,故公闻之而笑,正衣冠与坐,不终日而不觉病之去也。盖急于求霸者公之心,以有是心遂生忿滀之气,见鬼而疑其不成,惧其将死,气为壅滞,所以病也。皇子惟神于知人,故能方便权巧,以起桓公之病。若徒执于其辞,以为是乃博物君子,善言鬼神之情状,未为真知皇子者也。

纪渻子为王养斗鸡。十日,而问:"鸡已乎?"曰:"未也。方虚憍而恃气。"十日又问。曰:"未也。犹应向景。"十日又问。曰:"未也。犹疾视而盛气。"十日又问。曰:"几矣。鸡,虽有鸣者,已无变矣,望之似木鸡矣,其德全矣,异鸡无敢应者,反走矣。"

"王",司马彪注云"齐王",是也。"纪渻子",盖纪国之后。据《春秋》,纪为齐灭,故纪渻得为王养斗鸡。"养"犹驯也,谓养而教之。《列子·黄帝篇》作为周宣王养斗鸡,周当是齐字之误。"斗鸡"者,以鸡相斗也,其事始见于《春秋左传》,在昭公二十五年,曰:"季、郈之鸡斗,季氏介其鸡,郈氏为之金距。"至战国,而斗鸡走狗成习矣。故以史迹证之,"王"为齐王无疑也。

"已乎",犹言"成乎"。《列子》"已"上有"可斗"二字,或以此疑《庄子》文有脱误,未必然也。"方虚憍而恃气","憍"即骄字。"虚憍"者,无实而自骄满也。无实而自骄满,则不免挟气以胁敌,故曰"恃气"也。"犹应向景"者,"向"同响,"景"同影。言有影响之来触,犹不能不为之动也。"疾视",与孟子言"抚剑疾视"之疾视同。"抚剑疾视"见《梁惠王篇》下。赵岐注:"恶视瞋目。"是也。"疾视盛气"者,心虽不动,而气犹未敛也。"几",庶几也。"鸡",即下所云"异鸡"。"鸣"者,所以挑敌。"无变"者,不为动也,故云"望之似木鸡矣"。"德全"者,气专而神全也。故"异鸡无敢应者,反走矣"。"无敢应",无敢敌也。

此言养鸡,以喻养德。养德,所以应世,故内篇《养生主》后继之以《人间世》。养生不离人事,可知矣。王阳明将之南赣,其友王司舆语其门人曰:"阳明此行,必立事功。"问其故,曰:"吾触之不动矣。"见黄宗羲《明儒学案·姚江学案·王阳明传》附。其言不动,盖即木鸡之意乎?

孔子观于吕梁,县水三十仞,流沫四十里,鼋鼍鱼鳖之所不能游也。见一丈夫游之。以为有苦而欲死也,使弟子并流而拯之。数百步而出,被发行歌,而游于塘下。孔子从而问焉,曰:"吾以子为鬼,察子则人也。请问蹈水有道乎?"曰:"亡。吾无道。吾始乎故,长乎性,成乎命。与齐俱入,与汨偕出,从水之道,而不为私焉。此吾所以蹈之也。"孔子曰:"何谓始乎故,长乎性,成乎命?"曰:"吾生于陵而安于陵,故也;长于水而安于水,性也;不知吾所以然而然,命也。"

"吕梁",在今江苏铜山县东南,所谓吕梁洪者是也。郦道元《水经注》云:"泗水过吕县南,吕县,汉置隋废,在铜山县北。水上有石梁,谓之吕梁。"案:泗水发源于陪尾山而入于淮。孔子生于曲阜,泗水所经,与吕梁正在一水之上。吕梁地当时属宋,孔子尝过宋,故得观焉。《列子·说符篇》言:"孔子自卫反鲁,息驾乎河梁而观焉,有县水三十仞,圜流九十里,鱼鳖弗能游,鼋鼍弗能居。有一丈夫方将厉之。"其事与此相类,故注家往往以吕梁为河梁,司马彪注云:"河水有石绝处也。今西河离石西有此县绝。"其误殆由于此。《列子》书系后人纂辑而成,不能不有错乱。《黄帝篇》载此文与《庄子》同,亦云观于吕梁,可知《说符篇》所记乃一事,而传闻有讹,因吕梁误作河梁,遂附益之以自卫反鲁之说。据误文以为注释,自不可从也。

"县"同悬。七尺曰仞。"三十仞",盖高二十余丈也。"沫",泡沫也,字从末不从未。"流沫四十里",言甚远而流急犹不能定也。"鼋",似鳖而大者。"鼍"则鳄类也。"苦",忧苦。"有苦而欲死",疑其欲自杀也。"并流",夹流也。"拯",救也。"数百步而出","出"者,此丈夫自出也。"被发",披发。"行歌",行且歌也。"游于塘下",此"游"与上"游"字异,上"游",游泳,此"游"同遨,谓遨遊也。"塘",堤岸也。

"从而问焉",就之而问也。言"以子为鬼"者,见出入急流之中,非人之所能也。"察",详察。"蹈",践也,踏也。"蹈水"即谓游水。"有道乎?"问其何术也。"亡"读若无,犹言否也。"故"者素习。"始乎故"者,起于习也。"长"读去声。"长乎性"者,习久则若生性然也。"成乎命"者,"命"如谚言命根子。由性而入于命,斯其习之成也。"齐"同脐,谓石磨之脐也。水漩入处,有似于磨脐,故亦谓之脐。"汩",水冒出也。"从水之道"者,从水之性也。"俱入偕出",不以己意加于其间,是之谓"不为私",《应帝王篇》曰:"顺物自然而无容私焉。"正此意也。"此吾所以蹈之",言蹈水之道特在于此。夫惟从水之道,是故曰"吾无道"也。

"生于陵而安于陵","陵",陵陆。此以陆喻水。"生于陵而安于陵",则生于水而安于水可知。不言水而言陵者,人本陆居,且以避下文之复也。宣氏颖《南华经解》以陵为指吕梁峻处。吕梁峻处,岂生人之所!此不得其意而强为之辞也。"不知吾所以然而然,命也。"言自然而然,孔子所谓"安而行之",孟子所谓"行所无事"也。此语于此文中为最精,而亦最要。一切学问,不至此境地,皆不得谓之成,《易传》所以言"尽性必以至于命"也。此篇首两节言精、言气、言神,此节言故、言性、言命,皆《大易》之精蕴,而养生之要诀,读者特宜加意焉。

梓庆削木为鐻,鐻成,见者惊犹鬼神。鲁侯见而问焉,曰:"子何术以为焉?"对曰:"臣工人,何术之有!虽然,有一焉。臣,将为镰,未尝敢以耗气也。必齐以静心。齐三日,而不敢怀庆赏爵禄;齐五日,不敢怀非誉巧拙;齐七日,辄然忘吾有四枝形体也。当是时也,无公朝,其巧专而外骨消;然后入山林,观天性;形躯至矣,然后成;见镰,然后加手焉;不然则已。则以天合天,器之所以疑神者,其是与!"

"梓庆",梓人名庆也,俞樾《诸子平议》谓《春秋左传》襄四年匠庆即此人。梓匠虽异官,而同为木工,俞氏说或然也。"镰"同簴,簴亦作虡簴簴也,所以县钟鼓者,以木为之,故曰"削木为镰"。《考工记》曰:"梓人为笋虡。"旧注以镰为乐器,云似夹钟。若然,则金工之事,非梓人所得为也。《史记·始皇本纪》云:"收天下兵,聚以为钟镰。"镰与钟一类,故曰钟镰,销兵以为之,其非木制明矣。"镰成,见者惊犹鬼神"者,簴有种种花纹,惊其刻镂之巧也。

"何术以为焉",犹言何术以为之。"有一"者,有一术也。"耗气",谓虚耗之气。"耗气"与"静心"对文。心静则气充,故不以耗气,则必齐以静心也。"齐"读如斋,斋之为言齐也。见《小戴礼记·祭统篇》下。齐读如字。故斋以静心,亦言齐以静心尔已。"三日而不敢怀庆赏爵禄",无庆赏爵禄之心也。"五日不敢怀非誉巧拙","非"同诽。无诽誉巧拙之心也。"七日辄然忘吾有四枝形体","辄然"即辄也。辄然之为辄,犹犹然之为犹。见《逍遥游》"宋荣子犹然笑之"注下成疏以辄然为不敢动貌,王念孙以辄与圳读捻声近义同,云"静也",皆穿凿之说,不可从也。"忘有四枝形体",心静之至,遗其身也。

"无公朝",因斋而不公朝也。"无公朝"与"入山林"同,皆言实事,郭注云"视公朝若无,则跂慕之心绝矣",亦非本书之意也。"骨"借为滑,故本亦作"滑"。"其巧专而外骨消",承上而结言之。庆赏爵禄、非誉巧拙,皆所以扰乱其心,是皆外滑也。"入山林,观天性",观木之性也。"形躯至矣,然后成",此"形躯"者,木之形躯。"至"者,至其度。

339

"成"者,成其材也。"见镰然后加手焉",见有足称为镰者然后为之。言"加手"者,因其本材而加之雕镂,不强作也,故曰"不然则已"。旧读"见"为现,而以"然后成见镰"为句,非也。

心静专而气不耗,是己之天也。形躯至而材足为,是镰之天也。若是而为镰,是之谓"以天合天"。"以天合天",即《养生主》所谓"依乎天理,因其固然"者也。"器之所以疑神者,其是与","与"读欤,言神盖在是也。

东野稷以御见庄公,进退中绳,左右旋中规。庄公以为文弗过也,使之钩百而反。颜阖遇之,入见曰:"稷之马将败。"公密而不应。少焉果败而反。公曰:"子何以知之?"曰:"其马力竭矣,而犹求焉,故曰败。"

"东野稷",姓东野,名稷也。《荀子·哀公篇》、《韩诗外传》二、刘向《新序·杂事篇》及《孔子家语·颜回篇》并作东野毕,毕、稷一音之转,而庄公作鲁定公,颜阖作颜渊,惟《吕氏春秋·适威篇》与此同。考《论语》孔子称颜子"一箪食,一瓢饮,在陋巷",又曰"屡空",孔子摄行相事在定公十四年,不数月而鲁受齐女乐,孔子去鲁。明年,定公亦薨矣。似颜子不得有见鲁定公之事,则此篇与《吕览》作颜阖者是也。《人间世篇》有"颜阖将傅卫灵公太子"语。灵公太子蒯聩,后得国,谥庄公,此云"见庄公",盖先为之傅,后遂臣之,故《释文》亦引或云"当是卫庄公也"。

"御"同驭,使马行车也。"中"读去声。"中绳"者,与绳合,言其直。"中规"者,与规合,言其圆。"左右旋"者,或左旋,或右旋也。"以为文弗过",谓组织之文不能过也。《吕览》作"以为造父弗过也"。吴汝纶据此,谓"文"字当是"父"字之误,又脱"造"字,所言颇近理,然于他书无征,未敢率改。"造父",周穆王之御也。"钩百而反",百周而反

340

也。"反"与返同。《马蹄篇》:"匠人曰:我善治木,曲者中钩,直者应绳。"言中钩犹言中规,故钩百犹旋百。旋百,百周也。章炳麟《庄子解故》以百为阡陌之陌,凿矣。"败",败驾,谓马僵而车坏也。"密"与默通。默而不应,不然其言也。"马力竭",马力尽也。"而犹求焉",驰之骤之,责进而不已也。力尽而责进不已,未有不偾事者,故曰"败",言简而意则深矣。牧羊视其后者而鞭之,为不知进者言也。东野稷之马败,为不知止者言也。不知止,犹不知进也。斯理也,非明道者其孰知之!

工倕旋而盖规矩,指与物化,而不以心稽,故其灵台一而不桎。忘足,履之适也;忘要,带之适也;知忘是非,心之适也;不内变,不外从,事会之适也;始乎适而未尝不适者,忘适之适也。

"倕"与垂同,《尚书·尧典》伪《古文尚书》则《舜典》。"舜曰:垂汝共工",即其人也,故谓之工倕。"旋而盖规矩",谓以指旋转自能中规。"盖"者掩盖之义,犹言合也。言规又言矩者,特连类而及之,无他深义也。《释文》无"规"字,盖误脱。郭注云:"虽工倕之巧,犹任规矩,此言因物之易也。"则原有"规"字甚明。"指与物化","物"即指规矩言。"而不以心稽","稽"者度也。谓虽指可为规而终用规矩,不恃心为之计度,故下一"而"字为转语。郭注以因物为说,实得庄旨。因物者,即《齐物论》之"因是"、《天道篇》之"因任"也。

惟因物而不任心,"故其灵台一而不桎",此正反证东野稷之任心而竭马力,所以至于败驾也。"桎"与窒通,谓塞也,滞也。一则易滞,一而不滞,虚而任物之效也。故下举"忘足,履之适;忘要,带之适",以陪起"知忘是非,心之适"。"知忘是非"者,知亡是非也。惟亡是非而后可以用是非,《人间世篇》云"虚而待物"者,盖谓是也。

人心原以应物，故《庄子》一书言心未尝离事，此文亦然，言"知忘是非，心之适也"，即接曰"不内变，不外从，事会之适也"。"事会"二字连文，与"心"字对。或读"不外从事"为句，误也。"不内变"，不变于内，承上文"不桎"言。"不外从"，不从乎外，承上文之"一"言。或疑"不外从"与因物之义矛盾不相容，不知因物者，我用物；外从者，我为物用。此中界限，如鸿沟之不可逾越。《知北游篇》曰"与物化者，一不化者"也。以与物化言，则曰因物；以一不化言，则曰不外从，其义正相待而成，非相反也。"始乎适而未尝不适者，忘适之适也"，又进一步言，盖必忘适而始真虚，亦必真虚而始真适也。

有孙休者，踵门而诧子扁庆子曰："休居乡不见谓不修，临难不见谓不勇；然而田原不遇岁，事君不遇世，宾于乡里，逐于州部，则胡罪乎天哉？休恶遇此命也？"扁子曰："子独不闻夫至人之自行邪？忘其肝胆，遗其耳目，芒然彷徨乎尘垢之外，消摇乎无事之业，是谓为而不恃，长而不宰。今女饰知以惊愚，修身以明污，昭昭乎若揭日月而行也。女得全而形躯，具而九窍，无中道夭于聋盲跛蹇而比于人数，亦幸矣。又何暇乎天之怨哉！子往矣！"孙子出。扁子入。坐有间，仰天而叹。弟子问曰："先生何为叹乎？"扁子曰："向者休来，吾告之以至人之德，吾恐其惊而遂至于惑也。"弟子曰："不然。孙子之所言是邪？先生之所言非邪？非固不能惑是。孙子所言非邪？先生所言是邪？彼固惑而来矣，又奚罪焉！"扁子曰："不然。昔者有鸟止于鲁郊，鲁君说之，为具大牢以飨之，奏九韶以乐之，鸟乃始忧悲眩视，不敢饮食。此之谓以己养养鸟也。若夫以鸟养养鸟者，宜栖之深林，浮之江湖，

342

食之以委蛇,则平陆而已矣。今休款启寡闻之民也,吾告以至人之德,譬之若载鼷以车马,乐鴳以钟鼓也。彼又恶能无惊乎哉!"

此文与篇首"达命之情"义相应,盖惟忘命而后能安命,若知其为命而犹有所未忘,则是未能达命,即宜其不安,如孙休者是也。"踵门",足至门也。古人之相见也必以介,不介而亲叩见,是为踵门。故《孟子·滕文公篇》亦言"许行自楚之滕,踵门而告文公"也。"诧",怪而问之也。称"子扁庆子"者,犹前称子列子之比,盖记者尊其本师之辞。"扁庆"为复姓,而下云"扁子"者,犹南宫亦称南,墨胎亦称墨,从其省略也。"休",自斥其名也。"田原"谓耕稼。"事君"谓仕宦。"不遇世",不遇时也。"宾"同摈,谓见摈弃也。"逐",放逐。"州部",州邑也。韩非有"宰相起于州部"语,由是可以推知当时称州邑亦曰州部也。"胡罪乎天",何罪于天也。"恶"读乌。乌遇此命,何以遭此命也。

"至人之自行",言"自行"者,尽其在我,不问其所遭云何也。"忘肝胆,遗耳目"四句,并见前注。"无事"犹无为也。"为而不恃,长而不宰",语本老子,"长"读上声,言为民长上也。"不恃"者,不恃其能。"不宰"者,不主其功。皆言因人事之自然,而无容心乎其间也。"知"读智。"饰智以惊愚",矜其智也。"修身以明污",炫其修也,故曰"昭昭乎若揭日月而行",则是其行皆以为人,非所谓自行者也。夫惊愚则愚者畏之,明污则污者忌之,非所以自全养生之道也,故曰"汝得全而形躯,具而九窍,无中道夭于聋盲跛蹇而比于人数,亦幸矣"。"幸",徼幸也。"而"同尔。"跛",足偏废。"蹇",艰于行也。"比于人数",谓列于人之数也。"天之怨",倒文,言怨天也。"往矣"者,止其毋再言也。

"有鸟止于鲁郊",已见上《至乐篇》。"食之以委蛇"句,有缺误,俞樾《诸子平议》曰:"当如《至乐篇》云:'食之以鳅鰌,委蛇而处'。如此,方与下句'则平陆而已矣'文义相属。无'相处'二字,下文便不贯矣。"案俞说似矣,而未尽是也。"平陆而已矣"句,"平陆"下接"而已"字,实不可通,疑此文本作"食之以鳛鲋,则委蛇平陆而已矣",传写者脱"鳛鲋"字,后人因移"委蛇"字于上以补之,于是上下句皆成费解,必如是校正,乃始妥善耳。"欸"与窍通。"启",开也。"欸启",谓开一隙,所见小也。小见,正与寡闻对。"鼷","鼷鼠。"鸴"即《消摇游》所云"斥鸴",字亦作"鹦"。"恶能无惊",言其不足承受也。

山木第二十

此内篇《人间世》之羽翼也。文中称庄子为夫子,则是漆园弟子所记。

庄子行于山中,见大木枝叶盛茂,伐木者止其旁而不取也。问其故,曰:"无所可用。"庄子曰:"此木以不材得终其天年。"夫子出于山,舍于故人之家。故人喜,命竖子杀雁而亨之。竖子请曰:"其一能鸣,其一不能鸣,请奚杀?"主人曰:"杀不能鸣者。"

明日,弟子问于庄子曰:"昨日山中之木,以不材得终其天年;今主人之雁,以不材死;先生将何处?"庄子笑曰:"周将处夫材与不材之间。材与不材之间,似之,而非也,故未免乎累。若夫乘道德而浮游则不然。无誉无訾,一龙一蛇,与时俱化,而无肯专为;一下一上,以和为量,浮游乎万物之祖;物物而不物于物,则胡可得而累邪!此神农、黄帝之法则也。若夫万物之情,人伦之传,则不然。合则离,成则毁,廉则挫,尊则议,有为则亏,贤则谋,不肖则欺,胡可得而必乎哉！悲夫,弟子志之！其惟道德之乡乎！"

向读《人间世》"匠石之齐"与"南伯子綦游乎商之丘"两段文字,极赞不材之用,窃用疑之,以为稂莠因害稼而见锄,桑苎以益人而广植,即安见材之必残而不材之必存耶！后见此篇,疑乃冰释,盖材与不材因时为用,故《人间世》卒云"天下有道,圣人成焉",此取乎材者也；又曰"天下无道,圣人生焉",此取乎不材者也。然则言者有言,当通其意,不材之说为遭乱世而发,若仅执其辞以求之,则必有失乎作者之用心者矣。抑此篇末引阳子之言云:"行贤而去自贤之行,安往而不爱哉！"以是又知所言不材者非真不材之谓,特有材而不自见,以是同于不材耳。不然,其真不材也,则值天下无道,将何以生！而又何以与天下有道成其治理者同称之为圣人哉！是故读《人间世》必取《山木篇》合读之,而后其义足,其旨亦明。外篇之所以为内篇羽翼者,盖坐是也。

"夫子"者,弟子称庄子之辞。"舍",宿也。"竖子"谓童仆。"雁",鹅也,野生者雁,人饲者鹅,称鹅为雁,从其本名也。"亨"读同享,享者飨也,王念孙以《释文》读烹为误,是也。今各本俱刻作"烹",则因《释文》而改。《释文》虽读烹,字固作亨也。

"先生将何处",询其所以自处之道也。始言"周将处夫材与不材之间",继又言"材与不材之间似之而非"者,"材与不材之间",孟子所谓"子莫执中"者也。夫执中无权,犹执一也,故曰"似之而非"也。"未免乎累"者,或以材累,或以不材累,其为累一也。

"乘道德而浮游","浮"者不陷,"游"者不滞也。"无誉无訾",即《坤卦》六四之"无咎无誉"也。"一龙一蛇",用之则为龙,不用则为蛇也。"与时俱化",随时而变。"无肯专为",不主于一也。"一下一上",原作"一上一下",姚鼐曰:"上字与量字为韵,上下字当互易。"俞樾说同,因据正。"以和为量","量"犹期也,期于中节而止,故上下无常也。

《中庸》曰:"发而皆中节谓之和。"中节则和,和必中节,故此以中节释和。"万物之祖",未始有物之先也。"物物而不物于物",以我役物而非役于物也。役物而不役于物,是非超乎万物之先者不能,故先言"浮游乎万物之祖"也。"胡可得而累"者,言无足以累之也。曰"神农、黄帝之法则"者,犹《人间世》"心斋"之下言"禹、舜之所纽,伏羲、几蘧之所行终",一以见其事有征,一以见其造匪易,所以坚学者之信而防其慢也。

"传"读如转,转者转变。"人伦之传",谓人事之变也。"合则离",有合即有离。"成则毁",有成即有毁。此二者就万物之情言之也。"廉则挫,尊则议",廉与尊对,谓穷约也。《阴符经》云"至乐性余,至静性廉",以廉对余言,即廉有不足之义,故知为穷约也。穷者上之所抑,故曰"廉则挫";尊者下之所诽,故曰"尊则议"。廉、尊相对,犹贤、不肖之相对也。贤则人忌而谋之,故曰"贤则谋";不肖者人狎而欺之,故曰"不肖则欺"。此四者就人伦之变言之也。"有为则亏",则合万物之情、人伦之变而兼言之。"有为"者,无为之反;"亏"者,全之反。见非无为无得全之道也,故曰"胡可得而必乎哉"。"胡可得而必",无之而可必其免夫累也。

"志之"者,欲其识之而勿忘也。"乡"读如向。"其惟道德之乡"者,言惟趋向于道德,是可必之道。上云"乘道德而浮游",此改言"道德之乡"者,乘而浮游,非弟子之所骤能,示以入门之径,故曰"乡"也。

市南宜僚见鲁侯,鲁侯有忧色。市南子曰:"君有忧色,何也?"鲁侯曰:"吾学先王之道,修先君之业,吾敬鬼尊贤,亲而行之,无须臾离,居然不免于患。吾是以忧。"市南子曰:"君之除患之术浅矣。夫丰狐文豹,栖于山林,伏于岩穴,静也;夜行昼居,戒也;虽饥渴隐约,犹且胥疏于江湖之上而求食焉,定也;然且不免于罔罗机辟之患。是何罪之有哉?其皮为之灾也。今鲁国独非君之皮邪？吾愿君刳形去皮，洒心去欲，而游于无人之野。南越有邑焉，名为建德之国。其民愚而朴，少私而寡欲；知作，而不知藏，与，而不求其报；不知义之所适，不知礼之所将；猖狂妄行，乃蹈乎大方；其生可乐，其死可葬。吾愿君去国捐俗，与道相辅而行。"

君曰："彼其道远而险，又有江山，我无舟车，奈何？"市南子曰："君无形倨，无留居，以为君车。"君曰："彼其道幽远而无人，吾谁与为邻？吾无粮，我无食，安得而至焉？"市南子曰："少君之费，寡君之欲，虽无粮而乃足。君其涉于江而浮于海，望之而不见其崖，愈往而不知其所穷。送君者皆自崖而反，君自此远矣！故有人者累，见有于人者忧。故尧非有人，非见有于人也。吾愿去君之累，除君之忧，而独与道游于大莫之国。方舟而济于河，有虚船来触舟，虽有惼心之人不怒；有一人在其上，则呼张歙之；一呼而不闻，再呼而不闻，于是三呼邪，则必以恶声随之。向也不怒，而今也怒；向也虚，而今也实。人能虚己以游世，其孰能害之！"

"宜僚"姓熊，其曰"市南宜僚"者，举其所居以为号，犹《论语》称东里子产也。哀十六年《左传》记楚白公之乱，曰："市南有熊宜僚者，若得之，可以当五百人矣。"即其人也。"鲁侯"，鲁哀公蒋。知其为哀公者，以时言，则宜僚与哀公同时；以事言，则哀公畏三桓之逼，欲借越人之力以伐之。三桓亦患公作难，二十七年乃合而攻公，公遂奔卫，如邹如越。此云鲁侯有忧色，正指君臣交恶事也。又孔子自卫返鲁，哀公颇尊事之，观《礼记·哀公问》诸篇可见也。故此云"学先王之道，修先君之业"，"敬鬼尊贤，亲而行之"，实于哀公为合。宜僚与之极言道德之奥，欲其"去国捐俗"，而"虚己以游世"，傥亦为其质美而可以言欤！

"亲而行之",即亲行之也。"无须臾离"句,"居然"连文,属下"不免于患"为句,与《大雅·生民》之诗言"居然生子"者同。应免于患而竟不能免,故曰"居然"也。《释文》:崔本无"离"字,以"居"字连上读。盖崔本偶脱,不足据也。

"丰狐",狐之厚毛者。"文豹",俗所谓金钱豹也。"静也"者,言其不妄动也。"隐约"谓穷困。昭二十五年《左传》"隐民皆取食焉",杜注曰"隐约,穷困",是也。注家或以隐藏敛约释之,误矣。"胥疏"犹赼趄也,盖有所瞻顾,行而不进之义,故曰"定也"。定之为言止也,慎之至也。胥疏本叠韵讝语,义存乎声,不得析而释之。故旧注训胥为须、为相,训疏为菜、为草,固非。而如郭嵩焘说训作疏远,以为"江湖之上乃舟车之所辖,廛闬闉之所都。故丰狐文豹未尝求食江湖之上,言足迹所不经也",则求其解而不得而强为之辞,谬尤甚矣。夫本文明言"胥疏于江湖之上而求食",而谓未尝求食江湖之上,可乎?且狐、豹不求食江湖之上,又将焉所求食?其事甚显,其理甚浅,而缴绕字句之间,以为创解,说者或尊而信之,不亦可笑乎哉!

"罔"与网同。"机辟"即机括,见《逍遥游》注。"其皮为之灾"者,其皮为之害也。"剸",剖也。"剸形去皮",欲公之不有其国也。"洒"同洗。"洒心去欲",欲公之不有其身也。"游于无人之野",离人而合于天也。

"南越有邑焉"以下,设为是说,犹《逍遥游》之言藐姑射之神人也。曰"建德之国"者,归本于德也。"知作而不知藏",不欲货之藏诸己也。"与而不求其报",一切同之乎人也。"不知义之所适",适乎义而忘其为义。"不知礼之所将",行乎礼而忘其为礼也。"猖狂妄行",所谓从心所欲也。"蹈乎大方",所谓不逾矩也。"从心所欲不逾矩",孔子之言,见《论语·为政篇》。古注有解"从"作"纵"者,纵心所欲,于猖狂义尤近。"生可乐,死可葬",言生于是、死于是,无往而不自得也。"去国"之"去"与"去皮"之"去"同读上声,谓舍去之,非曰离去也。"捐俗",遗世也。"与道相辅而行",道不可须臾离也。

公不悟宜僚之意,谓南越实有其国也,故以其道远险而无舟车辞。"有江山"者,言有江山之阻隔也。宜僚答之曰"无形倨",无以形而自骄。"无留居",无自安于所处。"形"谓势。"居"谓位也。"以为君车"者,不恋恋于势位,则固游行而无碍,是所谓车者也。

公又以无粮无食辞。言无粮又言无食者,"粮"以所携言。孟子云"行者有裹粮"。见《梁惠王(下)篇》本书云:"适百里者宿舂粮,适千里者三月聚粮。"是也。"食"则谓取之当地,承其"道幽远无人,谁与为邻"言,故曰"无食"。"无食"者,无食之者也。

"少费",费者物。"寡欲",欲者心。费少根于欲寡,故言"少费",复言"寡欲",即上文"洒心去欲"意也。"无粮乃足"者,德备于己,本不资乎外物也。"涉江浮海",根上南越言,亦设辞。"不见其崖","崖",涯也。"愈往而不知其所穷",愈进而德愈远,无有尽境也。"送君者皆自崖而反",此"崖"训岸。常人不能捐俗忘身,故及岸而止。"反"与返同。郭注云:"民各反守其分。"非也。"君自此远矣"者,孤诣独造,人欲从而莫由,故曰"远"也。

"有人者累","有"者,私之以为己有也。"人"谓人民。私其人民,亦即私其国。上文云"鲁国独非君之皮"者是也,故曰"累"。既私民以为己有,则民自亦责望于其上。责望之而不得,小之则怨,大之则叛,于是而忧危以生,故又曰"见有于人者忧"。"见有于人"者,为人所有,而己不得自遂其志也。"尧非有人,非见有于人"者,尧公天下而不私,是"非有人"也;天下各安其俗,各乐其业,而忘乎尧之为治,如《击壤》之歌所云"帝力何有于我"者,是"非见有于人"也。《击壤》之歌,出晋皇甫谧《帝王世纪》,其全文曰:"日出而作,日入而息,凿井而饮,耕田而食,帝力何有于我哉!"于此而引尧以为言,则知欲公之去国捐俗者,非真谓让国委民而逊遁于荒野也,特以国公之国人,而己以无为治之而已。如是,则何累何忧之有!

"独与道游于大莫之国","莫"同漠。"大莫",犹广莫也。"广莫之野",见《消摇游篇》。变前文"无人之野"而曰"大莫之国"者,见道之广大,以形鲁之狭小,则舍彼取此,公当知所择焉。下文特提倡一"虚"字。虚者无己,无己则无为,无为则无累,无累则亦无患、无害矣,所以总括上文也。

"方舟",并两舟也。济河而并两舟者,河水急难济,并两舟所以保安全也。"虚船",船空无人也。"褊"同褊,谓褊急也。"呼张歙之",呼来船或张或歙也。"张",今俗所谓撑开。"歙",今俗所谓合拢也。"于是三呼邪",于是而三呼也。邪、也本一声,轻之则读"也",重之则读"邪",故"也"、"邪"有时而用同也。实对虚言,谓有人也。"向也不怒而今也怒,向也虚而今也实",谓向不怒而今怒者,以向虚而今实也。此以上,喻人能"虚己以游世","其孰能害之",出本意。"游世",谓游于世也。

北宫奢为卫灵公赋敛以为钟,为坛乎郭门之外,三月而成高下之县。王子庆忌见而问焉,曰:"子何术之设?"奢曰:"一之间,无敢设也。奢闻之:'既雕既琢,复归于朴。'侗乎其无识,傥乎其怠疑;萃乎芒乎,其送往而迎来;来者勿禁,往者勿止;从其强梁,随其曲傅,因其自穷,故朝夕赋敛,而毫毛不挫,而况有大涂者乎!"

"北宫氏",出自卫成公,以所居为号,盖卫之世大夫,"奢"其名也。"灵公"已见前《人间世篇》。"为之赋敛以为钟",赋敛钟材,非赋敛财也。昭二十九年《左传》云:"晋赵鞅、荀寅帅师城汝滨,遂赋晋国一鼓铁,以铸刑鼎。"鼓,量名,当一斛。彼铸鼎赋铁,此为钟,自是敛铜。注家有以赋敛为即后世之募捐比者,非也。"坛"者,鼓铸之所。《释文》引李颐说"为坛以祭祷",亦非也。"县",悬之本字。云"上下之县"者,盖

351

钟有十二，按十二律以为之，悬之于虡，则上下各六，是即所谓编钟者也。"三月而成"，言其速也。

"王子庆忌"，王族而名庆忌也，或周大夫来使于卫，或即仕于卫者，无得而考已。"子何术之设"，问奢赋敛之方。"设"有驱迫义，设字从言从殳，徐锴《说文系传》解之曰："殳，所以驱遣使人也。"故曰设有驱迫义。盖疑其有所强勉也，故答曰"无敢设"。后文云"送往迎来"，"因其自穷"。"自穷"者，自尽也。自尽正表其非强勉，针对"设"字而发。注家率于"设"字忽略过去，故特为点明。"一之间"，犹云一心之间，谓舍此更无他也。"雕琢复朴"，语本老子，故云"奢闻之"。"朴"者诚也。根"一之间""一"字说。惟诚故一，亦惟一故诚也。诚者不以知见，故曰"侗乎其无识"。诚者不以气魄，故曰"傥乎其怠疑"。"侗"者，视物一同，不知分别也。"傥"，道藏《义海纂微》本、《循本》本并作"倘"，实与傥、惝字同，即惝恍义也。"怠疑"同佁儗。《集韵》："佁儗，固滞貌。"盖即今俗云呆、獃字，于其声可以知之。疑、儗皆读碍（礙）之平声。"萃"，聚也。"萃乎"形其众。"芒"同汒。"芒乎"形其广。对下"送往而迎来"说，皆言其人之多也。"强梁"，谓倔强不服从者。"曲傅"，谓委曲傅近己者。"从"、"随"，皆谓听任之。"毫毛不挫"，略无所损伤也。"大涂"，承上"郭门之外"言。郭门当往来之冲，经行者众，其赋敛也尤易，故下"而况"字。此仍就本事说，非别有指。注家率以"大涂"为大道释之，则反支矣。

孔子围于陈、蔡之间，七日不火食。大公任往吊之，曰："子几死乎？"曰："然。""子恶死乎？"曰："然"。任曰："予尝言不死之道。东海有鸟焉，其名曰意怠。其为鸟也，翂翂翐翐而似无能；引援而飞，迫胁而栖；进不敢为前，退不敢为后；食不敢先尝，必取其绪。是故其行列不斥，而外人卒不得害，是以免于患。直木先伐，甘井先竭。子其意者饰知以惊愚，修身以明污,昭昭乎若揭日月而行,故不免也。昔吾闻之大成之人曰:'自伐者无功','功成者堕,名成者亏,孰能去功与名,而还与众人!'道流而不明居,得行而不名处;纯纯常常,乃比于狂;削迹捐势,不为功名。是故无责于人,人亦无责焉。至人不闻,子何喜哉?"孔子曰:"善哉!"辞其交游,去其弟子,逃于大泽;衣裘褐,食杼栗;入兽不乱群,入鸟不乱行。鸟兽不恶,而况人乎!

围于陈、蔡之间,已见上《天运篇》。"不火食",谓不举火也。"大公",长者之称,与吕望之号太公望同。"任"取放任自在之意,盖托名,非实有其人也。"吊",慰问之也。"几死",殆死也。"恶死",以死为嫌也。

"尝言不死之道",试言免死之道也。"意怠"与下文鷾鸸皆谓海燕也。燕又得名意怠、鷾鸸者,古谓燕谓乙,或作鳦。意怠、鷾鸸,即乙、鳦之音而变者也。怠从台声。台一读怡。试以乙声缓读之,则为意怠矣。然此名意怠,亦兼取上怠疑义,故曰"其为鸟也,翂翂翐翐而似无能"。"翂翂"犹纷纷。"翐翐"犹秩秩。"引援而飞",言其能群,所谓纷纷也。"迫胁而栖",言其有序,所谓秩秩也。"迫胁"者,互相偎倚,非如《释文》引李颐所云"迫胁在众鸟中,才足容身而宿"之谓。李氏以"迫胁"解作胁迫,宜其误也。"进不敢为前",慎于进也。"退不敢为后",勇于退也。"食不敢先尝,必取其绪","绪"谓残余,互相让也。"行列不斥","斥"如斥候之斥。"不斥",谓不伺望以为备也。虽不备,人亦莫害之,故曰"而外人卒不得害"。王先谦《庄子集解》用苏舆之说,以斥为排斥,言为众鸟所容,此其误与李颐同。燕与燕为群,"行列"即燕之行列,安得以为他鸟耶!"是以免于患",是总上"而似无能"以下,言要之不争不炫而已。"饰知以惊愚"三句,已见上《达生篇》。

"大成之人",谓成德之人,犹下云"至人"也。"自伐者无功",语见老子。"功成者堕"四句,语见《管子·白心篇》,盖皆十口相传,古之遗训。成玄英疏谓"大成之人"即老子,拘矣。"堕"与隳同。隳、亏为韵。"还与众人",谓还同众人也。人、名为韵。"道流而不明居"为句。旧读"明"字句绝,失之。此文与下"得行而不名处"正相对。"得"即德也。"流"、"行"皆变动不拘之义。故曰"不明居"、"不名处"。"不明"谓不可见,"不名"谓无以称之,居、处则流、行之反。见且不可得,安得而居之!名且不可有,安得而处之!非如一般注家所云"不显居之"与"不处其名"也。"纯纯",言不杂也。"常常",言不异也。"乃比于狂",犹上宜僚言"猖狂妄行,乃蹈乎大方",世人视以为狂,非其真狂也。"削迹",不见迹。"捐势",不作势。"不为功名",即《逍遥游》所谓"圣人无名,神人无功"也。是则道德之至,而人自化之,故曰"无责于人,人亦无责焉"。"至人不闻","闻"者,名闻之闻,谓世不传闻其名也,与《秋水篇》言"道人不闻"义异。注家或举彼以明此,非也。"子何喜哉?""喜"承上"闻"字说,谓何为以闻为喜。"直木先伐,甘井先竭",名闻乃招祸之端,则何足喜也。

辞交游,去弟子,逃于大泽,孔子宁有此事!其为寓言不待说。"褐",毛布。"衣"读去声。"杼"与《齐物论》"狙公赋芧"之芧同,从木从草,一也。"不乱群、不辞行",与鸟兽狎而鸟兽不惊也。"恶"去声。"不恶",不嫌也。

孔子问子桑虖曰:"吾再逐于鲁,伐树于宋,削迹于卫,穷于商、周,围于陈、蔡之间。吾犯此数患,亲交益疏,徒友益散,何与?"子桑虖曰:"子独不闻殷人之亡与?林回弃千金之璧,负赤子而趋。或曰:'为其布与?赤子之布寡矣。为其累与?赤子之累多矣。弃千金之璧,负赤子而趋,何也?'林回曰:'彼以利合,此以天属也。'夫以利合者,迫穷祸患害相弃也;以天属者,迫穷祸患害相收也。夫相收之与相弃,亦远矣。且君子之交淡若水,小人之交甘若醴;君子淡以亲,小人甘以绝。彼无故以合者,则无故以离。"孔子曰:"敬闻命矣。"徐行翔佯而归,绝学捐书,弟子无挹于前,其爱益加进。异日,桑雽又曰:"舜之将死,其命禹曰:'汝戒之哉!形莫若缘,情莫若率。'缘则不离,率则不劳;不离不劳,则不求文以待形;不求文以待形,固不待物。"

"子桑雽",即《大宗师篇》之子桑户也。"户"、"雽"一音之转,《释文》音户,是也。桑户一作桑雽,犹宋钘一作宋荣,南郭子綦一作南伯子綦。当时人之名字,口口相传,声近之字皆得通用,不足异也。《释文》云:"雽本又作雩。"雩即"礼大雩""雩"字之别体。古吁、呼音亦相近,则作雩、作雽一也。惟刻本有作"雩"者,"雩"乃"雽"之形误,字书无此字,唐写本、宋刻本并作"雽",可案也。

"再逐于鲁"者,孔子初为鲁委吏乘田,当昭公时。昭公欲去季氏不得,出奔,鲁乱,孔子去之齐。此一事也。后相定公,齐人馈女乐,季桓子受之,不朝,孔子去之卫。此又一事也。故曰"再逐"。其下数事,已见《天运篇》注。

"犯"犹冒也。"徒友"谓门弟子。"散",离散也。《论语》子曰:"从我于陈、蔡者,皆不及门也。"下章汇记颜渊、闵子骞、冉伯牛、仲弓等十人,分为四科。意当时从者必不止此十人,则此云"益疏"、"益散",亦当是寓言非实事,读者若信以为真,则误矣。

"殷人"本作"假人",而司马彪注下林回曰:"林回,殷之逃民姓名。"吴汝纶据之以为"假"乃"殷"字之讹。案:殷、假形极相近,他书又未有以假为国名者,吴氏之说是也,兹故从以改正。"亡",逃亡。"趋",急行也。"布"者泉布之布。言布犹言货也。"或曰"以下,或人问林回之言。"彼"指璧,"此"指赤子。"天"谓天德、天性。"以天属",

谓以性情相连系也。注家多解天为天伦、为天亲，此以说林回之父子则可，以说孔子师弟之间则有不通，决非桑户之意，故知当以天德、天性之训为正也。"迫"，逼近也。"穷祸患害"四字连文。"穷"，窘困也。

林回答辞只二句。"夫以利合者"以下，为桑户之言。"相收之与相弃亦远矣"，"远"谓二者相距之甚也。"君子之交淡若水"四句，亦见《小戴礼记·表记》。彼文曰："君子之接如水，小人之接如醴。君子淡以成，小人甘以坏。"曰交曰接，一也。"醴"，甜酒之带糟者。"绝"谓离绝也。"彼"者，外之之辞。"无故"犹言无因、无谓。相交无性情道义之契，泛泛然而合，亦泛泛然而离，是所谓"无故"也。此正答孔子"亲交益疏、徒友益散"之问。郭注云："夫无故而自合者，天属也。合不由故，则故不足以离之也。然则有故而合，必有故而离矣。"郭说虽巧，然而于原旨则悖矣。

"翔佯"犹徜徉。"绝学"，本老子"绝学无忧"之言，谓脱迹于学，非废学而不讲也。"捐书"亦然。"挹"犹损也。《荀子·宥坐篇》云："此所谓挹而损之之道也。"杨倞注曰："挹亦退也。挹而损之，犹言损之又损。"然则"挹"有损义，故《后汉书·光武纪》中元元年群臣奏有"陛下情存损挹，退而不居"之言，即以"损挹"连文。"弟子无挹于前"，亦谓弟子视前无有减损，是以下接云"其爱益加进"。"挹"与"加进"，文正相对，义甚明也。《释文》引李颐注，训挹为无所执持，固为费解。宣颖《南华经解》说为无可挹取于前。推其意，盖以为学绝书捐，故弟子遂无所弋获，望文生训，使书旨本明者反以晦昧。诸家竞从之，尤可怪也。

"其命"旧作"真泠"。《释文》云："真，司马本作直。泠或为命，又作令。"案：泠、命形近。既本有作"命"者，则"泠"为讹字无疑，故自焦竑《庄子翼》、方以智《药地炮庄》皆以"真泠"当作"其命"。真、其亦形似而讹，兹故据以改正。至杨慎以"真泠"为即"丁宁"，王引之谓"直"当为"逎"、"逎"讹为"直"、"直"又讹为"真"，其说迂曲，不敢从也。

"形莫若缘,情莫若率",即《人间世》"形莫若就,心莫若和"之说。"缘"者随顺之谓,故曰"缘则不离"。"不离",与物不离异也。"率"如《中庸》"率性"之率,任情而动,故曰"率则不劳"。"不劳",其神不劳悴也。"不求文以待形",即《缮性篇》所云"信行容体而顺乎文"者。其有文也,出乎自然,故曰"不求文"也。此句本当云"不待形以求文",以欲与下文"不待物"相对为句,故移"待形"二字于下。形即"形莫若缘"之形,《缮性篇》所云"容体"也。文虽见于容体,而实发自中诚,故曰"不待形"。或有解作不重在形式者,非也。形且不待,自不待物。物如衣冠俎豆,以至筐篚玉帛,凡以为交际之仪文者,皆是。此则可以形式说之。成疏云:"当分各足,不待于外物。"以物为一般之物,亦未然也。

庄子衣大布而补之,正縻系履,而过魏王。魏王曰:"何先生之惫邪?"庄子曰:"贫也,非惫也。士有道德不能行,惫也;衣敝履穿,贫也,非惫也;此所谓非遭时也。王独不见夫腾猿乎?其得柟梓豫章也,揽蔓其枝,而王长其间,虽羿、蓬蒙不能眄睨也。及其得柘棘枳枸之间也,危行侧视,振动悼栗,此筋骨非有加急而不柔也,处势不便,未足以逞其能也。今处昏上乱相之间,而欲无惫,奚可得邪?此比干之见剖心征也夫!"

此文上下皆说孔子,而以庄子之惫一文厕于其间,盖其弟子欲以周比之孔子,所以推尊其师之微意也。

"衣"读去声。"衣大布而补之",后文所谓"衣敝",惟"敝"故加"补"也。"縻",司马彪注云"带也",是也。縻得为带者,縻与絜同。《人间世篇》"见栎社树,絜之百围",谓环绕而度之,带所以环绕其身,故亦可言絜也。"正縻"与"系履"对文,是两事,郭嵩焘合为一事,引《说文》"絜,麻一端也",谓"整齐麻之一端,以束其履而系之",非也。

若以麻系履,则直言用麻可耳,无为加"正"字也。古人见国君必修容,庄子衣敝履穿,何容可修,故于此著"正縻"二字,以见虽如此而礼自未废,所以下文有"士有道德不能行,惫也"之言也。至言"系履"者,所以别于曳縰。縰与屣通,见《让王篇》。见国君不得不履也。郭氏泥于"惫也"之文,以为正带系履即不得为惫,可谓知其一不知其二矣。

"魏王",梁惠王也。"过"读平声。庄子,宋人,经魏而见魏王,故曰"过"也。"惫"犹病也。《释文》云:"司马本作病。"《让王篇》子贡见原宪曰:"先生何病?"原宪曰:"宪闻之:'无财谓之贫,学而不能行谓之病。'今宪贫也,非病也。"与此文正相似,则知言惫、言病一也。"非遭时"者,不遭时也。

"螣"与腾同,故本亦作腾。曰"腾猿"者,见其能腾跃异于常猿也。"豫章",今所谓樟树。"柟",今俗或作楠。"梓"亦名楸,见《人间世》。此三者皆大木也。"揽",把也。"蔓"与曼同,引也。"王"读去声。"长"读上声。"王长其间",谓莫之能上也。"蓬蒙",《孟子》作逢蒙,曰:"逢蒙学射于羿,尽羿之道,思天下惟羿为愈己,于是杀羿。"见《离娄篇》盖皆古之善射者。"眄"本或作睥。谓睨而视之,犹今云瞄准也。"柘",桑属。"棘",似枣树而小。枳、枸皆橘属。"枸"音苟,俗云狗橘者是。读作矩音者,非。《诗·小雅》云:"南山有枸。"陆玑《毛诗草木疏》云:"枸树高大如白杨,子长数寸,啖之甘美如饴,蜀以作酱。亦书作蒟。"与此之枸非一木也。"柘棘枳枸"四者皆小木而多刺,故猿处之"危行侧视,振动悼栗"。"振"与震同。"悼",惧也。"急"犹紧也。筋紧则屈伸难,故曰"筋骨非有加急而不柔也"。加之为言,谓甚于前时也。"逞其能",尽其能也。

"处昏上乱相之间",所谓"非遭时"也。或疑当惠王之前,不当斥言"昏上",疑其语非实,不知庄子自是泛论当时各国之君,今方见梁王,则梁自不在所指之内,复何嫌之可避耶!"而欲无惫,奚可得邪!"此"惫"承惠王"何先生之惫邪""惫"字说,与己言"贫也非惫也""惫"字义异，不得混而同之。不然，则前后之言自相矛盾矣。

"此比干之见剖心征也夫"，"征"谓征兆。"见"者，先已见其兆也。《括地志》云："比干见微子去、箕子狂，乃叹曰：'主过不谏，非忠也；思死不言，非勇也；过则谏，不用则死，忠之至也。'进谏不去者三日。纣问何以自持，比干曰：'修善行仁，以义自持。'纣怒曰：'吾闻圣人心有七窍，信诸？'遂杀比干，剖视其心也。"见《史记·殷本纪正义》所引然则比干自知其必死，而谏而不去，故曰"见剖心征也"。引比干云云者，言死有所不能免，不独穷困而已。然而君子不改其操者，道德所在，君子不敢不行也。庄子虽不为比干，而于比干之死即未尝不敬之哀之，故其言如此。盖犹孔子称"殷有三仁"之意。观"也夫"字，可见为哀之之辞。注家率解"征"作征验，谓不便而强为之，则受戮矣，是以比干之死为鉴戒，则"见"者旁人之见比干，不当云"比干之见"也，于文不顺，即知其义必不然矣。

孔子穷于陈、蔡之间，七日不火食，左据槁木，右击槁枝，而歌猋氏之风。有其具而无其数，有其声而无宫角，木声与人声，犁然有当于人心。颜回端拱，还目而窥之。仲尼恐其广己而造大也，爱己而造哀也，曰："回，无受天损易，无受人益难。无始而非卒也，人与天一也。夫今之歌者其谁乎？"

回曰："敢问无受天损易。"仲尼曰："饥渴寒暑，穷桎不行，天地之行也，运化之泄也，言与之偕逝之谓也。为人臣者，不敢去之。执臣之道犹若是，而况乎所以待天乎！"

"何谓无受人益难？"仲尼曰："始用四达，爵禄并至而不穷，物之所利，乃非己也，吾命有在外者也。君子不为盗，贤人不为窃。吾若取之，何哉！故曰：鸟莫知于鹢鸼，目之所不宜处，不给视；虽落其实，弃之而走。其畏人也，而袭诸人间，社稷存焉尔。"

"何谓无始而非卒?"仲尼曰:"化其万物而不知其禅之者,焉知其所终？焉知其所始？正而待之而已耳"。

"何谓人与天一邪?"仲尼曰:"有人,天也;有天,亦天也。人之不能有,天性也。圣人晏然体逝而终矣。"

"槁木"谓几也。"槁枝"谓杖也。知槁木为几者,以"据"字知之。知槁枝之为杖者,《大宗师》云:"师旷之枝策也。"枝策即杖,以是知之。盖以杖叩地而歌也。"焱氏之风",与《天运篇》言"焱氏之颂"同。"焱氏",或云即炎帝神农氏,未敢定,要之古圣王之号也。本或作猋,其为讹字无疑,故据《天运篇》改正。"无其数"者,凡乐器修短大小皆有数度,此不成器,是无数也。"无宫角"者,歌不中律,如子桑之歌有不任其声者,见《大宗师篇》故曰"无宫角",举宫与角以概五声也。"犁然"犹厘然,言条理分明也。"当于人心",中于人心也。中读去声。

"端拱",端立而拱手也。"还"读如旋。"还目"犹转目。"窥之"者,闻其声而更欲察其意也。"广己"谓自宽。宽则自放,故曰"造大"。"造"者造作。《马蹄篇》曰:"一而不党,命曰天放。"放不出之于天,而强自开拓,是"造大"也。"造哀"亦然。孔子告子夏以"五至",曰:"志之所至,诗亦至焉;诗之所至,礼亦至焉;礼之所至,乐亦至焉;乐之所至,哀亦至焉。"详见《小戴礼记·孔子閒居篇》以"哀至"为五至之终者,哀则敛,敛则藏,哀所以返其本也。然而造作为之,则亦自戕而已。孔子恐颜子堕此二失,所以告之以天人之故也。"爱己"犹言贵己、重己,亦非爱惜其身之谓。注家率以常情测之,殆非本书之旨也。

曰"回"者,呼其名而语之。"无受天损",谓困于陈、蔡而不变。此眼前之事,知颜子已能之,故曰"易"。"无受人益","益"如《德充符篇》末言"益生"之"益",非性分所本有,而用人力以加之,是谓之"人益"。如"造大"、"造哀"皆益也,岂仅爵禄功名之来自身外者哉! 此则疑颜子或有所未能,故曰"难"。"无始而非卒",《齐物论》所谓"方生方死",言造化之无一息之停也。"人与天一",《应帝王》所谓"与造物者为人",言人而合于天也。"夫今之歌者其谁乎?"发此一问,欲颜子当下体勘是人是天,正吃紧语,读者试以南郭子綦论天籁、人籁之意,通之于此,亦可思过半也。

"敢问无受天损易",唐写本无"易"字,后"何谓无受人益难",亦无"难"字。观下文但说"无受天损"、"无受人益"义,于"难"、"易"义无一字道及,疑唐写本无者是也。然今本行之已久,"难"、"易"字存之亦无大碍,因仍其旧,不便臆删,姑述其所疑,以俟识者择焉。"穷桎"之"桎"与"窒"通,谓塞也。"不行"犹不通也。"运化"之"化",各本皆作"物",惟陈碧虚《阙误》引江南古藏本作"化"。案:"天地之行"与"运化之泄"为对文,天地以形体言,运化以功用言,"运"者运转,"化"者变化,义正相当。今改"化"为"物","物"与"运"义既不相属,且下文言"泄","泄"者发泄,惟运转变化可以言泄,若物则固定而有迹,覼体可见,何言泄耶!以是知作"化"义长,而作"物"义悖,故断从古藏本作"化"也。"言与之偕逝之谓也",此正答"无受天损"之问。若曰"无受天损"者,言与之偕逝之谓也,则"言"字自当从本训,为言说之言。《释文》用毛公《诗传》之训,曰:"言,我也。"通《庄子》全书,无有以"言"为"我"者,大非也。"与之偕逝",谓顺从而不逆也,故下以人臣事君为况。"不敢去之",谓不敢违之也。《说文》:"去,人相违也。"又《礼记·表记》:"事君三违而不出境。"郑注曰:"违犹去也。"《论语》"违之,之一邦"注同。以此知"去"为违义,非曰离去也。

"始用",始见用于世也。"四达",无往而不通也。通者穷之反。故接曰"爵禄并至而不穷"。"并至"者,连至也。"物之所利乃非己"者,言仕而达,可因以利物,其利在物,若于己则一无关涉也。何也?"吾命有在外者也","命在外"者,非吾自操之。《缮性篇》云:"轩冕在身,非性命也,物之傥来寄也。"犹是意也。"君子不为盗,贤人不为窃",则又推广而言之。凡非己性分之所有,取诸外而益之,皆谓为盗窃,非专指盗窃禄位说也。"吾若取之,何哉!"犹云吾若何取之哉。"若何"即如何。"不取"则不受矣。"鶪鶃"已见上。"目之"犹见之。"不宜处",不可止也。"不给视",不暇视也。"落"通络,《秋水篇》"落马首",以落为络,此云"落其实",正与彼同。络者,谓包抄而获之。"实"如《易·颐卦》"自求口实"之实。燕以飞虫为食,而不食果,故知实不得为果实,而落亦不得为坠落也。"弃之走"者,为避祸而畏人也。"袭",因也。因,托也。畏人而托诸人间。"社稷存焉尔"者,借燕喻人,人非国无以自保,即不能去国而独生,故曰"社稷存焉",盖承上执臣之道一意说下,意在人不在燕也。或有以为燕筑巢于社稷,如栎社树之寄于社以得全者。不知古社稷之祀但有坛场,惟亡国之社则屋之。无屋,燕之巢将筑于何所邪?至郭子玄以《庚桑楚》之"社而稷之"说此,意尤迂曲难解,其谬固不待详辨而可知也。

"化其万物而不知其禅之者","禅"即《寓言篇》"万物以不同形相禅"之禅,谓更代也。顾此不曰其万物化,而曰"化其万物"者,若言万物化,则是万物各自为化,不相统一。言"化其万物",则万物悉此一化之所鼓荡。物虽有万,化只一源。所以下文可云"人与天一"也。此文虽传于庄子之门人,而其来必有所本,不独义精,辞亦严核,因特点出,以见孔、颜授受之际,其微言奥旨,因庄书而传者,固不少也。"正而待之",谓守正以待其变也。

"有人",谓人事之变。"有天",谓天道之行。是皆天也,而非人之所能与,故曰"人之不能有"。"不能有"者,不能得而把握之也。虽不能得而把握,然天非在外也,亦只在人性分之中,故又曰"天性也"。夫"人与天一",惟知性、知天而后能一之,故此"天性也"三字,实为此一段文字之肯綮。自注家失其句读,合"人之不能有天性也"八字为句,而义亦失矣,兹故厘而正之。"圣人晏然体逝而终矣","体"者,体此性也。体此性,亦即体此天。天常行而不息,体之者亦常行而不息,故曰

"体逝"。"终"者,返其始也。"晏然",安然也。

庄周游乎雕陵之樊,睹一异鹊自南方来者,翼广七尺,目大运寸,感周之颡,而集于栗林。庄周曰:"此何鸟哉?翼殷不逝,目大不睹。"蹇裳躩步,执弹而留之。睹一蝉,方得美荫而忘其身;螳螂执翳而搏之,见得而忘其形;异鹊从而利之,见利而忘其真。庄周怵然曰:"噫!物固相累,二类相召也。"捐弹而反走。虞人逐而谇之。庄周反入,三日不庭,蔺且从而问之:"夫子何为顷间甚不庭乎?"庄周曰:"吾守形而忘身,观于浊水,而迷于清渊。且吾闻诸夫子曰:'入其俗,从其俗。'今吾游于雕陵,而忘吾身,异鹊感吾颡。游于栗林,而忘真,栗林虞人以吾为戮。吾所以不庭也。"

"陵",大阜,"雕"其名也。"樊",古野字,本或作"樊",今各本皆用之。樊,藩也。园或有樊,然可言游于园,不得言游于樊,且下云"睹一异鹊自南方来",于野得见之,若于樊内则不得见也,故断从"樊"字为正。"异鹊",鸟之似鹊者,非鹊也,故曰"异鹊"。"翼广七尺",翼之长也。"目大运寸",目之大也。王念孙云"运寸犹径寸",是也。"感"借作撼,触也,撞也。"颡"读桑上声,额也。

"此何鸟哉"三句,怪之之辞。"殷",大也。"不逝",司马彪注云"曲折曰逝",不曲折,谓不知避让,以故感周之颡也。"蹇"借作褰。"褰裳",提其裳也。"躩"如《论语·乡党篇》"足躩如也"之躩。"躩步",谓蹑足而行,不欲惊动之;或注云疾行,非也。"留之",伫伺其便也。

"翳",螳臂,前有锯齿,其形有似于舞者所执之翳,故亦名为翳也。"搏",击也。"忘其真",指不逝、不睹言。能逝能睹,其本真也。今见利而不逝不睹,是忘其真也。"怵然"犹惕然。"噫",叹辞。"物固相

363

累",谓蝉累于美荫,螳螂累于蝉,而异鹊复累于螳螂也。"物",外物也。"二类相召",谓利之与害,祸之与福。利召害,福召祸,利与害为类,福与祸为类,推之,乐之与苦,喜之与忧,皆然。二类者,相反而成为类也。

"虞人",盖掌栗林者。《周官·地官》所谓"山虞"是也。"谇",詈也。司马彪注云:"以周为盗栗也。"以周为盗栗,故从而詈之。"谇"本又作讯,讯与谇同。《诗·陈风》"歌以讯之",即歌以谇之也。郭注以谇为问,《释文》以讯为问,并失之。

"反入",归而入其室处也。"庭",直也。"不庭",不直,犹不快也。"三日",一本作"三月"。下文蔺且问:"夫子何为顷间甚不庭乎?"若三月之久,则不得为"顷间"矣,足知"三月""月"字乃"日"字之讹,作"日"为正也。"蔺且",周弟子名也,"且",读如穰苴之苴。

"守形",与《在宥篇》"神将守形"之"守形"同。静知守形,而动则忘身,故曰"守形而忘身"。"形"亦就己身言,观上云螳螂"见得而忘其形"可见。王先谦《集解》谓"守物形而忘己之身",误也。"观于浊水"句,为譬喻之辞,言于惑者知鉴,而于不惑者反迷也,盖所以自责者深矣。"闻诸夫子",此"夫子",周自称其师也。"入其俗,从其俗",如古诗云:"君子防未然,不处嫌疑间。瓜田不纳履,李下不整冠。"栗林所在,必亦有其禁。今周不知嫌,而褰裳躩步,致犯虞人之疑,则不明其俗之过也,故引此言说之。《曲礼》曰"入国而问禁,入竟而问俗",是固礼之所宜守也。

"今吾游于雕陵,而忘吾身,异鹊感吾颡",向以感颡归过于鹊,今则以感颡归过于己者,鹊不避己,己独不可避鹊乎!反身原物,此真平恕之道也。"游于栗林而忘真,栗林虞人以吾为戮","忘真",忘其灵明之真性也。此节两言"忘真",上就鹊言,尚轻,尚是陪位;此就己言,则重,则是主旨所在。盖"真"即真君真宰之真。人之得为真人者,以此真知也,此而忘之,何恃而游于人间之世哉!故郑重而申言之,读者幸勿忽焉。"戮",辱也。"以吾为戮",谓受辱于虞人也。大抵人情有所著必有所忽,而祸即生于所忽之中,如见近而遗远,见小而遗大,反之见远而遗近,见大而遗小,即皆蔽也。惟葆其灵明者,可以无蔽。观于此文,庄子之旨远矣。

阳子之宋,宿于逆旅。逆旅人有妾二人,其一人美,其一人恶,恶者贵,而美者贱。阳子问其故,逆旅小子对曰:"其美者自美,吾不知其美也;其恶者自恶,吾不知其恶也。"阳子曰:"弟子记之!行贤而去自贤之行,安往而不爱哉!"

"阳子",杨朱也,详见《应帝王篇》注中。"逆旅",客舍。"逆旅人",客舍主人也。后云"逆旅小子",则因其年少而目之,其实一也。"恶",丑也。"恶者贵而美者贱",丑者见爱,而美者见斥也。对曰"美者自美",自以为美则骄亢,骄亢则招憎,美为憎掩,故不知其美。"恶者自恶",自知其丑则谦和,谦和则得怜,恶为怜掩,故不知其恶也。"行贤","行"读平声。"自贤之行","行"读去声。"去自贤之行"者,无自矜其贤之心,则见于外者自无炫其贤之为也。"安往而不爱",言无往而不见爱重也。

首节云"弟子志之,其唯道德之乡乎!"此节云"弟子记之,行贤而去自贤之行,安往而不爱哉!"文正相对,盖欲乡于道德,必自不满不矜始。所谓不材者,正谓不自见其材也。故全篇以此节终焉。

田子方第二十一

此篇十一节,多深彻道体之言,盖与内篇《德充符》、《大宗师》为近,读者要在神会,若索于文字之间,则失之远矣。韩愈以为田子方之后流而为庄周,子方出卜子夏之门,以是见孔子之道大而能博,至其后,原远而末益分。见韩集《送王埙秀才序》退之据此篇,谓庄子之学出于子方,自是孤证不足信。然其言庄子渊源自孔子,则不得不谓之卓见,惜乎未深考也。

田子方侍坐于魏文侯,数称溪工。文侯曰:"溪工,子之师邪?"子方曰:"非也,无择之里人也。称道数当,故无择称之。"文侯曰:"然则子无师邪?"子方曰:"有。"曰:"子之师谁邪?"子方曰:"东郭顺子。"文侯曰:"然则夫子何故未尝称之?"子方曰:"其为人也真,人貌而天,虚缘而葆真,清而容物。物无道,正容以悟之,使人之意也消。无择何足以称之!"子方出,文侯傥然终日不言,召前立臣而语之曰:"远矣,全德之君子!始吾以圣知之言、仁义之行为至矣,吾闻子方之师,吾形解而不欲动,口钳而不欲言。吾所学者,直土梗耳,夫魏直为我累耳!"

"魏文侯"名斯,梁惠王罃之祖也。《史记·魏世家》云:"太子击逢文侯之师田子方于朝歌,引车避,下谒。"击后立为武侯又载李克之言曰:"东得卜子夏、田子方、段干木,此三人者,君皆师之。"是子方为文侯之所尊礼,故《释文》引李颐注云:"子方,魏文侯师也。"子方自称曰"无择",则"无择"名而"子方"字。"择"古与斁通。《孝经》"口无择言",即口无斁言也。故此"择"当读如斁,当故反。"数"音朔,屡也。"溪工",人名。"里人",言所居同里也。"称道"之"道",与孟子"道性善"之"道"同。"称道"犹称说也。"当"读去声,中也,谓中于理。

"东郭"以所居为氏,犹南郭子綦之号南郭也,"顺"其字。曰"顺子",则子方之称之也。"其为人也真",即《大宗师》之所云"真人"也。"人貌而天",即《德充符》之所云"有人之形,无人之情,謷乎大哉,独成其天"也。"虚缘"者,缘于虚。"葆真"者,葆其真也。此文真、天、真为韵。俞氏樾读"虚"字上属,以"天虚"与"人貌"为对文。如是,则"缘"成单辞,文义不完,大非也。《养生主》云:"缘督以为经。"《庚桑楚》云:"有为也欲当,则缘于不得已。"统《庄子》全书,未有专用一"缘"字成文者。惟"葆真"故清,惟缘虚故能容物。"清而容物",是于物无迕也。"物无道,正容以悟之,使人之意也消",则物亦自不与我迕。言"正容以悟之",如孟子云"大人者正己而物正",谓不假辞说也。"使人之意消"者,如孟子云"君子所过者化,民日迁善而不知为之"者,谓诚之所感也。其德如此,非善言德行者不能状述,故曰"无择何足以称之!"

"傥然"犹惝然,已见前注。"前立臣",当时侍前之臣也。"全德之君子",称东郭顺子。"远矣"者,言其不可企及也。"圣知"之"知"读如智。"行"读去声。"形解而不欲动",即所谓傥然。"解"者解散,犹言松弛也。"钳"同拑。"口钳",谓如有物拑其口,不得张也。"土梗"犹土苴。"所学直土梗耳",悔其向之所学至粗至陋,于道无当也。又言

"夫魏直为我累"者,此与尧见四子藐姑射之山窅然丧其天下意同。"所性不存",语见《孟子·尽心篇》则自觉为累耳。

　　温伯雪子适齐,舍于鲁。鲁人有请见之者,温伯雪子曰:"不可。吾闻中国之君子,明乎礼义,而陋于知人心,吾不欲见也。"至于齐,反舍于鲁,是人也又请见。温伯雪子曰:"往也蕲见我,今也又蕲见我,是必有以振我也。"出而见客,入而叹。明日见客,又入而叹。其仆曰:"每见之客也,必入而叹,何邪?"曰:"吾固告子矣:中国之君子,明乎礼义,而陋于知人心。昔之见我者,进退一成规,一成矩,从容一若龙,一若虎。其谏我也似子,其道我也似父,是以叹也。"仲尼见之而不言。及出,子路曰:"吾子欲见温伯雪子久矣,见之而不言,何邪?"仲尼曰:"若夫人者,目击而道存矣,亦不可以容声矣。"

　　"温",姓,称"伯"者,伯,长者之号也,"雪",其字。"温伯"称"雪子",犹东郭称顺子。"子"者,人之称之也。成疏以伯为名,而以"雪子"二字为字,误也。温伯雪子,疑《庄子》托为之名。"温"言其和,"雪"言其清,皆所以表德,未必实有其人也。言"适齐,舍于鲁"者,见其自南方来。南,离明之象也,故曰"吾闻中国之君子,明乎礼义而陋于知人心"。礼义者德之末,而心则其本也。"陋"犹浅也。明于末而浅于知本,是非明也。"中国",谓当时东起鲁、西至周一带之地,故孟子亦言"陈良悦周公、仲尼之道,北学于中国"。疏以为中国专指鲁言,亦误也。

　　"舍",过宿也。"蕲"同祈,已见《逍遥游》注。"振"如振兴之振。"振我",谓将有以兴起我也。"叹"者,叹客之娴于礼义。进退成规成矩,从容若龙若虎,是仪容之娴也;谏我似子,道我似父,是辞令之娴也,皆礼义之类也。"道"与导同,谓训道也。缕缕叙此者,凡所以反起下文仲尼之"见之而不言"也。见之不言,不待于言也,故曰"若夫人者,目击而道存矣,亦不可以容声矣"。"击"犹触也,谓目触之而道已在此,根上文"见之"言。"目击"之者,孔子之目击之也。司马彪注云:"见其目动而神实已著。"以目击属温伯雪子,说失之。"不可以容声"之"容",如《应帝王》"无容私"之"容",言其间不能有所羼杂;若羼杂以声音言语,则即失其实矣。此根上文"而不言"言。郭注云:"无所容其德音。"以"无所"易"不可"字,意反失之轻与浅矣。

颜渊问于仲尼曰:"夫子步,亦步;夫子趋,亦趋;夫子驰,亦驰;夫子奔逸绝尘,而回瞠若乎后矣。"夫子曰:"回,何谓邪?"曰:"夫子步,亦步也;夫子言,亦言也;夫子趋,亦趋也;夫子辩,亦辩也;夫子驰,亦驰也;夫子言道,回亦言道也;及奔逸绝尘,而回瞠若乎后者,夫子不言而信,不比而周,无器而民滔乎前,而不知所以然而已矣。"

仲尼曰:"恶!可不察与!夫哀莫大于心死,而人死亦次之。日出东方,而入于西极,万物莫不比方,有目有趾者,待是而后成功,是出则存,是入则亡。万物亦然,有待也而死,有待也而生。吾一受其成形,而不化以待尽,效物而动,日夜无隙,而不知其所终;薰然其成形,知命不能规乎其前,丘以是日徂。吾终身与女,交一臂而失之,可不哀与!女殆著乎吾所以著也。彼已尽矣,而女求之以为有,是求马于唐肆也。吾服女也甚忘,女服吾也亦甚忘。虽然,女奚患焉!虽忘乎故吾,吾有不忘者存。"

"步"、"趋"以自行为喻,"驰"与"奔逸"以车行为喻。"绝尘",则以见奔逸之疾,犹舟行言破浪也。"瞠",音撑,张目直视也。"瞠若"犹瞠然。"后",落后也。后世言望尘莫及,盖本乎此。"不言而信",《中庸》

亦有是言,谓不假辞说,而人自信服之也。"不比而周","周",周浃,谓不待亲比,而人情意自周浃也。"器",如成二年《左传》"唯器与名不可以假人"之器,谓禄位也。"慆"如《书·尧典》"浩浩慆天"之慆,犹言拥也。"无器而民慆乎前",与《德充符》"无君人之位以济人之死,无聚禄以望人之腹,且而雌雄合乎前"义同。各本"慆"有作蹈者,传写者臆改,非其本也。"不知所以然",言发乎自然,如《大雅·皇矣篇》云"不识不知,顺帝之则"也。此段宜与《论语》"颜渊喟然叹曰:仰之弥高,钻之弥坚"一章合看。见《子罕篇》彼下"喟然"字,此言"瞠若",皆传神之笔,最耐玩味者也。

"恶",叹声,一字句,亦不然之辞。孟子曰:"恶,是何言也!"是也。此不然者,不然颜回"亦步"、"亦趋"、"亦驰"之云也,观后"女殆著乎吾所以著也"语可见。盖规规而为之,则执著拘滞,失夫天理流行自然之妙,非所谓活泼泼地者,故曰"哀莫大于心死,而人死亦次之"。此"死"非澌灭之谓,亦言其不活而已。

"日出东方"以下,设喻以明之。"万物莫不比方"者,"比"犹从也。"方",方向,谓从日之所向也,如葵藿向日即其比也。"有目有趾者",指人言。"待是而后成功",谓待日以成其事功。《尚书·无逸篇》曰:"文王卑服即康功田功。"细之则田功,大之则康功,是皆功也。"是出则存,是入则亡",此"存"、"亡"与孟子引孔子之言"操则存,舍则亡"同。"存"者功得,"亡"者功丧,谓随日之出入而功有得丧也。旧注以存亡解作生死者,非。"万物亦然,有待也而死,有待也而生",三句当作一气读。此方说及生死。谓万物死生,其有所待,亦如待日而成功者然。此所待,盖谓造化也。

"吾一受其成形,而不化以待尽",此言"不化",与《齐物论》言"一受其成形,不亡以待尽"为义迥别。彼就常人分上说,故曰"不亡以待尽",以常人执此身为常,因破之曰:自以为不亡,而不知实则待尽耳;此孔子就己分上说,虽亦待尽,而却有其不化者存,故曰"不化以待尽"。此云"不化",正与文末"女奚患焉！虽忘乎故吾,吾有不忘者存"意相照射。向来注者率与《齐物论篇》一例作解,失之甚也。"效物而动",即《齐物论》"物化"之意,亦即《应帝王》"顺物自然而无容私"之说,如孟子说舜"象忧亦忧,象喜亦喜"正如此。盖惟无我之至,而后能与造化同流,有此境地,非泛语也。"日夜无隙"至"知命不能规乎其前",言造化之无息,此当与《论语·子罕篇》"子在川上曰:逝者如斯夫,不舍昼夜"章参看。"不知其所终",无终也。"知命不能规乎其前",无始也。"规",测度。"薰然",言生机也。"丘以是日徂",与之偕逝之谓也。天道无息,圣人之功亦无息。《中庸》曰:"《诗》云:'维天之命,於穆不已',盖曰天之所以为天也,'於乎不显,文王之德之纯',盖曰文王之所以为文也,纯亦不已。"夫文王如是,孔子何独不然！

"吾终身与女"句。罗勉道曰:"与,即'吾无行而不与二三子'之与。"是也。"交一臂而失之",如俗云当面错过,此对"奔逸绝尘,回瞠乎其后"言。"可不哀与！"所以惜之也。"彼",指"吾所以著"言,即大化之自然也。"已尽"者,化一过而不留也。"求之以为有",是所谓著。"肆",马肆。"唐"如荒唐之唐,谓空也。"服",服习。"忘",如"鱼相忘于江湖,人相忘于道术"之忘。《大宗师篇》有云:"相与于无相与,相为于无相为。"是所谓"甚忘"也。"忘乎故吾",谓日新也。日新则无息,故曰"吾有不忘者存"。

孔子见老聃,老聃新沐,方将被发而乾,慹然似非人。孔子便而待之,少焉,见,曰:"丘也眩与,其信然与? 向者先生形体掘若槁木,似遗物离人而立于独也。"老聃曰:"吾游心于物之初。"孔子曰:"何谓邪?"曰:"心困焉而不能知,口辟焉而不能言,尝为女议乎其将。至阴肃肃,至阳赫赫;肃肃出乎天,赫赫发乎地;两者交通成和而物生焉,或为之纪,而莫见其形。消息满虚,一晦一明,日改月化,日有所为而莫见其功。生有所乎萌,死有所乎归,始终相反乎无端,而莫知乎其所穷。非是也,且孰为之宗!"

孔子曰:"请问游是。"老聃曰:"夫得是,至美至乐也。得至美而游乎至乐,谓之至人。"孔子曰:"愿闻其方。"曰:"草食之兽,不疾易薮;水生之虫,不疾易水;行小变而不失其大常也,喜怒哀乐,不入于胸次。夫天下也者,万物之所一也。得其所一而同焉,则四支百体,将为尘垢,而死生终始,将为昼夜,而莫之能滑,而况得丧祸福之所介乎!弃隶者若弃泥涂,知身贵于隶也,贵在于我,而不失于变。且万化而未始有极也,夫孰足以患心已!为道者解乎此。"孔子曰:"夫子德配天地,而犹假至言以修心,古之君子,孰能脱焉?"老聃曰:"不然。夫水之于汋也,无为,而才自然矣。至人之于德也,不修,而物不能离焉。若天之自高,地之自厚,日月之自明,夫何修焉!"

孔子出,以告颜回,曰:"丘之于道也,其犹醯鸡与!微夫子之发吾覆也,吾不知天地之大全也。"

"被发"即披发也,故被衣亦作披衣,知其字同矣。"乾"或作干,谓燥也,字亦通。"慹然",不动貌,司马彪注是也。《齐物论》"虑叹变慹",以慹与变对文,慹者不变,不变即不动也。"非人",《养生主》所谓:"天也,非人也,天之生是使独也。"故下文孔子以"遗物离人而立于独"言之,而老聃亦自言为"游心于物之初"。"物之初",不与物对,故谓之曰"独"。"独"者,绝对待之谓也。《传灯录》百丈怀海示人曰:"灵光独耀,迥脱根尘。"彼云"独耀",亦是义也。"便而待之","便"借为**屏**,去声**谓屏蔽于隐处,不欲使老聃见之也。"少焉见""见"字句绝,音**

现。"掘若槁木",与《齐物论》颜成子游问"形固可使如槁木"义同。"掘"与倔通,独立貌也。

"辟"同闢。"口辟",口开而不合也。"议乎其将",不能知而欲知之,不能言而欲言之,故曰"议乎其将"。"将"者,且然而未必然之辞,犹《知北游篇》云"将为女言其崖略"也。"肃肃",阴之缩也。"赫赫",阳之显也。"肃肃出乎天",阴根于阳也。"赫赫发乎地",阳根于阴也。故曰"交通成和"。"物生焉"者,物生于和,《中庸》所谓"致中和,天地位而万物育"也。"或为之纪","纪"谓纲纪之纪。纪之者,即彼在夫物之初者也。"满虚",疑本作"盈虚",汉人避孝惠帝讳所改。《易·丰卦象辞传》曰:"天地盈虚,与时消息。"汉荀爽以消息说《易》,盖据乎此。"晦"、"明"犹阴阳也。"日改月化",言其新新不已,即乾之不息,坤之无疆也。"萌",始也。"始终相反乎无端",《易·系传》所谓"原始反终,故知死生之说",是以曰"生有所乎萌,死有所乎归"也。此一段全本《大易》以为说,不通乎《易》,未能明也。"莫见其形"、"莫见其功"、"莫知其所穷",并申言心困而不能知、口辟而不能言之由。"非是"之"是",指"物之初"言。若以《易》明之,则所谓《易》有"太极"者,故曰:"非是也,且孰为之宗!""宗"即《大宗师》之宗,谓主也。

"愿闻其方",愿闻其道也。"薮",薮泽,草生之地也。"疾"犹患也。"易"犹移也。"小变"者,下文所谓"死生终始"、"得丧祸福"也。"大常"者,下文所谓"天下也者,万物之所一也"。夫死生亦大矣,而此云"小变"者,对大常言。常为大,则死生之变为小矣。《德充符篇》仲尼曰:"死生存亡,穷达贫富,贤与不肖毁誉,饥渴寒暑,是事之变,命之行也,日夜相代乎前,而知不能规乎其始者也,故不足以滑和,不可入于灵府。"此老聃云"喜怒哀乐不入于胸次",又曰"夫天下也者,万物之所一也。得其所一而同焉,则四支百体将为尘垢,而死生终始将为昼夜,而莫之能滑,而况得丧祸福之所介乎"。"滑"即滑和,义盖无不同也。"得其所一而同",犹《大宗师》言"藏天下于天下而不得所遁"。

遯,失也。故此继云"贵在于我而不失于变"。"不失于变"者,不以变而失之也。此曰"大常",《大宗师》曰"是恒物之大情",一也。"隶",属也。凡隶于一身者,若宫室货财之属皆是,如恒言所谓"身外之物",不必指仆隶言也。"若弃泥涂",言贱视之也。"未始有极",未始有穷也。"夫孰足以患心已",至"已"字绝句,或有以"已"字连下"为道者解乎此"读之,非也。

"至言",承上"至人"而言,谓至美至乐之言也。"假至言以修心",谓其有待于修为也。"脱",免也。老聃曰"不然"者,有修则有对,有对则有变,非所谓独与大常之道也。"汋"犹酌也,酌酒则从酉作酌,酌水则从水作汋。《音义》李云"取也",是也。水之所在,人自酌取之,犹德之所在,物自不能离焉,故曰"无为而才自然矣"。"才自然"者,水之才本所以供饮食也。"不修而物不能离",见有修则物或有离之者矣。"醯鸡",醯上所生之飞虫也,酒亦有之,盖蠛蠓之类。"覆"犹蔽也。发覆谓祛其蔽。"大全"即大常。对变言曰常,对曲言则曰全也。

庄子见鲁哀公。哀公曰:"鲁多儒士,少为先生方者。"庄子曰:"鲁少儒。"哀公曰:"举鲁国而儒服,何谓少乎?"庄子曰:"周闻之:'儒者,冠圜冠者知天时,履句屦者知地形,缓佩玦者事至而断。'君子有其道者,未必为其服也;为其服者,未必知其道也。公固以为不然,何不号于国中曰:'无此道而为此服者,其罪死!'"于是哀公号之。五日,而鲁国无敢儒服者,独有一丈夫,儒服而立乎公门。公即召而问以国事,千转万变而不穷。庄子曰:"以鲁国,而儒者一人耳,可谓多乎?"

"鲁哀公",见前《德充符篇》。庄子与梁惠王、齐威王同时,后于哀公殆百二十年,此云"见鲁哀公",盖寓言也。下云"以鲁国而儒者一人耳","一人"意指孔子。上节近于贬抑孔子,故此节特张大之,而亦隐寓所愿则学孔子之微意。"冠圜冠",上"冠"读去声,"圜"同圆。冠圆象天,故曰"知天时"。"句"音矩,方也。屦方象地,故曰"知地形"。"玦"似环而有缺,义取于决,故曰"事至而断"。佩言缓者,"缓"者宽绰有余之义。断宜果决,而事之未至,则当从容暇豫以处之,是乃宽急相济之道,故特以"缓"言之。或改作绶,而以绦之穿玦者释之,失其旨矣。"号",号令也。"千转万变而不穷",言其应对如响,是所谓知天、知地、事至而断者也。

百里奚爵禄不入于心,故饭牛而牛肥,使秦穆公忘其贱,与之政也。有虞氏死生不入于心,故足以动人。宋元君将画图,众史皆至,受揖而立,舐笔和墨,在外者半。有一史后至者,儃儃然不趋,受揖不立,因之舍。公使人视之,则解衣般礴臝。君曰:"可矣,是真画者也。"

此承前"喜怒哀乐不入胸次"言。列举三事,自爵禄以至死生,以见能应物者,皆其超然于物与一身之得失者也。

百里奚相秦穆公,见《春秋左氏传》。孟子言百里奚举于市,《史记·商君传》有"百里奚举于牛口之下"之语,则奚饭牛之事固亦有之。而刘向《说苑》记其对秦穆公:"牛所以肥,谓食之以时,劳之以节。"所语尤详,可以参看。

"有虞氏",谓舜也。以死生言者,盖指瞽瞍与象欲杀舜、完廪浚井之事,见《孟子·万章篇》。"动人"者,《书》所云"克谐以孝,烝烝乂,不格奸",及"瞽亦允若"是也。

"宋元君"名佐,平公之子,亦见杂篇《外物》。"画图",当是画为宫室之图。成玄英疏谓"欲画国中山川土地图样",疑不然也。"史"即画师也。"受揖而立",古者臣拜,君以揖答之。"立"谓就位。"立"本古"位"字也。"舐笔",以唾润笔。"舐笔和墨",言其急于自见也。"在外者半",言画师之众,以反见能者之少也。"僵僵"犹坦坦,舒缓貌也。古者受君命必趋,此不趋者,言其宁静而退让也,故不就位而之舍。"舍",馆舍也。"般",字亦从衣作襎。以字义求之,"般礴"当即解衣之状,故接云曰"臝"。"臝"与裸同,谓袒也。袒者便于执事,于礼有之,非形倨也。司马彪注以"般礴"为箕坐,旧皆从之。然以箕坐用于解衣与裸袒之间,于辞为不顺;且在馆舍,亦无箕坐之理,兹故正之。"是真画者",元君可谓能知人矣。故当时元君以明慧闻于列国,盖有由也。

文王观于臧,见一丈人钓,而其钓莫钓,非持其钓有钓者也,常钓也。文王欲举而授之政,而恐大臣、父兄之不安也;欲终而释之,而不忍百姓之无天也。于是旦而属之夫夫曰:"昔者寡人梦见良人,黑色而顑,乘驳马而偏朱蹄,号曰:'寓而政于臧丈人,庶几乎民有瘳乎!'"诸大夫蹴然曰:"先君王也。"文王曰:"然则卜之。"诸大夫曰:"先君之命,王其无它,又何卜焉!"遂迎臧丈人而授之政。典法无更,偏令无出。

三年,文王观于国,则列士坏植散群,长官者不成德,斔斛不敢入于四境。列士坏植散群,则尚同也;长官者不成德,则同务也;斔斛不敢入于四境,则诸侯无二心也。文王于是焉,以为大师,北面而问曰:"政可以及天下乎?"昧然而不应,泛然而辞,朝令而夜遁,终身无闻。颜渊问于仲尼曰:"文王其犹未邪?又何以梦为乎?"仲尼曰:"默,女无言!夫文王尽之也,而又何论刺焉!彼直以循斯须也。"

此节亦寓言也,盖借太公之事而文饰之。"丈人",各本作丈夫,《释文》云:"本或作丈人。"案:作"丈人"是也,兹改正。其称"臧丈人"者,"臧"之为言藏也,观后云"朝令而夜遁,终身无闻"可见。必欲求其地以实之,如成疏云"地近渭水",迂矣。"其钓莫钓",用表为无为之义。若有钓,则属有为矣,故曰"非持其钓有钓者也"。又曰"常钓"者,无为者常德,故云"常钓也"。注家或依王念孙说,谓"两其钓钓字,皆指钩言,当读为钩",实背书旨,不可从也。"终而释之",谓遂舍之。"无天",谓无所依仰。

"属"如《孟子·梁惠王篇》"太王属其耆老而告之"之"属",犹会集也。"夫夫",众大夫也。人之多数者曰"人人",大夫之多数者曰"夫夫",其用一也。"昔"与夕通。"昔者",昨夜也。"良人"犹君子也。《吕氏春秋》"良人请问十二纪",注云:"良人,君子也。"是也。"頯"与䫇同,谓多髯。"驳马",马之杂色者。"偏朱蹄",一蹄赤也。"号",令也。"寓而政于臧丈人",谓托尔政于臧之丈人也。"瘳",病起,喻民困得苏也。"蹴然",惊动貌。"先君王",谓王季历,文王之父,故曰"先君王"也。"它"同他。"无他",谓无他疑。不疑何卜,故曰"又何卜焉!""授之政",以政授之也。"典法无更","更"读平声,不改旧宪也。"偏"借为篇,唐写本即作篇。"篇令无出",不尚文诰也。

"观于国",观政于国中也。"植"如植党之植。"坏植散群",谓无私党,故曰"则尚同"也。此"尚同"与《墨子·尚同篇》义同,谓一致也。郭象注云"所谓和其光,同其尘",失之矣。"长官",谓各官之长。"长"读上声。"不成德",不自成其德,故曰"则同务也",如《尚书·皋陶谟》云"同寅协恭和衷"是也。"斔"如《论语》"与之庾"之庾。斔、斛皆量器,各国量不必同。"不敢入于四境",是诸侯信而畏之,故曰"则诸侯无二心也"。"大"读太。"以为大师",尊而师之也,故"北面而问"。《礼记·学记》曰:"君之所不臣于其臣者二:当其为尸,则弗臣也;当其为师,则弗臣。大学之礼,虽诏于天子,无北面,所以尊师也。"是其制也。"政可以及天下乎?"欲由一国推之天下也。"昧然"犹嘿然。"泛然",与《德充符》"氾而若辞"之氾同,意不属也。"朝令夜遁,终身无闻",《养生主》所谓"善刀而藏"也。

"斯须",俄顷之间,喻几微也。"循斯须",谓察其几而顺应之,是乃圣哲之事,故曰"文王尽之也"。

列御寇为伯昏无人射,引之盈贯,措杯水其肘上,发之,适矢复沓,方矢复寓。当是时,犹象人也。伯昏无人曰:"是射之射,非不射之射也。尝与女登高山,履危石,临百仞之渊,若能射乎?"于是无人遂登高山,履危石,临百仞之渊,背逡巡,足二分垂在外,揖御寇而进之。御寇伏地,汗流至踵。伯昏无人曰:"夫至人者,上闚青天,下潜黄泉,挥斥八极,神气不变。今女怵然有恂目之志,尔于中也殆矣夫!"

"列御寇",见《逍遥游篇》。"伯昏无人",见《德充符篇》。"引",引弓。"盈贯",言满彀也。"肘",左肘。"措",置也。置杯水肘上,言其停审,能使水不倾也。"发之",发矢也。"适",《列子·黄帝篇》作镝,且引郭象注云:"箭镝去,复猷沓。"案:适矢、方矢,文正一律。各本《庄》注皆作"箭适去复猷沓"也。《列子》作镝,疑张湛误也。"适矢"之"矢",承上"发之"言,注云"矢去也",是也。"方矢"之"矢",承上"复沓"言。"沓",用朱韦为之,所以韬右手中三指,以利于控弦发矢者。此云"复沓",即谓以矢控于弦上,故郭注云"猷沓也"。"方矢"之"矢"自亦然,特易"沓"言"矢",正文之互相补也。"复寓",注云:"箭方去,未至的,复寄杯于肘上,言其敏捷之妙也。"其云"箭方去未至的"虽误,而以"寓"为寄杯肘上,则确然不移。宋范无隐《讲语》、罗勉道《循本》并以郭注为非,而谓"寓"者寓矢弦上。若然,则"寓"与"沓","适矢"之"矢"与"方矢"之"矢"奚以别乎?后之注家,或有从范、罗之说者,吾不敢苟同也。"象人"犹偶人。

"射之射",即上文所言。"不射之射",谓事有在于射之外,而其用则射所不能离者,观下文可知。成疏云"忘怀无心",《列子》张湛注"忘其能否",皆非其旨也。"尝",试也。"若"与女同。"逡巡",进退不得也。"足二分垂在外",言趾悬空中,下临深渊,危之至也。"揖御寇而进之",古射礼:耦射升降及物,必相揖,见《仪礼·乡射》及《大射仪》故此云然,以见无人之不改常礼,而从容暇豫为难能也。"伏地",不能立也;"汗流至踵",骇而不能自持也,以见御寇怖惧之极。

"阕"与窥同。"上阕青天",言凌虚也。"下潜黄泉",言缒深也。"挥"如指挥之挥。"斥"如拓斥之斥。"挥斥八极",言因应八方,纵横无不如志也。"神气不变",静定如无事也。"怵然"犹惕然。"恂"借为眴,读如瞬。"眴目",目动而无措也。"志"犹意也。"尔于中也殆矣夫","中"谓心也。不曰心而曰中者,以见御寇之射所务在外,未得其本也。

肩吾问于孙叔敖曰:"子三为令尹,而不荣华;三去之,而无忧色。吾始也疑子,今视子之鼻间栩栩然,子之用心独奈何?"孙叔敖曰:"吾何以过人哉!吾以其来不可却也,其去不可止也,吾以为得失之非我也,而无忧色而已矣。我何以过人哉!且不知其在彼乎?其在我乎?其在彼邪,亡乎我;在我邪,亡乎彼。方将踌躇,方将四顾,何暇至乎人贵人贱哉!"仲尼闻之,曰:"古之真人,知者不得说,美人不得滥,盗人不得劫,伏戏、黄帝不得友。死生亦大矣,而无变乎己,况爵禄乎!若然者,其神,经乎大山而无介,入乎渊泉而不濡,处卑细而不惫,充满天地,既以与人,己愈有。"

"肩吾",见前《逍遥游》与《大宗师篇》。"孙叔敖",见《史记·循吏传》,楚庄王时为令尹。"令尹",楚相之称也。《循吏传》云:"三得相而不喜,知其材自得之也。三去相而不悔,知非己之罪也。"与此言"三为令尹而不荣华,三去之而无忧色"合。然《论语》:"子张问曰:令尹子文三仕为令尹,无喜色;三已之,无愠色。"子文为鬬穀於菟,实楚之宗族,见于《左传》;其为令尹,在楚成王时。又与叔敖之为处士者异。《史记》云:"孙叔敖,楚之处士也。"孟子亦言:"孙叔敖举于海。"可以互证。其为两人甚明。注家或混而一之,非也。

"始也疑子",疑其或出于伪饰也。"视其鼻间栩栩然",则《大宗师》所谓"真人其息深深"者,非真有以自得不能至此,故因以问其"用心"也。"栩栩然",轻适貌。息之深者必轻,轻则适也。

"其来"、"其去"、"其在彼"、"其在我",数"其"字皆指荣华言。荣华在令尹,则与我无与;读预荣华在我,则与令尹无与,故曰"其在彼邪亡乎我,在我邪亡乎彼"。"亡"者在之反,犹言不存也。"蹢躅",徘徊。"四顾",瞻顾。徘徊瞻顾者,思所以称其职而尽其在我也。盖惟不自满假,惧无以称,故不以贵贱撄其心。观上两云"吾何以过人",及此两"方将"字与下句"何暇"字,叔敖用心之慎之勤,分明可见。若如郭注云:"谓无可无不可。"及成疏云:"蹢躅是逸豫自得,四顾是高视八方。"则是叔敖深自矜诩,与"何以过人"之语相背驰矣。古人之注,多有貌若允洽,而实非精当者,毫厘之间,不可不辨也。

"知者不得说",非言辞所动也。"美人不得滥",非声色所移也。"盗人不得劫",非暴力所屈也。"伏戏、黄帝不得友",非帝王所可羁系也。"友"如"天子不得臣,诸侯不得友"之友。不言臣而言友者,友且不得,则不得臣不待言。此观下接云"死生无变乎己,况爵禄乎!"斯"友"字之义,固与寻常交友之友迥不侔矣。"其神经乎大山而无介","大"读同太。"介"读同界,无界犹无限,疏云"无障碍"是也。"入乎渊泉而不濡","不濡",不沾滞也。"处卑细而不惫","不惫",不困病也。"既以与人,己愈有",语本老子。老子云:"圣人不积,既以为人,己愈有。既以与人,己愈多。"盖为人、与人,即所以充廓其德之量,故曰"己愈有"、"己愈多"。老子云"不积",本自具足,不待积也。此云"神"不云"德"者,德之流行,固有待夫精神之运也。

楚王与凡君坐,少焉,楚王左右曰凡亡者三。凡君曰:"凡之亡也,不足以丧吾存。夫凡之亡也不足以丧吾存,则楚之存不足以存存。由是观之,则凡未始亡,而楚未始存也。"

"楚王"不言何王,成玄英疏谓"楚文王与凡僖侯同坐,论合从会盟之事",疏说不知何所依据。但细玩原文,此事自在凡国既亡之后。古者诸侯失国,托于诸侯,谓之寓公。见《孟子》与《礼·丧服传》凡君在楚,盖所谓寓公者,安得复有论及合从会盟之事乎!则疏说自是臆测,不可信也。僖二十四年《左传》有曰:"凡蒋邢茅胙祭,周公之胤也。"《春秋》隐公七年:"天王使凡伯来聘。"是时凡伯为王卿士,国固自在,其亡当在春秋中叶以后,其地则在今河南辉县西南,唐曾置凡城县。凡城,即以凡国得名者也。

"楚王左右曰凡亡者三"者,盖嫌楚王与亡国之君并坐,故数言之,以为王戒。郭注言有"三亡征"。曰"亡征",则是国尚未亡,亦非也。"凡之亡也,不足以丧吾存",所存者道,不关乎有国与否也。此言"存",正与篇首孔子称温伯雪子"目击道存"语相应。道既不存,国亦虚国,故又曰"楚之存不足以存存",而凡未始亡,楚未始存也。

知北游第二十二

"知"音智,明也,明则阳也。北方晦也,阴也。"知北游"者,明复于晦,阳潜于阴。《齐物论篇》所谓"知止乎其所不知",而老子"归根复命"之道也。《庄子》外篇之次,多经郭子玄改订,然外篇以是为殿,或仍因其旧文。北游,实与内篇《逍遥游》首言"图南"相应。图南者离,乡明而治之象。乡明而治,语见《易·说卦传》。北游者坎,"不失其信"之符也。"不失其信",见《坎卦象辞传》。阴阳代用,坎离迭运,贞之则既济,通之则未济。《易》上经终于坎离,下经终于既、未济,故汉魏伯阳《参同契》曰:"《易》谓坎离。坎离者乾坤二用。"以《易》勘《庄》,以《庄》合《易》,参同之说,盖亦古义矣。

知北游于玄水之上,登隐弅之丘,而适遭无为谓焉。知谓无为谓曰:"予欲有问乎若:何思何虑则知道?何处何服则安道?何从何道则得道?"三问,而无为谓不答也。非不答,不知答也。

知不得问,反于白水之南,登狐阕之上,而睹狂屈焉。知以之言也,问乎狂屈。狂屈曰:"唉!予知之,将语若。"中欲言,而忘其所欲言。

知不得问,反于帝宫,见黄帝而问焉。黄帝曰:"无思无虑始知道,无处无服始安道,无从无道始得道。"知问黄帝曰:"我与若知之,彼与彼不知也,其孰是邪?"黄帝曰:"彼无为谓真是也,狂屈似之,我与女终不近也。"

夫知者不言,言者不知。故圣人行不言之教。道不可致,德不可至。仁可为也,义可亏也,礼相伪也。故曰:"失道而后德,失德而后仁,失仁而后义,失义而后礼。礼者,道之华,而乱之首也。"故曰:"为道者日损,损之又损之,以至于无为。无为,而无不为也。"今已为物也,欲复归根,不亦难乎!其易也,其唯大人乎!生也死之徒,死也生之始,孰知其纪!人之生,气之聚也。聚则为生,散则为死。若死生为徒,吾又何患!故万物一也。是其所美者为神奇,其所恶者为臭腐;臭腐复化为神奇,神奇复化为臭腐。故曰:"通天下一气耳。"圣人故贵一。

知谓黄帝曰:"吾问无为谓,无为谓不应我,非不我应,不知应我也。吾问狂屈,狂屈中欲告我而不我告,非不我告,中欲告而忘之也。今予问乎若,若知之,奚故不近?"黄帝曰:"彼其真是也,以其不知也;此其似之也,以其忘之也;予与若终不近也,以其知之也。"狂屈闻之,以黄帝为知言。

天地有大美而不言,四时有明法而不议,万物有成理而不说。圣人者,原天地之美,而达万物之理,是故至人无为,大圣不作,观于天地之谓也。今彼神明至精,与彼百化,物已死生方圆,莫知其根也,扁然而万物自古以固存。六合为巨,未离其内；秋豪为小，待之成体。天下莫不沈浮，终身无故；阴阳四时，运行各得其序。惛然若亡而存，油然不形而神，万物畜而不知。此之谓本根，可以观于天矣。

　　此一大段，夹叙夹议，一篇之旨在是，非分别观之不能明也。自"知北游于玄水之上"，至"黄帝曰：'彼无为谓真是也，狂屈似之，我与女终不近也'"，托为知与无为谓、狂屈、黄帝应对之辞，以明"知者不言，言者不知"之义，盖寓言之类，是叙也。于文当接下"知谓黄帝曰'吾问无为谓，无为谓不应我'"云云，而横插入"夫知者不言，言者不知"，以至"圣人故贵一"一段议论，此自庄子之言，非述黄帝之语，观叠下数"故曰"字可见。且其语皆本之老子，是则所谓重言者，故曰夹议夹叙也。至"狂屈闻之，以黄帝为知言"，文似尽矣，而复接云"天地有大美而不言"，至"可以观于天矣"一段，向来注家，胥莫不分"天地有大美"以下别为一节，不知言"大美不言"、"明法不议"、"成理不说"，乃承上"知者不言，言者不知"为说，而末云"此之谓本根"，亦即指点上文"欲复归根"归根之所在。使厘而为二，不独义不相通，且文亦不属矣，是皆不明古人之文有夹叙夹议之例，但循文字表面，求其界划，致有此失，今合而释之，达者必不以为非也。

　　"玄"即"玄同"、"玄德"之玄，语本于老子之"玄之又玄"，此与"白"对言，盖取黑为义。汉扬雄作《太玄》拟《易》，而其《解嘲》之作，则有"玄之尚白"之语，亦以"玄"与"白"对。又曰"知玄知默，守道之极"，即此意可知也。"玄水"，北也。"知"以水言者，知属于水也。"隐"之为言藏也。"弅"，坟起也。隐而坟起，言其充足自彰显也。以"丘"言者，即取蕴藏之义。"无为谓"，无所用其言说也。"服"如服膺之服。"何道"之"道"，谓行也。

　　"白"者玄之反，于方位为南，故曰"反于白水之南"。"狐阕"不言丘者，据上而言，从可知也。"阕"即《人间世》"瞻彼阕者，虚室生白"之阕,义取于开明。阕言"狐阕"者,狐者多疑之兽,惟能疑而后能明,明生于疑也。又丘者狐之所穴,故曰"狐阕"也。"狂屈"之"屈"一作诎。诎者不伸,盖亦取退藏之义。屈而曰狂者,众之所以为狂,《山木篇》所谓"猖狂妄行,乃蹈乎大方"者也。"之言"犹此言。"唉",叹辞。"欲言而忘其所欲言",无以为答,故以"唉"出之。《音义》以为应声,非也。

"帝宫",黄帝之宫。黄者,中央土色。此言玄水白水,而终反于帝宫,与《应帝王篇》言南海之帝、北海之帝而卒会于中央之帝之所者,实同一机杼,亦一心而已矣。"无思无虑始知道"者,道不待思虑而知也。"无处无服始安道"者,道不待处服而安也。"无从无道始得道"者,道不待从道而得也。何也?道本现成,不离即是;有意求之,其去道反远矣。是故后文云:"天地有大美而不言,四时有明法而不议,万物有成理而不说。""大美"者,显美也。其美自显,何事于言!其法自明,何取于议!其理自成,何俟于说!"不言"、"不议"、"不说",而道自呈露,则观于天地足矣,何思虑、处服、从道之有!故曰"知者不言,言者不知"。此以下皆引老子之言而畅明之。

"道不可致",道在体之而已。"德不可至",德在自得而已。"仁可为"者,可强勉也。"义可亏"者,可亏损也。义以裁制为用,故以亏损言之。"礼相伪"者,礼待文饰而行。文饰则伪之所由生也,故曰"礼者,道之华而乱之首"。"首"者始也。"为道日损","损"者,损华伪也。损伪则无为,损华则归根。归根者,返其璞也。璞散则为器,器成于璞,而器非璞也。物出于道,而物非道也。故曰"今已为物也,欲复归根,不亦难乎"。归根之难也,难在于复。"大人"者,无往而不复者也,故曰"其易也,其唯大人乎"。"大人"即真人也。真人者,不以死生变乎己,故下因论生死而归于一气,曰"万物一也",曰"通天下一气耳"。信知其一也,则无器而非璞、无物而非道,亦即无华而非根,无往而非复矣,故曰"圣人故贵一"。

"死生为徒",死生一类也。以一物言,有生有死;合万物言,则无生无死也,故曰"今彼神明至精,与彼百化,物已死生方圆,莫知其根也,扁然而万物自古以固存"。"神明"承"天地"言。《天下篇》曰:"神何由降?明何由出?"又曰:"配神明,醇天地。"以"神明"与"天地"对言,而神曰降,明降自天也;明曰出,明出自地也。则"神明"者,天地之精英,故曰"神明至精"。"与彼百化"者,化而为彼百物也。"物已"者,物各为物。对他物言,则称"己"。"方圆"者,象天者则为圆,象地者则为方也。"莫知其根"者,莫知其所由来也。"扁"借为平。"平然而万物自古以固存"者,《秋水篇》所谓"物无贵贱,故曰平也"。物无贵贱,亦无小大。"六合为巨,未离其内",言无大也。"秋毫为小,待之成体",言无小也。无小大,亦无新故,故又曰"天下莫不沈浮,终身无故"。"沈浮"犹升降也。"惛"同涽,音泯。涽然,无际畔也。"油然",无迹象也。"万物畜而不知","畜",养也,待其养而不自知也。"此之谓本根",归根,归于此而已矣。上曰"莫知其根",此曰"若亡而存","不形而神","畜而不知","此谓本根",然则归根之道,亦"知止其所不知而已"矣。故无为谓真是也,以其不知也。狂屈似之,以其忘之也。黄帝与知之终不近也,以其知之也。虽然,知其不近也,则其近也不难矣。

啮缺问道乎被衣。被衣曰:"若正女形,一女视,天和将至;摄女知,一女度,神将来舍。德将为女美,道将为女居,女瞳焉若新生之犊,而无求其故。"言未卒,啮缺睡寐。被衣大说,行歌而去之,曰:"形若槁骸,心若死灰,真其实知,不以故自持。媒媒晦晦,无心而不可与谋。彼何人哉!"

此举被衣之教啮缺,以为惟不知可以入道之一证也。"啮缺"、"被衣",见前《天地篇》。"被"一作披,披、被一义。《应帝王篇》则作蒲衣子,蒲亦披、被之音转也。"正形"、"一视",外之一也。"摄知"、"一度",内之一也。"德"承"天和"言。《德充符》曰"德者成和之修也",是也。"为女美"者,充实之谓美。孟子语美在其中,而畅于四支也。《易·坤卦·文言》"道"承"神"言。"神"者,神明至精也。"道将为女居"者,身不离道,以道为安宅也。"瞳",《音义》引李颐云"未有知貌",是也。《淮南子·道应训》亦有此文,曰"惷乎若新生之犊"。惷者愚无知。"瞳"、惷声近,义固当同也。"犊",牛子。"新生",初生也。"无求其故",循其自然,不以知巧自凿也。"啮缺睡寐"者,遗耳目,堕肢体,守神抱一,迹若睡寐然也。

"说"同悦。"行歌而去之",教已领悟,不烦更有辞说也。"形若槁骸"以下,为歌辞。骸、灰、知、持、媒、晦、谋、哉为韵。"槁骸",枯骨,犹言槁木也。"真其实知",不知之知,是为真知,非同虚矫,故又曰"实"也。"不以故自持",不强自操持也,"故"即上"无求其故"之"故"。郭注云"与变俱也",则是以"故"为"新故"之"故",失之矣。"媒媒"犹嘿嘿也,《道应训》作"墨墨"可证。"不可与谋",不可与思虑言说也。"彼何人哉",深许之之辞也。

舜问乎丞曰:"道可得而有乎?"曰:"女身非女有也,女何得有夫道!"舜曰:"吾身非吾有也,孰有之哉?"曰:"是天地之委形也。生非女有,是天地之委和也;性命非女有,是天地之委顺也;子孙非女有,是天地之委蜕也。故行不知所往,处不知所持,食不知所味。天地之彊阳气也,又胡可得而有耶!"

此言道不可得而有,即上"道不可致"之训释也。"问乎丞","丞"者,虞、夏、商、周皆有疑丞之丞,见《小戴礼记·文王世子篇》以官名,非人名也。言道不可得而有,而必穷之于身非女有,生非女有,性命非女有,乃至子孙非女有者,如此,乃能证"通天下一气"之理,而道在是矣。此《庄》书之微意,不可不知也。

"委",寄也。"天地之委形",寄其形于吾身也;"天地之委和",寄其和于吾生也;"天地之委顺",寄其顺于吾性命也;"天地之委蜕",寄其蜕于吾子孙也。曰寄者,暂托于此,其根固必有在矣。生曰"和"者,阴阳交通成和,而后物得以生也;性命曰"顺"者,《易》言顺性命之理,见《易·说卦》不顺不得以为性命也;子孙曰"蜕"者,形形相禅,犹虫豸之蜕然也。"行不知所往",有致之者也;"处不知所持",有持之者也;"食不知所味",有主之者也。孰致之、持之、主之,则"天地之彊阳气也"。"彊"同强。强者不息,阳者自动;动而不息,以是日徂,则"胡可得而有"之!"子孙"各本皆作"孙子",惟成疏云"阴阳结聚,故有子孙",是成本作"子孙",陈碧虚《阙误》引张君房本亦作"子孙",因据正。

孔子问于老聃曰:"今日晏閒,敢问至道。"老聃曰:"女齐戒,疏瀹而心,澡雪而精神,掊击而知。夫道,窅然难言哉!将为女言其崖略。夫昭昭生于冥冥,有伦生于无形,精神生于道,形本生于精,而万物以形相生,故九窍者胎生,八窍者卵生,其来无迹,其往无崖,无门无房,四达之皇皇也。邀于此者,四枝强,思虑恂达,耳目聪明,其用心不劳,其应物无方。天不得不高,地不得不广,日月不得不行,万物不得不昌,此其道与!且夫博之不必知,辩之不必慧,圣人以断之矣。若夫益之而不加益,损之而不加损者,圣人之所保也。渊渊乎其若海,魏魏乎其终则复始也。运量万物而不匮,则君子之道,彼其外与!万物皆往资焉而不匮,此其道与!中国有人焉,非阴非阳,处于天地之间,直且为人,将反于宗。自本观之,生者,喑醷物也,虽有寿夭,相去几何!须臾之说也,奚足以为尧、桀之是非!果蓏有理,人伦虽难,所以相齿。圣人遭之而不违,过之而不守。调而应之,德也;偶而应之,道也。帝之所兴,王之所起也。人生天地之间,若白驹之过却,忽然而已。注然勃然,莫不出焉;油然漻然,莫不入焉。已化而生,又化而死。生物哀之,人类悲之。解其天弢,堕其天袠,纷乎宛乎,魂魄将往,乃身从之,乃大归乎!不形之形,形之不形,是人之所同知也,非将至之所务也,此众人之所同论也。彼至则不论,论则不至。明见无值,辩不若默。道不可闻,闻不若塞。此之谓大得。"

"晏闲",安静而闲暇也。"女齐戒"三字为句。下云"疏瀹而心,澡雪而精神,掊击而知",三者皆齐戒之功也。将告以至道,而先要之以斋戒者,此与《人间世篇》孔子语颜子曰"齐,吾语若"同意,宋儒所谓先打扫田地干净也。"瀹"同瀹。"疏瀹",疏道之使清也。"澡雪",涤濯之使明也。"掊击而知","知"同智。私智则壅遏之使心不清、污淀之使神不明者,故须掊击而去之也。

"窅然",言其无形,不可得而见闻也。"崖略"犹匡廓也。"有伦",与《中庸》末章言"毛犹有伦"一义,谓其有伦类可以比拟也。"形本",形体也。"精"即精神之精。复言之,则曰精神;单言之,或曰精或曰神,一也。"胎生",人、兽类。"卵生",禽、鱼、昆虫类。万物虽曰"以形相生",而原其所由生,则道与精神实为之主,故接云"其来无迹,其往无崖"。"其"之为言,指道与神,非指形也。注家于此,率含混而为之说,故读者滋惑,因明点而出之。"无崖"犹无涯,谓无畔岸也。"房"犹室也,取其与皇皇为韵,故不言室而言房。"无门"谓无所限隔。"无房"谓无所藏隐。"四达之皇皇"者,广大而无所不通也。《说文》:"皇,大也。"叠言之,则"皇皇"亦大也。

"邀",遮留也,承上"四达"言。于四达之中,遮而留之,故谓之曰"邀"。于此用遮留义者,《天地篇》所谓"留动而生物,物成生理谓之形"者也。"四枝强","强"上疑脱一字,观下皆四字句可知。"恂"通徇,谓敏也。《墨子·公孟篇》云"身体强良,思虑徇通",即作"徇"。"应物无方",言不执滞也。以上言邀于道者,其效如此。以下又推而言之,自天地日月以至万物,皆恃道而后成,因曰"此其道与",以见信乎道之四达而无不在也。

"博",博学也。"博之不必知",知在于守约,不在博也。"辩之不必慧",慧在于默识,不在辩也。"以"同已。圣人已断之者,《老子》书所谓"绝学无忧"、"多言数穷,不如守中"者也。"益之而不加益,损之而不加损",道者充满天地,不可得而损益也。"圣人之所保"者,保在于此,所以断夫博辩也。"渊渊乎其若海"一句,为益不加益、损不加损注脚。海无损益,《秋水篇》言之甚详。而又言"终则复始"者,当其终,似有损矣,而不知其终之为始也;当其始,似有益矣,而不知其始之为终也,则何损益之有!"若海",横言之,《秋水篇》所谓量无穷也。"终则复始",竖言之,《秋水篇》所谓"时无止,分无常,终始无故"也。"渊渊"者深。"魏"同巍。巍巍者高。高者超出于天地万物之表,而莫之与并者也。"运",运用。"量",计量。运用物者,必其能计量夫物者也,故合而言之曰"运量"。"量"当读平声。《音义》音亮,且曰"任物自动运,物物各足量",非也。"不匮",不穷也。"运量万物而不穷",其智固有过人者,然役于物、劳于用,比之用心不劳、应物无方者,则有间矣,故曰"此君子之道,彼其外与"。"外"者,外于道也。"万物皆往资焉而不匮"者,物自来取资于我,不待我之运之量之也,故同一"不匮"也。前之"不匮"者劳,后之"不匮"者逸。劳出于强勉,逸本于自然。自然者道,故曰"此其道与"。两言"此其道"而皆用"欤"为未定之辞者,正以见道之难言,仅能举其崖略如是云尔。

"中国有人焉"以下,注家多别为一节,然细玩上下文语气,实相衔接。末云"此之谓大得","得"者,得道也。前作未定之辞,而后于"辩不若默"、"闻不若塞"之外,乃作决辞,曰"此谓大得"者,盖道必于离言语绝见闻处契入,惟是为得之最真,此"昭昭生于冥冥"之旨。老子之教孔子,肯要在是,离而绝之,不独于文为不完,于理亦有缺矣,是不可不正也。

"中国",如孟子言"中天下而立",谓当国之中也。言当国之中者,大之也。大之者,以异于上所云之"君子"也。"非阴非阳",合阴阳以为德,则阴阳不得而名之也。"直且为人","且"之为言暂也,曰特暂为人者,人而将反于天也。《天下篇》曰"以天为宗","宗"即天也,故曰"将反于宗"。《天下篇》又曰:"不离于宗,谓之天人。"既天人矣,则岂寻常之君子所可比伦,故吾曰"中国有人焉",所以大之而异于君子者,非臆为之说,于文固有足征矣。

"自本观之","本"承"宗"言。于反则言"宗",言其有所归也;于生则言"本",言其有所始也。"生者,喑醷物"者,"喑"借为醅。醅醷,犹酝酿也。《易·系辞传》曰:"天地絪缊,万物化醇。"醇即取譬于酒,此亦当同之。就造化本义言,曰絪缊;就取譬于酒言,曰醅醷,一也。旧注自郭子玄以下,皆以聚气释之,以"喑醷"为聚气,盖据首节人之生气之聚也,臆测比附之以为说,而不知其非也。酿造之物不能久持,如酒变为酢是也。人生亦然,故曰"虽有寿夭,相去几何",上寿不过百岁,较之夭折,数十年之间耳,以天地论之,曾不足以当一瞬,故曰"须臾之说也"。于此须臾之顷,而断断然校量于尧、桀之是非,是岂务其大者之所事,故曰"奚足以为"也。

"果",木实。"蓏",草实。"理",分理。分读去声"有理",犹言有别也。"人伦虽难",言人难为之伦类。"虽"与惟通。惟其难,所以不得不为之齿叙。齿叙,言有等也。上言"奚足以为尧、桀之是非",此乃云人有差等者,《达生篇》所云"虽不足为而不可不为者,其为不免"者也,故言"奚足以为"者,所以破其执;言"所以相齿"者,所以定其分,亦去声义相成而非相悖也。

"圣人遭之而不违","遭",遭其生也,《养生主》所谓"适来夫子时也"。安时,故不违。"过之而不守","过",生则逝也,《养生主》所谓

"适去夫子顺也"。处顺,故不守。合而言之,则《大宗师》所谓"翛然而往,翛然而来"而已矣。"调",调和。"调而应之,德也"者,德主于和也。"偶"者,耦之借。耦,通也。《淮南子·要略》:"所以应待万方,览耦百变也。"高注曰:"耦,通也。"是也。"通"本有作"近"者,误也。"偶而应之,道也"者,道主于通也。"帝之所兴,王之所起也"者,帝王之道,不过"调而应之"、"偶而应之"之两端,观夫《应帝王篇》可以见也。

"白驹",马也,必取其"白"者,为其易辨识也。"却"亦作隙,字同。《盗跖篇》云:"天与地无穷,人死者有时。操有时之具,而托于无穷之间,忽然,无异骐骥之驰过隙也。"彼言骐骥,此言白驹,义正相类,故或以白驹为日者,误也。"注然",如水之涌。"勃然",如苗之生。"油然",如云之散。《孟子》曰:"天油然作云。"注:"油然,云兴貌。"云兴曰油然,散亦可曰油然者,往来飘忽之状同也。"漻然",如潦之收。"出"喻"生","入"喻"死"也。死生之际,不独人类,凡鸟兽虫鱼皆知悲恋,故分生物与人类而两言之,见人之知亦不能殊于彼鸟兽虫鱼也。

惟圣人则知生死之一如,哀伤之多事,故"解其天弢",自解之也,"堕其天袠",自堕之也。"弢"同韬,弓衣也。"袠"同帙,书衣也。皆取缠缚之义。"堕"通隳,毁也。"纷",散也。"宛"通苑,读如蕴,积也。纷、宛一韵。言散又言积者,散积无端,下文所云"形之不形"、"不形之形"者也。"魂魄将往,乃身从之",虽死而魂魄相抱,死生一由乎己,故曰"乃身从之"。若是,则有所归,故曰"乃大归乎"。圣人之死所以不同于常人者,此也。此其理人皆知之,然不能至。若至者,则务进其道,不于知上求也,故曰"非将至之所务"。"将"如《诗·周颂》"日就月将"之将,进也。不进则不至,故先至而言"将"。"将至",犹今言进行也。旧以"将"为且将之将,失其义矣。"至则不论,论则不至",要归于"至"者,要归于实践也。"明见无值",犹云明见无见。"值"通直。《说文》:"直,正见也。"其有"正"义者,以其从十从目。其云"见"者,以其从目也。此则单取目义,故曰明见无见也。"闻不若塞","塞"者塞之借,实也,笃也。故默者默识,塞者笃守。默识而笃守,是真有得者也。故以"此之谓大得"结之。然则道不在言论明矣。

东郭子问于庄子曰:"所谓道,恶乎在?"庄子曰:"无所不在。"东郭子曰:"期而后可。"庄子曰:"在蝼蚁。"曰:"何其下邪?"曰:"在稊稗。"曰:"何其愈下邪?"曰:"在瓦甓。"曰:"何其愈甚邪?"曰:"在屎溺。"东郭子不应。

庄子曰:"夫子之问也,固不及质。正获之问于监市履狶也,每下愈况。女唯莫必,无乎逃物。至道若是,大言亦然。周、遍、咸三者,异名同实,其指一也。尝相与游乎无何有之宫,同合而论,无所终穷乎!尝相与无为乎!澹而静乎!漠而清乎!调而閒乎!寥已吾志,无往焉而不知其所至,去而来而不知其所止,吾已往来焉而不知其所终,彷徨乎冯闳,大知入焉而不知其所穷。物物者,与物无际,而物有际者,所谓物际者也;不际之际,际之不际者也。谓盈虚衰杀,彼为盈虚非盈虚,彼为衰杀非衰杀,彼为本末非本末,彼为积散非积散也。"

此节言"道无所不在",即承上"无门无房,四达皇皇"之文而发挥之。"东郭子"与前《田子方篇》之东郭顺子为两人,特亦以居东郭而得名耳。"恶"音乌。"恶乎在?"问何在也。曰"无所不在",此语极要,盖道不离物,若使有一物在道之外者,则道为虚器,而体亦不全矣。"期",必也,与下"女唯莫必,无乎逃物"八字一义。期必者,必欲指名所在也。曰"在蝼蚁",蝼蚁尚有知也,若稊稗则无知矣;稊稗无知,而尚有生气也,若瓦甓则并生气而无之矣;然瓦甓无生气而非臭腐也,若屎溺则臭且腐矣。此东郭子所以讶其"愈下"、"愈甚"而卒"不应"也。"不应"者,心非之以为不足论也。

"固不及质"者,"质",实也,正也。始欲指名,及指名所在而又怪其贱秽,是前后自相违,故曰"不及质也",此如《秋水篇》庄子与惠子辩论鱼乐而曰"请循其本",所谓语不得离宗也。"正获",《释文》引李颐云:"正,亭卒,获其名也。"是也。或引《仪礼·乡射·大射》之文,以"正"为司正,"获"为司获。夫《射礼》之司正、司获何与于监市之事!此似是而非之说,不足从也。"监市"犹市监。亭卒与市监职相近而事相联,故得以问及"履狶"也。"狶",大豕。"履",践也。践之而视其肥瘠也。"况",比也。"每下愈况"者,豕肥当视其股脚,愈下则愈足为比较,故曰"每下愈况",以证上之曰"在蝼蚁"以至"在屎溺"者正以况道,非苟而言也。"女唯莫必,无乎逃物"者,必则有限,有限则物有所遗,有所遗则非道矣,故《大宗师篇》曰"圣人将游于物之所不得遯而皆存",言遯言逃,其旨一也。

"大言",言道之言也。"大"者,无所不包,故以"周、遍、咸三者"言之。下云"同合而论",曰同曰合,亦即"周、遍、咸"之谓,而先之以"游乎无何有之宫"者,曰"无何有",斯无所不有矣。又云"无为"者,无为斯无不为矣。"澹而静"、"漠而清"、"调而閒",皆无为之状也。

"寥已吾志"句。"寥"如《大宗师篇》"入于寥天一"之寥。"寥"者虚寂,寂则无何有,虚则无不包无不有也。"无往焉而不知其所至","无"字当是衍文。往不知所至,来不知所止,文正相对,一也。下文"吾已往来焉而不知其所终","往来"正承上文言。若此云"无往",则彼言"往"为无根,二也。又云"去而来","去"即往也。言去而来,则非无往之说矣,三也。综此三证,"无往"之"无"为衍文无疑,惟郭注云:"志苟寥然,则无所往矣。无往焉,故往而不知其所至。"是自郭本以来即作"无往",故仍其旧文不改,而著其所见于此,以俟识者择焉。"吾已"之"已"同以。"吾已往来焉",犹言吾以是往来焉尔。"彷徨乎冯闳","彷徨",即《逍遥游》"彷徨乎无为其侧"之彷徨。彼"彷徨"与"逍摇"相对,犹徜徉也。"冯闳",谓高大而虚廓也。"大知入焉而不知其所穷","穷",极也。不知其所极者,不得而尽其涯际也,故下以"物际"

言之。

物则有际,所谓"物际"者也。"物际"者,物于虚空中所占有之区域也,小则毫厘,大至数百数千万里,皆可用数以表之。数可得而表者,则终有际矣,故曰"物际"。若夫"物物者",物大则从而大,物小则从而小,如前文所云:"六合为巨,未离其内;秋豪为小,待之成体。"大小无常,是非数之所能定也。数所不能定,则是无际也,故曰"物物者,与物无际"。夫"物物者"何也?曰:道也。"物物",下"物"者万物。上"物",所以物之,意谓成其为物也。虽然,道无际,而其见于物也则有际。见于物虽有际,而有际者物,若道则终始无际也,故曰"不际之际,际之不际者也"。"际之不际",犹云际而不际也。

"谓盈虚衰杀",以盈虚衰杀明之也。盈与虚反,衰亦与杀反。"衰"读如等衰之衰,与差同。"杀"者降杀,音铩。等衰有定,而因而降杀之则无定,此观于《仪礼》之《丧服》可见。故衰杀与盈虚同,亦相对而相反也,本末、积散亦然。旧读"衰"为盛衰之衰,读"杀"如字。以"衰杀"为一事者,实大误也。"彼为盈虚非盈虚,彼为衰杀非衰杀,彼为本末非本末,彼为积散非积散也","彼"并指"物物者"言,即指道言。道所以为盈虚而道无盈虚,道所以为衰杀而道无衰杀,道所以为本末而道无本末,道所以为积散而道无积散,故曰:"彼为盈虚者非盈虚,彼为衰杀者非衰杀,彼为本末者非本末,彼为积散者非积散也。"

妸荷甘与神农同学于老龙吉。神农隐几阖户昼瞑,妸荷甘日中奓户而入,曰:"老龙死矣!"神农拥杖而起,曝然投杖而笑,曰:"天。知予僻陋慢诞,故弃予而死。已矣!夫子无所发予之狂言而死矣夫!"弇堈吊,闻之。曰:"夫体道者,天下之君子所系焉。今于道,秋豪之端,万分未得处一焉,而犹知藏其狂言而死,又况夫体道者乎!视之无形,听之无声,于人之论者,谓之冥冥,所以论道,而非道也。"

"婀荷甘"、"神农老龙吉"、"弇刚",皆假名,此盖寓言而兼卮言者。"老龙吉"意指伏戏。昭十七年《春秋左氏传》载郯子之言曰:"大皞氏以龙纪,故为龙师而龙名。"大皞氏即伏戏,以其以龙纪,龙师而龙名,故称之曰老龙吉。"神农"继伏羲而王,故曰"学于老龙吉"。神农始教民稼穑。"婀荷甘",意取于稼穑。《书·洪范传》"稼穑作甘",是也。婀荷谵语,义取其声。"弇刚"者,弇其刚也,刚之义取于乾龙,此皆可以类求之者。故旧注云若者为姓,若者为名,皆出臆测,不足信也。

"昼瞑",昼眠也,古"眠"字亦作"瞑"。"挈户而入",排户而入也。"挈"音哆,车上声。"拥杖而起",始闻之而惊也。"㗒"音剥。"㗒然",投杖声。"投"亦作"放",而"投"字意足,故从"投"。"投杖而笑",旋悟夫死生之一致,故易惊而失笑也。"拥杖"上旧有"隐几"二字,盖涉上文而误衍,《北堂书钞》卷一百三十三及《昭明文选·王简栖头陀寺碑文》注引皆无"隐几"字可证。即成玄英疏云"神农闻吉死,是以拥杖而惊",不言"隐几",则成疏本亦当无此二字也,故用删削。

"天"一字句,称老龙也。称老龙为天者,至人之死,则反于天也。"慢诞"之"诞"旧作"訑",盖传写而失之,《书钞》卷一百三十三、《白孔六帖》卷八十八引并作"漫诞"。"慢诞"与"漫诞"同,亦谵语,犹云荒唐也。《音义》于"訑"下云"徒旦反",又云"郭音但"。案:訑,从也,不得有"但"音,则"訑"为"诞"讹,尤显然有据,是以改正。曰"僻陋"、曰"漫诞",皆言其殊异于世人。"弃予而死"句。"已矣"二字句。"无所发予之狂言而死矣夫",言老龙死而予之狂言更无所发,盖倒文也。

"弇刚吊","吊"如《养生主》"秦佚吊之"之吊,以神农丧师而来吊也。"闻之",闻神农之所言也。"体道",与道合体也。"君子所系焉"者,言君子之所凭依也。"秋豪之端,万分未得处一"者,言其于道所得至微也。所得至微而犹知藏其狂言而死,则其得道之大全者其不取于多言明矣。故曰"又况夫体道者乎!"此言"体道",较前文言"将至"、言

"大得",盖益亲切矣。故"视之无形",视于无形也;"听之无声",听于无声也;"于人之论者,谓之冥冥",忘言冥契,而相喻于无言之表也。夫知"所以论道而非道",则会道不在于论,而亦未尝不可于论而会道。不然,即此神农、弇刚之言皆为剩语矣。

于是泰清问乎无穷曰:"子知道乎?"无穷曰:"吾不知。"又问乎无为。无为曰:"吾知道。"曰:"子之知道亦有数乎?"曰:"有。"曰:"其数若何?"无为曰:"吾知道之可以贵可以贱,可以约可以散,此吾所以知道之数也。"

泰清以之言也,问乎无始,曰:"若是,则无穷之弗知与无为之知,孰是而孰非乎?"无始曰:"不知深矣,知之浅矣;弗知内矣,知之外矣。"于是泰清卬而叹曰:"弗知乃知乎!知乃不知乎!孰知不知之知?"无始曰:"道不可闻,闻而非也;道不可见,见而非也;道不可言,言而非也。知形形之不形乎!道不当名。"无始曰:"有问道而应之者,不知道也。虽问道者,亦未闻道。道无问,问无应。无问问之,是问穷也;无应应之,是无内也。以无内待问穷。若是者,外不观乎宇宙,内不知乎大初。是以不过乎昆仑,不游乎大虚。"

此犹是首节之旨,变知言"泰清"者,"泰"同太,据知之清明而言之也。以"于是"发端者,承上"所以论道而非道"之文也。"无穷"与"无始"对。自其初言之,则曰"无始";自其终言之,则曰"无穷",要之一"无"而已,无可名也。若无为,则名已立矣。名立而义生,所以无为曰"吾知道"也。义之所在,比而目之,是之谓"数"。"数"者,名之详也。故泰清问道及数,而无为告以道"可以贵可以贱,可以约可以散"。"约"犹敛也,敛、散相对。前文言"彼为积散非积散",惟非积散,是以可约可散。贵与贱对。前文云"彼为衰杀非衰杀",惟非衰杀,是以可贵可贱。前者原其本，此则表其用也，故言无为而为在其中矣。

"之言"，此言也。"知之外矣"，"外"即上"君子之道彼其外与"之外，犹今云表面也。"内"则今言中心矣。"卬"同仰。此云"卬而叹"，与《庚桑楚篇》"南荣趎仰而叹"之文正同。各本作"中"者，与"卬"形近而误也。惟《音义》云"崔本作卬"，犹可考见，因据以改正。"孰知不知之知"，此一节要义，亦即一篇要义，故归结于此。"不知之知"，谓不知乃真知也。

"形形之不形"，合前"有伦生于无形"与"万物以形相生"而言。"万物以形相生"，是"形形"也。而就源头上说，则形形者原本无形，故曰"知形形之不形乎！"惟"形形之不形"，故不可闻、不可见、不可言也。"道不当名"者，谓名与道不相当，即一落名言，便不足以尽道。老子曰："道可道，非常道；名可名，非常名。"正此之所本也。

"道无问"，道不可得而问也。"问无应"，问不可得而应也。"问穷"者，"穷"谓无所有。"无内"者，"内"犹今云内容也。惟无内，故有问而应之曰"不知道"。惟问穷，故虽问道亦未闻道也。子贡曰："夫子之言性与天道，不可得而闻也。"见《论语·公冶长篇》亦此意也。"外不观乎宇宙"，不见其大也。"内不知乎大初"，不穷其本也。"不过乎昆仑"，"昆仑"者混沦也。《天地篇》曰："黄帝游乎赤水之北，登乎昆仑之丘而南望。还归，遗其玄珠。"遗其玄珠，喻知之反于不知也，而惟造乎混沦者能然。即彼证此，则此之"不过乎昆仑，不游乎大虚"义可知已。"大初"、"大虚"，"大"皆读"太"。

光曜问乎无有曰："夫子有乎？其无有乎？"光曜不得问，而孰视其状貌，窅然空然，终日视之而不见，听之而不闻，抟之而不得也。光曜曰："至矣！其孰能至此乎？予能有无矣，而未能无无也；及为无有矣，何从至此哉！"

"无有",所谓"形形之不形"者也。"光曜不得问"者,道无问也。"孰视之","孰"与熟同,谓详审也。"窅然空然",皆无有之状。

"抟",各本皆作"搏",《音义》亦言音博。案:《老子》书云:"视之不见,名曰夷。听之不闻,名曰希。抟之不得,名曰微。"此云"视之"、"听之"、"抟之"正与彼同,则自作"抟"不作"搏"。"抟"如《礼记·曲礼》"毋抟饭"之抟。"抟"者,以手团之也。惟以手团之,故可云"不得",可名曰"微",若搏则不必然矣。兹故定作"抟"。

"予能有无"者,能有夫无也。"及为无有"者,为无所有也;为无所有,是滞于无;滞于无,则不能无夫无,故曰"何从至此哉!"此谓无有也。光曜无质,亦可曰无,故云"能有无",然不若无有之竟无也,故曰"未能无无"。

大马之捶钩者,年八十矣,而不失钩芒。大马曰:"子巧与!有道与?"曰:"臣有守也。臣之年二十,而好捶钩,于物无视也,非钩无察也,是用之者,假不用者也以长得其用,而况乎无不用者乎!物孰不资焉!"

此为前文"万物皆往资焉而不匮"作注脚也。"大马",大司马也,《淮南子·道应训》作大司马可证。"捶",锻也。"钩",剑之曲者。《汉书·韩延寿传》"铸作刀剑钩镡",章怀注:"钩,兵器,似剑而曲,所以钩杀人也。"鲍照乐府云:"锦带佩吴钩。"杜甫《后出塞》云:"少年各有赠,含笑看吴钩。""吴钩",吴地所出之钩也。司马掌兵,捶钩自其所属,故得而问之。旧注以"钩"为带钩,或以为钓钩,皆非是。"钩芒"各本作"豪芒",盖因郭注有"无豪芒之差"语而误。惟唐写本作"钩芒",《淮南子·道应训》亦作"钩芒"。"芒"与铓通,铓者锋铓之铓,谓刃端也。钩之用全在铓,故云"不失钩芒",以见其锻捶之精,而于剑铓有独到也。自郭注以"芒"为豪芒,而其义尽失,并正文亦改之矣,是不可不正也。

"巧与",所以赞之。"有道与",则问之之辞。"有守",有所守也。下文云"于物无视"、"非钩无察",即其所守。王念孙以为"守"音与"道"同,遂解"有守"为"有道",凿矣。"二十而好捶钩",至八十而不失,是终身不改其守,一"守"字正文之紧要处,可轻改乎? "用之者",承"非钩无察"言。"假不用者也以长得其用",承"于物无视"言。"用之者",技也;"不用者",道也。此与庖丁言"臣之所好者道也,进乎技矣",语不同而义则同。夫抱一技者,尚假道以济其用,又况夫体道者。安往而非道,则亦安往而不得。至此更不须守,故曰"而况乎无不用者乎! 物孰不资焉!""无不用"者,不用而无不用,犹无为而无不为也。

冉求问于仲尼曰:"未有天地可知邪?"仲尼曰:"可。古犹今也。"冉求失问而退。明日复见,曰:"昔者吾问:'未有天地可知乎?'夫子曰:'可。古犹今也。'昔日吾昭然,今日吾昧然,敢问何谓也?"仲尼曰:"昔之昭然也,神者先受之;今之昧然也,且又为不神者求邪? 无古无今,无始无终,未有子孙而有孙子,可乎?"冉求未对。仲尼曰:"已矣。末应矣! 不以生生死,不以死死生。死生有待耶? 皆有所一体。有先天地生者物邪? 物物者非物。物出不得先物也,犹其有物也。犹其有物也无已。圣人之爱人也终无已者,亦乃取于是者也。"

"冉求"字有,孔子弟子,《论语》称"求也艺"。见《雍也篇》艺谓多才能也。问"未有天地可知邪?"以知相求,盖犹是艺能边事,夫子答以"可。古犹今也"。则超越凡情之论,惟体道者能会之,所以冉有"失问而退"也。"失问"者,不得其所问,谓夫子之答与己意相违也。

然虽不得所问,而闻夫子之言,以冉有之才,亦自有其触发领解之处。惟是以意见推寻、知解凑泊,斯触发之机旋以窒塞,而领解所及转成迷惑,故明日复见,而有"昔日吾昭然,今日吾昧然"之说。夫子应病与药,特为提一"神"字。"神"者,不知之知也。以不知之知受之,《人间世》所谓"惟道集虚",是以昭然。"且又为不神者求","且"犹将也,"为"读去声。"为不神者求",则以知见附益,《外物篇》所谓"顾塞其窦",安得而不昧然乎!此所以教冉有者,盖至深切矣。

"无古无今,无始无终"二句,为"古犹今也"之言揭其蕴。"未有子孙而有孙子可乎"句,为"未有天地可知"之问破其疑。知子孙、孙子之以一形代嬗,则知天地、地天之以一气运行,理无有二,即无终而知无始,即无今而知无古,而未有天地之先,可默而识也已。

"冉求未对",欲对而未发也。"已",止也。"末应"者,无答也。"末",各本多作"未",误。成玄英疏云"末,无也",则原作"末"可知。冉求欲对而夫子止之,令其无答者,盖有又将出其知见以应,故禁遏之,以免其转迷也。

"不以生生死",死不以有生而死。"不以死死生",生亦不以有死而生也。夫生则有死,死则有生,此世之常谈也,而兹云然者,欲以见死生相待而不相待,以明夫无生无死之道,而后与上"无古无今,无始无终"之义为相契合也。故曰"死生有待耶?皆有所一体"。"皆有所一体"者,皆体夫一也。郭注云"死与生各自成体",失之矣。

"有先天地生者物邪?"此与"死生有待邪"一种文法,皆以喝起下文。言无有物先于天地者。注者或引老子"有物混成,先天地生"之语以释之,非仲尼此文之旨也。"物物者非物",犹"形形之不形",何者?"物出不得先物"也。物出不得先物,何也?"犹其有物也"。"有物"犹云为物。孟子曰:"人之有道也,饱食、暖衣、逸居而无教,则近于禽兽。"人之有道,即人之为道。古"有"、"为"字可通用也。犹其为物者,谓先物之物则犹是物也。以上层层推阐,犹剥笋然。剥至无可剥处,然后一转曰"犹其有物也无已",言是为物之物,亦始终递化而无穷,则即夫此物之无穷,而物物者之无终亦且无始,不更较然易见乎哉!此不独理精,文亦极灵极妙,盖全然一神之所为。读者能以神受,斯得之矣。

又曰"圣人之爱人也终无已者,亦乃取于是者也",言未有天地可知,言古犹今也,虽足穷宇宙之奥,而于人事终远,今以圣人之爱人无已,乃由取于是而然,则道不孤虚,归于实际,然后天人一揆,理事玄同。此篇以仲尼两答弟子之问为之收煞,其亦有微意也欤!

颜渊问乎仲尼曰:"回尝闻诸夫子曰:'无有所将,无有所迎。'回敢问其游。"仲尼曰:"古之人,外化而内不化;今之人,内化而外不化。与物化者,一不化者也。安化安不化,安与之相靡,必与之莫多。"

狶韦氏之囿,黄帝之圃,有虞氏之宫,汤、武之室,君子之人,若儒、墨者师,故以是非相韲也,而况今之人乎!圣人处物不伤物。不伤物者,物亦不能伤也。唯无所伤者,为能与之相将迎。山林与!皋壤与!使我欣欣然而乐与!乐未毕也,哀又继之。哀乐之来,吾不能御,其去弗能止。悲夫,世人直谓物逆旅耳!夫知遇而不知所不遇,知能能而不能所不能。无知无能者,固人之所不免也。夫务免乎人之所不免者,岂不亦悲哉!至言去言,至为去为。齐知之所知,则浅矣。

"将"、"迎"义,见《应帝王篇》。"敢问其游"者,问所以游夫此之术也。此"游"字,正与篇首"知北游""游"字相应。《庄子》一书,大抵脱不了一"游"字。必能游而后能无将无迎,亦必能化者而后能游。化者,不滞;游者,出入自在也,故孔子以"古之人外化而内不化"语答之。奚侗乃谓"游"借作由,"敢问其游"者,敢问其由也,于文固显,而于义则悖矣。

言外化而必言内不化者,外化所以顺物,内不化者,灵明以为之主也。若夫失其灵明,则逐物而迁,将迎之心起,于物反昧其轻重本末之序,以为顺物,而实与物之本则相违,如人每盛言客观,而卒则师心自用者，其病大率由此，故又反而戒之曰"今之人内化而外不化"也。由是论之，则必有一不化者在，而后可与物化。夫化与不化，相对待者也。若进而推其本，则体用一源，理绝对待，何有化与不化之名！所以总结之曰"与物化者，一不化者也，安化安不化"。"安化安不化"者，无有夫化，亦无有夫不化者也。"安与之相靡"承"安化"之文而释之。"靡"即《齐物论》"与物相刃相靡"之靡，"靡"，伤也。夫无有化，则物何从而伤之！故曰"安与之相靡"。"必与之莫多"承"安不化"之文而释之。"多"，侈也，过也。夫无有不化，则因物付物，各如其则而止，乌有过侈之事，故曰"必与之莫多"也。抑此乃变文言"必"者，盖应物之时，病生于不及者少，而生于过者恒多。曰将曰迎，皆过者之为也。孔子曰："不逆诈，不億，不信，抑亦先觉者，是贤乎！"见《论语·宪问篇》逆诈、億、信，贤者往往以是为能，故从而破之，曰不逆不億而能先觉是则贤也。即此以观，非病多生于过乎！故曰"必与之莫多"者，力戒之之辞也。

"狶韦氏"，古帝王，见《大宗师篇》。囿小于囷，宫小于囿，室又小于宫，递下而愈小者，言世降而德衰，所居益狭，而所游益浅也。"君子之人"，世之所称为君子者。"儒墨者师"，儒墨之师也。《汉书·艺文志》言"儒家者流"、"墨家者流"，两书"者"字正相同矣。"故"犹旧也。"鳖"如《大宗师篇》"鳖万物而不为义"之鳖，毁伤之意。儒之所是，墨之所非；墨之所非，儒之所是，即《齐物论》所云"故有儒墨之是非，以是其所非，而非其所是"者，其来也久，故曰"故以是非相鳖也"。旧已如此，今乃益甚，故曰"而况今之人乎！""故"与"今"对文。郭注云："鳖，和也。夫儒墨之师，天下之难和者，而无心者犹故和之，而况其凡乎！"全失书旨，不可不知也。

"圣人处物不伤物"，即是"与物化"。"物亦不能伤"，则由有一不化者存，哀乐不入于胸次，物焉从而伤之！"唯无所伤者，为能与之相将迎"，上言"无有所将，无有所迎"，此乃言"与之相将迎"者，不将之将，不迎之迎，即《论语》言"不逆，不億，而抑亦先觉者"也，盖惟无所将是以能将，无所迎是以能迎，理虽深微，实亦简易，虚心以玩上下文，不难解也。"与之"之"之"，各本作人，兹从唐写本改。"山林与"以下，举平时山泽之游，以见人伤于物之易，曰"直谓物逆旅"者，"谓"与为通，各本亦或作为。物舍于人心，而人乃日与物相将迎而不得休止，犹逆旅主人之为客役然也。"遇"，遭也。遭之则知之，不遭则不知，如穴居之民不知宫室，渔猎之人不识耒耜，耕种之农不通贸易，抟埴之工不明锻冶，皆所不遇故也。所知如是，所能亦然，故曰"无知无能者，固人之所不免也"。知之为知之，不知为不知；能之为能之，不能为不能；则于己无不足，而于物无所戾。《养生主篇》曰："吾生也有涯，而知也无涯。以有涯随无涯，殆已！"《达生篇》曰："达生之情者，不务生之所无以为；达命之情者，不务命之所无奈何。"盖皆此旨。故曰"夫务免乎人之所不免者，岂不亦悲哉！"务之为言强求而力逞，是贼生伤性之道也，故曰"至言去言，至为去为"。"去言"者，去其不得言而强言。"去为"者，去其不能为而强为也。夫言与为，皆本于知。言有所不得言，为有所不能为，则知亦有夫其不可知，故《齐物论篇》曰："知止其所不知，至矣。"不知乎此，而惟于知之所知求之，以是为之齐，是则浅矣。"齐"者等也。《音义》："齐，才细反，又如字。"读平读去，其义一也。篇末仍归于"知"字，以与篇首相应。全篇脉络通贯，体例谨严，非庄子自作，决不能有此。

又案此节孔子之言，当于"必与之莫多"句而止，自是以下则庄子因夫子之论而发挥之者，何以见之？尊狶韦而卑汤、武，如《在宥》诸篇所谈，是庄子之见，而非圣人所恒言，此其一。墨翟后孔子殆百年，当孔子时未有儒、墨之名，孔子口中安得有"儒、墨者师，故以是非相鳌"之语！此其二。然因是而遂疑颜渊之问、夫子之答皆出漆园伪托，即亦恐其不然，是在识者辨之。